Soziologische Entdeckungen

Herausgegeben von
B. Blinkert, Freiburg i. Br., Deutschland
H. Hoch, Konstanz, Deutschland
J. Kruse, Freiburg i. Br., Deutschland
D. Schirmer, Freiburg i. Br., Deutschland

Herausgegeben von
Baldo Blinkert
Universität Freiburg
Freiburg i. Br., Deutschland

Jan Kruse
Universität Freiburg
Freiburg i. Br., Deutschland

Hans Hoch
Universität Konstanz
Konstanz, Deutschland

Dominique Schirmer
Universität Freiburg
Freiburg i. Br., Deutschland

Dominique Schirmer · Nadine Sander
Andreas Wenninger (Hrsg.)

Die qualitative Analyse internetbasierter Daten

Methodische Herausforderungen und Potenziale von Online-Medien

Herausgeber
Dominique Schirmer
Universität Freiburg
Deutschland

Andreas Wenninger
Universität Luzern
Schweiz

Nadine Sander
Universität Lüneburg
Deutschland

ISBN 978-3-658-06295-8
DOI 10.1007/978-3-658-06296-5

ISBN 978-3-658-06296-5 (eBook)

Die Deutsche Nationalbibliothek verzeichnet diese Publikation in der Deutschen Nationalbibliografie; detaillierte bibliografische Daten sind im Internet über http://dnb.d-nb.de abrufbar.

Lektorat: Cori Antonia Mackrodt/Monika Kabas

Gedruckt auf säurefreiem und chlorfrei gebleichtem Papier

Springer VS ist eine Marke von Springer DE. Springer DE ist Teil der Fachverlagsgruppe Springer Science+Business Media.
www.springer-vs.de

Inhalt

Herausforderungen und Potenziale von Online-Medien für die qualitative Forschung – Eine Einführung

Dominique Schirmer/Nadine Sander/Andreas Wenninger

Im November 2012 hat das *Institut für Qualitative Sozialforschung Freiburg* (iqs) eine Tagung veranstaltet, die die Arbeit mit Internetdaten aus qualitativer Perspektive beleuchten sollte. Denn die OrganisatorInnen hatten eine deutliche Zurückhaltung qualitativ Forschender in Bezug auf die Verwendung von Internetmaterial festgestellt. Internetbasierte Medien, allen voran soziale Medien, sind aber ein wichtiges Feld empirischer Analyse und – so denken wir – speziell qualitativer Sozialforschung. Mit Mikroblogs, Blogs, Foren, Chats, sozialen Netzwerken, Plattformen für den Austausch von Medien, Online-Nachschlagewerken, Nachrichtenportalen und E-Mails hat das Internet Informations- und Kommunikationsmedien ein neues Gesicht und eine neue Form gegeben und so die Anforderungen, aber auch die Möglichkeiten qualitativer Analyse verändert. Die Untersuchung sozialer Medien und internetbasierter Daten ist die Analyse neuer Formen der Kommunikation. Etablierte qualitative Erhebungs- und Auswertungsmethoden beziehen sich dagegen häufig explizit auf herkömmliche Kommunikationsformen (z. B. die Narrationsanalyse oder Gesprächsanalyse), die im Medium Internet auf andere Weise praktiziert und vermittelt werden. Die OrganisatorInnen der Tagung haben sich deshalb gefragt, welche Methoden sich für die Analyse internetbasierter Daten eignen und ob gängige Methoden modifiziert werden können und müssen.

Ein besonderes Kennzeichen internetbasierter Kommunikation ist beispielsweise die Multimedialität (oder Multimodalität): Im Internet werden Texte, Ton, Symbole, Bilder, Filme und Links miteinander verbunden. Aus methodischer Perspektive ist auch die Aufzeichnungsfunktion von Internetmaterial essenziell: Ein wichtiger Teil der Datenerhebung – die Aufzeichnung – ist schon inklusive. Dabei muss berücksichtigt werden, dass diese Erzeugung von Daten schon Teil der untersuchten Praxen ist. Soziale Medien und internetbasierte Daten werfen weiterhin neue Fragen in Bezug auf die Reichweite und Geltung von Ergebnissen auf.

Die Auswahl des Materials ist kritisch, weil meist eine Fülle multimedial vernetzter Daten verbunden ist und sich deshalb bislang übliche Regeln für das Vorgehen im Forschungsprozess – zumindest auf den ersten Blick – nicht umsetzen lassen. Internetbasierte Daten entstehen zudem in anderen Kontexten als zum Beispiel Gespräche oder Interviews und benötigen entsprechend modifizierte Analysestrategien. Die qualitative Analyse internetbasierter Daten erfordert deshalb andere Herangehensweisen, insbesondere bezüglich der Auswahl und Interpretation, kann aber gleichzeitig auf etablierte Techniken der Analyse einzelner Medien zurückgreifen bzw. diese gegenstandsangemessen erweitern.

Konkret stellen sich jeweils folgende Fragen: Wie ist bei der Auswahl internetbasierter Medien vorzugehen? Wie sind deren Inhalte zu analysieren? Wie sieht eine Kontextanalyse im Internet aus? Wie weit kommt man mit gängigen Methoden? Welche neuen Möglichkeiten bieten sich? Dies sind einerseits technische Fragen, die konkrete Verfahren des Samplings und der Analyse betreffen, die für verschiedene Medien variieren. Andererseits sind aber auch wissens- und wissenschaftstheoretische Fragen berührt: In welchem Verhältnis stehen Fiktionalität und Konstruktion zu den Entstehungskontexten von Daten? Welche Formen der Selbstpräsentation legen unterschiedliche Medien nahe? Welche Bedeutung haben klassische Begrifflichkeiten qualitativer Methodologien, wie z. B. Rekonstruktion von (subjektivem) Sinn, Fallstruktur oder konjunktiver Erfahrungsraum bezogen auf soziale Medien? Wie ist die Entstehung der Daten bei der Rekonstruktion von Sinn zu berücksichtigen? Was können einzelne Methoden zur Klärung der praktischen und methodologischen Fragen beitragen? All dies sind zentrale und schon lange wichtige Fragen (qualitativer) empirischer Forschung, die mit der Erforschung von Internetmaterial neu in den Fokus der Aufmerksamkeit rücken. Dass diese Fragen bei der Arbeit mit Internetmaterial und Online-Medien neu gestellt werden müssen, halten wir auch für die Auseinandersetzung mit methodischen Fragen insgesamt für konstruktiv.

Der vorliegende Sammelband vereint Beiträge verschiedener Disziplinen und unterschiedlicher Forschungsansätze, die mit qualitativen Methoden zu diversen inhaltlichen Themen arbeiten. Sie haben gemein, dass sie Fragen der praktisch-methodischen Umsetzung von Forschungskonzepten im Spannungsfeld methodischer Regeln und Gütekriterien, der Internet- bzw. Onlinepraxis und forscherischer Ziele in ihren Mittelpunkt stellen. Qualitative Forschung ist häufig zögerlich in der Verwendung und Analyse von Online-Medien, die aber eine zentrale Rolle spielen. Im folgenden Abschnitt diskutieren wir deshalb Gründe für die Zurückhaltung in der qualitativen Forschung gegenüber Internetmedien und wir skizzieren Erfordernisse, die sich für die methodische Arbeit ergeben. Dann richten wir einen genaueren Blick auf einige zentrale Themen, die auch in den Beiträgen im Fokus stehen und teilweise kontrovers behandelt werden. Es sind Fragen nach der Textbasiertheit, der Dynamik des Internets und der Flüchtigkeit von Material, nach der Komplexität von Online-Gegenständen, der Reaktivität von Daten, der Reichweite von Kommunikation und der Allokation sowie nach der Interaktion von Mensch und Technologie, also der Ko-Konstruktion von Medium und Kommunikation. Wir diskutieren diese Aspekte auf der Grundlage der Beiträge in diesem Buch. Das führt zu Wiederholungen, aber ermöglicht es, einige der zentralen Fragen direkt und ganz konkret anzusprechen. Im Anschluss gehen wir auf die konkreten Methoden und Materialien ein, die Gegenstand dieser Beiträge sind. Dann folgt ein Abschnitt, der die Beiträge des Buches einzeln zusammenfasst. Schließlich wollen wir abschließend noch einmal herausstreichen, wie unsere AutorInnen ihre methodischen Fragen gelöst haben und die Vorschläge und Strategien zur Anpassung und Erweiterung gängiger Methoden aus den Beiträgen zusammenfassen. Die Beiträge setzen sich übrigens alle mit Fragen des methodischen Umgangs mit Internetmedien auseinander, allerdings legt der Beitrag von Bettina Frei den Schwerpunkt auf die Verwendung von Mobiltelefonen. Diese sind mit einigen Internetmedien vergleichbar, mit anderen nicht. Das ist der Grund, warum wir teilweise von Internet-, teilweise von Online-Medien sprechen.

Online-Medien und qualitative Forschung

In allen Beiträgen des vorliegenden Sammelbandes wird deutlich, dass die Spezifika von Online-Medien in der Anwendung qualitativer Methoden unbedingt – überhaupt oder stärker – berücksichtigt werden müssen. Qualitative Forschung blickt häufig durch Medien und Technik hindurch und versucht, den – in der Regel textlichen – Kern eines Sachverhalts herauszuschälen. Das heißt, die Rolle und die Eigenheiten von Online-Medien werden in der qualitativen Forschung häufig vernachlässigt – dabei spielen sie eine zentrale Rolle.

Hier ist eine Vielzahl von (Hinter-)Gründen maßgeblich. Beispielsweise macht Andreas Wenninger eine kulturkritische Haltung in der objektiven Hermeneutik aus. Diese Haltung zeige sich bereits in klassischen (objektiv-)hermeneutischen Medienanalysen. Sie führe zu einer Distanz von VertreterInnen dieses Ansatzes gegenüber internetbasierten Gegenständen. Wenninger kommt zu dem Schluss, dass objektiv-hermeneutische Analysen zu wenig auf die medialen Aspekte kommunikativer Prozesse eingehen. Sie sind aber prinzipiell dafür geeignet – trotz ihrer tendenziellen Sprach- und Schriftfixiertheit. Stefan Meißner verweist darauf, dass das Gros qualitativer Sozialforschung die technisch-medialen Eigentümlichkeiten von Internetgegenständen ausblendet. Auch er sieht, ähnlich wie Wenninger, eine Interaktionsfixiertheit vieler qualitativer Verfahren, macht dafür aber als Hauptursache eine allzu starke Konzentration auf Subjekte und den Versuch, subjektiven Sinn rekonstruieren zu wollen, verantwortlich. Meißner zeigt auch, welche Rolle ein Medium bei der (Konstruktion von) Kommunikation spielt. Die Bedingungen des Gelingens von Kommunikation variieren mit den verschiedenen Kommunikationswerkzeugen und ihrer Verbreitung, wie Michael Corsten und Holger Herma diskutieren. Sie verdeutlichen aber auch, dass *kommunikative Rahmungen* von Internetmedien technisch sowie durch ihre Verwendung, das *Doing Internet,* erzeugt werden. Dies wird auch in dem Beitrag von Dominique Schirmer deutlich, die die konkrete Medialität und Charakteristik von Material zudem als Werkzeug der Analyse einbezieht, denn darin zeigten sich nicht nur unterschiedliche Bedeutungen und Ausdrucksweisen der Kommunizierenden, sondern die Charakteristik verschiedener Medien ermögliche unterschiedliche Perspektiven für die Analyse (Triangulation). Dass diese Charakteristik Medienpraxis einschränkt, aber auf der anderen Seite auch ermöglicht, legt Bettina Frei mit ihrer Studie zur Nutzung von Mobiltelefonen bei der Gestaltung sozialer Beziehungen dar. Ähnlich verfahren Corsten und Herma, die mit ihrer Analyse geglückte – und verunglückte – digitale Kommunikation nachvollziehen. Die Autoren zeigen aber auch, welche Probleme bei der rekonstruktiven Analyse digitaler Kommunikation auftreten und warum. Nadine Sander und Miklas Schulz betonen die Besonderheiten, die mit dem Entstehungskontext von Online-Daten einhergehen und richten ihr Augenmerk auf die jeweilige medientechnologische Anwendung. Diese muss ihrer Auffassung nach im Hinblick auf das Zustandekommen und die Qualität des Textkorpus reflektiert werden, da auch Online-Daten als Produkt eines bestimmten Settings zu begreifen sind, das wiederum Teil des gesamten Forschungszusammenhangs ist.

Dort, wo Online-Kommunikation in Textform erfolgt – und das ist trotz allem nach wie vor verbreitet – sind bei der Analyse die Einschränkungen dieser Kommunikationsform gegenüber direkten, nicht medial vermittelten Kommunikationen zu berücksichtigen, an die sie sich häufig anlehnen (häufig aber auch nicht, wie weiter unten deutlich wird). Der *schriftbasierten* (Online-)Kommunikation fehlen Elemente wie Mimik, Gestik oder Intonation, die jedoch wichtig für deren Verständnis sind. Auf diese Unterschiede gehen Corsten und Herma sowie Sander und Schulz in ihren Beiträgen ein. Auch Ullrich und Schiek sehen einen wichtigen Unterschied von Online- und Offline-Gruppendiskussionen darin, dass schriftlich und nicht mündlich diskutiert wird. Sie identifizieren in Forumsdiskussionen aber auch einen neuen Datentyp, da sich über diese Art von Diskussion aufgrund ihrer Asynchronität auch Themenfelder erschließen lassen, über die noch keine geronnenen Erfahrungen vorliegen. Zudem diskutieren die AutorInnen mit der *Alokalität,* also der fehlenden Kopräsenz in Online-Gruppendiskussionen, ein weiteres wichtiges Unterscheidungsmerkmal zwischen offline und online durchgeführten Gruppendiskussionen. Eine solche *Entkörperlichung* lasse spürbare

Auswirkungen auf die Gruppendynamik vermuten, aber auch auf die Bereitschaft der Beteiligung, da eine größere Anonymität gegeben ist. Ein Vorteil der Schriftlichkeit, der methodische Konsequenzen hat, ist die automatische Aufzeichnung von Äußerungen. Die mühsame Erstellung von Transkripten im Forschungsprozess fällt weg oder wird zumindest erleichtert, ebenso wie der Zugang der ForscherInnen zu Datenmaterial. Dieser Punkt spielt für alle AutorInnen dieses Bandes eine Rolle. Es ist aber zu berücksichtigen, wie Wenninger anmerkt, dass die aufgezeichneten Kommunikationen weiterhin Veränderungen erfahren können, sinnverändernde Selektionsprozesse des Gegenstandes, die leicht aus dem Blick geraten. Der Aspekt der Veränderlichkeit betrifft alle Internetmaterialien, spielt aber je nach Medium eine unterschiedliche Rolle, wie auch Schirmer diskutiert. Corsten und Herma machen zudem deutlich, dass bestimmte Verstehensprozesse in schriftbasierten Internet-Kommunikationen – im Gegensatz zu klassischen Interaktionsprotokollen – nicht nachvollzogen werden können, wenn wichtige kommunikative Anschlüsse von Dritten erfolgen, die nicht Teil des erfassten Materials sind. Nun gehört es aber gerade zur Charakteristik von Internetmedien, dass sie eine andere Schriftlichkeit und andere Kommunikationsweisen repräsentieren, als analoge Daten. Es besteht deshalb grundsätzlich die Gefahr, wie Wenninger verdeutlicht, dass der Vergleich von schriftbasierten Online-Kommunikationen mit Interaktionen unter Anwesenden dazu führt, dass die Eigentümlichkeiten eines Mediums zu wenig in den Blick gelangen und diese in der Folge als defizitär gesehen werden. Darauf weist auch Meißner in einem Beispiel hin, welches zeigt, dass der internetspezifische Einsatz von Smileys und Akronymen in der Forschung häufig als Ersatz für eine fehlende Mimik und Gestik behandelt wird, anstatt in ihnen eine Funktion der Internet-Kommunikation zu sehen. Die Vielfalt war noch nie so groß, wie Ullrich und Schiek betonen: Über E-Mails, SMS, Foren, Chats, Bewertungsportale, Soziale Netzwerke usw. kommunizieren Menschen so viel (schriftlich) wie nie zuvor, sodass sich die Forschung gegenwärtig mit einer Vielzahl neuer Daten und neuer Datensorten befassen muss. Die Anpassung, Modifikation und Kombination von Verfahren ist deshalb das Mittel der Wahl in den vorgestellten Projekten.

In einigen Beiträgen wird die Frage nach der methodischen Erfassbarkeit der *Dynamik* und der *Flüchtigkeit* von Internetdaten und deren Konsequenzen aufgeworfen. Wenninger beschreibt am Beispiel eines Blogportals die Möglichkeit fortgesetzter Veränderungen von Internetmaterial in Form und Inhalt. Diese zentrale Eigenschaft von Internetseiten im Zuge des *Web 2.0* bleibt für ForscherInnen tendenziell unsichtbar, es sei denn, der Blick auf die Gegenstände und die Methoden werden entsprechend angepasst. Überhaupt haben Internetmedien ihre jeweils eigene Form von Zeitlichkeit und sie bilden deshalb unterschiedliche Formen von Aufmerksamkeitssteuerung aus (Ullrich/Schiek, Sander/Schulz, Schirmer, Wenninger). Und je nach Medium fallen jeweils spezifische Elemente dem Vergessen anheim. Auf der einen Seite werden also Elemente laufend und »unbemerkt« verändert, sodass die Gefahr besteht, dass sie in der Analyse unberücksichtigt bleiben, obwohl diese Veränderungen ja selektive Prozesse des Gegenstandes darstellen. Auf der anderen Seite werden gerade auch *interaktive* Elemente, wie Wenninger in Bezug auf Blogs zeigt, dauerhaft und in der Form ihres Zustandekommens festgehalten. Hierin besteht ein großer Unterschied zu Offline-Medien, in denen Interaktionen unter Anwesenheitsbedingungen flüchtig sind. Paradoxerweise erscheinen also gerade die Daten, die ja oft als virtuelle Kommunikation gekennzeichnet sind, als besonders *natürlich*. Dagegen geraten bei Mikroblogs die *interaktiven* Elemente schnell aus dem Blickfeld und werden auch technisch »vergessen« (Schirmer).

Neben *Schriftlichkeit* und *Multimodalität* prägen verschiedene Abstufungen von *Synchronität* bis *Asynchronität* die Kommunikation mit Online-Medien. Zwischen häufig deutlich asynchronen Forumsdiskussionen und deutlich synchronen Chats gibt es eine Variation von Medien, die aufgrund einer Mischung von Technik und Konvention verschiedene Abstufungen zwischen diesen Extremen belegen. Gerade auch das »Dazwischen« zeigt eine eigenständige Charakteristik, die für die Analyse eine Rolle spielt. So sind beispielsweise Medienkommentare (Miniblogs) sowie Mikroblogs keine synchrone Kommunikation – die Kommunikation findet aber relativ (Miniblogs) bzw. sehr zeitnah (Mikroblogs) statt (Schirmer). Die im Beitrag von Ullrich und Schiek behandelten asynchronen Forumsdiskussionen erfolgen stark zeitversetzt, verlaufen insgesamt langsamer und brauchen deutlich mehr Zeit als synchrone Kommunikation. Dadurch haben TeilnehmerInnen eine hohe zeitliche Flexibilität und können selbst entscheiden, wann und wo sie ihre Diskussionsbeiträge verfassen. Asynchrone Kommunikation eignet sich besonders zur Erhebung von Erfahrungen, die noch nicht spontan und vollständig wiedergegeben werden können und die Zeit für die Selbstreflexion benötigen. Nach Ullrich und Schiek sind eine lange Dauer von mehreren Wochen oder Monaten, eine wechselnde Zusammensetzung der Gruppe und eine Teilnahme mit längeren Unterbrechungen (Intervallteilnahme) typisch. Aufgrund der verlangsamten Dynamik besteht während der Kommunikation ausreichend Zeit, um festzulegen, welche Themen weitergeführt werden sollen. Die AutorInnen weisen jedoch darauf hin, dass es aufgrund der Asynchronität für ForscherInnen und TeilnehmerInnen aufwändiger ist, relevante Stränge in den Diskussionen zu erkennen, als bei dynamischeren, synchronen Diskussionen.

Eine weitere Besonderheit von Online-Gegenständen liegt in deren *Komplexität* und damit in den vielfältigen Navigationsmöglichkeiten und ihrer quasi-grenzenlosen Vernetzung mit anderen Online-Gegenständen. Für diese Charakteristik, die als *System des Gefächert-Seins* (Corsten und Herma), *Collagecharakter, ver-*

schachtelte Struktur (Wenninger) oder *Kontext* (Schirmer) beschrieben wird, finden sich in den Beiträgen methodische Lösungsvorschläge, etwa mit der Bildung von Sequenzeinheiten (Corsten und Herma, Wenninger), dem Umgang mit Hyperlinks in der Sequenzanalyse (Wenninger) oder mit der Verwendung von (Mikroblog-)Kategorien als strukturierendes Analyseinstrument (Schirmer). Auch hinsichtlich der verwendeten Medien (Schirmer) sind Online-Gegenstände und -Diskurse besonders komplexe Forschungsgegenstände. In dieser *Multimodalität* oder *Multimedialität* sehen die meisten AutorInnen (Schirmer, Meißner, Sander und Schulz, Corsten und Herma, Wenninger) eine methodische Herausforderung, weil sie sich naturgemäß mit den oft sprach- und schriftbasierten Verfahren nicht adäquat fassen lassen. Klassische Verfahrensweisen werden dieser Komplexität von Online-Medien nicht gerecht.

Internetmedien verdeutlichen zudem die Notwendigkeit, das Thema *Reaktivität* neu zu diskutieren, obwohl Schirmer hier allgemein Diskussionsbedarf sieht. In den Beiträgen sind die Grenzziehungen und ist die Interpretation dessen, was reaktiv ist, unterschiedlich. Sander und Schulz haben sich im Rahmen ihrer Online-Datenanalyse mit nicht-reaktiven Daten auseinandergesetzt. Sie betonen, dass die fehlende Einflussnahme der ForscherInnen auf Umfang und Kontext des Datenmaterials dazu führen kann, dass der qualitative Induktionsschluss spekulativer wird. Um dem Anspruch rekonstruktiver Forschung gerecht zu werden, integrieren sie deshalb systematisch weitere Ebenen in die Auswertungspraxis. Sie berücksichtigen das Moment der technologischen Vermittlung des Interaktionsgeschehens und verstehen die Aneignung der medientechnologischen Anwendung ebenfalls als spezifischen Interaktionszusammenhang. Sie zeigen, dass die nicht-reaktiven Daten, die von den AkteurInnen während ihrer Verwendung von Facebook oder Twitter produziert wurden, verschiedenen Dynamiken unterliegen. So ist beispielsweise die Stimmung in solchen Diskussionen sensibel und störungsanfällig, es treffen unterschiedliche Vorstellungen von Verwendungsweisen, Höflichkeits- und Anstandsregeln aufeinander, wobei die AkteurInnen in der Regel nur die kurze, episodenhafte (technologisch vermittelte) Sequenz der Diskussion miteinander teilen. Ullrich und Schiek weisen zum Thema Reaktivität auf veränderte Moderationsanforderungen bei asynchronen Forumsdiskussionen hin: ModeratorInnen haben zwar bei asynchronen Forumsdiskussionen mehr Steuerungsmöglichkeiten und Gestaltungsoptionen, es gibt aber eine hohe Abhängigkeit von der Motivation der TeilnehmerInnen zum Start und zur Aufrechterhaltung der Diskussion. Sie nehmen an, dass sich TeilnehmerInnen zur Orientierung in asynchronen Forumsdiskussionen häufiger und intensiver auf den Grundreiz beziehen, weshalb sie dem Eingangsstimulus eine stärkere, vorstrukturierende Bestimmung zuweisen. Da die Stimuli zu jeder Zeit der Diskussion erneut aufgerufen werden können, fallen sie seltener aus dem Blickwinkel. Je nach technischer

Einstellung und Forschungszweck können Stimuli sowohl von den ModeratorInnen als auch von den TeilnehmerInnen gesetzt werden. Eine Besonderheit bei den Online-Gruppendiskussionen liegt darin, dass sich ForscherInnen auch aktiv an der Diskussion beteiligen können – und zwar offen oder verdeckt. So kann die Reaktivität beeinflusst werden, wobei der verdeckte Einfluss forschungsethische Fragen aufwirft. Schirmer verfolgt den Ansatz, Reaktivität vor allem mit dem Fokus auf die Beforschten zu definieren. Sie fragt danach, ob und wie Äußerungen (direkt) von Stimuli beeinflusst wurden. Beispielsweise unterliegen Kommentare zu Medienberichten einem großen Einfluss, weil sie explizit und gezielt auf konkrete Äußerungen reagieren. Sie haben also einen klaren Stimulus, der zudem in der Analyse gut nachvollzogen werden kann. Schwieriger wird die Analyse der Reaktivität zum Beispiel bei vielen Mikroblogs. Da, wo sie nicht direkt als Reaktion auf andere Äußerungen (z. B. Medienberichte, die verlinkt sind oder Mikroblogs, auf die sie verweisen) identifiziert werden können, ist eine Kontextanalyse angebracht. Sie muss untersuchen, ob in der Zeit der Veröffentlichung eines Mikroblogs Auslöser gefunden werden können (beispielsweise Medienberichte, bestimmte Ereignisse).

Nun haben wir mehrfach gefordert, Kommunikation im Zusammenhang mit Online-Medien neu für die methodische Bearbeitung und Betrachtung zu überdenken. Dabei liegt es allen AutorInnen fern, eine Technikdeterminiertheit von Online-Kommunikation zu unterstellen, aber es ist deutlich, dass die Interaktion von Mensch und Online-Medien in der qualitativen empirischen Analyse die technische und mediale Seite häufig ausblendet. Im Sinne einer *Ko-Konstruktion* von Medium und Kommunikation muss diese aber (stärker) berücksichtigt werden. Stefan Meißner sieht die Rolle von Technik und Medien im Anschluss an Andreas Ziemann (bzw. einer systemtheoretischen Perspektive) in einer formgebenden Funktion für Kommunikation. Neben den Einstellungen und Meinungen von Subjekten und dem sozialen Kontext habe auch diese Formierung von Kommunikation Effekte auf die Sinndimension von Kommunikationsprozessen. Diese Effekte sind allerdings nicht in einem kausalen, technikdeterministischen Sinne zu sehen, sondern als Irritationspotenzial aufzufassen, das sich in den Kommunikationsprozessen bemerkbar macht. Corsten und Herma beschreiben allgemeine Veränderungen von Kommunikationsprozessen durch den Einsatz von Verbreitungsmedien. Diese dehnen in zweifacher Weise Kommunikationsprozesse aus: Zum einen erreichen die Medien abwesende Dritte, zum anderen werden Mitteilungen über die Zeit hinweg aufbewahrt. Das führe dazu, dass an Kommunikationen an einem anderen Ort und zu einem (ggf. sehr viel) späteren Zeitpunkt angeschlossen werden kann. Dies ändere die soziale Struktur von Kommunikationen bzw. von Diskursen; neben Face-to-Face-Kommunikationen komme es unter Verwendung von Verbreitungsmedien zu One-to-Many- und Many-to-Many-Dis-

kursen. Der Beitrag von Wenninger setzt ein systemtheoretisches Kommunika-
tionsverständnis voraus und stellt im Rahmen seiner sequenzanalytischen Betrachtung eines Blogportals – vereinzelt und nicht systematisch – Vergleiche zwischen
Interaktionen (unter Anwesenden), diversen medialen Kommunikationsformen
und Kommunikationen in neuen sozialen Medien an. Darüber hinaus verweist er
darauf, dass der Fokus stärker als bisher auf mögliche kommunikative Veränderungen in gesellschaftlichen Teilbereichen ausgerichtet werden sollte, die mit der
Verwendung des Internets als Verbreitungsmedium einhergehen. Bettina Frei entwickelt deshalb drei Dimensionen medienvermittelter Kommunikation, die sie an
ihren Analysen darlegt, und zeigt, wie Sozialität medienvermittelt ist – sogar im
lokalen Face-to-Face-Kontext, der durch die Mediennutzung beeinflusst ist. Sie
verwendet *klassische* Zugänge der Medienforschung zu Sozialität und Kommunikation sowie Ansätze in der ethnografischen Forschung zu Medientechnologien,
mit denen die Kombination von *online* und *offline* fokussiert werden kann. Zur
Kommunikation gehören Medientechnologien, ihre Hierarchisierung, kontextuelle Kommunikationsbedingungen, die Rolle unterschiedlicher Medien in der vermittelten Beziehungsarbeit sowie die Qualität von vermittelter Gemeinschaft in
und durch Medien. Nach Frei stellen die Herangehensweisen an die lebensweltliche Komplexität von Mediennutzung und -kommunikation in einem spezifischen
Kontext unterschiedliche methodologische Anforderungen. Sander und Schulz
betonen in ihrem Beitrag das Moment der technologischen Vermittlung des Interaktionsgeschehens bei Online-Daten. Für sie stellt die Aneignung der medientechnologischen Anwendung einen spezifischen Interaktionszusammenhang dar,
denn ihrer Auffassung nach sind die online-generierten Daten von Facebook oder
Twitter Interaktionen, die technisch vermittelt zwischen Menschen stattfinden. Da
die Technologie jedoch nicht sinnhaft mit den AkteurInnen zurückkommuniziert,
fassen die AutorInnen die Mensch-Maschine-Kommunikation als einen Bestandteil der interpersonalen und technisch vermittelten Interaktion. Unabhängig von
der konkreten Kommunikationsintention treten AkteurInnen sowohl mit einem
bestimmten AdressatInnenkreis, als auch mit den technologischen Möglichkeiten
in einen dialoghaften Kontakt. So wirken nach Sander und Schulz zum einen antizipierte Erwartungen und Vorstellungen Dritter zu einer sinnvollen und angemessenen Verwendungsweise der technologischen Potenzialität, zum anderen die
strukturellen Vorgaben auf die Interaktionssituation, die durch die medientechnologische Anwendung festgelegt sind. Diesen Einfluss, den die medientechnologische Anwendung als ergänzendes vermittelndes Element zusätzlich zur Sprache ausübt, integrieren sie mithilfe des Rahmenkonzeptes von Goffman und der
an dieses Konzept anschließenden Überlegungen Höflichs in eine systematische
Reflexion des Textmaterials. So betrachten sie die Aneignung der Medientechnologie als ein regelgeleitetes, interaktives und damit soziales Geschehen, das mit-

tels ihres Erweiterungsvorschlags in einer rekonstruktiven Analyse gezielt untersucht werden kann. Ullrich und Schiek betonen in ihrem Beitrag die Differenz von mündlicher und schriftlicher Kommunikation als relevante Unterscheidung (anstelle der Mediatisierung) zwischen Online- und Offline-Gruppendiskussionen. Sie weisen zudem auf die Selektivität von Online-Kommunikationsmedien hin, die sich auf die unterschiedliche und eingeschränkte Erreichbarkeit von Personengruppen im Netz bezieht. Vor allem bei der Kommunikation über soziale Medien müssen Personen sowohl Zugang zum Internet, als auch eine gewisse Affinität zum Medium haben und sie müssen bereit und fähig sein – beispielsweise im Fall der asynchronen Forumsdiskussionen – schriftliche Beiträge zu erstellen. Es stellt sich nach Meinung der AutorInnen die Frage, wie stark der daraus resultierende Einfluss auf die Teilnahme ist. Sie erkennen bisher jedoch nur wenige Hemmungen durch den Aspekt der Schriftlichkeit.

Materialien und Verfahren in diesem Buch

Ziel des vorliegenden Bandes ist die Auseinandersetzung mit Internet- bzw. Online-Medien aus der Perspektive der qualitativen Forschung und die Reflexion der Arbeit mit qualitativen Methoden und Online-Daten. Qualitative Forschung hat es online, genauso wie im Offline-Bereich, mit einer großen Variation an Material und Datensorten zu tun. Die Beiträge dieses Bandes beleuchten die Funktion und Analyse klassischer, statischer Internetseiten (Corsten und Herma, Schirmer), von dynamischen und interaktiven, aber teilweise auch statischen Blogs (Wenninger), von Foren sowie Forumsdiskussionen (Ullrich und Schiek), sozialen Netzwerken wie Facebook, Twitter und Socialcast (Sander und Schulz, Frei, Meißner, Schirmer) und Miniblogs (Schirmer, Wenninger), bis hin zu extrem flüchtigen Medien wie Chats (Frei) und Mikroblogs (Schirmer), zu denen auch SMS (Frei) zu zählen sind. Bettina Frei untersucht die Interaktion (Ko-Konstruktion) von Technik und Sozialität u. a. an der Praxis der Nutzung von Mobiltelefonen. Wie in ihrem Untersuchungsgebiet, in Kamerun, ist in vielen Regionen der Welt das Mobiltelefon die verbreitetste Technik der Online-Kommunikation oder -Sozialität. Deshalb muss diese Technologie ihren Platz in einem Band zu Online-Methoden haben, die wir aus Sicht der wohlhabenden Industrieländer grundsätzlich mit dem Internet verbinden. Somit decken die Beiträge eine große Bandbreite an Material und Datensorten ab und repräsentieren Kommunikationsformen, die von eher älteren zu neueren Formen und von eher statischen bis zu eher flüchtigen Formen reichen. Verschiedene Abstufungen der Flüchtigkeit und auch der (A-)Synchronität sind häufig kennzeichnend und differenzierend für die vielen verschiedenen Kommunikationsmittel, die das Internet zur Verfügung stellt.

Der Band zeigt zudem eine große Bandbreite qualitativer Verfahren, die für die Arbeit mit Online-Daten zur Verfügung stehen. Schirmer versucht, die in der gesamten empirischen Forschung gängigen Auswahlverfahren einzuordnen und für die Erhebung von Internetmaterial nutzbar zu machen. Ullrich und Schiek diskutieren unterschiedliche Samplingverfahren für eine Online-Gruppendiskussion und ihre forscherischen Zielsetzungen. Verschiedene ethnografische Methoden finden in unterschiedlichen Projekten Verwendung: Bei Frei ist es die klassische ethnologische Feldforschung, die sie aber um die Beobachtung von Online-Verhalten ergänzt, Ullrich und Schiek ordnen den ethnografischen Umgang mit Online-Diskussionen in ihre Definition und Eingrenzung von Online-Gruppendiskussionen (und die Gegenüberstellung mit klassischen Gruppendiskussionen) ein und Sander und Schulz haben eine ethnografische Zugangsweise zur Analyse von Online-Diskussionen und ihres Kontextes gewählt. Hermeneutische bzw. rekonstruktive Verfahren sind erwartungsgemäß besonders verbreitet, aber auch besonders vielfältig. Den rekonstruktiven, sequenzanalytischen Ansatz der objektiven Hermeneutik verfolgt Wenninger und trägt somit zur Aufdeckung eigenlogischer Strukturen in einem wissenschaftlichen Blogportal bei. Bei den Diskussionen des Blogportals und auch bei anderen, ähnlichen Online-Daten ist der Herstellungsprozess grundsätzlich beobachtbar und deshalb besonders geeignet für eine rekonstruktive Forschung. Auch Corsten und Herma befassen sich mit dem methodischen Konzept der protokollierten Interaktionen (der objektiven Hermeneutik) und ihrer Verwendbarkeit in einem (Online-)Kontext, in dem immer nur ein Teil der kommunikativen Anschlüsse nachvollziehbar ist. Sie formulieren fünf methodische Aufgaben an die Rekonstruktion von Internetdiskursen. Sander und Schulz erweitern das sogenannte *integrative Basisverfahren* um drei online-spezifische Dimensionen auf der Analyseebene der Interaktion und ermöglichen so die Verwendung des ursprünglich textanalytischen Verfahrens im Online-Bereich. Auch Meißner verwendet rekonstruktive Verfahren, um aufzudecken, welche Rolle und Funktion medienspezifische bzw. technische Elemente haben und was ihr Anteil an der Konstruktion von Kommunikation ist. Schirmer verwendet rekonstruktive Verfahren auf klassische Weise und erreicht eine online-spezifische Verwendung mit der Kombination von Verfahren. So arbeitet sie unter anderem mit inhaltsanalytischen Methoden, um die (Ein-)Ordnung von Material zu erreichen. Neben diesen und weiteren text- und diskursanalytischen Verfahren (die wir oben diskutiert haben) finden ikonografische Verfahren bei der Analyse von Homepages (Corsten und Herma) sowie, am Rande, bei der Analyse von Bildern in Mikroblogs (Schirmer) und von Symbolen ihre Anwendung. Darüber hinaus ist gerade die Verwendung bewährter Techniken der qualitativen Sozialforschung (zum Beispiel die der minimalen und maximalen Kontrastierung) vorzufinden. Ullrich und Schiek erkennen in Bezug auf Online-Gruppendiskussionen eine grundsätzliche Anwendbarkeit etablierter Interpretationsverfahren. Ferner sind die qualitativen Verfahren und Analysen eingebettet in unterschiedliche Methodologien wie bspw. die Grounded Theory (Schirmer) oder das Rahmenkonzept von Goffman und der Mediatisierungsansatz von Höflich (Sander und Schulz) und werden in Verbindung gebracht mit diversen sozialtheoretischen Ansätze wie der Sprechakttheorie (Corsten und Herma), der Diskurstheorie (Schirmer, Corsten und Herma), der kybernetischen Erkenntnistheorie (Sander und Schulz), der Systemtheorie (Meißner, Wenninger, Corsten und Herma) und der Akteur-Netzwerk-Theorie (Meißner).

Die Beiträge

Die Charakteristik von Internetdaten

Der Beitrag von Stefan Meißner geht von der Annahme aus, dass qualitative Sozialforschung bislang zu stark auf den subjektiven Sinn von AkteurInnen ausgerichtet ist. Die Untersuchung internetbasierter Kommunikationen könnte dieses Selbstverständnis der qualitativen Forschung irritieren und den Blick auch auf die *Technizität* und *Medialität* von Kommunikationen lenken. Damit verfolgt der Autor eine mediensoziologische Perspektive, der zufolge im Gebrauch neuer technischer Medien – beim Internet vor allem auch sozialer Medien wie Blogs, Chats, soziale Netzwerke, Twitter oder E-Mails – unterschiedliche Formen von Sozialität entstehen, welche jeweils eigenlogische Problemlösungsmöglichkeiten bereitstellen. Mit dieser Annahme fordert der Autor allgemein mehr methodische Offenheit in der qualitativen Sozialforschung, die im Kern zu sehr *subjektzentriert*, *handlungsorientiert* und *interaktionsfasziniert* sei. Diese Forderung wird theoretisch anhand zweier Argumente entfaltet: Unter Verweis auf eine systemtheoretische Perspektive und den Akteur-Netzwerk-Ansatz solle erstens ein zu analysierendes kommunikatives Geschehen nicht immer schon von vornherein primär auf die beteiligten Personen zugerechnet werden. Stattdessen müsse neben dem Kontext einer Situation und ihrer Umwelt auch deren Medialität berücksichtigt werden. Unter Verweis auf die Abduktion als Schlussverfahren solle zweitens in einem Forschungsvorhaben allgemein mehr Kontingenz zugelassen werden – auch in Bezug auf die eigenen Beobachtungswerkzeuge, methodischen Verfahren und scientific communities. Wie diese theoretischen Annahmen forschungspraktisch Anwendung finden können, wird sodann an drei kurzen empirischen Beispielen illustriert, die sich auf unterschiedliche Kommunikationsprozesse in einem kleinen IT-Unternehmen beziehen, die im firmeninternen Kooperations-Tool *Socialcast* ablaufen. Socialcast war von der Firmenleitung eingerichtet worden, um den Austausch der MitarbeiterInnen auch über die Projektteams hinaus zu verbessern. Das erste Beispiel soll an spezifischen Kommentaren in Socialcast zeigen, dass deren Sinn nur durch die Berücksichtigung der Medialität und Technizität verstanden werden kann. Im zweiten Beispiel wird gezeigt, wie nicht-intendierte Nutzungen des Mikroblogging-Tools dazu dienen, Face-to-Face-Interaktionen zu ergänzen und zu erweitern. Das dritte Beispiel demonstriert kreative und subversive Kommunikationsstrategien mit Socialcast im Hinblick auf bestimmte Vorgaben der Geschäftsleitung.

Andreas Wenninger beleuchtet in seinem Beitrag die eigenlogischen Strukturen des Internets mithilfe der objektiven Hermeneutik. Am konkreten Beispiel des wissenschaftlichen Blogportals *ScienceBlogs* betrachtet er mediale Besonderheiten der Blogkommunikation aus der Perspektive des sequenzanalytischen Vorgehens der objektiven Hermeneutik. In der objektiven Hermeneutik erfolgt die Unterscheidung zwischen subsumtionslogischem und rekonstruktionslogischem Vorgehen anstelle qualitativer vs. quantitativer Verfahren. Ein rekonstruktives Verfahren versucht, dynamische Prozesse und Strukturen des Forschungsgegenstandes zu rekonstruieren. Das Ziel liegt darin, methodisch kontrolliertes, deutendes Verstehen zu erreichen. Dabei ist es relevant, dass man sich dem Forschungsgegenstand möglichst natürlich nähert. Nach Auffassung der objektiven Hermeneutik erfolgt ein solcher Zugang zur sozialen Wirklichkeit über möglichst natürliche Protokolle, welche die sinnkonstituierenden Abläufe des Gegenstandes konservieren. Diese Protokolle sind textbasiert, wobei der Textbegriff weit gefasst ist und sich nicht nur auf verschriftlichte Sprache bezieht, sondern alle sinnstrukturierten Materialien als Text fasst. Objektiv wird die Hermeneutik dadurch, dass der Gegenstand in Form eines Protokolls »objektiviert« ist und auch die Analyseschritte schriftlich festgehalten werden. Protokolle bilden zwar die Wirklichkeit nicht genau ab, sie ermöglichen aber eine intersubjektiv überprüfbare Analyse der erfahrbaren Wirklichkeit. Über die Sequenzanalyse als Herzstück der objektiven Hermeneutik werden Regeln (re-)konstruiert, die eine sinnlogische Folge aufbauen, zudem wird die Struktur eines Falles rekonstruiert, mit dem Ziel, eine Fallstrukturhypothese zu generieren. Der Autor stellt in seinem Beitrag insbesondere Überlegungen zur Interaktionseinbettung an, bei der darauf geachtet werden muss, wie das Protokoll entstanden ist und welche Lebenspraxis sich darin widerspiegelt. Diese Fragen stellen sich im Hinblick auf internetbasierte Gegenstände neu. Offen ist zunächst, ob und wie sich im Protokoll von Internetdaten der Ablauf nachzeichnen lässt, der auch in der sozialen Wirklichkeit die Konstruktion von Sinn übernimmt.

Bei der Anwendung der objektiven Hermeneutik zur Medienanalyse merkt Wenninger kritisch an, dass die objektive Hermeneutik aufgrund ihrer einseitigkritischen Sicht einen Teil der medialen Aspekte übersieht und zudem bewegte

Bilder eher als Begleitung der sprachlichen Äußerungen fasst. Die medial bedingte Eigenlogik werde beim Vergleich mit nicht-medialen Kontexten als defizitär erachtet. Bei der Entwicklung von Lesarten würden mediale Kontexte häufig ausgeblendet, anstelle sie zur Erklärung heranzuziehen. Der Autor sieht das Problem jedoch nicht im methodischen Ansatz, sondern in einer kulturkritischen Haltung gegenüber Technik beziehungsweise Medien. Wenn Medien auf Theorieebene mehr sind, als bloße Vermittler von Inhalten, sollte man seiner Auffassung nach auch methodisch die Regeln rekonstruieren, die in den medialen Kontexten erkennbar sind – was für internetbasierte Medien jedoch noch nicht erfolgt sei. Nach Meinung des Autors ist es dringend nötig, zum Internet eigenständige methodische und methodologische Überlegungen anzustellen. Bisher würden die medialen Besonderheiten des Internets, wie Formenvielfalt oder mögliche Auswirkungen des Internets auf unterschiedliche gesellschaftliche Bereiche, zu wenig berücksichtigt. Daher zeigt Wenninger die eigenlogischen Strukturen des Internets anhand medialer Besonderheiten der Blogkommunikation am Beispiel des wissenschaftlichen Blogportals *ScienceBlogs* auf. Charakteristisch für Blogs ist der Austausch mit dem Publikum und die Vernetzung mit anderen Webseiten. Die für die objektiv-hermeneutische Analyse relevanten Protokolle müssen bei den meisten Blogs nicht extra angefertigt werden, da die selbstprotokollierende Praxis soziale Handlungen aufzeichnet, archiviert und öffentlich zugänglich macht. Kommunikation wird in ihrem Ablauf festgehalten, sodass der Herstellungsprozess beobachtbar wird, was das Datenmaterial laut Wenninger besonders geeignet für rekonstruktive Sozialforschung macht. Er nennt Besonderheiten, die bei der Analyse von Weblogs zu beachten seien – beispielsweise könne ein im Datenmaterial übersehener moderierender Eingriff kommunikative Anschlüsse kappen und die Sinnrekonstruktion erschweren. Zudem beschreibt er vier Ebenen sequenzieller Abläufe im Gegenstandsbereich zur Nachvollziehbarkeit der Dynamik und Komplexität von Blogportalen. Neben den spezifischen medialen Eigenschaften der Daten, die eine Sequenzanalyse erschweren könnten, betont Wenninger das Potenzial von Internetdaten als Material für rekonstruktive Verfahren, da sie Aufschlüsse über möglichen Einfluss medialer Eigentümlichkeiten auf die Sinnstrukturen sozialer Phänomene geben könnten.

Der Beitrag von Dominique Schirmer befasst sich mit dem Charakter verschiedener Internetmedien und fragt, wie ihre Unterschiedlichkeit für die Analyse genutzt werden kann. Die Autorin kontrastiert statische Internetseiten (offizielle Stellungnahmen von Organisationen) mit flüchtigen Beiträgen (Tweets). Die Materialien unterscheiden sich nicht nur in ihrer Art, sondern beleuchten auch verschiedene Aspekte gesellschaftlicher Auseinandersetzungen, die unterschiedliche Äußerungsformen und somit andere Schwerpunkte haben. Der Beitrag diskutiert zudem Auswahlstrategien bei Internetmaterial, insbesondere bei Mikroblogs. Das vielfach geäußerte Argument der nicht zu überblickenden und kaum handhabbaren Masse von Material im Internet weist die Autorin zurück, da es bei jeder empirischen Untersuchung notwendig sei, den Fokus radikal auf einen kleinen und bewältigbaren Ausschnitt sozialer Wirklichkeit einzustellen. Im Gegenteil stellten Internetdaten – abhängig vom Forschungsinteresse – eine besonders gute Grundlage zur Erhebung von Daten und deren Auswertung dar, da sie im Gegensatz zu vielen Offline-Gegenständen leicht zugänglich seien.

Inhaltlich untersucht der Beitrag die französische Protestbewegung gegen die Öffnung der Ehe für gleichgeschlechtliche Paare. Die Autorin interessiert sich für offizielle Stellungnahmen der organisierten Protestbewegung einerseits und für spontane Äußerungen persönlicher Einstellungen der AkteurInnen der Bewegung andererseits. Schirmer erarbeitet ein mehrdimensionales Erhebungs- und Auswertungsverfahren. Persönliche Meinungen und Einstellungen von AkteurInnen der Protestbewegung analysiert sie über Mikroblogbeiträge (hier Tweets). Offizielle Stellungnahmen entnimmt sie den Beschreibungen von (relativ statischen) Webseiten verschiedener Initiativen und Vereinigungen der Protestbewegung. Die Auswahl der relevanten Inhalte und die Entwicklung der konkreten Forschungsinteressen sind stark miteinander verwoben, was auch am Begriff der *Erhebungsziele* deutlich wird. Damit definiert die Autorin erstens die vor der Erhebung und Auswertung bestehenden Erkenntnisinteressen einer ForscherIn, zweitens die Instrumente zur Erhebung der relevanten Materialien und drittens die Inhalte im Sinne von relevanten Themen und Sachverhalten. Die Erhebung findet in einem komplexen, teilweise iterativen Verfahren statt. Die Autorin diskutiert die Auswahl von Plattformen, Themen, Medien, relevanten Kontexte, Zeiträumen usw. Dabei werden methodische Fragen angesprochen, die sich in Bezug auf Internetdaten (neu) stellen, wie etwa die Frage nach der Flüchtigkeit oder Reaktivität von Forschungsdaten.

In der Analyse geht die Autorin zweistufig vor, in einem ersten Schritt inhaltsanalytisch und in einem zweiten hermeneutisch. Im Rahmen der Analyse der offiziellen Stellungnahmen entwickelt sie eine Fülle von Kodes, die in der weiteren Analyse zu Kategorien verdichtet werden, einmal hinsichtlich der Weltbilder der Protestbewegung (Geschlecht, Generativität, Verdinglichung) zweitens hinsichtlich ihrer zentralen Themen (Geschlechterdifferenz, Fortpflanzung, Abstammung und Fortbestand, Naturgesetze, Kindes-Rechte). Die Weltbilder sind durch die zentrale Kategorie der – durch die Öffnung der Ehe – bedrohten Zivilisation miteinander verbunden. Auch die Themen der Protestbewegung haben ein verbindendes Konzept: »Vater, Mutter, Kind(er) sind der Kern der Zivilisation« und dieser Kern wird durch die gesetzliche Aufhebung einer geschlechterbezogenen Ungleichbehandlung bedroht. Die Auswertung der persönlichen Meinungen und Einstellungen findet mit der Analyse von Mikroblogs (Tweets) statt. Die Autorin verwendet Mikroblogkategorien (Medien, Urheberschaft, Interaktivität, Sequenzialität, Quellen), um das Material im Rahmen des Forschungsinteresses für die weitere Auswahl sortieren und besser an spezifische Analyseanforderungen anpassen zu können. In Bezug auf dieses Datenmaterial geht Schirmer auf internetspezifische Besonderheiten ein, wie etwa das Verschicken von Hyperlinks ohne weitere Kommentierung oder die gängige Verwendung von Bildern. Die inhaltliche Auswertung der Mikroblogs ergibt ein komplementäres Bild zu den offiziellen Stellungnahmen. Im Unterschied zu letzteren liegt die Betonung hier auf der Überlegenheit der Heterosexuellen (Lebensweise) gegenüber den Homosexuellen und daraus abgeleiteten Normalitätsansprüchen. Im Kontrast der beiden Untersuchungsebenen zeigen sich zwei Gegensätze: (1.) »Während die Stellungnahmen argumentieren und selbstlos die gesamte Zivilisation verteidigen wollen, bestehen die flüchtigen Äußerungen egoistisch auf der eigenen Sonderstellung in der gesellschaftlichen Hierarchie.« (2.) »Während in den Stellungnahmen eine Atmosphäre des Bedroht-Seins, also der erfahrenen Drohung, anklingt, ist es in den Mikroblogs eine Atmosphäre der Be-Drohung, der aktiven Drohung.« Nach Schirmer verdeutlicht das Projekt, wie gewinnbringend die Analyse von Internetdaten und insbesondere von Mikroblogs für eine qualitative Studie ist. So lasse sich beispielsweise die wechselseitige Abhängigkeit von Inhalt und Materialien mit der Komplementarität der Ergebnisse in Verbindung bringen: »Die offiziellen Stellungnahmen definieren eine Lebensform, die die flüchtigen Äußerungen zum Leitbild erklären.« Sie weist aber auch auf die Frage der Vergleichbarkeit von Ergebnissen aus unterschiedlichen methodischen Vorgehensweisen und auf die Gefahr der Produktion von Artefakten hin.

Carsten G. Ullrich und Daniela Schiek behandeln die Erhebung von Online-Daten in Forumsdiskussionen. Die Forumsdiskussion ist eine Form der asynchron-schriftlichen Gruppendiskussion, über die noch nicht viele Erkenntnisse – insbesondere zur methodischen Reflexion – vorliegen. Im Gegensatz zu einer klassischen Face-to-Face-Gruppendiskussion sind Online-Gruppendiskussionen räumlich und zeitlich flexibler; aufgrund der Anonymität gibt es zudem eine erhöhte Bereitschaft zur Kommunikation über sensible Themen – jedoch auch schneller negative Kommentare. Ein Internetzugang und eine gewisse Affinität zum Medium sind Voraussetzungen zur Teilnahme an Online-Gruppendiskussionen. Das Hauptmerkmal von Online-Gruppendiskussionen ist die *Alokalität* beziehungsweise fehlende Kopräsenz der TeilnehmerInnen. Dies hat einen Einfluss auf die Gruppendynamik. Beiträge sind egalitärer verteilt und die Diskussion erfolgt selbständiger, was jedoch die Moderation erschwert. Von Vorteil ist, dass aufgrund der verschriftlichten Sprache keine Transkription erfolgen muss. Ein Nachteil ist hingegen, dass dadurch fast keine para- und nonverbalen Elemente vorliegen. Ullrich und Schiek betonen, dass sich eine Face-to-Face-Gruppendiskussion nicht einfach durch eine Online-Gruppendiskussion ersetzen lässt. Sie vermuten, dass die Unterschiede von Online- und Offline-Diskussionen weniger auf die Mediatisierung zurückzuführen sind, als auf den Unterschied zwischen gesprochener und geschriebener Sprache. Doch auch Online-Gruppendiskussionen würden sich unterscheiden: Die AutorInnen differenzieren unter anderem synchrone und asynchrone Gruppendiskussionen (Forumsdiskussion vs. Chatdiskussion), offene und geschlossene Durchführungen (internetöffentlich vs. mitgliedsöffentlich) und die Form der TeilnehmerInnenrekrutierung (gezieltes Sampling vs. Selbstselektion). Ihr Forschungsgegenstand – die asynchrone Forumsdiskussion, die als asynchrone Gruppendiskussion in einem Internet- oder Webforum durchgeführt wird – erlaube im Gegensatz zur Chatdiskussion eine höhere TeilnehmerInnenzahl, erfolge über einen längeren Zeitraum, sei zeitlich flexibler und könne als eigenständige Methode betrachtet werden.

Das Webforum, auf das Ullrich und Schiek ihre Forschungserfahrungen stützen, ist die Forumsdiskussion des Projektes »Generation 9/11«. Das Projekt zielte auf die Frage, ob sich in Deutschland nach den Terroranschlägen vom 11. September 2001 eine »Generation 9/11« herausgebildet hat, die aufgrund der Anschläge ein spezifisches Generationenbewusstsein aufweist. Anhand des Beispiels erläutern sie die Selektivität der Teilnahme, die Strukturierung der Forumsdiskussion und den Umgang mit Off-Topics. Aufgrund der Hauptmerkmale *Asynchronität* und *Schriftlichkeit* bieten sich Forumsdiskussionen nach Auffassung der AutorInnen besonders für Fragen an, die an (noch) nicht geronnene Erfahrungen adressiert sind, da Zeit zur Selbstreflexion vorhanden sei. Damit würden Forumsdiskussionen einen neuen Datentyp bilden und unter Beachtung der spezifischen Online-Selektivität ein nahezu unbegrenztes Sampling ermöglichen. Während sich die Beobachtung von Forumsdiskussionen vor allem zur Erhebung natürlicher Daten eigne, könnten mit einem (relativ strikt) moderierten beziehungsweise initiierten Webforum auch Erkenntnisse gewonnen werden, zu denen bisher noch keine Daten zur Verfügung stünden oder die schwer zugänglich seien. Zu klären bleibt nach Ullrich und Schiek, welche Auswirkungen die schriftliche Sprache und der Verzicht auf para- und nonverbale Daten haben und wie viel Zeit eine reaktive Forumsdiskussion in Anspruch nimmt.

Das Verhältnis von Kommunikation, Interaktion und onlinebasierten Medien

Ein ethnomethodologisches Vorgehen bei der Anwendung rekonstruktiver textanalytischer Verfahren präsentieren Nadine Sander und Miklas Schulz, die in ihrem Beitrag die forschungspraktische Verwobenheit von Medientechnologie, Erhebungssituation und Auswertungsverfahren untersuchen. Sie befassen sich dabei mit Diskussionen auf sozialen Netzwerken über das multimodale Online-Angebot eines Fernsehsenders zu den Olympischen Sommerspielen 2012. Der Beitrag nimmt zwei Aspekte in den Blick, erstens den interaktiv-prozessualen Kommunikationszusammenhang, der kommunikativen Sinn erzeugt und nachvollziehbar macht. Online-Daten seien immer Produkt eines bestimmten Settings und dieser Kontext sei ein Teil des gesamten Forschungszusammenhangs. Zweitens die technologische Vermittlung des Interaktionsgeschehens. Zudem thematisieren sie das Problem der Validierung und Kontrolle des eigenen Fremdverstehensprozesses bei nicht-reaktiven Daten (ohne Steuerung kann wenig(er) Einfluss auf Umfang und Kontext des Datenmaterials genommen werden). Sie zeigen, dass sich gerade qualitative Forschung sensibel auf diese Daten und ihre Kontexte einlassen muss und kann. Methodische Grundlage der Arbeit von Sander und Schulz ist das ursprünglich textanalytische integrative Basisverfahren, das sie in Bezug auf die dort zentrale Interaktionsebene zu einem integrativen Basisverfahren im Kontext online-basierter Daten erweitern. Für sie eignet sich das integrative Basisverfahren besonders, da es eine offene, wenig dogmatische Anschlussfähigkeit an virulente Ansätze qualitativer Textanalyseverfahren stark macht. Konkret schlagen sie vor, bei online-basierten Daten die sogenannten Aufmerksamkeitsebenen des Verfahrens zu erweitern, da es neben einer sprachlich vermittelten Interaktion zwischen Menschen auch eine technisch vermittelte Interaktion gebe. Sie fassen dazu das Verhältnis Mensch-Maschine beziehungsweise Mensch-Technologie als Kommunikation, die ein Bestandteil dieser interpersonalen und technisch vermittelten Interaktion ist. So erschließen sie das Zusammenspiel von Menschen, Technologie und Datenproduktion konzeptionell und können dieses Setting in seiner Spezifik auch forschungspraktisch untersuchen. Über den Rückgriff auf das Rahmenkonzept von Goffman und den Mediatisierungsansatz von Höflich wird das Zusammenspiel aus sozialer Praxis und Medientechnologie transparent gemacht. Die Medienaneignung erscheint dann als ein interaktiv ausgehandeltes und regelgeleitetes Unterfangen. Die AutorInnen arbeiten drei Reflexionsdimensionen medientechnologisch vermittelter Textproduktion heraus: die *Verwendungsdimension,* die *Strukturierungsdimension* und die *Verständigungsdimension.* Diese analytische Systematik soll helfen, die Analyseebene der Interaktion im Hinblick auf die Herausforderung des informationstechnologischen Zustandekommens des Materials hin zu erweitern. Mit dieser Reflexionsebene soll das Umfang- und Kontextproblem der qualitativen Analyse online-basierter Daten entschärft und die Rolle der jeweiligen medientechnologischen Anwendung beim Zustandekommen und der Qualität eines Textkorpus systematisch reflektiert werden. An zwei Auszügen aus Diskussionen, die auf der Facebook-Seite eines Fernsehsenders zur Online-Übertragung der Olympischen Sommerspiele stattfanden, zeigen die AutorInnen exemplarisch, warum und wo diese drei Untersuchungsdimensionen relevant sind.

Der Beitrag von Corsten und Herma behandelt vor dem Hintergrund einer pragmatistisch-linguistischen Perspektive die Frage nach den Bedingungen des Glückens einer sozialen Praxis. Das besondere an diesem *sprechakttheoretisch* fundierten Ansatz ist die Annahme, dass mit sprachlicher Zeichenverwendung nicht nur übereinstimmende Wortbedeutungen erzeugt werden, sondern Sozialität schlechthin hergestellt bzw. verändert wird. Die Autoren arbeiten sprechakttheoretische Bedingungen aus, unter denen eine soziale Praxis scheitern kann. Das »Standardmodell einer pragmatisch-linguistisch fundierten Interpretativen Sozialforschung« ist die Beobachtung von Prozessen in protokollierten Interaktionen, in denen Übereinkunft darüber hergestellt wird, was eine Handlung bedeutet und worum es in einer Situation geht. Dies stoße im Hinblick auf Diskurse, die auch internetbasierte Kommunikationen enthalten, schnell an Grenzen. Internetkommunikationen seien immer nur ein Teil größerer Diskurse und blieben somit fragmentarisch. Im Unterschied zu protokollierten Interaktionen unter Anwesenden lasse sich nur ein Teil der kommunikativen Anschlüsse beobachten. Allerdings entstehe bei der Verwendung von Verbreitungsmedien generell das Problem, dass Kommunikationen immer auch an Nicht-Anwesende gerichtet seien und sich somit Verstehensprozesse nicht mehr beobachten ließen.

Corsten und Herma stellen im Hinblick auf diese medialen Diskurse die Frage nach den (veränderten) Bedingungen des Glückens bzw. nach Konstitutionsbedingungen des Sozialen. In allen Varianten verbreitungsmedialer Kommunikation sei neu, dass in ihnen um die Gunst abwesender Dritter gerungen werde – Teile des Kommunikationsprozesses würden uneinsehbar. Es entstünden Inklusionsfiktionen im Sinne der Unterstellung einer potenziellen Teilhabe Aller. Corsten und Herma stellen dann die Frage nach der Kommunikationsmacht bezüglich solcher Kommunikationssituationen. Welche Gruppen kämpfen in solchen Diskursen gegeneinander um die Definition der Situation im Sinne einer richtigen Weltauslegung (Kämpfen um Kommunikationsmacht)? Und wie unterscheiden sich diese Kämpfe und die daraus folgenden Signalisierungen, Ratifizierungen und Validierungen im Hinblick auf unterschiedliche mediale Kommunikationsformen (one-to-many vs. many-to-many)? Diese theoretischen Überlegungen führen zu methodologischen Folgerungen, in denen fünf methodische Aufgaben benannt werden, die eine rekonstruktive Untersuchung von Internetdiskursen zu lösen habe: (1.) Wer wird wie als Publikum adressiert? (2.) Wie wird das Erreichen des Publikums angezeigt? (3.) Um welche Art von Zustimmung wird (beim Publikum) gerungen? (4.) Wie erweist das Publikum einem angebotenen Beitrag seine Gunst? (5.) Welcher Rahmen wird vom Publikum verwendet bzw. in einen anderen transponiert? Corsten und Herma plädieren dafür, die Materialität eines kommunikativen Mediums ernst zu nehmen: In Bezug auf internet-basierte Medien ist konkret der Bildschirm als deren visueller Rahmen gemeint. Diese kommunikative Vorstrukturierung verweise auf die spezielle visuelle Komposition von Webseiten, die Auswirkungen auf die Interpretation von Homepages habe. Im Anschluss an die hermeneutische Wissenssoziologie richten die Autoren ihr Augenmerk auf die mediale Gestaltung zweier Webseiten und ihre Voraussetzungen zur Ermöglichung von kommunikativen Anschlüssen. Mediengestaltung wird hierbei als kulturelle Praxis gesehen, mit der kommunikative Rahmungen erzeugt werden *(Doing Internet).* Untersuchungsgegenstand sind Netz-Auftritte der Piratenpartei und der Friedensbewegung, die kontrastierend miteinander verglichen werden. Die zentrale Untersuchungsfrage lautet, welche kommunikative Positionierung über die Gestaltung eines Mediums im öffentlichen Diskurs etabliert wird und ob dadurch neue, generationenabhängige Weltauslegungen artikuliert oder versperrt werden. Dabei vertreten Corsten und Herma die Annahme, dass es das Ziel einer Homepage sei, verstanden zu werden und Anschlussmöglichkeiten bereitzustellen. Da die Bestimmung von Sequenzeinheiten bei der Anwendung der Sequenzanalyse auf Homepages einen hohen Begründungsaufwand mit sich bringt, wenden die Autoren ihren Blick vorrangig auf die Gestaltungsprinzipien der Webseiten. Diese weisen hinsichtlich ihrer Aufmerksamkeitslenkung signifikante Unterschiede auf: Die Seite der Piraten lade zum Mitmachen ein und erzeuge ein ›Wir-Gefühl‹ wohingegen die Seite der Friedensbewegung vom Charakter des Versperrt-Seins gekennzeichnet sei. Letztere präsentiere sich im Modus einer Visitenkarte und setze ein gesteigertes Vorwissen und Vorab-Engagement des Publikums voraus. Entsprechend dieses Befundes wird die Seite der Piraten tendenziell als gelungen und die der Friedensbewegung als Unglücksfall gewertet. Die Autoren verknüpfen diesen Befund an Überlegungen zur Kommunikationsmacht unterschiedlicher Generationen, der zufolge in den beiden Internetauftritten das jeweilige »humanitäre Ansinnen in unterschiedliche kommunikative Formgestalten« gebracht sei. Die Piratenpartei adressiere ein Publikum jüngerer Generationen, das überzeugt und zur Teilnahme an Diskussionen bewegt werden solle, während die Seite der Friedensbewegung eher ältere Generationen anspreche, die bereits überzeugt sind. Die Autoren stellen u.a. den gedankenexperimentellen Vergleich der Seite mit einer Poststelle an, bei dem sich das Publikum lediglich Infomaterial abholen kann, aber sonst keine Möglichkeiten der Teilnahme und Mitgestaltung bekommt. Die Seite der Friedensbewegung stelle also einen »Unglücksfall von Netzauftritt« dar, weil es die zum Zeitpunkt der Analyse bereits etablierten kommunikativen Potenziale des Web 2.0 nicht aufgreife. Die Informationen der Seite könnten genauso gut in einer Print-Broschüre vermittelt werden und die kommunikative Rahmung verbleibe im One-to-Many-Modus. Anschlusskommunikationen im Medium Internet würden quasi verhindert und unentschlossene oder anders gesinnte Dritte nicht angesprochen. Auch die Bühne eines möglichen Austragungsortes (außerhalb des Internets) bleibe unsichtbar. Das Interesse der Autoren liegt jedoch nicht darin, einen unzeitgemäßen Umgang mit neuen Medien zu entlarven, sondern darin, »ein besseres Verständnis der sprach- und diskurspragmatischen Regeln des geglückten oder weniger geglückten Tuns (sozialen Handelns) mit Zeichen innerhalb von digitaler Kommunikation« zu erreichen. Sieht man den Abschluss einer Kommunikation nicht schon in der Rezeption einer Information (hier: im Anklicken einer Internetseite) als vollzogen an, so stelle eine Internetseite dann einen Unglücksfall dar, wenn sie öffentliche Kommunikation eröffnet, aber gleichzeitig den Abschluss dieser Kommunikation verhindert.

Bettina Frei befasst sich mit dem Wechselspiel von Medienpraxis und Medientechnologien aus ethnografischer Perspektive und im Rahmen ethnografischer Forschung. Ihr Untersuchungsgegenstand ist die Nutzung des Internets, aber vor allem des Mobiltelefons als Kommunikationsmedium von Nicht-MigrantInnen im urbanen Kamerun und kamerunischen MigrantInnen in der Diaspora. Sie untersucht die Divergenz von tatsächlichen Lebensumständen, Erwartungen und der Praxis medienvermittelter Sozialität. Sie zeigt, wie die Mediennutzung und ihre Voraussetzungen von ihrem sozialen und ökonomischen Kontext geprägt sind. Die Herangehensweisen an die lebensweltliche Komplexität von Mediennutzung und -kommunikation stellen unterschiedliche methodologische Anforderungen. In diesem Zusammenhang zeigt Bettina Frei die prägenden internet- und mobiltelefonbasierten *Kommunikationsgenres* ihres Untersuchungsbereiches. Bei der Nutzung sozialer Internetmedien und des Mobiltelefons gebe es eine Divergenz von Nutzung und Bewertung der Medien: Die Hierarchisierung und normative Bewertung der unterschiedlichen Kommunikationsmedien unterscheide sich deutlich von ihrer tatsächlichen Verwendung. Die Divergenz zwischen den tatsächlichen Lebensumständen der kamerunischen MigrantInnen im Ausland und die in Kamerun vorherrschenden Vorstellungen, Imaginationen und Erwartungen habe einen entscheidenden Einfluss auf die medienvermittelte Sozialität. Die Wahrnehmung von Nähe und Distanz der KommunikationspartnerInnen werde über die vermittelte Kommunikation – oder Nicht-Kommunikation – ausgehandelt, nicht zuletzt auch über die Wahl und Kombination der Kommunikationsmedien, denen unterschiedliche Potenzialität zugeschrieben werde. Durch die Beobachtung von medienvermittelten Kommunikationspraktiken ergründet Frei u. a., wie sich die Betonung des Verbundenseins und -bleibens anhand der zeitlichen und räumlichen Koordinaten im Alltag zeigt. Die medienvermittelte Kommunikation sei zudem Teil der alltäglichen Sozialität im lokalen Face-to-Face-Kontext. In dieser Forschung spielen entsprechend sowohl Face-to-Face- als auch internet- und mobiltelefonvermittelte Kommunikation und Sozialität eine Rolle.

Auf methodischer Ebene fragt Bettina Frei – nach der Darlegung ethnografischer Methoden von *klassischen* Ansätzen bis zur Erforschung von neuen Medien – nach dem Potenzial *klassischer* Zugänge zu Sozialität und Kommunikation für Medienforschung im Zeitalter des Internets. Ganz besonders fokussiert sie dabei Kombinationen von *online* und *offline* in der ethnografischen Forschung zu Medientechnologien. Die Bandbreite ethnografischer Medienforschung variiere bezüglich des Fokus der Analyse auf Offline-Kontext und Online-Medienumgebungen. Es sei diesen Herangehensweisen gemeinsam, dass Medien(-technologien) als ein Teil der alltäglichen Lebenswelt ihrer NutzerInnen verstanden würden und somit Online- und Offline-Dimensionen von Kommunikation und sozialer Interaktion in die Analysen mit einflössen. Am Beispiel ihrer ethnografischen Feldforschung zur Verwendung von Internet und Mobiltelefon im urbanen Kamerun zeigt die Autorin drei Dimensionen medienvermittelter Kommunikation: Die emotionale und sinnliche Erfahrung von Medientechnologien und KommunikationspartnerInnen in der vermittelten Kommunikation, die Qualität von vermittelter Gemeinschaft in und durch Medien sowie die imaginierte potenzielle Erreichbarkeit und Verfügbarkeit der KommunikationspartnerInnen. Die Methoden, mit denen sie arbeitet und die sie in ihrem Beitrag diskutiert, umfassen vor allem Interviews, teilnehmende Beobachtung und die Analyse von Kommunikationsinhalten in der Feldforschungs-Situation. Bettina Frei beleuchtet dabei wichtige methodologische Herausforderungen. Nebenbei ist Freis Beitrag ein hervorragendes Nachschlagewerk zum Stand der Forschung und der Diskussionen, die mit der Medienverwendung und dem Verhältnis von online und offline verbunden sind.

Seitenblicke: Für eine Wissenschafts- und Technikforschung der Medien

Der Beitrag von Jan-Hendrik Passoth sieht abschließend – als Seitenblick eines Wissenschafts- und Technikforschers – über den methodologischen und disziplinären Tellerrand. Während in der qualitativen Sozialforschung eine gewisse Zurückhaltung im Umgang mit digitalen Daten zu beobachten ist, entwickelt sich derzeit ein eigenständiger Diskurs zu digitalen Methoden quer zu den alten Grenzen der Kultur-, Sozial- und Medienwissenschaften. Die Herausforderung, im Hinblick auf digitale Daten neue Begriffe, Argumentationen und Formen des Denkens zuzulassen, wird um forschungspraktische Fragen zur Archivierung, Dokumentation und Auswertung dieser Daten erweitert. Aufgrund von Dynamik, Flüchtigkeit und anderen Spezifika wird es nach Passoth notwendig, beim Forschen mit digitalen Daten über das bisher Gelernte hinaus zu denken. Er gibt jedoch keine Empfehlung, wie dieses Forschen genau aussehen sollte – vielmehr vertritt er die These, dass Sozial-, Kultur- und MedienwissenschaftlerInnen gar nicht wissen, wie sie als solche überhaupt etwas wissen: Sie könnten es lediglich aus ihrer eigenen Erfahrung alltäglicher Sozial-, Kultur- und Medienforschung und aus abstrakten methodologischen Debatten ableiten, wobei die Debatten seiner Meinung nach eher forschungsferne Distinktionskämpfe sind. Passoth weist aus der Perspektive eines Wissenschafts- und Technikforschers unter anderem auf eine fehlende systematische Kartierung, einen fehlenden fallbasierten Vergleich von Evidenzpraktiken der Medienforschung und eine fehlende Analyse ihrer Instrumente, Rechtfertigungs- und Evaluationsverfahren hin. Zusammengefasst fehlt seiner Auffassung nach eine Wissenschafts- und Technikforschung der Medienanalyse.

Es stehe die Präsenz eines neuen Datentyps im Vordergrund, der für die Kulturanalyse ungewohnt sei und neue Verfahren und Herangehensweisen benötige. Es gehe um die Entwicklung neuer Verfahren und Methoden, die bisher in den Kultur-, Sozial- und Medienwissenschaften keine besondere Rolle spielten – weg vom Einzelfall, vom Original und von Interpretation und Ausdeutung. Passoth identifiziert in den konkreten Anwendungsfällen digitaler Methoden – im Gegensatz zum Inhalt großer Debatten um *Digital Humanities* – pragmatische Auseinandersetzungen, die sich um Fragen nach Archivierung, Verfügbarkeit oder Abhängigkeit von kommerziellen Diensten bewegen. Auch die Entwicklung neuer Verfahren sei weniger an Revolution als an pragmatischer Reform orientiert, denn in den konkreten Anwendungsfällen seien Fragen nach dem epistemischen Bruch des Digitalen ganz praktische, jeweils situativ und lokal zu lösende Fragen.

Passoth erkennt in diesem forschungspraktischen Ausprobieren die Chance – abseits von disziplinären oder methodologischen Abgrenzungen –, die epistemischen Regime der Medienforschung selbst zum Gegenstand zu machen und nach der Praxis der Produktion und Legitimation kultur-, sozial- und medienwissenschaftlichen Wissens zu fragen. Der eigenständige Diskurs, der sich derzeit entwickle und der quer zu den alten Grenzen der Kultur-, Sozial- und Medienwissenschaften verlaufe, verkörpert seiner Auffassung nach auf eigentümliche Weise eine Suchbewegung, die angesichts der Eigenarten digitaler Daten von beispielloser Experimentierfreude und forschungspraktischer Agnostik geprägt ist, und sich ganz explizit jenseits der Unterscheidung von qualitativen und quantitativen Methoden positioniert. So werden etwa große Mengen von Daten aus sozialen Netzwerken mittels deskriptiver Statistik und Netzwerkanalyse-Software gefiltert und aufgearbeitet, zugleich stütze sich aber die Interpretation dieser Daten auf ästhetisch aufgearbeitete Visualisierungen in Form von Bild und Film. Begleitet sei diese quer verlaufende Debatte um digitale Methoden von einer Rhetorik des Bruchs und der epistemischen Reform, die den Umgang mit digitalen Daten nicht nur als technisches und praktisches, sondern vor allem als Problem der Ablösung von klassischen Methoden und der Notwendigkeit der Erfindung neuer Verfahren verstehe. Ausgehend von der Wissenschafts- und Technikforschung, die in den letzten 30 Jahren die komplexen und heterogenen epistemischen Regime der Technowissenschaften zum Gegenstand gemacht und vor allem ethnografisch die Praktiken der Evidenzproduktion und Rechtfertigung in den Blick genommen habe, schlägt Passoth vor, die aktuellen Versuche des Umgangs mit digitalen Daten zum Anlass zu nehmen, sich empirisch mit den epistemischen Regimen der Kultur-, Sozial- und Medienwissenschaften zu beschäftigen. Diese schwankten vor allem deshalb zwischen größtmöglicher Experimentierfreude und vorsichtiger Zurückhaltung, weil sie im Gegensatz zu den Technowissenschaften gewohnt seien, Fragen des Umgangs mit Material vor allem im Rahmen abstrakter Methodologie- und disziplinärer Distinktionsdebatten zu klären.

Da sich im Umgang mit digitalen Daten aber, ganz ähnlich wie in datenintensiven Forschungsfeldern der Technowissenschaften, vor allem praktische Fragen stellten, für deren Einschätzung solche Debatten hinderlich seien, betont Passoth die Notwendigkeit von empirischem Wissen über die Forschungspraxis der kultur-, sozial- und medienwissenschaftlichen Medienforschung, welches uns erlaube, die neu entwickelten Verfahren der Gewinnung, Aufbereitung und Interpretation von digitalen Daten mit praktischem Forschungswissen zu vergleichen. Dieser Blick auf sich verändernde Forschungspraxen sei Aufgabe qualitativer Forschung: In die digitalen Welten der sich neu konfigurierenden Medienforschung macht man sich seiner Meinung nach vermutlich am besten mit Stift und Papier auf.

Vorschläge zur Anpassung und Erweiterung gängiger Methoden

Die Beiträge in diesem Band verdeutlichen, dass die Methoden und Werkzeuge für eine umfassende Analyse von Online-Daten angepasst werden sollten. Wie sich gezeigt hat, sind Online-Daten mit einer Reihe von Besonderheiten verbunden, die im Rahmen der Erhebung und Auswertung gezielt berücksichtigt werden müssen. Ganz grundlegend untersucht Bettina Frei ethnologische Verfahren der Medienanalyse und das Potenzial klassischer ethnologischer Zugänge für die Arbeit mit Online- und Internetmedien. Ein besonderes Augenmerk richtet sie dabei auf die kombinierte Analyse von Online- und Offline-Materialien. Sie entwickelt drei Dimensionen medienvermittelter Kommunikation, die Hierarchisierung von Medientechnologien bzw. kontextuelle Kommunikationsbedingungen, die Verbindung von Medien und angemessenem Kommunikationsverhalten und die Interaktion der KommunikationspartnerInnen als imaginiertes Potenzial. Ullrich und Schiek streichen die Eigenständigkeit von Online-Gruppendiskussionen heraus und zeigen, welche methodischen Voraussetzungen und Möglichkeiten Online-Gruppendiskussionen, insbesondere Forumsdiskussionen als neuen Datentyp, haben. Zudem identifizieren sie Forschungsfragen, für die sich Forumsdiskussionen besonders eignen, beispielsweise die Untersuchung noch nicht geronnener Erfahrungen. Weiterhin diskutieren sie die veränderte Rolle der ModeratorInnen von Online-Diskussionen und weisen darauf hin, dass die Konsequenzen des reaktiven Gebrauchs der verschriftlichten Sprache und der damit verbundene Verzicht auf para- und nonverbale Daten für die qualitative Forschung noch unklar sind. Auch Sander und Schulz befassen sich mit neuen Herausforderungen, die Online-Daten an die Methoden und Werkzeuge stellen – sie heben eine wesentliche Verschiebung im Zustandekommen des Textmaterials hervor. Im Gegensatz zu Offline-Kommunikationssituationen entstehen die Daten der Online-Variante durch die Interaktion zwischen Menschen in ihren jeweiligen alltags- und lebensweltlichen Kontexten, die mit und durch die Medientechnologie ihre Wirklichkeit *koproduktiv* herstellen. Um diese Daten vollständig auswerten zu können, muss daher nach Auffassung der AutorInnen die medientechnologische Anwendung berücksichtigt werden. Sander und Schulz erweitern dazu das textanalytisch orientierte *integrative Basisverfahren* um drei weitere Dimensionen auf der Analyseebene der Interaktion. Sie betrachten die Kommunikation zwischen Mensch und Maschine beziehungsweise Mensch und Technologie als einen Bestandteil interpersonaler und technisch vermittelter Interaktion. Über die Erweiterung der Reflexionsdimensionen ermöglichen sie die Berücksichtigung des informationstechnologischen Zustandekommens des Materials. Schirmer erweitert die gängigen Auswahlstrategien, indem sie die Kombination von Verfahren nutzt, um die Auswahl den internetspezifischen Bedingungen anzupassen. Außerdem schlägt sie die Verwendung von Mikroblogkategorien zur inhaltsanalytischen Auswahl und Strukturierung von Mikroblogs vor. Drittens verwendet sie die Triangulation von internetspezifischen Medienarten für die Analyse ihrer Forschungsfrage. Meißner fordert die Relationierung internetbasierter Daten auf ihre Medialität und Technizität und schlägt deshalb eine Umstellung qualitativer Herangehensweisen, weiter weg vom Subjekt, hin zu Kommunikation vor. Wenninger zeigt, welche Ebenen der Sequenzialität bei einer Analyse berücksichtigt werden sollten und welche Potenziale Internetdaten in dieser Hinsicht bieten. Das sequenzanalytische Verfahren müsste speziell für den Bereich internetbasierter Materialien modifiziert und mit bildhermeneutischen Verfahren kombiniert werden. Corsten und Herma verweisen hingegen stärker auf den hohen Begründungsaufwand bzw. die Grenzen für ein sequenzanalytisches Vorgehen bei Internetseiten – sie wenden sie für Schriftelemente in ihrer Analyse an und kombinieren so bildhermeneutische und sequenzanalytische Verfahren. Die Anwendung von bildhermeneutischen Verfahren auf Internetgegenstände ist durchaus angebracht, weil das Internet eine Praxis darstellt, die über den Bildschirm vermittelt ist, weil Internetseiten visuell gestaltet sind und weil sie häufig weitere visuelle Elemente enthalten. Um allgemein der Multimedialität und den vielfältigen Eigentümlichkeiten des Mediums Internet gerecht zu werden, weist Wenninger auf die Kombination verschiedener, bereits ausgearbeiteter rekonstruktiver Verfahren hin, die sich (auch im Hinblick auf Bildinterpretationen) am sequenzanalytische Vorgehen orientieren.

Die Medialität und Technizität internetbasierter Daten

Plädoyer für mehr Offenheit
der Qualitativen Sozialforschung[1]

Stefan Meißner

Twitter, Facebook-Posts, Blogeinträge, Chats und andere internetbasierte Kommunikationen rücken spätestens seitdem sich das Web selbst als sozial bezeichnet bzw. sich ein »2.0« angehängt hat in den Fokus der Qualitativen Sozialforschung. In Frage steht dabei jedoch, ob sich die erprobten und bewährten methodischen Werkzeuge direkt auf diese technisch vermittelten Kommunikationen übertragen lassen oder in wie weit diese angepasst und modifiziert werden müssen. In diesem Beitrag wird die These vertreten, dass für die Analyse der internetbasierten Kommunikation nicht nur die Werkzeuge angepasst werden müssen, sondern dass die Analyse vielmehr die Qualitative Sozialforschung in ihrer vornehmlichen Fokussierung auf den subjektiven Sinn herausfordert und irritiert.

Die Argumentation geht – mediensoziologisch perspektiviert – davon aus, dass Medien als »gesellschaftliche Einrichtungen und Technologien [...] etwas entweder materiell oder symbolisch vermitteln und dabei eine besondere Problemlösungsfunktion übernehmen« (Ziemann 2012, S. 17). Im Gebrauch ermöglichen und *formen* Medien Wahrnehmungen, Handlungen und Kommunikations-

---

1　Ich möchte mich bei Andreas Wenninger bedanken, der mit Hilfe ausführlicher und instruktiver Kommentare und Kritiken diesen Aufsatz lesbarer und hoffentlich auch anschlussfähiger an den gegenwärtigen Diskussionsstand gemacht hat. Sämtliche noch bestehenden Rezeptionsblockaden gehen selbstverständlich zu Lasten des Autors.

　　Ich habe mich trotz der von den HerausgeberInnen vorgeschlagenen Vereinheitlichung zur gendergerechten Sprache gegen ein durchgehendes Binnen-I entschlossen. Weder Gründe der Lesbarkeit waren dafür hauptsächlich ausschlaggebend, noch ist es die Meinung des Autors, dass Frauen sprachlich weiterhin unsichtbar gemacht werden sollten. Entscheidend war ein Argument in der Sache: Akteure können im hier verstandenen Sinn eben nicht nur Männer und Frauen sein, sondern auch Systeme und in gewisser Weise auch Medien oder Techniken. Ebenso ist mit einem Beobachter eben kein männlicher oder weiblicher Mensch gemeint! Eben dies soll durch die verwendete Sprache dargestellt werden, ganz in dem Sinne, dass die Sprache unsere Wirklichkeit mitkonstruiert und -gestaltet.

prozesse (ebd.). So ist beispielsweise die Brille eine Technologie, welche materiell, nämlich optisch vermittelt und das Problem der Schärfeneinstellung übernimmt. Im Gebrauch wird dadurch die Wahrnehmung der sie benutzenden Person verändert. Dass dies Einfluss auf soziale Beziehungen hat, weiß jeder Brillenträger, der einmal ohne Brille durch Kleinstädte gelaufen ist und danach als unhöflich beschrieben wurde, weil die Bekannten nicht gegrüßt wurden. Ebenso wie die Brille im Gebrauch einen sozialen Unterschied macht, so machen neue technische Medien, wie das Internet, im Gebrauch als Problemlösungsmöglichkeit einen Unterschied. Nicht das Medium »an sich« macht den Unterschied, sondern der Gebrauch, der sich freilich nicht vollkommen unabhängig vom Medium etablieren und auch im Zeitverlauf verändern kann.

Wenn Medien Sozialität formen, so gilt dies auch für die so genannten »neuen Medien« bzw. die internetbasierten sozialen Medien wie Blogs, Chats, Social Networks, Twitter, E-Mail etc. All diese Medien formen Sozialität und damit auch Kommunikation, denn: ein Gespräch unter Anwesenden (Face-to-Face-Kommunikation) ist etwas anderes als ein Telefonat, ist etwas anderes als ein E-Mail-Austausch und dies ist verschieden zu einem Chat.

Ausgehend von dieser mediensoziologischen Perspektive muss im Folgenden zunächst geklärt werden, was unter Qualitativer Sozialforschung verstanden wird und was das Besondere an den internetbasierten (Kommunikations-)Daten ist (1). Danach wird dargestellt, inwiefern die Qualitative Sozialforschung irritiert werden könnte (2), um sodann ein Plädoyer für mehr Offenheit als sinnvolle Reaktion auf diese Irritation auszusprechen (3). Zum Schluss wird diese zumeist theoretische Argumentation auf ein empirisches Beispiel angewandt (4).

1

Mit Jo Reichertz (2007) und Hubert Knoblauch (2008) ließen sich, trotz der Vielfalt der unter dem Dach der Qualitativen Sozialforschung versammelten Methoden, zumindest drei Merkmale herausstellen: Sie sind empirisch, nicht quantifizierend und wenden sich dem menschlich erzeugten Sinn zu und können dadurch dem interpretativen Paradigma zugerechnet werden.[2] Diese Gemeinsamkeiten sollten jedoch nicht über eine zentrale Differenz innerhalb des qualitativen Para-

---

2   Mit etwas anderen Worten könnte auch von »Sinnverstehen, Offenheit (der Erhebung) und Interpretativität (der Auswertung)« (Hollstein und Ullrich 2003, S. 41) gesprochen werden. Zudem ließen sich noch weitere Kriterien anführen, wie Datenanreicherung (statt -reduktion), Kontextorientierung, Exploration, Entdeckung und Theoriegenerierung (induktiv), Einzelfallorientierung und Reflexivität (Bergmann 2006).

digmas hinwegtäuschen, die am Sinnbegriff festzumachen ist. Sinn gibt es in zwei verschiedenen Deutungen und Konnotationen: Zum einen wird Sinn als subjektiver Sinn verstanden, der vom einzelnen Individuum autonom erzeugt wird und dann vom Forscher typisiert und so als typisch subjektiver Sinn ausgeflaggt wird, der das Handeln der verschiedenen Akteure erklären kann bzw. dieses zumindest verstehbar macht. Zum anderen wird Sinn vorrangig als objektiver Sinn verstanden und damit als eine kulturelle Ressource begriffen, die gleichsam durch die konkreten Handlungen der Akteure aktualisiert werden würde.[3] Überspitzt formuliert könnte die Differenz lauten: Einmal wird im Handeln entsprechend des subjektiven Sinns der Akteure eine soziale Ordnung hergestellt; das andere Mal aktualisieren die Subjekte in ihrem Handeln mehr oder weniger nur die bestehende objektive (Sinn-)Ordnung. Knoblauch ordnet dem letzteren Verständnis dann auch diskursanalytische Ansätze, systemtheoretische Perspektiven aber auch die objektive Hermeneutik zu[4], während aus seiner Sicht etwa Ethnographie und die sozialwissenschaftliche Hermeneutik in die erste Kategorie fallen. Der hier verhandelte Unterschied ließe sich auch als das Hineinkopieren der für soziologische Theorie virulenten Differenz von Handlungstheorie und Strukturtheorie in die Qualitative Sozialforschung beschreiben (vgl. auch Hitzler 2007).

Der Kern Qualitativer Sozialforschung erscheint mir jedoch als subjektzentriert, handlungsorientiert und interaktionsfasziniert. Als »handlungstheoretisch fundierte, unmanierierte interpretative Forschung« (Hitzler 2007) argumentiert sie insbesondere gegen quantitative aber auch Rational-Choice-Verkürzungen und interessiert sich für die Vielfältigkeit, Flüchtigkeit und Kontextsensitivität sozialer Wirklichkeit, wie sie sich dem einzelnen Subjekt darstellt (vgl. auch Knoblauch 2008). Meine Behauptung, dass die Qualitative Sozialforschung durch internetbasierte Medien irritiert werden würde, bezieht sich dabei vor allem und insbesondere auf die Qualitative Sozialforschung, die den subjektiven Sinn explizit in den Vordergrund rückt.

Beobachtet wird dies nun freilich von der anderen Seite der Differenz, so dass die oben aufgestellte These nun etwas modifiziert werden muss: Aus strukturtheoretischer Sicht wird deutlich, dass eine handlungstheoretisch getönte Qualitative Sozialforschung von internetbasierten Medien irritiert werden muss, weil sie in der Beobachtung und Analyse dieser Kommunikationen auf deren technisch-me-

---

3   Diese Unterscheidung ist weder neu, noch von mir. Hollstein und Ullrich (2003) nutzen sie beispielsweise und ergänzen zudem noch »sozialer Sinn«, der hier in die Kategorie »subjektiver Sinn« fiel.

4   Sicher könnten auch andere Kandidaten wie Goffmans Rahmenanalyse, die dokumentarische Methode von Bohnsack oder die durch Garfinkel entwickelte Ethnomethodologie hier zu gerechnet werden (vgl. Hirschauer/Bergmann 2002). Wichtig ist mir an dieser Stelle weniger eine trennscharfe Zuordnung, sondern die Unterscheidung an sich.

diale Gemacht- und Konstruiertheit stößt. In der Analyse internetbasierter Kommunikationen wird die zentrale Prämisse, die es der Qualitativen Sozialforschung erlaubt, von Einzelfällen auf eine allgemeine Struktur zu schließen, nämlich der invariante Kontext, das Subjekt, in Frage gestellt. Denn in der Beobachtung und Beschreibung dieser Kommunikationen wird unentscheidbar, ob und inwieweit die Technizität und Medialität der Kommunikation an der Sinnkonstitution beteiligt ist.

Dies liegt meines Erachtens an der *theoretischen* Anlage dieser Forschungen, da Handlung und Kommunikation zuallererst auf das Subjekt relationiert werden. Sicher spielen dabei auch dessen Vergangenheit und der soziale Kontext[5] eine wichtige Rolle, jedoch wird Kommunikation vor allem als Face-to-Face-Kommunikation konzipiert. Dies ist nicht zuletzt in den konkreten methodischen Verfahren zu sehen, wie beispielsweise in der Herstellung einer möglichst »natürlichen« Gesprächssituation von zwei (oder mehr) anwesenden Gesprächspartnern für die Datenerhebung. Auch die Auswertungsverfahren gehen wie die sozialwissenschaftliche Hermeneutik zum Beispiel vom »natürlichen« Verständnis aus, welches an eine Aussage herangetragen werden kann. Die Sprache der Forschenden soll auf eine gewöhnliche, auf eine des Common Sense angepasst werden. Technizität und Medialität von Kommunikation wird also idealerweise vermieden, an alltägliche Kommunikation angepasst oder gar komplett ignoriert. Strukturen, Frames und Muster kommen nur hinsichtlich der Sozialität des Subjekts und dessen Eingesponnensein in ein Netz aus sozialen Institutionen in den Blick (vgl. Berger und Luckmann 2000). So lang Kommunikation ausschließlich als soziales Handeln in den Blick kommt, ist das plausibel und macht auch viel sichtbar.[6]

Die These ist nun aber, dass eben diese *theoretische* Anlage einer Qualitativen Sozialforschung mit einem handlungstheoretisch schlagenden Herzen sie blind macht für die Medialität[7] und Technizität[8] von Kommunikationen und dass sie aus diesem Grund bei der und durch die Analyse von internetbasierten Kommunikationen nachhaltig irritiert wird.

---

5   Vergleiche hier vor allem Alfred Schütz' Konzept der Lebenswelt, welche das Subjekt konstitutiv in eine Vor-, Mit-, Nach- und Umwelt verortet (Schütz und Luckmann 1988).

6   Hier kann auch der Artikel von Claudia Fraas (2013) als Beispiel dienen. Mit Hilfe eines Frames-Konzepts soll eine gleichzeitige Orientierung an subjektiven und objektiven Sinnstrukturen ermöglicht werden. Jedoch bleibt die Medialität und Technizität der behandelten Online-Kommunikation komplett außen vor.

7   Dass Medien nicht nur nicht nur Thema, sondern auch Ressource für die Qualitative Sozialforschung sind, wird von Jörg Bergmann (2006, S. 29 ff.) explizit erwähnt. So spricht er vom »medialen Charakter« von Interviews, die mit Hilfe von Internettechnologie geführt wurden.

8   Dass Technizität von vermittelter Kommunikation auch für die Qualitative Sozialforschung nicht neu ist, zeigen verschiedene Studien zum Telefonverhalten oder der Schwierigkeit der (Handlungs-)Koordination bei »verschleppten« Bild-/Tonübertragungen (vgl. Ayaß 2005).

2

Aus einer systemtheoretisch inspirierten Perspektive, welche einen stärkeren Fokus auf den »objektiven« Sinn und auf die Strukturabhängigkeit der Akteure legt, soll dieses Irritationspotential etwas genauer in Augenschein genommen werden.[9]

Mit Armin Nassehi und Irmhild Saake (2002a) (Beck et al. 2007) ließe sich das bisher nur grob skizzierte Problem als »Kontingenzdomestikation« durch qualitative sozialwissenschaftliche Verfahren fassen. Ihr zentrales Argument lautet, dass qualitative Forscher (Männer wie Frauen!) aufgrund ihres eigenen »Technologiedefizits« eine Eindeutigkeit der Welt proklamierten und die Kontingenz dieser »in der inneren Unendlichkeit des geschulten Sozialforschers« (Nassehi und Saake 2002a, S. 67) unsichtbar machten, um dem Postulat des unabhängigen Beobachters quantitativer Provenienz und dessen »simulierten Präzision der dritten Nachkommastelle des Korrelationskoeffizienten« (Nassehi und Saake 2002a, S. 67) etwas entgegenhalten zu können. Deswegen würden auch die konkreten methodischen Verfahren derart im Fokus stehen. Denn »mit Hilfe der richtigen Methoden sollen Bedeutungen eines konkreten Kontexts (Interview- oder Gesprächssituation) auf einen zugrunde liegenden allgemeinen Kontext (Biographie, Interaktion) zurückgeführt werden« (Nassehi und Saake 2002a, S. 68).

Bei der qualitativen Analyse internetbasierter Daten scheint so die allgemein plausible Referenz der Akteur, da nur dieser Sinn konstituieren könne. So werden mediale Besonderheiten wie der Einsatz von Akronymen oder Emoticons als »kommunikative Spielarten zur Simulation einer face-to-face-Situation« (Meier und Schuegraf 2005, S. 428) oder als »schriftliche Substitute für [..] emotionale Äußerungen« (Gnambs und Batinic 2010, S. 329) verstanden, obwohl Personen sich in Face-to-Face-Interaktionen nur äußerst selten »ROFLLn«: also auf dem Boden rollen und sich vor Lachen krümmen. Oder es wird angenommen, dass in Online-Diskursen »das spezifische Handeln von Individuen bzw. Gruppen fassbar« (Galanova und Sommer 2011, S. 170) werde, da sie »im Rahmen von Online-Diskursen auf der Mikroebene in interpersonalen Interaktionsprozessen agieren« (ebd.) würden.

Die Relationierungsperspektive ist augenscheinlich: Zumeist wird auf handelnde Subjekte und auf Interaktionen unter Bedingung der Anwesenheit rekurriert.[10] Diese Einseitigkeit kann durchaus als »Kontingenzdomestikation«

---

9 Diese Kritik, welche hier aus systemtheoretischer Sicht vorgenommen wird, könnte ebenso aus einer diskursanalytischen Sicht oder mit Hilfe der dokumentarischen Methode oder aber von qualitativen Sozialforschern (Frauen wie Männer), die vor allem am objektiven Sinn interessiert sind, vorgebracht werden.

10 Als Idealsituation qualitativer Verfahren kommt somit eine sehr spezifische Kommunikationssituation zum Vorschein, die die technische Formung entweder als Störung auffasst

(Nassehi und Saake 2002a, S. 68) aufgefasst werden, da die Relationierungsrichtung unabhängig von der Empirie und der Forschungsfrage zumeist schon feststeht. Dies war bisher nur nicht in dem Maße aufgefallen, da die technische und mediale Vermitteltheit von Kommunikation weniger im Fokus stand und die zu analysierenden Daten gewöhnlich speziell für eine qualitative Auswertung produziert wurden und zwar in einer Weise, die die Medialität und Technizität der Kommunikationen gezielt umschiffte.

Bei internetbasierten Daten handelt es sich hingegen oft um nicht-reaktive Verhaltensdaten (Spurendaten). Die Daten werden also nicht für eine bestimmte Fragestellung erhoben (Interview, Befragung etc.), sondern sind »Spuren« von Interaktionen und Kommunikationen, die nun erneut befragt werden. Diese Daten sind jedoch nicht nur Spuren der Interaktionen, sondern zugleich Spuren der Medialität und Technizität des Mediums. So wie Tierspuren je unterschiedlich aussehen, ob sie in Sand, Schnee oder Schlamm hinterlassen werden, so ist in den Spurendaten immer sowohl das Medium als auch die Interaktion des handelnden Subjekts präsent. Damit sind diese Spurendaten aber im eigentlichen Wortsinne keine Daten mehr. Sie sind nicht einfach gegeben, sondern werden erst vom Forscher, aber auch von der Forscherin zu Fakten entsprechend der Fragestellung gemacht (vgl. Rheinberger 2007).

Für diese zirkulären Prozesse der Sinnbildung interessiert sich der systemtheoretisch instruierte Beobachter. In der Annahme einer Unwahrscheinlichkeit von Sozialität interessiert er sich dafür, wie aus der Tatsache der Kontingenz, dass alles auch anders möglich wäre, doch nicht alles beliebig ist, sondern sich vielmehr erwartbare Strukturen oder gar zwingende, soziale Tatsachen im Sinne Durkheims entwickeln. In Frage steht deshalb: Wie dies geschieht und dies müsste empirisch beobachtbar gemacht werden.

Doch um diese Fragen zu beantworten, um also zu erkennen, »wie die Offenheit der Situation sich selbst einschränkt: sozial, sachlich oder zeitlich« (Nassehi und Saake 2007, S. 240) und nicht nur beobachtet wie das handelnde Subjekt versucht, diese Ordnung einzuschränken, bedarf es einer größeren methodischen Offenheit. Denn nur, wenn nicht schon vorentschieden ist, dass die Kommunikation alleinig auf das Handeln (oder den institutionellen Kontext in dem das Handeln zweifelsohne eingebettet ist) und damit auf den subjektiven Sinn eines Akteurs zurückzuführen sei, können andere auf die Kommunikation wirkende Aspekte – explizit genannt seien Technizität und Medialität – überhaupt beobachtet werden.

---

oder gänzlich ignoriert. Andererseits birgt das eher strukturtheoretische Vorgehen die komplementäre Gefahr, Strukturzusammenhänge zu hypostasieren, wie es meines Erachtens ganz gut an einer der bekanntesten Analysen Ulrich Oevermanns (1985), einer kurzen Fernsehansage in der ARD, gezeigt werden kann.

3

Nach dieser Rekonstruktion der Irritation der Qualitativen Sozialforschung als Problem des Umgangs mit Kontingenz kann nun mein Vorschlag einer größeren methodischen Offenheit erläutert werden. Diese Empfehlung ist mit zwei konkreten Operationen verknüpft: Erstens mit einer Umstellung von Subjekt auf Kommunikation als gewohnte Relationierung und zweitens mit einer stärker abduktiv arbeitenden Vorgehensweise (Reichertz 2000, 2003).

Statt einer Kontingenzvermeidung oder -verdrängung, soll vielmehr die Kontingenz von Methoden, Theorien und der Welt genutzt werden. Der Anspruch besteht dann nicht darin zu behaupten, dass es so und so sei, sondern dass es aus der gewählten theoretischen Perspektive, mit diesen Prämissen und methodischen Entscheidungen in dieser Weise präzise, kohärent und plausibel zu beschreiben wäre.[11] Die wissenschaftlichen Gütekriterien der Transparenz und Nachvollziehbarkeit werden durch dieses Vorgehen nicht desavouiert, sondern im Gegenteil gestärkt.

Der Vorschlag, der sich hinter der ersten Operation verbirgt, besteht freilich nicht darin, den Menschen abzuschaffen, noch ihn für irrelevant zu halten.[12] Die Idee korrespondiert mit der Möglichkeit zu mehr Offenheit, da nicht schon im Vorhinein entschieden ist, dass ein zu analysierendes Geschehen auf die daran irgendwie beteiligten Personen relationiert bzw. attribuiert werden muss. Man kann es immer auch auf die Situation, das heißt auf das konkrete Interaktionsgeschehen beziehen.[13] So schränkt die Interaktionssituation (und nicht die daran beteiligten

---

11 Dies ist ganz im Sinne von Reiner Keller (2014) gemeint, der jüngst dafür plädierte, dass »qualitatives Forschen wieder stärker als Arbeit mit Theorie-Methoden-Programmen verstanden werden« sollte. Der Einsatz von Theorie – hier Systemtheorie – soll also nicht dazu führen, dass Qualitative Forschung nur als Beispiel-und-Bestätigungslieferant für eine universale Theorie genutzt werden soll.

   Dies ist m. E. auch der hauptsächliche Diskussionspunkt in der Auseinandersetzung von Nassehi/Saake (2002a, 2002b) und Hirschauer/Bergmann (2002): In Frage stand, ob es einen – womöglich gar –»richtigen Referenzrahmen« gebe oder ob von der »Möglichkeit mehrerer Referenzrahmen« (Nassehi und Saake 2002b, S. 339) ausgegangen werde könne. Hier wird entschieden für die zweite Option votiert, welches jedoch größere Sorgfaltspflichten hinsichtlich der möglichst transparenten Offenlegung der eigenen (Theorie- und/oder Methoden-)Unterscheidungen erfordert.

12 Da schon (zu) oft diskutiert, hier nur zwei Hinweise: Auf die vielfältigen Diskussionen zur so genannten Postmoderne (vgl. u. a. Welsch 1988a; Welsch 1988b) und auf die im Anschluss an u. a. von Michel Foucault (2000) angebrachten Vermutung, dass der »Mensch« eben nicht der ahistorisch, konstitutive Ausgangspunkt einer jeden wissenschaftlichen Analyse sein muss.

13 Das ist ja geradezu die Prämisse der Ethnomethodologie, da sie von einer permanenten Herstellung sozialer Ordnung als Vollzugswirklichkeit ausgeht. Damit stehen jedoch die Regeln

Personen) die möglichen Folge- oder Anschlussthemen ein. Wenn man sich gerade über einen Trauerfall in der Familie unterhält, ist die erlebte lustige Urlaubs-Anekdote fehl am Platz und nicht anschlussfähig. Genauso kann aber immer auch auf die Umwelt von Situationen relationiert werden: Weil andere mithören könnten, werden bestimmte Aspekte nicht angesprochen, weil es im Foyer hektisch zugeht, werden nur stakkato-artige Sätze ausgetauscht, da einzig diese trotz des Trubels zumindest gewisse Verstehenschancen besitzen.

Ebenso kann auf Medialität attribuiert werden. Da wir im Chat etwas schreiben, was später gelesen, gespeichert und erinnert werden kann, wird die Kommunikation verschieden sein. So könnte die Nutzung von Smileys nicht auf Personen attribuiert werden und damit als Simulation eines mündlichen Interaktionsgeschehens verstanden werden, sondern könnte vielmehr auf die spezifische Medialität des Chats bezogen werden. Die Existenz von Smileys in Chatprotokollen könnte dann dadurch erklärt werden, dass es das Medium zulässt (Zeichensatz) und weil es sich im Gebrauch des Mediums als sinnvoll (schnell und leicht erlernbar) erwiesen hat. Auch könnte, von der Actor-Network-Theorie (vgl. Belliger und Krieger 2006) inspiriert, überlegt werden, ob bestimmte Kommunikationen nicht dadurch sinnvoll aufgeklärt werden könnten, indem die Handlungsmacht der zuhandenen Dinge oder Artefakte mitbeobachtet werden würde.[14]

Es geht also selbstverständlich nicht um die Verabschiedung des Menschen, sondern darum, dass insbesondere bei der Analyse internetbasierter Daten verschieden relationiert werden kann. Es gibt keine prinzipielle Hierarchie der Relationierungsmöglichkeiten, diese hängt vielmehr vom untersuchten Phänomen und der Fragestellung und der theoretischen Leitunterscheidung des Beobachters ab und kann nicht über formalisierte Verfahren oder Wissenschaftstheorie allein fixiert werden.[15] Mit der Umstellung von Handeln auf Kommunikation wird dies markiert, da Kommunikation eben nicht allein durch die verschiedenen daran beteiligten Personen und deren institutionelle Eingebundenheit erklärt werden

---

(Strukturen) und der objektive Sinn, welche die Interaktion anleiten, im Vordergrund (vgl. Garfinkel 2012, Hirschauer/Saake 2002). Eine neuerliche Diskussion zur Analysekategorie der Situation bietet der Sammelband »Offene Ordnung?« (Ziemann 2013).

14 Vergleiche (mit Differenzen zu Latour, aber doch auch vielen Ähnlichkeiten) den interessanten Ansatz einer Technographie (u. a. Rammert 2008), welche jedoch nicht wirklich im Herzen der hiesigen Qualitativen Sozialforschung angekommen ist.

15 So wie Qualitative Sozialforschung für mehr Offenheit im Vergleich zu den quantitativen Methoden geworben hat, so werbe ich für mehr Offenheit der Qualitativen Forschung gegenüber Medien, Dingen, Artefakten und Techniken und der Aufgabe des (nur vermeintlich notwendigen) Ankers bzw. Fixpunkts: dem Subjekt. Wenn man so will, wiederhole ich damit nur ein Argument von Mills (1963) gegenüber der Fixiertheit der Soziologie auf (quantitative) Methoden, Methodologie und starrer Erkenntnistheorie.

kann. Die Kontingenz der Welt kann so genutzt werden und in methodische Offenheit hinsichtlich der Interpretation von Sinn übersetzt werden.

Der zweite Vorschlag für mehr Offenheit wird in einem stärker abduktiven Vorgehen gesehen. Abduktion als erkenntnisförderndes Verfahren sollte nicht mit den logisch schließenden Verfahren der Deduktion und Induktion verwechselt werden. Sinnvollerweise kann es nur in der ersten Phase der Forschung – im Jargon des Kritischen Rationalismus gesprochen – im Entdeckungszusammenhang genutzt werden.

Denn sinnvoll ist Abduktion immer nur dann, wenn »angesichts überraschender Fakten nach einer sinnstiftenden Regel, nach einer möglicherweise gültigen bzw. passenden Erklärung, welche das Überraschende an den Fakten beseitigt« (Reichertz 2003, S. 96), gesucht werden würde. Als Resultat der Abduktion wird sodann eine Hypothese formuliert, aus der Voraussagen abgeleitet werden, die dann – im Begründungszusammenhang – anhand der Empirie getestet und so vorläufig »verifiziert« werden können. Sicherheit, damit eine Wahrheit ausgesprochen zu haben, oder auch nur Gewissheit, ist jedoch trotz unendlicher Überprüfungsanstrengungen nicht möglich (Reichertz 2000, S. 285 f.; 2003, S. 100 f.), denn es könnte immer auch anders sein; eine andere, nicht gedachte Hypothese könnte noch mehr Plausibilität beanspruchen.

Die Kontingenz der Welt und das heißt sowohl die Kontingenz der Welt-da-draußen als auch die des Forschungsprozesses wird hier systematisch eingebaut, genutzt und eben nicht domestiziert. Diese Position ließe sich als gleichermaßen von Demut und Souveränität geprägt, beschreiben. Demütig ist sie, weil sie die Einsicht vertritt, dass die beschriebene Welt auch anders sein könnte. Souverän ist sie, da sie eben nicht auf die methodenfixierte »Präzision der dritten Nachkommastelle« mit qualitativen Verfahrensregeln antwortet, sondern, sich davon distanzierend, eine Haltung etabliert, die von der Einsicht in die Kontingenz der eigenen Beobachtungswerkzeuge und der angewandten methodischen Verfahren geprägt ist.[16]

Das Plädoyer für mehr Offenheit Qualitativer Methoden wäre also im Entdeckungszusammenhang zu verorten – hier und nur hier – kommen die verschiedenen, schon vorgestellten Relationierungsmöglichkeiten in den Blick[17]. Die Hy-

---

16 Einen besonders glücklichen Versuch, diese Haltung zu beschreiben, liefert das Lehrbuch zur Ethnographie von Dellwing und Prus (2012).

17 Entgegen Reichertz (2003), der schlussendlich wieder eine »letzte« Relationierung nämlich eine wissenssoziologische Relationierung auf die Scientific Community vornimmt, würde ich auch hier für Offenheit votieren. Sicher spielen die Kollegen und Kolleginnen, die Forschungsprojekte, die denkbaren Fragestellungen eine wichtige Rolle, wenn man Wissenschaft untersuchen will, aber vielleicht ist dies auch der Grund, warum verfahrensmäßig organisierte empirische Forschung nur selten inspirierende Forschung ist, die einen wirk-

pothese hinsichtlich der internetbasierten Daten wäre dann, dass diese Daten ohne Relationierung auf die Medialität und Technizität nicht sinnvoll zu verstehen sind. Diese Hypothese soll nun auf die Analyse eines empirischen Datensatzes eines Unternehmens-Chats angelegt werden.

4

Socialcast ist ein firmeninternes Twittersystem, auf das sämtliche Angestellte, Freelancer, – im beobachteten Fall jedoch keine Kunden – via Internet, Desktop-Applikation oder Smartphone zugreifen können. Obwohl es keine wirkliche Zeichenbegrenzung gibt, werden Kurzmitteilungen in SMS-Länge erwartet. Jeder Kommunizierende ist persönlich identifizierbar – es gibt keine anonyme Kommunikation. Neben den einfachen Posts (oder Tweets) können auch Links oder Bilder eingebunden werden. Die Nachrichten können dann direkt kommentiert oder auch nur mit einem »Like« versehen werden (Abb. 4.1).

Die Firma, in der dieses Kommunikationssystem eingesetzt wird, ist ein kleines IT-Unternehmen, welches sich in den Bereichen Programmierung von Webapplikationen und Beratung hinsichtlich der User Experience von Web- und Mobil-Angeboten hervorgetan hat.

Der offizielle Grund der Einführung bestand in der Hoffnung des besseren Austauschs zwischen den Mitarbeitern jenseits der Projektteams, so dass beispielsweise technische Lösungsmöglichkeiten mitgeteilt oder Fragen an alle gestellt werden können. Es wurde explizit als Kommunikationskanal neben E-Mail und persönlicher Face-to-Face-Interaktion verstanden und so in der Firma etabliert. Im Laufe der Zeit wurden immer wieder verschiedene soziale Regeln von Seiten der Geschäftsleitung eingeführt. Zum Beispiel fühlten sich einige Mitarbeiter von der Pushfunktion der Nachrichten im Arbeitsfluss gestört, so dass diese Funktion generell abgestellt und erwartbare Antwortzeiten daran angepasst wurden.

Die allgemeine Funktion, die Socialcast erfüllen sollte, bestand in der Herstellung einer gemeinsamen Erwartungshaltung durch die Unterstützung von informeller Kommunikation und persönlichen Beziehungen. Zudem sollten die Synchronisierungs- und damit Anschlussmöglichkeiten der Mitarbeiter untereinander gesteigert werden.

---

lich überraschen kann. Oft ist allein anhand der Versuchsanordnung das Ergebnis erwartbar. So scheinen beispielsweise die in Krankenhäusern beobachteten Rollen- und Identitätskonflikte aufgrund von nicht fest zurechenbaren Handlungen (Rolle, Institution, Ethik, Ökonomie, Recht, Medizin) zumindest nicht vollkommen überraschend.

Abbildung 4.1   Screenshot Socialcast

Im Folgenden soll nun Socialcast als Medium ernstgenommen werden, welches das Problem des kommunikativen Austauschs (many-to-many) in eigenlogischer Weise löst. Deswegen müssen die medienspezifischen Möglichkeiten mit in den Blick genommen werden und es nicht sofort als defizienter Modus von Face-to-Face-Kommunikationen (sprich: Interaktionen unter Anwesenheit) verstanden werden.[18]

Zunächst fiel auf, dass einige Mitarbeiter als Kommentar einzig »Dislike« schreiben (Abb. 4.2), statt vielleicht zu erwartende Ausdrucksweisen wie »Schade«, »Mist« oder »nicht gut …«. Diese empirische Überraschung eigener Erwartungen war die eigentliche Voraussetzung sich mit diesem Phänomen zu beschäftigen.

---

18   Der mir zu Verfügung stehende Datensatz umfasst die ersten beiden Jahre nach der Einführung des Systems mit sämtlichen Posts, Kommentaren und Likes. Daraus sollte für ein anderes Forschungsprojekt herausgefunden werden, ob mit Hilfe der Daten informelle Beziehungen und Hierarchien rekonstruiert werden können. Der Datensatz wurde vor allem hinsichtlich dieser Kommunikationsstrukturen untersucht und nicht mit qualitativen Methoden vollständig analysiert. Vielmehr ergaben sich die Beispiele aus der Beschäftigung mit den Daten.

Abbildung 4.2   Screenshot »Dislike«

Aufgrund der Eigenart der Daten als Spurendaten konnte sich nun auf die Suche nach einer möglichen »Geschichte« dieses Phänomens begeben werden. Mit Hilfe einer Suchfunktion wurde nach »Dislike« und anderen »Like«-Derivaten wie beispielsweise »unlike« gesucht, um die Verwendungsweisen beobachten zu können. Dies wäre bei einem Datensatz, der eigens für die Beantwortung einer spezifischen Fragestellung sozial generiert worden wäre, nicht möglich gewesen, weil diese Daten wahrscheinlich nicht mit im Korpus enthalten wären. Die große Anzahl von Daten (teilweise kann gar von Big Data gesprochen werden) in Kombination mit Datenfilter-, Such- und Sortierwerkzeugen bieten eine andere empirische Grundlage für die Qualitative Sozialforschung. In dem mir zur Verfügung stehenden Datensatz konnten so verschiedene Kommentare gefunden, die sich schon kurz nach der Einführung von Socialcast im Unternehmen explizit mit der fehlenden technischen Möglichkeit befassten, dass es keinen »Dislike«-Button gebe bzw. dass die »Like«-Funktion missverständlich sei. Von diesen Diskussionen ausgehend, entwickelte sich dann die zunehmende Häufigkeit des Kommentars mit »Dislike«.

Das legt nahe, dass der Gebrauch von »Dislike« weniger als ein Ausdruck konkreter Personen aufgefasst werden sollte. Eine Interpretation des Phänomens sollte vielmehr die spezifischen Medieneigenschaften des internen Twittersystems mitberücksichtigen. Denn weder ist es wahrscheinlich, dass dieser Ausdruck in anderen Face-to-Face-Situationen (im untersuchten Unternehmen) verwendet wird, noch dass sich der Gebrauch dieser Formulierung ohne der Existenz des Like-Buttons bei Socialcast eingebürgert hätte. Wäre der Button anders gelabelt gewesen, beispielsweise mit »Find ich gut« oder »schön«, wären die konkret vorfindbaren Kommunikationen wahrscheinlich auch andere gewesen.[19] Die konkrete Verwendung von »Dislike« verweist also entsprechend der oben entwickelten theoretischen Argumentation nicht auf die Person (lies: das Subjekt), die ihn nutzt, noch auf die Gruppe, die Interaktionsgemeinschaft, die den Ausdruck gebrauchen, sondern auf das Medium. Es scheint fast so, dass »Dislike.« für den (technisch) fehlenden Dislike-Button steht.

Anhand dieses kurzen Beispiels könnte verständlich werden, warum die spezifische Medialität und Technizität der zu analysierenden Kommunikation bei der Auswertung und Interpretation in jedem Fall berücksichtigt werden muss, da sonst der Sinn der Aussage nicht verständlich werden kann. Eine Qualitative Sozialforschung, die das nicht berücksichtigt, würde entweder nicht auf dieses konkrete Phänomen stoßen bzw. sich davon überraschen lassen oder sie würde durch ihre Zurechnung auf die an der Kommunikation beteiligten Akteure beispielsweise die sprachlichen Fertigkeiten bzw. die Kompetenz von Diskussionen mit englischsprachigen Begriffen in einem global geprägten Softwareentwicklungsmarkt als Erklärung heranziehen. Die These, die mit diesem Beispiel nochmals verdeutlicht werden sollte, bestand also darin, dass eine Zurechenbarkeit auf konkrete Personen und handelnde Subjekte zumeist nur einen Teil des internetbasierten Kommunikationsgeschehens beschreiben kann.

Ein zweites kürzeres Beispiel, welches meines Erachtens auf die Notwendigkeit der Mitberücksichtigung der Medialität einer zu untersuchenden Kommunikation verweist, sind Informationen oder Links, welche nach dem gemeinsamen Mittagessen gepostet werden. Die Plausibilität der folgenden Interpretation speist sich zudem aus der Berücksichtigung weiterer Daten jenseits des Socialcast-Datensatzes. Denn nur durch meine teilnehmende Beobachtung konnte der Kontext des gemeinsamen Mittagessens beobachtet werden. In der Firma war es üblich, dass mittags gemeinsam im Konferenzraum gegessen wurde.[20] Dabei blieb der Arbeitsbezug in der Regel im Hintergrund, man unterhielt sich allgemein über die neuesten Nachrichten, Filme, Bücher, Erlebnisse. Nachdem dann jeder an seinen Schreibtisch zurückgekehrt war, wurden öfter mit einem Post thematisch auf eine Diskussion, eine dabei fehlende Information oder auf eine ungenügende Visualisierung Bezug genommen. Aufgrund der Medieneigenschaften konnten Videos, Bilder oder Statistiken verbreitet werden, welche sonst bis zum nächsten Zusammentreffen vergessen gewesen wären oder nur mühsam einzeln an die anderen

---

19 Damit ist nicht gesagt, dass ein qualitativer Sozialforscher und sicher auch eine Forscherin eines Datensatz, wo der Like-Button ein »Schön«-Button ist, sich dann nicht ebenfalls über die Häufigkeit von »unschön« hätte wundern können.

20 Eine Zeit lang gab es gar eine Tröte, die für alle hörbar, darauf aufmerksam machte, so dass alle von ihrem Arbeitsplatz aufstanden und sich im Konferenzraum versammelten.

beteiligten Personen weitergegeben werden könnten. Es werden hier die medialen Eigenschaften von Socialcast genutzt, um die täglichen Face-to-Face-Interaktionen beim gemeinsamen Mittagessen zu ergänzen und zu bereichern. Damit wird eine Kommunikationsform etabliert, welche ohne dem Medium nicht möglich gewesen wäre. Eine qualitative Analyse, die dies nicht berücksichtigt, sieht zu kurz.

Socialcast tritt so als neues Kommunikationsmedium an die Seite und in Konkurrenz zu E-Mail und persönlichen Gesprächen. Es ist ein Medium mit besonderen Eigenschaften: Erstens speichert es Kommunikation und macht diese so raum-zeitlich unabhängig verfügbar. Zweitens kann es im Gegensatz zur Interaktion auch nur passiv genutzt werden. Drittens kann es mit anderen Medien (Bilder, Videos etc.) angereichert werden und viertens kann es über die Suchfunktion von jedem, auch von der Geschäftsleitung, ausgewertet und analysiert werden.

Als drittes Beispiel ließe sich der Umgang mit einem spezifischen Hashtag anführen. Die Geschäftsleitung stellte die soziale Regel auf, dass jeder Mitarbeiter täglich mindestens einen Erfolg berichten und diesen mit dem Hashtag »#erfolg« markieren sollte, damit die Befolgung der Regel auch (leicht) überprüft werden konnte. Dies ermöglichte auch mir das Zählen der Erfolge. Auffällig war, dass ziemlich schnell nach der Einführung immer weitere Hashtags auftauchten, wie »#misserfolg«, »#erfolglos« oder »#erflog«.

Dies kann nun verschieden interpretiert werden: Einerseits als kreative Erweiterung der Regel und der Zusammenfassung von Arbeitsergebnissen mit verschiedenen »Erfolgs-Derivaten«. Andererseits könnte das Phänomen auch als subversive Strategie gedeutet werden, die das von der Geschäftsleitung avisierte Zählen konterkarieren sollte. Das Zählsystem müsste nämlich aufgrund der Derivate immer wieder erweitert und angepasst werden, um mit den verschiedenen semantischen Ausprägungen zurechtzukommen. Diese zweite Deutung ist für ein Unternehmen, mit vielen informatikaffinen Personen, zumindest nicht ganz von der Hand zu weisen. Noch plausibler wird diese Deutung, wenn aufgrund teilnehmender Beobachtung gewusst wird, dass die soziale Regel des »Erfolge«-Aufschreibens keinesfalls jedem Angestellten sinnvoll erschien und dies immer wieder bei allgemeinen Firmenzusammenkünften diskutiert wurde.

Nimmt man nun dieses Wissen zusammen, dann wäre die Interpretation der häufigen #erfolgs-Derivate, dass die Mitarbeiter um die technisch-medialen Möglichkeiten wissen und diese ausnutzen, um eine »Überwachung« zu erschweren. Man könnte dies auch als sichtbares Zeichen einer »Unterwachung der Vorgesetzten« (Luhmann 1969) durch die Mitarbeiter deuten, die gerade neue technische Medien auch für ihre Interessen nutzen. Die Technizität der Kommunikation in diesen Socialcastposts spielt immer mit. Doch dabei wäre es verfehlt zu denken, dass das Medium die Kommunikation eigenlogisch bestimmen oder gar determinieren würde. Augenscheinlich sollte jedoch geworden sein, dass eine Erweiterung des Blicks um die Beobachtung der Medialität und Technizität internetbasierter Daten notwendig ist. Nicht soll eine Relationierung auf den subjektiven Sinn der Akteure aufgegeben werden, vielmehr muss zudem die mediale Formung eben dieses Sinns mit berücksichtigt werden.

Literatur

Ayaß, Ruth. 2005. Interaktion ohne Gegenüber? In: Michael Jäckel und Manfred Mai (Hrsg.): *Online-Vergesellschaftung? Mediensoziologische Perspektiven auf neue Kommunikationstechnologien*, Wiesbaden: VS Verlag für Sozialwissenschaften, S. 33–49.

Beck, Ulrich, Braun, Norman und Nassehi, Armin (Hrsg.). 2007. *Themenheft Systemtheorie und empirische Forschung der Sozialen Welt.*

Belliger, Andréa und Krieger, David J. (Hrsg.). 2006. *ANThology. Ein einführendes Handbuch zur Akteur-Netzwerk-Theorie.* Bielefeld: transcript.

Berger, Peter L. und Luckmann, Thomas. 2000. *Die gesellschaftliche Konstruktion der Wirklichkeit.* Frankfurt am Main: Fischer.

Bergmann, Jörg. 2006. Qualitative Methoden der Medienforschung – ein Überblick. In: Ruth Ayaß und Jörg Bergmann (Hrsg.): *Qualitative Methoden der Medienforschung*, Reinbek bei Hamburg: Rowohlt, S. 13–41.

Dellwing, Michael und Prus, Robert. 2012. *Einführung in die interaktionistische Ethnografie. Soziologie im Außendienst.* Wiesbaden: SpringerVS.

Foucault, Michel. 2000. *Die Ordnung der Dinge.* Frankfurt am Main: Suhrkamp.

Fraas, Claudia. 2013. Frames – ein qualitativer Zugang zur Analyse von Sinnstrukturen in der Online-Kommunikation. In: Barbara Frank-Job, Alexander Mehler und Tilman Sutter (Hrsg.): *Die Dynamik sozialer und sprachlicher Netzwerke*, Wiesbaden: VS Verlag für Sozialwissenschaften, S. 259–283.

Galanova, Olga und Sommer, Vivien. 2011. Neue Forschungsfelder im Netz. Erhebung, Archivierung und Analyse von Online-Diskursen als digitale Daten. In: Silke Schomburg et al. (Hrsg.): *Digitale Wissenschaft. Stand und Entwicklung digital vernetzter Forschung in Deutschland*, Köln, S. 169–177.

Garfinkel, Harold. 2012. *Studies in Ethnomethodology.* Cambridge: Polity Press.

Gnambs, Timo und Batinic, Bernad. 2010. Qualitative Online Forschung. In: Katja Mruck und Günter Mey (Hrsg.): *Handbuch Qualitative Forschung in der Psychologie*, Wiesbaden: VS Verlag für Sozialwissenschaften, S. 320–332.

Hirschauer, Stefan und Bergmann, Jörg. 2002. Willkommen im Club! Eine Anregung zu mehr Kontingenzfreudigkeit in der qualitativen Sozialforschung – Kommentar zu A. Nassehi und I. Saake in ZfS 1/2002. In: *Zeitschrift für Soziologie*, Jg. 31, H. 4, S. 332–336.

Hitzler, Ronald. 2007. Wohin des Wegs? Ein Kommentar zu neueren Entwicklungen in der deutschsprachigen »qualitativen« Sozialforschung [31 Absätze]. In: *FQS: Forum Qualitative Sozialforschung*, Vol. 8, No. 3, Art. 4.

Hollstein, Bettina und Ullrich, Carsten G. 2003. Einheit trotz Vielfalt? Zum konstitutiven Kern qualitativer Forschung. In: *Soziologie*, Jg. 32, H. 4, S. 29–43.

Keller, Reiner. 2014. Zukünfte der qualitativen Sozialforschung [31 Absätze]. In: *FQS: Forum Qualitative Sozialforschung,* Vol. 15, No.1, Art. 16.

Knoblauch, Hubert. 2008. Sinn und Subjektivität in der qualitativen Forschung. In: Herbert Kalthoff, Stefan Hirschauer und Gesa Lindemann (Hrsg.): *Theoretische Empirie. Zur Relevanz qualitativer Forschung,* Frankfurt am Main: Suhrkamp, S. 210–233.

Luhmann, Niklas. 1969. *Unterwachung. Oder die Kunst, Vorgesetzte zu lenken.* (unveröffentlichtes Manuskript).

Meier, Stefan und Schuegraf, Martina. 2005. Chat- und Forenanalyse. In: Lothar Mikos und Claudia Wegener (Hrsg.): *Qualitative Medienforschung. Ein Handbuch,* Konstanz: UVK/UTB, S. 425–435.

Mills, Charles Wright. 1963. *Kritik der soziologischen Denkweise.* Neuwied: Luchterhand.

Nassehi, Armin und Saake, Irmhild. 2002a. Kontingenz: Methodisch verhindert oder beobachtet? Ein Beitrag zur Methodologie der qualitativen Sozialforschung. In: *Zeitschrift für Soziologie,* Jg. 31, H. 1, S. 66–86.

Nassehi, Armin und Saake, Irmhild. 2002b. Begriffsumstellungen und ihre Folgen – Antwort auf die Replik von Hirschauer/Bergmann. In: *Zeitschrift für Soziologie,* Jg. 31, H. 4, S. 337–343.

Nassehi, Armin und Saake, Irmhild. 2007. Einleitung: Warum Systeme? Methodische Überlegungen zu einer sachlich, sozial und zeitlich verfassten Wirklichkeit. In: *Soziale Welt,* Jg. 58, H. 3, S. 233–254.

Oevermann, Ulrich. 1985. Zur Sache. Die Bedeutung von Adornos methodologischem Selbstverständnis für die Begründung einer materialen soziologischen Strukturanalyse. In: Ludwig von Friedeburg und Jürgen Habermas (Hrsg.): *Adorno-Konferenz 1983,* Frankfurt am Main: Suhrkamp, S. 234–292.

Rammert, Werner. 2008. Technographie trifft Theorie. Forschungsperspektiven einer Soziologie der Technik. In: Herbert Kalthoff, Stefan Hirschauer und Gesa Lindemann (Hrsg.): *Theoretische Empirie. Zur Relevanz qualitativer Forschung,* Frankfurt am Main: Suhrkamp, S. 341–367.

Reichertz, Jo. 2000. Abduktion, Deduktion und Induktion in der qualitativen Sozialforschung. In: Uwe Flick, Ernst von Kardorff und Ines Steinke (Hrsg.): *Qualitative Sozialforschung,* Reinbek bei Hamburg: Rowohlt, S. 276–286.

Reichertz, Jo. 2003. *Die Abduktion in der qualitativen Sozialforschung.* Opladen: Leske + Budrich.

Reichertz, Jo. 2007. Qualitative Forschung auch jenseits des interpretativen Paradigmas? In: *Erwägen – Wissen – Ethik,* 18, S. 276–293.

Rheinberger, Hans-Jörg. 2007. Wie werden aus Spuren Daten, wie verhalten sich Daten zu Fakten? In: *Nach Feierabend. Zürcher Jahrbuch für Wissensgeschichte,* 3, S. 117–125.

Schütz, Alfred und Luckmann, Thomas, 1988. *Strukturen der Lebenswelt. Die soziale Struktur der Lebenswelt des Alltags.* Frankfurt am Main: Suhrkamp.

Welsch, Wolfgang. 1988a. *Unsere postmoderne Moderne.* Weinheim: VCH, Acta Humaniora.

Welsch, Wolfgang (Hrsg.). 1988b. *Wege aus der Moderne. Schlüsseltexte der Postmoderne-Diskussion.* Weinheim: VCH.
Ziemann, Andreas. 2012. *Mediensoziologie.* 2., überarbeitete und erweiterte Aufl., Bielefeld: transcript.
Ziemann, Andreas (Hrsg.). 2013. *Offene Ordnung? Philosophie und Soziologie der Situation.* Wiesbaden: Springer VS.

Hermeneutische Analysen neuer Kommunikationsformen im Internet

Methodologische und methodische Erörterungen am Beispiel eines wissenschaftlichen Blogportals[1]

Andreas Wenninger

Der folgende Beitrag nimmt mediale Eigenheiten der Blogkommunikation aus der Perspektive des sequenzanalytischen Vorgehens der objektiven Hermeneutik in den Blick. Zunächst wird (1.) skizziert, welche Schwerpunkte und Zielsetzungen eine rekonstruktiv verfahrende Sozialforschung verfolgt, der auch die objektive Hermeneutik zugeordnet werden kann. Dann wird (2.) das sequenzanalytische Vorgehen erläutert, welches das Herzstück der objektiven Hermeneutik ist und den zentralen Ausgangspunkt für die Überlegungen des vorliegenden Beitrages darstellt. Danach wird (3.) ein kurzer, kritischer Blick auf objektiv-hermeneutische Medienanalysen geworfen und (4.) die Frage erörtert, welche Gründe dafür sprechen, Medien und insbesondere das Internet als eigenständige Forschungsgegenstände ernst zu nehmen. Im Mittelpunkt des Beitrages stehen (5.) jedoch methodologische und methodische Reflektionen und Fragen, die sich bei der sequenzanalytischen Analyse von Internetdaten ergeben. Am Beispiel des (deutschen Ablegers) des wissenschaftlichen Blogportals *ScienceBlogs* werden mediale Eigenheiten illustriert, die bei einem sequenzanalytischen Zugang auffallen. Abgeschlossen wird der Beitrag (6.) mit einem resümierenden Ausblick.

---

1 Ich möchte mich bei meinen Mit-Herausgeberinnen Dominique Schirmer und Nadine Sander für die gründliche Lektüre und viele wichtige Anregungen bedanken. Ebenso danke ich Eveline Reisenauer für die aufgebrachte Zeit und konstruktive Rückmeldungen.

1   Rekonstruktive Sozialforschung und objektive Hermeneutik

Die übliche Abgrenzung von qualitativen gegenüber quantitativen Methoden in der Sozialforschung ist viel diskutiert und wird typischerweise an Kriterien wie Standardisiertheit, Offenheit von Erhebungs- und Auswertungsverfahren und dem Anspruch an Gegenstandsangemessenheit festgemacht. Die objektive Hermeneutik ist ein Verfahren, welches die gängige Unterscheidung zwischen quantitativen und qualitativen Verfahren für unscharf hält (vgl. Oevermann 2013, S. 69). Anstatt zwischen quantitativen und qualitativen Verfahren zu unterscheiden, unterscheidet Oevermann, der als als Begründer der objektiven Hermeneutik gilt, »zwischen einem *subsumtionslogischen* und einem *rekonstruktionslogischen* Vorgehen« (Oevermann 2013, S. 70; Hervorhebungen im Original). Rekonstruktive Verfahren zeichnen sich dadurch aus, dass sie versuchen, die dynamischen Prozesse und Strukturen, welche ihre Forschungsgegenstände hervorbringen und charakterisieren, zu rekonstruieren.[2] Rekonstruktion kann allgemein als Versuch gewertet werden, methodisch kontrolliertes, deutendes Verstehen im Sinne der Interpretation von sinnstrukturierten Gegenständen (vgl. Wernet 2006, S. 11) zu erreichen. Wie Reiner Keller für Verfahren des interpretativen Paradigmas[3] treffend auf den Punkt bringt, ist ihr Ziel die »Analyse der sozio-kulturellen Sinngebungen, ihrer Stabilisierung und Transformation auf unterschiedlichsten gesellschaftlichen Ebenen, in den verschiedensten situativen, medialen und organisatorischen Kontexten« (Keller 2012, S. 8). Ein zentraler Unterschied zu anderen, nicht-rekonstruktiven Verfahren liegt darin, »die Deutungsprozesse *im soziologischen Gegenstandsbereich* zugänglich zu machen« (ebd., S. 12; Hervorhebungen A. W.).

> »Wenn die aktiven Interpretationen, d. h. die Sinnzuschreibungen der Beteiligten eine solch wichtige Rolle für die sozialen Interaktionen spielen, dann greift eine sozialwissenschaftliche Forschung zu kurz, die über die Auswertung statistischer Regelmäßig-

---

2 Zu den rekonstruktiven Verfahren können m. E. neben der objektiven Hermeneutik die wissenssoziologische Hermeneutik, die Konversationsanalyse, die Ethnomethodologie, die Diskursanalyse, die Dokumentarische Methode und alle anderen Verfahren gerechnet werden, welche primär daran interessiert sind die *Prozesshaftigkeit* sozialer Phänomene *empirisch* zu rekonstruieren.

3 In der interpretativen Sozialforschung, der ich die objektive Hermeneutik zurechne, wird ähnlich zwischen rekonstruktiven und hypothesenprüfenden Verfahren (vgl. Bohnsack 2010) unterschieden. Wobei Interpretation und Rekonstruktion, zumindest dem Anspruch der objektiven Hermeneutik nach, nicht einfach gleichzusetzen sind (vgl. Oevermann 2013, S. 95). Oevermann wertet den Begriff der Interpretation für zu schwach, weil dieser sich nach zu viel Freiheit bzw. Willkür im Forschungsprozess anhört. Dennoch ist es m. E. richtig, die objektive Hermeneutik dem Feld der interpretativen Sozialforschung zuzuordnen.

keiten oder standardisierte Fragebögen mit festgelegten Antwortvorgaben in Erfahrung bringen will, warum soziale Phänomene in spezifischer Weise in Erscheinung treten und wie sie von den Handelnden hervorgebracht, gedeutet, gelebt werden. Stattdessen wird es notwendig, ›ins Feld zu gehen‹, sich an den Interaktionen zu beteiligen oder zumindest in Form einer ›teilnehmenden Beobachtung‹ die Bedeutungen und Interpretationsleistungen der Handelnden zu erkunden.« (Ebd., S. 14)

Wichtig ist also für diesen Typ von Sozialforschung die *Art und Weise,* wie man sich dem Gegenstandsbereich annähert. In der objektiven Hermeneutik im Speziellen besteht das bevorzugte Datenmaterial in *natürlichen Protokollen,* welche es ermöglichen, die eben genannten Deutungsprozesse im Gegenstandsbereich rekonstruierbar zu machen. Das ist ein wesentlicher Punkt, welcher die rekonstruktionslogische Vorgehensweise gegenüber einigen anderen Verfahren abgrenzt:

> »Dieser Verzicht auf Messung, Zählung und statistischer Analyse[4] ist nur die methodologische Konsequenz aus dem metatheoretischen Postulat, die Ordnungen des Sozialen als Wirklichkeitskonstruktionen zu betrachten, die von den Akteuren mittels sinngenerierender Praktiken und über symbolisch vermittelte Prozesse erzeugt und perpetuiert werden.« (Bergmann 2011, S. 25)

Für die objektive Hermeneutik ist, methodologisch gesehen, nicht die teilnehmende Beobachtung selbst, wie Keller (2012, S. 14) schreibt, entscheidend. »[D]ie maßgebliche und fundierende Operation der Erkenntnisgewinnung ist« hier vielmehr »die Herstellung eines Protokolls dieser Beobachtung« (Oevermann 2004b, S. 313). Ausschließlich Protokolle bzw. die in den Protokollen festgehaltenen und zu rekonstruierenden »latenten Sinnstrukturen von Handlungsketten oder -sequenzen« (Oevermann 1986, S. 45) sind Gegenstand der Analyse. Mit dem Begriff des Protokolls hängt der Textbegriff[5] eng zusammen. Dieser basiert auf der Annahme, »dass sich die sinnstrukturierte Welt durch Sprache konstituiert und in Texten materialisiert« (Wernet 2006, S. 11). Gemeint ist damit allerdings nicht, dass nur Schriftstücke (Verordnungen, Bücher, Zeitungen, Briefe usw.), die in der sozialen Wirklichkeit anfallen, oder transkribierte sprachliche Äußerungen (In-

---

4 Auch wenn in den angeführten Zitaten auf quantitative Verfahren verwiesen wird, so gibt es auch einige sog. qualitative Verfahren, die subsumtionslogisch vorgehen. Bestimmte Vorgehensweisen im Rahmen der klassischen Inhaltsanalyse oder der Grounded Theory waren Beispiele dafür, sofern die Analysekategorien nicht *rekonstruktiv* aus dem Datenmaterial gewonnen werden und/oder das Interesse primär an deren Häufigkeitsverteilungen liegt.

5 Zur Textförmigkeit sozialer Wirklichkeit in der objektiven Hermeneutik vgl. Oevermann (1986, S. 45 ff.).

teraktionen/Unterhaltungen jeglicher Art, Unterrichtssituationen, Diskussionen usw.), Gegenstand der Forschung sein können. Genauso können auch andere Formen der Materialisierung von Sinnstrukturen wie Fotografien, Bilder oder andere visuell-materielle Arrangements (etwa die Einrichtung von Räumen, die Architektur von Gebäuden usw.) untersucht werden. Entsprechend einem »weiten Textbegriff« (Oevermann 1986, S. 46) kann »alles, was an Materialien bedeutsam werden kann, als Text verstanden« (Garz und Ackermann 2011, S. 332) und somit Gegenstand der Forschung werden. Die nicht hintergehbare Festlegung auf Protokolle ist der Grund dafür, warum von einer *objektiven* Hermeneutik die Rede ist. Mit Protokollen

> »ist methodologisch eine Realität gegeben, die der subjektiven Perspektivität des Beobachters und der sozialen Zeitlichkeit und Räumlichkeit seiner Praxis grundsätzlich durch Objektivierung enthoben ist. Sie schlägt sich darin nieder, dass man sich auf sie immer wieder von neuem und zu wiederholten Malen beziehen kann, sie also eine feste Verankerung der Analyse unabhängig von den jeweiligen praktischen Perspektiven einer Stellungnahme darstellt.«[6] (Oevermann 2004b, S. 314)

Mit dieser bewussten Einschränkung der objektiven Hermeneutik auf »Protokolle konkreter sozialer Abläufe« (Oevermann 1986, S. 45) als dem eigentlichen Forschungsgegenstand wird gleichzeitig zugestanden, dass diese Protokolle *nicht* die Wirklichkeit eins zu eins abbilden. Die erfahrbare Wirklichkeit selbst lässt sich wissenschaftlich jedoch nicht anders als anhand von Protokollen *intersubjektiv überprüfbar* analysieren. »Jenseits der Grenze des Protokolls haben wir methodologisch keinen Zugriff auf Wirklichkeit.« (Oevermann 2004b, S. 326)

In der Konsequenz führt das dazu, dass eine Methode der Datenerhebung, wie sie im Bereich statistischer Verfahren vorliegt, hier eigentlich fehlt.[7] Vielmehr

---

6 Mit Objektivierung ist explizit *nicht* gemeint, dass die objektive Hermeneutik Ergebnisse liefert, welche die einzig möglichen oder uneingeschränkt wahr sind. Gemeint ist vielmehr zum einen, dass ein Protokoll für jeden Beobachter gleichermaßen als Gegenstand vorliegt (und man z.B. nicht auf die subjektive Erinnerung des Forschers angewiesen ist). Zum anderen ist mit objektiv gemeint, dass der zu rekonstruierende Sinn anhand von angebbaren »konstitutiven Regeln« erzeugt wurde und insofern *unabhängig von den subjektiven Perspektiven der Teilnehmer oder Beobachter zustande gekommen* ist: »Da Regeln nicht privat sind, sondern per se sozial, oder wie Wittgenstein es ausdrückte, man einer Regel nicht privat folgen kann, gelten solche Regeln objektiv und stellen eine objektive Gültigkeit her« (Oevermann 2013, S. 72). Die objektive Hermeneutik unterscheidet deswegen auch zwischen latentem und manifestem Sinn, da der latente Sinn nicht unbedingt von den Akteuren subjektiv reflektiert wird.

7 »Die Textförmigkeitsannahme der Objektiven Hermeneutik ist auch dafür verantwortlich, dass eine Methode der Datenerhebung im eigentlichen Sinne hier nicht vorliegt. [...] Für ein

stellt sich für objektiv-hermeneutische ForscherInnen die Frage nach der »Interaktionseinbettung« (Wernet 2006, S. 53 ff.), bei der intensive Gedanken über die Art der Protokolle im Vordergrund stehen. Am Beispiel eines Lehrerinterviews erläutert Andreas Wernet, in seiner sehr instruktiven Einführung in das Analyseverfahren der objektiven Hermeneutik, die Konsequenzen, welche sich durch eine Interaktionseinbettung ergeben (vgl. Wernet 2006, S. 57 ff.). Der Blick wird im Beispiel auf die Interviewführung selbst als soziale Praxis gelenkt, obwohl man mit einem Interview eigentlich Informationen des zu untersuchenden Feldes erhalten möchte. Die objektive Hermeneutik ist in diesem Beispielfall darauf bedacht, eine andere Art von Protokoll – z. B. Unterrichtsprotokolle – zu beschaffen, mit dem Ziel »ein möglichst unverstelltes Protokoll einer sozialen Praxis *jenseits der Interviewpraxis*« (ebd., S. 58; Hervorhebungen im Original) zu erhalten. Es stellt sich also im Rahmen der Protokollbeschaffung (Datenerhebung) die Frage, welche Lebenspraxis durch ein Protokoll eigentlich festgehalten worden ist. Für diesen Vorgang gibt es in der objektiven Hermeneutik jedoch keine ausformulierten methodischen Regeln.

Obwohl die protokollierte Wirklichkeit nicht mit dem Protokoll gleichgesetzt wird, gibt es in der objektiven Hermeneutik, wie oben bereits beschrieben, die Vorstellung, dass in einem Protokoll der *Ablauf* festgehalten ist, der auch in der sozialen Wirklichkeit für die Konstitution von Sinn verantwortlich ist. Diese prozessuale Vorstellung von sozialer Wirklichkeit begründet auch das zentrale Analyseverfahren der objektiven Hermeneutik, die *Sequenzanalyse,* in der es im folgenden Kapitel gehen soll und die auch im Zentrum der medialen Überlegungen steht:

> »Die beiden kategorial verschiedenen Ebenen von Protokoll und protokollierter Wirklichkeit werden in der objektiven Hermeneutik verklammert durch den Begriff der Sequenz bzw. der Sequentialität, unter der nicht trivial ein bloß temporales Nacheinander verstanden wird, sondern eine durch bedeutungserzeugende Regeln konstituierte sinnlogische Folge. Diese kennzeichnet sowohl den Ablauf von wirklichen Vollzügen als auch deren Protokoll.« (Oevermann 2013, S. 74 f.)

---

objektiv-hermeneutisches Forschungsvorhaben stellt sich [.] lediglich das Problem der Protokollbeschaffung. [...] Darüber hinaus ist die Klärung des Protokollstatus [...] von zentraler Bedeutung.« (Wernet 2006, S. 13)

2 Das Herzstück der objektiven Hermeneutik: Sequentialität und Sequenzanalyse

Die Sequenzanalyse ist »das Herzstück der objektiven Hermeneutik« (Oevermann 2004a, S. 202), welches dazu dient, zum einen die *Regeln* zu rekonstruieren, welche eine sinnlogische Folge hervorbringen. Insofern dient »der Regelbegriff als Bindeglied zwischen Gegenstand und Methode« (Wernet 2006, S. 13). Zum anderen ist es das Ziel der Sequenzanalyse die *Struktur eines Falles* zu rekonstruieren. Durch Regeln wird festgelegt, welche soziale Handlung vorliegt, ob es sich bei einer Handlung bspw. um eine Begrüßung, eine Lüge, ein Versprechen usw. handelt. Die Fallstruktur hingegen entscheidet darüber, welche Handlungsoptionen im weiteren Verlauf realisiert werden. Oevermann (2004a, S. 202) unterscheidet entsprechend zwischen »Erzeugungsregeln« oder auch »Bedeutungserzeugungsregeln, die quasi algorithmisch mit jeder Äußerung oder Handlung sinnlogisch zwingend Anschlussmöglichkeiten eröffnen«. Diesen stellt er die »Auswahlprinzipien« gegenüber, »die je fallspezifisch bestimmen, welche dieser Anschlüsse warum gewählt werden« (ebd., S. 203; vgl. Wernet 2006, S. 15).

Vereinfacht ausgedrückt bedeutet das, dass die Regeln den Möglichkeitsraum festlegen, innerhalb dessen gehandelt werden kann. Ein Gruß z. B. eröffnet die Möglichkeit einen Gruß zu erwidern oder dies zu unterlassen. Ob das Ausbleiben einer Erwiderung jedoch als bewusstes Ignorieren und in der Folge als arrogantes Verhalten oder als unproblematisch[8] gewertet wird, entscheidet sich durch die Fallstruktur. Die Selektivität eines Falles besteht demgegenüber nicht bloß in der Feststellung, dass es sich bei einer Handlung bspw. um eine Begrüßung handelt, sondern in der Realisierung von bestimmten Optionen innerhalb bestimmter Möglichkeiten und dem systematischen Ausschließen anderer Optionen:

> »Die Besonderheit einer je konkreten Wirklichkeit zeigt sich also in ihrer Selektivität. Sie hat sich so und nicht anders entschieden. Die Möglichkeiten, die diese Wirklichkeit besitzt, sind durch die geltenden Regeln formuliert. Aber die Wahl, die die Lebenspraxis trifft, ist keine Funktion der Regelgeltung, sondern eine Funktion der die Besonderheit dieser Lebenspraxis kennzeichnenden Selektivität. Die je konkrete Handlungsinstanz wählt bestimmte Optionen und in dem Maße, in dem diese Wahl einer

---

8 Hierzu sind verschiedene Möglichkeiten denkbar, wie z. B., dass Person B den Gruß nicht erwidert, weil sie Person A gar nicht wahrgenommen hat oder Person A und B haben sich kurz zuvor schon gesehen und begrüßt, weswegen es nicht mehr nötig ist, den wiederholten Gruß zu erwidern. Denkbar wäre auch, dass Person A Person B mit einer anderen Person verwechselt hat und sie sich gar nicht kennen. Ein ganzes Arsenal an Möglichkeiten ist bei einer Begrüßungshandlung vorstellbar. Dass es sich aber überhaupt um eine Begrüßung und nicht um eine Gymnastikübung handelt, ist durch allgemeingültige Regeln bestimmt.

spezifischen Systematik folgt, in dem Maße also, in dem wir einen Fall an der Charakteristik seiner Optionenrealisierung wiedererkennen, sprechen wir von dem Vorliegen einer *Fallstruktur*« (Wernet 2006, S. 15; Hervorhebung im Original).

Um eine (Fall-)Struktur handelt es sich also erst, wenn *wiedererkennbare Muster einer Selektion* festgestellt werden. Um eine Sequenzanalyse durchführen zu können, benötigt man eine »Minimalsequenz von drei Äußerungen, Handlungen oder – abstrakt gesprochen – Sequenzstellen« (Overmann 2003, S. 203):

> »Aus der Perspektive einer gegebenen Handlung, müssen wir, damit sie in ihrer objektiven Bedeutungsstruktur entschlüsselt ist, die von der vorausgehenden Handlung erzeugten Anschlussmöglichkeiten kennen bzw. erschließen, von denen die gegebene Handlung durch auswählenden Vollzug eine zur Wirklichkeit macht, die dann ihrerseits aufgrund geltender Erzeugungsregeln die Anschlussmöglichkeiten für eine nachfolgende Handlung schafft.« (Ebd.)

Weil angenommen wird, dass sich die Fallstruktur in einer Ausdrucksgestalt ohnehin früher oder später erschließen lässt, ist es prinzipiell möglich, an jeder beliebigen Stelle eines Protokolls mit der Analyse zu beginnen. Kann man jedoch von einer Praxis eröffnenden Äußerung oder Handlung ausgehen, ist es sinnvoll, diesen Anfang als erstes zu untersuchen, weil sich eine Struktur zu Beginn vermutlich am prägnantesten zeigt.[9] Das Umherspringen im Protokoll, wie das in einer klassischen Inhaltsanalyse oder im Rahmen der Grounded Theory oft gehandhabt wird, verbietet sich demnach in der rekonstruktionslogischen Vorgehensweise. Erst zu einem späteren Zeitpunkt, nachdem man im Rahmen des sequenzanalytischen Vorgehens Fallstrukturhypothesen gebildet hat, ist es erlaubt, zügiger und selektiver durch das Material zu gehen, um diese ggf. zu falsifizieren und in der Folge zu modifizieren. Dabei kann es allerdings immer wieder von Neuem nötig werden, das Material einer Feinanalyse zu unterziehen.

Nachfolgend werden die einzelnen Schritte zur Durchführung einer Sequenzanalyse kurz beschrieben. Objektiv-hermeneutische Analysen sollten möglichst in einer Gruppe durchgeführt werden, um allzu einseitige Interpretationen zu verhindern. Bei allen Schritten einer Sequenzanalyse orientieren sich objektive HermeneutikerInnen an den Prinzipien der Kontextfreiheit, Wörtlichkeit, Sequentialität, Extensivität und Sparsamkeit, die eine Brücke zwischen der Methodologie und dem konkreten methodischen Vorgehen bilden. Sie begründen sich durch die allgemeinen sozialtheoretischen Annahmen des Ansatzes und stellen gleich-

---

9   Je nach dem was der Untersuchungsgegenstand und die Fragestellung sind, kann ein angenommener Beginn natürlich variieren.

zeitig konkrete Verfahrensregeln dar. Die einzelnen Untersuchungsschritte erfolgen anhand methodischer Leitlinien (vgl. Wernet 2006, S. 21 ff.), die im folgenden kursorisch dargestellt werden: Vor der eigentlichen Analyse wird mit den beiden Schritten der Fallbestimmung und Interaktionseinbettung begonnen. Diese dienen der Reflexion und Begründung der Datenerhebung, für die es in der objektiven Hermeneutik, wegen ihrer Fokussierung auf die Bedeutungsrekonstruktion in der Datenauswertung, keine methodischen Verfahrensregeln gibt. Dennoch ist man auch im Rahmen dieses Ansatzes dazu angehalten, den Prozess der Materialbeschaffung und -aufbereitung zu reflektieren.

i) Zunächst muss im Vorfeld angegeben werden, was der Fall ist, den es zu untersuchen gilt. Oevermann spricht in diesem Zusammenhang von der *Fallbestimmung*. Eine Fallbestimmung nimmt jedoch nicht, wie etwa bei einigen anderen methodischen Designs, die Form einer Forschungsfrage im Sinne einer gesetzesförmigen Hypothese an. Da es um Sinnrekonstruktion geht, dient die Fallbestimmung nicht dem Zweck, Hypothesen anhand von Daten zu testen. Das Ziel der Analyse ist es, Hypothesen aus dem Material heraus zu entwickeln. Eine Fallbestimmung verfolgt vielmehr den Zweck einer möglichst klaren Explizierung des Forschungsinteresses und der Fragen, die man an das Material stellt. Desweiteren sollten Vorannahmen, die man dem empirischen Phänomen gegenüber hat, reflektiert werden.

ii) Bevor konkret mit der Interpretation des Materials begonnen werden kann, sollte eine *Interaktionseinbettung* der ausgewählten Protokolle, wie weiter oben bereits erläutert, erfolgen. Hier steht die Frage im Vordergrund, welche soziale Praxis im Datenmaterial festgehalten ist und welche Prozesse diesen Gegenstand auszeichnen. Ein großer Teil der Überlegungen in Kapitel 5 bezieht sich auf diese Fragen.

Für die beiden Schritte der Fallbestimmung und der Interaktionseinbettung lassen sich keine Gültigkeitskriterien formulieren. Das methodische Vorgehen ist trotz der Fokussierung auf eine bestimmte Fragestellung ergebnisoffen und bleibt auch revisionsfähig. D. h., dass sich das Erkenntnisinteresse durch die Ergebnisse der Interpretation ändern kann, was eine erneute Fallbestimmung nach sich zieht. Je nachdem wie explorativ das Forschungsvorhaben angelegt ist, kann im Rahmen der objektiven Hermeneutik auch ohne die vorbereitenden Operationen der Fallbestimmung und der Interaktionseinbettung mit der Analyse begonnen werden. Dieses maximal offene Vorgehen erfordert jedoch eine baldige Nachlieferung derselben (vgl. Wernet 2006, S. 59 f.). Die konkreten Schritte der Analyse laufen nach dem folgenden Schema ab (vgl. Oevermann 1999: S. 236 f. und Wernet 2006, S. 39 f.):

iii) Um einen vorliegenden Text oder Textausschnitt zu analysieren, werden zunächst *Geschichten* gebildet, in denen der Text vorkommen könnte. Dabei gilt es zwei Regeln zu befolgen: Erstens sollen die Geschichten nicht den tatsächlichen Äußerungskontext wiedergeben, sondern diesen verlassen. Zweitens dürfen nur Geschichten akzeptiert werden, bei denen der Text als angemessene sprachliche Äußerung erscheint.[10] Ziel des Geschichten-Erzählens und des Streitens über die Zulässigkeit von Geschichten ist die Mobilisierung des intuitiven Regelwissens, das in der Analyse explizit genutzt werden soll. Dabei wird angenommen, dass alle Akteure, und nicht nur SozialforscherInnen, über (mehr oder weniger bewusstes) Wissen von sozialen Regeln der meisten Situationen verfügen. Anders als bei einigen (qualitativen) Methoden, wird zu Beginn der Analyse jedoch das Kontextwissen, das ForscherInnen von ihrem Gegenstand besitzen, bewusst ausgeklammert. So wird der Fokus auf das selektive Geschehen im Protokoll selbst gelegt und die Bedeutungsrekonstruktion nicht durch Vorwissen abgekürzt. Das gilt auch für den folgenden Schritt.

iv) In einem weiteren Schritt werden Lesarten auf Grundlage der Geschichten gebildet. Dafür sind die strukturellen Gemeinsamkeiten oder Unterschiede der Geschichten relevant. Die daraus gewonnen Typen ergeben die *fallunspezifische Textbedeutung.*

v) Im folgenden und letzten Schritt werden die gebildeten Lesarten mit dem tatsächlichen Äußerungskontext und der darin eingelassenen Aussageintention des Textes (fallspezifische Textbedeutung) konfrontiert. Durch diesen Analyseschritt erschließt man die Besonderheit der Fallstruktur, indem man *Fallstrukturhypothesen* bildet.

Ein Text bzw. Textausschnitt wird solange sequenzanalytisch analysiert, bis man zur Explikation einer vollständigen Strukturhypothese gekommen ist. Diese Strukturhypothese bildet dann die Grundlage für die weitere Auswahl zu interpretierender Protokolle. Dabei geht man nach dem *Prinzip der maximalen Kontrastierung* vor (vgl. Oevermann 2002, S. 17 f.). D.h. man sucht nach einem, im Hinblick auf die Erkenntnisse des analysierten Protokolls, möglichst maximal abweichenden Protokoll im Gegenstandsbereich. Man wiederholt dieses Vorgehen solange, bis eine gewisse Sättigung eingetreten ist. Diese ist dann erreicht, wenn die weiteren Analysen keine wesentlich neuen Erkenntnisse mehr liefern. Dieses Vorgehen begründet sich durch die sozialtheoretischen Annahmen des Ansatzes,

---

10 Angemessenheit bezieht sich hier auf die Sparsamkeitsregel, welche Geschichten verbietet, die nur durch abwegige, allzu komplizierte Konstruktionen plausibel werden. Die Grenze dafür lässt sich nicht eindeutig bestimmen und es muss in der Analysegruppe ausgehandelt werden, ob Geschichten zulässig sind oder nicht.

dass soziale Strukturen durch Selektionsprozesse gebildet werden, die im Rahmen eines sequenzanalytischen Verfahrens rekonstruiert werden. Die später ausgeführten methodischen und methodologischen Überlegungen (Kap. 5.1 und 5.2) sind allerdings nicht auf die hier ausgeführten Analyseschritte bezogen, sondern resultieren allgemeiner aus einer Problematisierung der Sequentialität im Gegenstandsbereich.

3   Objektiv-hermeneutische Medienanalyse

Wie bereits oben erwähnt, lässt sich die objektive Hermeneutik auf alle sinnstrukturierten Gegenstände (Ausdrucksgestalten) anwenden. Zwar wurde die Methode entwickelt, um Interaktionen von Familien, insbesondere unter Beteiligung von Kleinkindern, zu untersuchen (vgl. Reichertz 2002, S. 124 ff.). Dennoch ist sie nicht beschränkt auf diesen Untersuchungsbereich. Gerade für die Analyse von Medien, allen voran Fernsehen, aber auch Printmedien und Bilder/Fotos, wurde sie bislang eingesetzt (vgl. Lenssen und Aufenanger 1986; Oevermann 1996; 1999; 2009; Oevermann und Tykwer 1991; Englisch 1991; Haupert 1994; Kade 2000; Reichertz 1992). Detlef Garz und Friedhelm Ackermann sprechen sogar von der Medienanalyse als immanentem Gegenstand der objektiven Hermeneutik (vgl. Garz und Ackermann 2011, S. 332 ff.). Dazu jedoch ein paar kritische Bemerkungen: Die objektiv-hermeneutischen Analysen im Hinblick auf Massenmedien sind zwar insofern instruktiv, als sie empirisch deren *Eigenlogik* aufzeigen, diese aber aufgrund einer allzu einseitig-kritischen Sicht lediglich als pervertierte Praxis werten (vgl. Oevermann 1996, S. 214), und sich somit der Fähigkeit berauben, weitere mediale Aspekte in den Blick zu bekommen.[11] Auch werden bewegte Bilder, die in Film und Fernsehen zentral sind (vgl. Ellis 2002), mehr oder weniger nur als Begleitmusik sprachlicher Äußerungen behandelt.

Das Problem einiger objektiv-hermeneutischer Medienanalysen liegt darin, dass die festgestellte, medial bedingte Eigenlogik mit *nichtmedialen Kontexten*

---

11   So ist das Ergebnis immer wieder, dass das Fernsehen eine Selbstinszenierung betreibe und man als Zuschauer notwendigerweise in einer Beziehungsfalle lande, die »objektiv pathologisch« (Oevermann 1996, S. 203) sei. Auch wenn Selbstinszenierung *ein* interessanter und wichtiger Aspekt von Medienkommunikation ist, verhindert die Zentralstellung dieses Aspektes doch die Sensibilität gegenüber weiteren medialen Eigenschaften. Das ist auch deutlich geworden bei Analysen meines Datenmaterials mit Ulrich Oevermann, im Rahmen eines Workshops am Institut für Weltgesellschaft der Universität Bielefeld, den ich zusammen mit Sebastian Hoggenmüller 2010 organisiert habe. Die Strukturhypothese, die Oevermann erarbeitete, lief primär auf eine Selbstinszenierungslogik hinaus, dabei wäre es m. E. gerade spannend gewesen, weitere mediale Besonderheiten der Blogkommunikation in den Blick zu bekommen.

verglichen wird und diese deshalb als ›falsch‹, ›irreführend‹ oder ›pathologisch‹ abgewertet wird. Wenn bspw. im konkreten methodischen Vorgehen Geschichten und Lesarten gebildet werden, in denen eine Äußerung sinnvoll eingebettet werden kann, dann werden *mediale Kontexte* gerne ausgeblendet, statt diese in das Repertoire möglicher erklärender Kontexte mit einzubeziehen. Wenn Äußerungen in familiären Kontexten einer anderen Logik wie in beruflichen Kontexten folgen und diese wiederum einer anderen Logik wie in (literarischen) Kunstwerken, wieso dann nicht auch in medialen Kontexten? Zumindest für Oevermann scheint klar zu sein, dass Medien eigentlich keine Eigenlogik besitzen sollten. Fernsehen etwa wäre nur dann positiv zu bewerten, wenn es Inhalte aus anderen Kontexten *ohne jegliche Veränderung* vermitteln würde. Dass Medien gewissermaßen selbst einen Kontext darstellen, der eigenen Regeln folgt, wird entweder übersehen – oder festgestellt und moralisch abgewertet. Dass die Methode der objektiven Hermeneutik auch einen unvoreingenommenen und differenzierten Blick speziell auf mediale Gegenstände ermöglicht, müsste sich erst noch im Rahmen möglichst vorurteilsfreier Anwendungen erweisen.

Das geschilderte Problem liegt m. E. allerdings nicht im methodischen Ansatz selbst begründet. Insofern stimme ich Garz und Ackermann zu, dass die objektive Hermeneutik im Prinzip ein Analyseverfahren ist, das sich gut für Medienanalysen anwenden ließe. Die genannten Schwierigkeiten resultieren m. E. aus einer allgemeinen kulturkritischen Haltung gegenüber Technik bzw. Medien. Wenn man Medien *theoretisch* nicht von vorne herein als bloß technisch neutrale Vermittler von Informationen ansieht, dann sollte man auch *methodisch* versuchen, die Regeln zu rekonstruieren, die in medialen Kontexten zu beobachten sind. Bergmann zufolge trifft dieses Problem nicht nur auf hermeneutische Ansätze zu, sondern er stellt allgemeiner fest,

> »dass die qualitative Medienforschung bislang zu wenig genuine Methodenentwicklung betrieben hat. Sie verlässt sich auf Verfahren, die in der Tradition der qualitativen empirischen Sozialforschung entstanden [sind], mit der Folge, dass Methoden, bei denen das Medium bereits in die Methode eingeschrieben ist, heute nur ansatzweise zur Verfügung stehen. Da aber gerade die qualitative Sozialforschung den Anspruch auf Gegenstandsangemessenheit ihrer Methoden erhebt, muss die Medienforschung, will sie sich qualitativ orientieren, immer auch methodische Selbstbeobachtung und Selbstreflexion betreiben.« (Bergmann 2011, S. 27 f.)

Im Unterschied zu objektiv-hermeneutischen Untersuchungen im Bereich der Massenmedien hat die Anwendung der Sequenzanalyse auf Bilder, im Rahmen einer Bildhermeneutik, zu interessanten methodologischen und methodischen Überlegungen geführt (vgl. Englisch 1991; Müller-Dohm 1997; Breckner 2010).

Das ist teilweise dadurch bedingt, dass visuelle Medien zwangsweise die Frage nach der sequentiellen Ordnung virulent werden lassen, hat man doch im Bild zunächst einmal einen totalitären, nichtsequentiellen Blick auf den Gegenstand. Zum großen Teil resultieren jedoch die methodologischen Reflexionen über visuelle Medien aus der *theoretischen* Annahme, dass visuellen Medien eine Eigenlogik zukommt, und diese nicht bloß Begleitmusik für sprachliche bzw. schriftliche Ausdrucksformen darstellen.[12] Ähnliche Überlegungen stehen für internetbasierte Gegenstandsbereiche noch aus.

Für den hier interessierenden Bereich internetbasierter Medien liegen, zumindest aus hermeneutischer Sicht, bislang kaum methodische Anwendungen oder methodologische Überlegungen vor. Mir ist bislang nur eine Untersuchung im Rahmen der wissenssoziologischen Hermeneutik[13] bekannt, die sich *methodisch* mit Daten aus dem Internet auseinandersetzt (vgl. Reichertz und Marth 2004). In Bezug auf eine Homepage als Forschungsgegenstand sind dort erste interessante Überlegungen angestellt worden. Die Analyse selbst wurde leider lediglich in Form einer Bildhermeneutik ausgeführt und wird somit dem Gegenstand Internet/Homepage nur bedingt gerecht, da Bilder nur einen geringen Teil der ›Medialität‹ des Internets ausmachen. Es lassen sich zwar einzelne hermeneutische Analysen von Internetdaten finden (vgl. Taubert 2006; Dickel 2012), allerdings ohne explizite internetspezifische methodische Reflektionen.[14] Die Anwendung einer hermeneutischen Medienanalyse für den Bereich des Internets und vor allem methodische Überlegungen für diesen Bereich stellen somit nach wie vor ein Desiderat dar.

4   Ist das Internet ein Forschungsgegenstand eigener Art?

Ohne an dieser Stelle ausführliche medientheoretische Erörterungen anbringen zu können, möchte ich doch ein paar Bemerkungen zu der Frage machen, ob und inwiefern das Internet einen Bereich darstellt, der es erfordert, darüber

---

12   Vgl. dazu auch die interessanten Überlegungen von Bettina Heintz zu »Zahlen und Bilder als eigenständige Kommunikationsmedien« (2010, S. 171).

13   Auf die Unterschiede zwischen der objektiven und der wissenssoziologischen Hermeneutik kann ich hier nicht eingehen. Das sequenzanalytische Vorgehen beider Ansätze ist nahezu identisch, weswegen dies erlaubt sei. Die Unterschiede hat Jo Reichertz immer wieder herausgearbeitet (vgl. Reichertz 2000; 2002). Oevermann selbst spricht jedoch von »irreführenden Darstellungen der objektiven Hermeneutik von Reichertz« (2013, S. 75).

14   Allerdings finden auch dort, im Rahmen der Analysen, Auseinandersetzungen mit Spezifika des Gegenstandsbereichs statt, aber diese bleiben oft implizit.

eigenständige (methodische und methodologische) Überlegungen anzustellen. Aufgrund der Tatsache, dass sich das Internet in den letzten 15 bis 20 Jahren als massenhaft genutztes Medium verbreitet hat und mittlerweile in allen gesellschaftlichen Bereichen verwendet wird, meine ich, dass dies dringend nötig ist. Das Internet spielt mittlerweile eine Rolle auf allen sozialen Ebenen. In mikrosozialen Kontexten, wie etwa im Bereich persönlicher und gemeinschaftlicher Beziehungen, in beruflich-organisatorischen Bereichen und auch in quasi allen makrosozialen gesellschaftlichen Bereichen wie Politik, Journalismus, Wissenschaft, Recht usw. Viele unterschiedliche Darstellungs- und Kommunikationsformen wie E-Mail, Chatforen, Weblogs, soziale Netzwerkportale etc. mit jeweils eigenlogischen Prozessen und Strukturen haben sich ausgebildet. Anders als etwa beim Buchdruck, der erst Jahrhunderte nach seiner praktischen Etablierung als wichtige und transformierende Kraft für soziale Prozesse und Strukturbildungen erforscht worden ist (vgl. Eisenstein 2008; Giesecke 1998; Luhmann 1999), besteht beim Internet die Chance, ein vergleichbares Medium *in situ* in den Fokus der Forschung zu rücken. Anstatt aber, wie in theoretischen Perspektiven oft zu beobachten ist, abstrakte und allumfassende Aussagen über ›das‹ Internet oder ›den‹ Computer anzufertigen (vgl. bspw. Baecker 2007), wäre es gerade wichtig, konkreter anzusetzen und soziale Prozesse im Internet in Bezug auf die vielen unterschiedlichen Formate und ihre jeweils unterschiedlichen Anwendungsbereiche zu erkunden.

Ein anderer Zugang zum Thema Internet besteht in der letztlich auch sehr allgemeinen Frage, ob und inwiefern das Internet ein Massenmedium darstellt, wie etwa Zeitungen, Fernsehen, Radio usw., und in welchem Verhältnis es zu diesen steht (Ergänzung oder Verdrängung). Bei dieser Perspektive steht oft die Frage im Vordergrund, inwiefern das Internet als Ergänzung eines Medien*systems* zu betrachten ist bzw. ob das Internet aufgrund seiner ›interaktiven‹ Eigenschaften als neuartiges Medium anzusehen ist, welches das System der Massenmedien grundlegend verändert (vgl. dazu den auch heute noch sehr instruktiven Beitrag von Wehner 1997). Diese Problemstellung wird manchmal auch unter dem Label eines neuen ›Strukturwandels der Öffentlichkeit‹ behandelt. Auch wenn diese Diskussion um die Veränderungen der Massenmedien durch das Internet naheliegend und interessant ist, gehe ich davon aus, dass mit dieser Problemstellung gewisse Schwierigkeiten einhergehen. Erstens wird der Blick dadurch zu stark auf die binäre Frage zugespitzt, ob das Internet ein Massenmedium ist oder nicht (bspw. bei Kubicek 1997; Kluba 2002; Schrape 2010). Zweitens geht das Sprechen von ›dem‹ Internet auf Kosten der Formenvielfalt im Internet. Die mannigfaltigen medialen Besonderheiten des Internets geraten dabei leicht aus dem Blick. Gerade dafür könnten sich qualitative Forschungsmethoden besonders gut eigenen, insbesondere auch rekonstruktiv verfahrende, weil sie zum einen sehr gegenstandsnah vorgehen, zum anderen aber auch eine besondere Reflexivität und Sensibilität gegenüber neuartigen Gegenständen aufbringen (sollten).

Eine weitere Schwierigkeit, welche mit der starken Fokussierung auf Massenmedien/Massenkommunikation einhergeht, liegt darin, dass die gesellschaftstheoretisch spannende Frage nach möglichen Auswirkungen durch das Internet für andere (nicht massenmediale) gesellschaftliche Bereiche entweder gar nicht oder nur sehr indirekt, über die Frage der Veränderung einer (massenmedialen) Öffentlichkeit, in den Fokus der Forschung rückt. Aus einer gesellschaftstheoretischen Sicht läge es jedoch nahe sich zu fragen, ob und inwiefern das Internet gesellschaftliche Teilbereiche wie Wirtschaft, Politik, Religion, Wissenschaft, Sport usw. verändert; und das nicht nur dadurch, dass massenmediale Berichterstattung über sie stattfindet, sondern das Medium Internet ›direkt‹ Anwendung in anderen gesellschaftlichen Bereichen findet.[15] Geht man mit der soziologischen Systemtheorie davon aus, dass auch gesellschaftliche Funktionssysteme wie Politik, Wissenschaft etc. sich (ausschließlich) durch Kommunikation konstituieren und reproduzieren, dann ist es durchaus sinnvoll, sich auch diesen Fragen anhand von rekonstruktiven Fallstudien zu nähern (vgl. Schneider 2004). Qualitative Fallstudien könnten evtl. dabei helfen, die arg *überblicksartigen* Bestandsaufnahmen der Nutzung des Internets in bestimmten gesellschaftlichen Bereichen, wie etwa der Wissenschaft (vgl. Nentwich und König 2012), anzureichern mit detaillierten aber gegenüber den Selbstbeschreibungen der NutzerInnen distanzierenden Einblicken in die Praxis des Internetgebrauchs.

Die nachfolgenden Ausführungen verfolgen nicht das Ziel, das objektiv-hermeneutische Vorgehen gegenüber anderen methodischen Ansätze auszuspielen, sondern stellen einen *Versuch* dar, die eigenlogischen Strukturen der Internetkommunikation stärker in den Blick zu bekommen. Weil es bislang keine Studien zu diesem Gegenstandsbereich gibt, können die Beobachtungen jedoch nur in Form von ersten Fragen am Beispiel meines Forschungsgegenstandes – dem deutschsprachigen Blogportal *ScienceBlogs* (SBs)[16] – erfolgen, die sich aus der Perspektive des gewählten methodischen Ansatzes stellen.

---

15   In diesem Sinne spricht Niels Taubert (2009, S. 11) etwa von den »Auswirkungen des Medienwandels auf die Entwicklungsdynamik der Wissenschaft«. Bei Urs Stäheli (2004) findet man Überlegungen zur Medialität eines Verbreitungsmediums (dem Börsenticker) im Bereich der Wirtschaft.

16   http://scienceblogs.de/

5 Methodische und methodologische Beobachtungen am Beispiel von wissenschaftlichen Weblogs

Die Überlegungen in Kap. 3 und 4 waren leitend bei der Auswahl des Blogportals *ScienceBlogs* als empirischer Gegenstand meines Dissertationsprojektes. Es handelt sich einerseits um ein spezifisches und mittlerweile etabliertes Format – Weblog –, das als prototypisch für neue Internetmedien angesehen werden kann. Andererseits stellt es ein Beispiel dar, das deutliche Bezüge zu einem spezifischen gesellschaftlichen Bereich (außerhalb der Massenmedien) hat: nämlich der Wissenschaft. Wenn man mit Ulrich Oevermann Methoden der Datenerhebung bzw. Protokollierung von solchen der Datenauswertung unterscheidet (vgl. Oevermann 2013, S. 69 f.), dann betreffen die folgenden Ausführungen beide Ebenen: auf der einen Seite geht es um die Frage der Protokollierung von (spezifischen) Internetdaten und auf der anderen Seite um Vorüberlegungen für die Datenauswertung. Wie bereits erwähnt, stammt das verwendete Datenmaterial aus meinem Dissertationsprojekt, welches zum Ziel hat, Grenzziehungsprozesse zwischen Wissenschaft und Nichtwissenschaft, die einen besonders sichtbaren Schwerpunkt der Inhalte der SBs ausmachen, zu rekonstruieren.[17] Diese Frage wird hier nicht behandelt, stattdessen stehen mediale Besonderheiten der Blogkommunikation im Mittelpunkt (5.2 und 5.3), die sich quasi als ›Nebenprodukt‹ ergeben, wenn man bemüht ist, Internetdaten mittels der Sequenzanalyse zu erforschen. Zunächst jedoch (5.1) noch allgemeine Erläuterungen zum Forschungsgegenstand.

5.1 Zum Gegenstand: das Blogportal ScienceBlogs

Weblogs lassen sich als »regelmäßig aktualisierte Websites« kennzeichnen, »deren Inhalte – meist Texte, aber auch Bilder und Videos – in umgekehrt chronologischer Reihenfolge dargestellt werden« (vgl. Katzenbach 2008, S. 27). Ein Blog besteht in der Regel aus verschiedenen Elementen (vgl. Schmidt 2006; Katzenbach 2008) und bietet Möglichkeiten der Verlinkung mit anderen Internetangeboten. Das Innovative an Blogs kann an drei spezifischen Eigenschaften festgemacht werden. Zum einen bieten Blogs Funktionen, die den Austausch mit dem Publikum ermöglichen und zum anderen die Vernetzung mit anderen Webseiten zulassen. Der kommunikative Austausch wird durch eine Kommentarfunktion möglich, während die Vernetzung mit anderen Internetseiten durch Trackbacks und gewöhnliche Hyperlinks erreicht wird. Zu diesen technischen Eigenschaften kommt drittens hinzu, dass bei Weblogs keine *vorgängigen* Kontrollen und Auswahlpro-

---

17 Für erste Analyseergebnisse vgl. Wenninger 2012.

zesse der Inhalte stattfinden. Potentiell jeder kann dort also kommunikativ beitragen. Das ganze Netzwerk der miteinander verlinkten Blogs wird häufig als ›Blogosphäre‹ bezeichnet. Als *wissenschaftliche* Weblogs werden solche bezeichnet, die entweder von WissenschaftlerInnen betrieben werden oder in denen zumindest regelmäßig zu wissenschaftlichen Themen Beiträge veröffentlicht werden (vgl. Kouper 2010; Trench 2012). Fraglich bleibt allerdings, ob die institutionelle Zugehörigkeit von BlogbetreiberInnen zu einer wissenschaftlichen Institution bzw. die regelmäßige Thematisierung von Wissenschaft bereits ausreichen, um von einer ›wissenschaftlichen‹ Kommunikation sprechen zu können (vgl. dazu Wenninger 2012). Die Bündelung von mehreren Weblogs auf einer Internetplattform ist ein Grund, weshalb wissenschaftliche Weblogs allmählich eine gewisse Popularität in der ›Internetöffentlichkeit‹ erlangt haben. Bei diesen wissenschaftlichen *Blogportalen* sind mehrere Blogs aus ganz verschiedenen Fachrichtungen versammelt. Diese Portale werden meist durch größere Medienkonzerne unterstützt und es bestehen weitere Kooperationen mit traditionellen Medienunternehmen. Beispiele für solche Blogportale im deutschsprachigen Raum sind *SciLogs – Tagebücher der Wissenschaft*[18], *ScienceBlogs*[19], *Hypotheses*[20] oder *academics blogs*[21]. Das internationale Blogportal *ScienceBlogs.com* wurde in den USA im Januar 2006 von der *Seed Media Group* gegründet. Dort bloggen insgesamt über 80 BloggerInnen, während laut Angabe des Blogportals monatlich eine Besucherzahl von 2,5 Millionen erreicht wird. Seit Anfang 2008 gibt es eine zugehörige deutsche Plattform mit ca. 30 Blogs. Das Blogportal wurde durch *Hubert Burda Media* ins Leben gerufen. Nach einer Phase der Zusammenarbeit mit *National Geographic* ist der aktuelle Kooperationspartner *Wissen.de.* Die Startseite des deutschen Portals ähnelt einem Wissenschaftsmagazin und bietet eine bunte Vielfalt an Themen an. Viele Beiträge behandeln Themen, die aus den Massenmedien stammen. Auffallend sind auch Themen über ›grenzwissenschaftliche‹ Phänomene. Vorgestellt werden hin und wieder Themen aus den Fachrichtungen, zu denen die BloggerInnen forschen oder diverse Berichte aus dem Alltag der BloggerInnen (vgl. zu den Inhalten der amerikanischen Blogs und deren Stil auch Kouper 2010). Im Folgen-

---

18   Sie wird vom Verlag *Spektrum der Wissenschaft* betrieben: http://www.scilogs.de/. Neben dem deutschen Portal existieren ein englischsprachiges internationales Angebot und Ableger in Belgien und Spanien.

19   Die Scienceblogs gibt es in den USA (http://scienceblogs.com/), Deutschland (http://scienceblogs.de/) und Brasilien (http://scienceblogs.com.br/).

20   Dieses bietet Portale in Frankreich, Großbritannien, Spanien, Portugal und Deutschland für den Bereich der Geistes- und Sozialwissenschaften. Angeboten wird es von der Initiative *Centre pour l'édition électronique ouverte (Cléo)*, einer Vereinigung französischer Universitäten und Forschungseinrichtungen: http://de.hypotheses.org/

21   http://www.academics.de/blog/

den geht es weniger um die Inhalte des Blogportals, sondern um dessen mediale Eigentümlichkeiten, die in den Blick gelangen, wenn man diesen Gegenstand sequenzanalytisch untersucht.

5.2 Bemerkungen zum Protokollstatus und zur Interaktionseinbettung

Wie weiter oben (Kap. 1) erläutert, wird in der objektiven Hermeneutik davon ausgegangen, dass in Protokollen eine Lebenspraxis festgehalten ist. Weil wir keinen anderen Zugang zu sozialer Wirklichkeit haben, der wissenschaftlichen Ansprüchen genügt, sind Protokolle (und nicht der Gegenstand bzw. die Lebenspraxis selbst) Grundlage der Analyse. Deshalb sind Überlegungen zum Protokollstatus wichtig, d. h. dazu, welche Form von Protokoll man anfertigt und inwiefern dieses dazu geeignet ist, die Sinnstrukturen des Gegenstandes zu konservieren. Bemerkenswert am Internet ist, dass einige dort vorkommenden Formen – und so auch die SBs – eine sich *selbst protokollierende Praxis* darstellen. D. h. im Unterschied zu vielen anderen sozialen Handlungen, insbesondere mündlichen Gesprächen, werden diese aufgezeichnet, archiviert und öffentlich zugänglich gehalten. Das trifft z. B. auf viele Foren und Blogs zu. Interessant ist vor allem, dass dort Kommunikationen in ihrem *Ablauf* festgehalten werden.[22] Während bei klassischen Medienprodukten die Herstellungsprozesse unbeobachtbar bleiben, lässt sich hier das

---

22 Ich gehe von einem systemtheoretischen Kommunikationsbegriff aus. Die kleinste kommunikative Einheit besteht aus den Komponenten Information, Mitteilung und Verstehen. Kommunikation im systemtheoretischen Sinn ist jedoch ein *Prozess,* bei dem diese drei Komponenten laufend zu einer Einheit synthetisiert werden. Informationen werden demnach von Mitteilungen im Verstehen laufend neu unterschieden und dadurch bilden sich Verkettungen von vielen Kommunikationen. Je nachdem um welche Formen es sich im Internet handelt, könnte man in dieser Perspektive entweder davon ausgehen, dass es sich bei einer gewöhnlichen Internetseite, die von einer Person oder Organisation gestaltet wurde, um mitgeteilte Informationen handelt, welche erst durch ein Weiterverarbeiten durch andere Personen (durch »abwesende Dritte«, vgl. dazu auch den Beitrag von Corsten und Herma hier im Band) zu einer Kommunikation werden. Bei Online-Foren und Blogs ist es demgegenüber bereits zu ›vollständigen‹ Kommunikationen gekommen, da verschiedene Personen sich auf ein und derselben Internetseite aufeinander beziehen. Letzteres ist gemeint, wenn ich davon spreche, dass *Abläufe von Kommunikationen* gespeichert werden und zugänglich bleiben. Die Grenze dieser Unterscheidung zwischen bloß mitgeteilten Informationen und vollständigen Kommunikationen bleibt jedoch fließend und bestimmt sich erst in der Praxis selbst. Denn auch Blogkommunikationen und Forumsdiskussionen können von anderen als mitgeteilte Informationen behandelt und entsprechend weiterverarbeitet werden, bspw. in Form einer Verlinkung auf einer anderen Homepage. (Zum systemtheoretischen Kommunikationsbegriff allgemein vgl. Luhmann 1987, S. 191 ff. und in Hinblick auf verschiedene Medientypen Luhmann 2005.)

Entstehen der Form und des Inhaltes beobachten.[23] Damit stellen Blogs und Internetforen gerade für eine rekonstruktiv vorgehende Sozialforschung, die am prozessualen Aufbau von Strukturen und deren kommunikativer Reproduktion interessiert ist, besonders geeignetes Datenmaterial dar. Diese Daten ähneln einer transkribierten Interaktion, mit dem Unterschied, dass die *Aufzeichnung Teil der Praxis selbst* ist, sie medienspezifische Besonderheiten enthalten, wie etwa eingefügte Hyperlinks oder spezifische Rahmungen[24] und sie natürlich nicht einheitlichen Transkriptionsregeln folgen. Derartige Internetkommunikationen sind zwar ähnlich dynamisch wie Interaktionen aber im Gegensatz zu Interaktionen unter Anwesenden *nicht flüchtig.* Die Aufzeichnungen kann der Forscher ohne weitere Anstrengungen als Protokoll übernehmen. Methodische Gedanken über eine adäquate Transkription entfallen also weitgehend. Auch wenn jede NutzerIn unter Umständen andere Einstellungen am eigenen PC hat und deshalb nicht unterstellt werden kann, dass die Ansichten für alle identisch sind, so kann man doch davon ausgehen, dass die Inhalte, auf die kommunikativ Bezug genommen wird und die Reihenfolge der Beiträge für alle Beteiligten gleichermaßen gegeben sind.

Im Vergleich zu klassischen, transkribierten Protokollen hat man hier also nicht das Problem, dass die zu untersuchenden Protokolle im Forschungsprozess angefertigt werden müssen. Die dadurch bedingten ›Verfälschungen‹ des Gegenstandes im Sinne *aufzeichnungs- und transkriptionsbedingter Irritationen* fallen somit weg oder sind zumindest reduziert. Ein Gespräch zwischen Personen wird bspw. erst auf Tonband aufgezeichnet und dann transkribiert. Bei schwer verständlichen oder seltsam anmutenden Stellen kann es vorkommen, dass man sich die Aufnahmen nochmals anhören muss, um Gewissheit über das Gesagte zu erlangen. Manchmal lassen sich bestimmte Passagen dennoch nicht verstehen oder es kann nicht festgestellt werden, welche Person spricht.[25] Internetkommunikatio-

---

23 Dieser Umstand wird manchmal auch mit dem Begriff »Produsage« (Bruns 2008) bezeichnet. Damit ist gemeint, dass sich die sonst getrennten Praktiken des Produzierens (Production) von Medieninhalten und deren Nutzung (Usage) bei ›interaktiven‹ Medien vermischen. Dennoch gibt es auch hier nicht einsehbare Bereiche, wie etwa die Textproduktion des Bloggers und der einzelnen User. Diese Prozesse sind für die anderen KommunikationsteilnehmerInnen nicht sichtbar und somit nicht Teil der Kommunikation, ähnlich wie Gedanken beim Verfassen von mündlichen Beiträgen in Gesprächen. Auch sind bestimmte softwarebedingte Einschränkungen oft nicht direkt sichtbar. Diese können aber andirekt erschlossen werden, indem man bspw. eigens Versuche mit dem Medium unternimmt.
24 Damit sind bspw. typische Darstellungsweisen von Internetseiten gemeint, die sich untereinander stark unterscheiden können. Ein Blog hat eine andere Form als ein Forum und beide unterscheiden sich von der typischen Homepage eines Wirtschaftsunternehmens etc.
25 In der objektiven Hermeneutik wird üblicherweise nur bei unauflösbaren Widersprüchen, welche für die Bildung von Strukturhypothesen relevant sind, in der aufgezeichneten Ver-

nen werden jedoch in der Form, in der sie erzeugt werden, gespeichert. Die übliche Differenz zwischen Gegenstand, Aufzeichnung und Protokoll fehlt bei diesem Datenmaterial[26] (dies gilt jedoch nur in bestimmter Hinsicht, siehe nächster Abschnitt). Aus praktischen Gründen ist es ratsam, für die Analyse eine fixierte Variante zu benutzen, weil es sein kann, dass ein Internetportal geschlossen wird und die Daten im Netz unter Umständen nicht mehr verfügbar sind. Um eine stabile Variante der ›ursprünglichen‹ Form zu erhalten, ist es zweckmäßig, Internetseiten direkt am PC, mit bestimmten Tools, wie etwa *Scrapbook,* abzuspeichern. Gegenüber anderen Speichermethoden hat dies Vorteile, weil die Seite dadurch nicht verändert wird. Sobald man die Seiten in die für Protokolle übliche Papierform bringt, etwa mit Hilfe von Textbearbeitungssoftware, riskiert man starke Veränderungen und man kann die Konsequenzen dieser Veränderungen dann evtl. nicht reflektieren.[27]

Die Feststellung, dass die Praxis sich selbst protokolliert und dabei ihre ursprüngliche Form bewahrt, gilt jedoch nur in bestimmter Hinsicht. Wie bereits erwähnt, sind Internetseiten dynamische Gegenstände, die sich im Laufe der Zeit immer wieder verändern (können). Ein großer Teil der Veränderungen ist nicht sichtbar, wenn man nur *eine* gespeicherte Version als Protokoll benutzt, auch dann nicht, wenn es die jeweils aktuellste ist. Beim Forschungsgegenstand der SBs hat es bspw. diverse *Veränderungen im Design* der Seite gegeben, die nur dann sichtbar werden, wenn man im Zeitverlauf verschiedene Versionen der Seite speichert. Im Vergleich zu Interaktionen (unter Anwesenden) ist das bemerkenswert, denn diese können im Nachhinein ihre Form nicht verändern. Die grundlegende Frage, die sich dabei stellt, ist die, ob diese Veränderungen einen Einfluss auf die zu rekonstruierenden Sinnstrukturen haben, oder ob sie als nebensächliche Änderungen an der (visuellen) Oberfläche zu betrachten sind. Ich gehe davon aus, dass diese Frage nicht pauschal beantwortet werden kann, sondern jeweils fallweise geklärt werden muss. Weitere Veränderungen, die im Zeitverlauf stattfinden und die unsichtbar bleiben, wenn man nur ein Protokoll zur Verfügung hat, sind *moderierende Eingriffe* der BlogbetreiberInnen. Dabei werden einzelne Kommentierende gesperrt (die sich – angeblich – nicht an die Regeln der Netiquette

---

sion (falls verfügbar) nachgesehen. Obwohl das *Wörtlichkeitsprinzip* HermeneutikerInnen zunächst dazu anhält, z. B. auch die Inhalte von Versprechern zu berücksichtigen, fallen manche Ungereimtheiten für die *Struktur* einer Ausdrucksgestalt nicht unbedingt ins Gewicht.

26 Insofern könnte man, entgegen vieler Bezeichnungen des Internets als (bloß) virtuelle Realität, gerade im Hinblick auf Internetdaten von einer besonderen Natürlichkeit der Protokolle sprechen.

27 Ein weiterer praktischer Vorteil von Scrapbook ist, dass man damit direkt am Bildschirm im Browserfenster Markierungen, Unterstreichungen und diverse Notizen anbringen kann.

Abbildung 5.2.1   Sichtbare Moderation (Quelle: http://scienceblogs.de/mathlog/2009/03/14/einstein-130/, Stand 24.10.2011)

Troy· 06.09.09 · 00:18 Uhr

Dieser Beitrag wurde moderiert.

Troy· 06.09.09 · 00:37 Uhr

Troy· 05.09.09 · 23:30 Uhr=MODERIERT
Troy· 05.09.09 · 23:41 Uhr=MODERIERT
Troy· 06.09.09 · 00:18 Uhr=MODERIERT

@Thilo

So wirst du immer Recht behalten, das ist aber keine Wissenschaftliche "Diskussion" und esist etwas schlimmeres als Zensur. Weiter so.

T

halten) und Kommentare oder Teile von Kommentaren werden immer wieder gelöscht. Diese Eingriffe sind zwar prinzipiell sichtbar (Abb. 5.2.1), die gelöschten Inhalte selbst werden aber der Sichtbarkeit entzogen, obwohl diese zwischen dem Zeitpunkt der Veröffentlichung und der Moderation sichtbar gewesen sind und die Kommunikation in dieser Zeit weiterläuft. D. h. dadurch werden bestimmte, stattgefundene kommunikative Anschlüsse ›gekappt‹ und dies erschwert somit die Sinnrekonstruktion.

Eine andere, unsichtbare Variante der Moderation lässt sich nur indirekt (über den Inhalt der Kommunikation) feststellen, wie das Beispiel (Abb. 5.2.2) zeigt. Der ursprüngliche Inhalt des Kommentars #336 des Users »X-Leongard« wurde gelöscht und durch einen Text vom Moderator ersetzt. Das kann jedoch nur aufgrund des Inhalts des folgenden Kommentars #337 gefolgert werden, weil »X-Leongard« auf die Mutmaßung des Blogbetreibers, er sei Laurance, antwortet: »Nö ich bin nicht Laurence!«

Für die Rekonstruktion der Kommunikationsprozesse wäre es optimal, auch den *Verlauf* dieser Eingriffe zu protokollieren. Der Aufwand für die ForscherInnen wäre dafür aber relativ hoch, müssten doch die Seiten in sehr kurzen Zeitabständen gespeichert und auf solche Veränderungen hin miteinander verglichen werden. Die sowieso schon großen Protokolle würden exorbitante Ausmaße annehmen. Sofern man an diesen Veränderungen speziell interessiert ist, könnte man ggf. über einen begrenzten Zeitraum solche Protokolle anfertigen. Im Unterschied zu klassischen Protokollen hat man es hier aber nicht mit aufzeichnungsbedingten Transformationen und Selektionen oder fehlerhafter Transkription zu

Abbildung 5.2.2 Unsichtbare Moderation (Quelle: http://scienceblogs.de/astrodicticum-simplex/2010/01/09/dieter-broers-erklart-den-synchronisationsstrahl/, Stand: 28.03.2013)

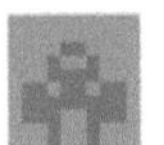

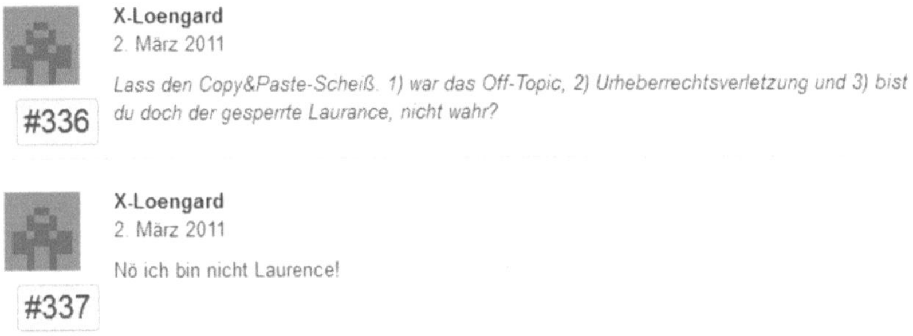

tun. Vielmehr geht es um Veränderungen in der Zeit, die *Teil des Gegenstandes selbst* sind und somit als dessen Selektionsgeschichte zu behandeln sind[28], welche Auswirkungen auf die Sinnstruktur haben (können): möglich ist z.B., dass die Glaubwürdigkeit und die Reputation eines Users für den weiteren Verlauf der Kommunikation dadurch beschädigt werden, weil der Name des Users *und* die Moderation sichtbar bleiben. Im Beispiel (Abb. 5.2.1) sieht man, dass der User »Troy« unmittelbar versucht, den Spieß umzudrehen und den Imageschaden auf den moderierenden Blogger »Thilo« abzuwälzen. Interessant ist auch, dass bereits kommunikative Anschlüsse an später gelöschte Inhalte stattfinden können.

Abbildung 5.2.3 Unklare Moderation (Quelle: http://scienceblogs.de/mathlog/2009/03/14/einstein-130/, Stand 24.10.2011)

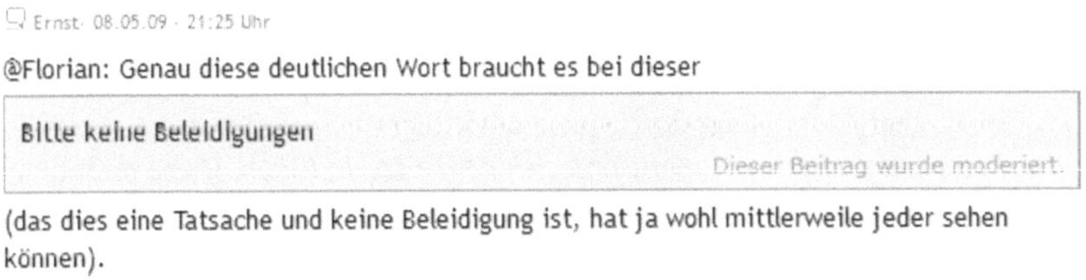

Ernst· 08.05.09 · 21:25 Uhr

@Florian: Genau diese deutlichen Wort braucht es bei dieser

Bitte keine Beleidigungen

Dieser Beitrag wurde moderiert.

(das dies eine Tatsache und keine Beleidigung ist, hat ja wohl mittlerweile jeder sehen können).

---

28 Um nochmals den Vergleich mit Interaktionen zu bemühen: Auch dort können Berichtigungen und Korrekturen vorkommen (›das habe ich anders gemeint‹, ›da hast Du mich falsch verstanden‹ usw.), allerdings sind diese dann im Protokoll im zeitlichen Nacheinander festgehalten. In der Blogkommunikation werden sie spezifisch markiert, aber die genaue inhaltliche Veränderung verschwindet. Nur UserInnen, die das Geschehen permanent beobachten, haben eine Chance, die gelöschten Inhalte zu lesen.

Im Beispiel (Abb. 5.2.3) ist unter Umständen (auf der Grundlage des bestehenden Protokolls) gar nicht mehr rekonstruierbar, ob hier der User »Ernst« zensiert wird oder von ihm zitierte Inhalte eines anderen Users.

Phänomene wie diese stellen Beispiele dar, anhand derer sich die Medialität des Blogs bemerkbar macht. Sie sollen einen Eindruck vermitteln, welche Schwierigkeiten diese für die Rekonstruktion der Sinnstrukturen bereiten können. Wie deutlich geworden sein dürfte, betreffen diese Eingriffe die Sequentialität des Gegenstandes, die nun im Zentrum der nachfolgenden Beobachtungen stehen wird.

5.3 Sequentialität der Blogkommunikation

Um der Dynamik und Komplexität des Blogportals gerecht zu werden, müssen mehrere Ebenen sequentieller Abläufe im Gegenstandsbereich berücksichtigt werden. Mindestens vier Ebenen können unterschieden werden, bei denen sich jeweils auf unterschiedliche Weise Sequentialität beobachten lässt:

Zunächst stellt sich *erstens* die Frage, wo der Beginn einer Sequenz zu verorten ist bzw. ob es einen naheliegenden Startpunkt für die Sequenzanalyse gibt, so wie das in Gesprächen etwa eine Begrüßungshandlung sein könnte. Eine Möglichkeit ist, die Startseite des Blogportals als Startpunkt anzusehen (Anhang 5.3.1 und 5.3.2). Jedoch stellt sich dann wiederum die Frage, ob die Startseite selbst einer bestimmten Sequentialität folgt. Meiner Einschätzung nach kann die Startseite des Blogportals, auch wenn dort zum Großteil schriftlicher Text vorkommt, nicht wie ein klassischer Text behandelt werden, der einer klaren Sequentialität folgt. Man beginnt nicht links oben mit der Rezeption und arbeitet sich dann zeilenweise weiter nach unten. Analog zu Titelseiten von Zeitungen/Zeitschriften verleitet die Startseite des Blogportals vielmehr dazu, den Blick der NutzerInnen umherschweifen zu lassen. Sie bietet die Möglichkeit, sich schnell und ohne große Anstrengung über aktuelle Geschehnisse zu informieren. Aufgrund dieses Collagecharakters hängt die Sequentialität hier also stark von den *individuellen Rezeptions- und Navigationsstrategien der NutzerInnen* ab. Diese rezeptionsabhängige Sequentialität gilt nicht nur für die Startseite, sondern kennzeichnet das gesamte Blogportal aufgrund der vielen Manövriermöglichkeiten, welche dieses bietet. Auch ein Einstieg ins Blogportal kann auf unterschiedliche Weise erfolgen, weil jeder einzelne Blog, jeder einzelne Blogbeitrag und sogar jeder eingestellte Kommentar eine eigene Internetadresse erhält, die jede NutzerIn direkt ansteuern kann. Um der Multimedialität – es kommen Schrift, statische und bewegte (audio-)visuelle Medien vor – gerecht zu werden und um idealtypische, rezeptionsabhängige Sinnstrukturen zu rekonstruieren, würde es sich anbieten, das klassische sequenzanalytische Vorgehen mit bildhermeneutischen Vorgehensweisen zu kombinieren (vgl. Englisch 1991; Oevermann 2009; Breckner 2010).[29] Insbesondere die von Roswitha Breckner entwickelte »Segmentanalyse«[30], nach der man einzelne Elemente eines Bildes/Fotos ›herausschneidet‹ und mit diesen Elementen nach und nach verschiedene Sequenzen bildet, wäre vermutlich auch für Gegenstände im Internet fruchtbar anzuwenden. Damit könnten typische Sinnstrukturen rekonstruiert werden, welche durch mögliche unterschiedliche Blickabfolgen (oder auch: Klickabfolgen) bedingt sind.

Zweitens lassen sich sequentielle Abfolgen beobachten, indem speziell auf die unregelmäßigen Änderungen von *Form und Inhalt* des Blogportals geachtet wird. Im Untersuchungsfall der SBs finden diese Veränderungen (a) auf der Startseite des Blogportals (Anhang 5.3.1 und 5.3.2) statt. Diese bieten im Wesentlichen eine Übersichtsfunktion und ermöglichen eine Selbstdarstellung für das Portal insgesamt.[31] Auch wenn die Startseite in gewisser Hinsicht als ›Anfang‹ der Ausdrucksgestalt eines Internetportals angesehen werden kann (vgl. Reichertz und Marth 2004), so stellt sich in viel grundsätzlicherer Weise die Frage nach der Sequenzierung des Gegenstandes, als das bei traditionellen Medien der Fall ist. Kann man im Hinblick auf Internetseiten wie Blogs überhaupt sinnvoll von einem Anfang und Ende sprechen? Welcher Ablauf im Gegenstand kann als zentral für das sequenzanalytische Vorgehen angesehen werden? Ebenso verändern sich (b) die Startseiten jedes einzelnen Blogs (Anhang 5.3.3), die eine Übersicht der letzten Beiträge im jeweiligen Blog bieten und eine Selbstdarstellung der einzelnen Blogger ermöglichen. Die Veränderungen auf dieser Ebene kommen dadurch zustande, dass die Blogger neue Beiträge veröffentlichen oder die Portalbetreiber neue Informationen einstellen bzw. deren Anordnung oder das Design verändern. Im Gegensatz zu traditionellen Medien, bei denen die einzelnen Ausgaben[32] in sich stabil bleiben und in der Zeit lediglich materielle Veränderungen erfahren, wie etwa das Vergilben von Buchseiten oder das ›Knistern‹ von Tonbandaufnahmen, haben wir es hier mit einem Gegenstand zu tun, der *laufend* Veränderungen erfährt. Im Un-

---

29 Natürlich könnte man auch Rezeptionsforschung anstreben, um dies herauszufinden. Meine Überlegungen beziehen sich auf den Fall, dass man versucht, am medialen Gegenstand selbst eine Sequenzanalyse durchzuführen.

30 Den Hinweis auf dieses methodische Vorgehen verdanke ich Sebastian Hoggenmüller.

31 Dort findet man eine Übersicht über Themengebiete, angebotene Blogs, aktuelle Beiträge, ein Ranking über meistgelesene und meistkommentierte Postings, Hinweise und Links zu diversen Kooperationspartnern wie bspw. zu *Biotechnologie-TV*. Über die Startseite können auch verschiedene thematische Übersichten aufgerufen werden. (In der aktuellen Variante sind die Rankings allerdings verschwunden – ein Beispiel für die laufende Veränderung des Gegenstandes.)

32 Die sein können: ein Buch, eine Zeitungs-/Zeitschriftenausgabe, eine Radio- oder Fernsehsendung usw.

terschied etwa zum Titelblatt einer Zeitschrift, in der Änderungen nur von Ausgabe zu Ausgabe vorkommen können, verändern sich Internetgegenstände wie Blogs in ganz *eigenen, für den Nutzer nicht kalkulierbaren Zeitrhythmen,* die stark vom Verhalten der Online-Redaktion und der BloggerInnen abhängen. Einige dieser Transformationen lassen sich, wie bereits erwähnt, nur durch Seitenaufrufe zu unterschiedlichen Zeiten feststellen. Für den Analyseprozess bedeutet das, dass man diese Sequenzebene nicht in den Blick bekommt, wenn man eine Seite nur einmal abspeichert und diese dann als Analyseprotokoll verwendet.

Drittens können die jeweils *einzelnen Blogbeiträge* als abgeschlossene Texte angesehen werden, welche einen Anfang und ein Ende haben. Sehr selten wird an diesen Beiträgen nach ihrer Veröffentlichung noch etwas verändert. Diese Beiträge haben jedoch kein einheitliches Format, wie etwa die Beiträge einer (wissenschaftlichen) Zeitschrift oder eines Sammelbandes. D.h. sie variieren in der Form und im Schreibstil sowohl innerhalb eines einzelnen Blogs als auch zwischen den verschiedenen Blogs. Sie erinnern vom Schreibstil her häufig an eine Zeitschriften- oder Zeitungs-Kolumne[33] mit wissenschaftsbezogenem Inhalt und internettypischen Merkmalen, die sich vor allem in häufigen Verlinkungen sowohl innerhalb der SBs als auch auf Internetseiten außerhalb (häufig auf andere Blogs und Wikipedia-Artikel) bemerkbar machen. Die Sequenzanalyse kann hier ähnlich wie bei klassischen Textsorten durchgeführt werden, d. h. man startet mit dem Anfang und folgt dem Ablauf des Textes. In Hinsicht auf die Hypertextstruktur ergeben sich allerdings methodische Fragen des Umgangs in Bezug auf die Sequenzierung des Textes. Sind die Texte, auf die per Verlinkung verwiesen wird, als Teil des Blogbeitrages zu sehen? Sollte man in der Sequenzanalyse den verlinkten Texten folgen oder nicht? Es stellt sich also auch die Frage nach den Grenzen des Gegenstandes: kann man in Hinblick auf Internetinhalte allgemein, und auf die einzelnen Blogbeiträge im Besonderen, sinnvoll zwischen ›innen‹ und ›außen‹ unterscheiden, so wie man das bei einer Zeitschrift, einem Buch oder einer Fernsehsendung tun könnte?[34] Allerdings existieren schon lange die Praxis des Zitierens und andere Formen der Verweisung, welche Hypertexten ähneln. Dennoch unterscheiden sich Verlinkungen in den Blogbeiträgen von sonst üblichen Formen des Verweisens. Manchmal wird vorausgesetzt, dass der Text, auf den verwiesen wird, gelesen wird, um die weiteren Ausführungen im Beitrag zu verste-

---

33 Die Blogbeiträge sind manchmal, ähnlich wie in einer Kolumne, Teile einer ganzen Reihe von Beiträgen zu einem bestimmten Thema (Anhang 5.3.4)

34 Innen und außen ist hier nicht im räumlichen Sinne gemeint. Vielmehr geht es abstrakter um die Frage nach den Einheiten und der Zurechenbarkeit von Elementen (Sequenzen) zu diesen Einheiten. Wo liegen die Grenzen von vielseitig vernetzten Internetseiten und deren ›verschachtelten‹ Strukturen?

Abbildung 5.3.4   Beispiel für Hyperlinks (Quelle: http://scienceblogs.de/mathlog/2009/03/14/einstein-130/, Stand 24.10.2011)

Bezieht sich das auf die Idee eines beschränkten Universums? Soweit ich weiß, ist doch nur das Beobachtbare Universum endlich, nicht unbedingt das Universum als Ganzes?

hen.[35] Am Beispiel (Abb. 5.3.4) kann man das an den blauen Textelementen, die per Mausklick zu Wikipedia-Einträgen führen, gut nachvollziehen.

Man wird keine allgemeingültige methodische Regel für Verlinkungen in der Sequenzanalyse aufstellen können. Vielmehr muss jeweils im Analyseprozess und im Hinblick auf die Forschungsfragen neu entschieden werden, auf welche Weise Verlinkungen berücksichtigt werden und inwiefern diesen gefolgt wird, um eine Rekonstruktion der Sinnstrukturen zu erreichen. Eventuell ließe sich, bei genügend Erfahrung mit Internetdaten, behelfsweise eine Liste von Verweistypen bilden.[36] Die Beiträge selbst haben, wie bereits erwähnt, eine eigene Internetadresse, so dass diese auch direkt, d.h. ohne den Umweg über die Startseiten des Blogs oder des Blogportals, in einem Internetbrowser angesteuert werden können.[37] Neben der Möglichkeit des direkten Verweises auf eine Seite, könnte man diese also auch wie einen wissenschaftlichen Text in einem Online-Journal zitieren.[38]

---

35 Auf Seiten der NutzerInnen kann es auch passieren, dass diese einem Link folgen und sich so immer weiter vom ursprünglichen Text entfernen – und ggf. gar nicht mehr zurückkommen. Das könnte natürlich auch bei einem (wissenschaftlichen) Buch passieren, allerdings ist die Ablenkung im Internet technisch ohne großen Aufwand zu erreichen, so dass die Wahrscheinlichkeit dazu relativ groß sein dürfte. Fraglich ist jedoch, ob/inwiefern diese Veränderungen der Rezeption auch Änderungen der Sinnstrukturen des Gegenstandes nach sich ziehen.

36 In wissenschaftlichen Texten gibt es seit langem die Praxis des Verweisens. Auch dort muss man verschiedene Formen des Referenzierens unterscheiden, wenn man die Sinnstrukturen eines Textes erfassen möchte. Um nur ein paar Beispiele zu nennen: (1.) Positiv vs. negativ wertende Bezugnahmen; (2.) Untermauerung der eigenen Position vs. Abgrenzung gegenüber einer anderen Position; (3.) wörtliches Zitat vs. sinngemäße Wiedergabe in eigenen Worten; (4.) abstrakter Verweis auf Inhalte oder Personen ohne konkrete Angabe von Textstellen vs. konkrete Hinweise auf Textstellen etc. Zur Funktion von Fussnoten in der Wissenschaft vgl. Cahn (1997).

37 Einschränkend muss allerdings auf das Problem hingewiesen werden, dass die Adressen von Blogs im Laufe der Zeit immer wieder geändert werden, was zu toten Links führen kann. Somit sind diese nicht unbedingt stabil, wie das etwa bei sog. Permalinks der Fall ist.

38 Bemerkenswert ist jedoch, dass Blogpostings in klassischen wissenschaftlichen Kommunikationszusammenhängen üblicherweise nicht als zitierfähige Publikationen behandelt werden, obwohl dies technisch möglich wäre. Das hat vermutlich weniger mit den medialen Eigenschaften der Blogs zu tun, denn mit bestimmten Normen der wissenschaftlichen Praxis. Insofern macht es m.E. Sinn, Internetgegenstände in Bezug auf verschiedene gesellschaftliche

Kommentare, die im Anschluss an die Blogbeiträge eingestellt werden, können als *vierte* Ebene einer eigenlogisch strukturierten Sequentialität betrachtet werden. Es gibt keinerlei vorgängige Schranken für das Einstellen eines Kommentars auf SBs. Angegeben werden müssen lediglich ein Name, eine E-Mail-Adresse und Text im Kommentarfeld. Die Kommentare werden vor ihrer Veröffentlichung nicht weiter geprüft, sondern automatisch in kurzer Zeit veröffentlicht.[39] Vor allem für diese Ebene trifft zu, was oben bereits angesprochen wurde: es finden in der Regel kommunikative Anschlüsse entweder an den Blogbeitrag oder an andere Kommentare statt. Hier kommunizieren also verschiedene Personen miteinander[40] und diese Kommunikationen werden in ihrem Ablauf festgehalten und veröffentlicht. In Bezug auf die hier zur Diskussion stehende Sequentialität der Kommentare müssen wiederum mehrere Ebenen auseinandergehalten werden. Zum einen kann man sich an der *zeitlichen Reihenfolge der Veröffentlichung* der Kommentare orientieren. Ein Kommentar folgt so auf einen Nächsten, solange bis die Kommentierung entweder zum Erliegen kommt oder vom Blogger deaktiviert wird. Üblicherweise beginnt die Kommentierung innerhalb kurzer Zeit nach der Veröffentlichung eines Beitrags und endet meistens nach ein paar Tagen wieder. In einzelnen Fällen, zum Beispiel in den von mir analysierten Grenzziehungsdebatten, können die Diskussionen über mehrere Monate oder sogar Jahre verteilt stattfinden. Zwischen den einzelnen Kommentaren kann relativ viel Zeit vergehen. Dieses zeitliche Nacheinander strukturiert zwar die Form der Blogkommunikation, jedoch beinhalten diese häufig keine expliziten sinnhaften Bezüge auf-

---

Teilbereiche zu untersuchen. Folgen wissenschaftliche Blogs einer anderen Logik als etwa politische oder massenmediale? Welche Wechselwirkungen zwischen gesellschaftlichem Bereich und medialer Eigenlogik gibt es? Für den Bereich der Wissenschaft ist bspw. zu vermuten, dass sich die Sinnstrukturen der Blogkommunikation – und mit ihnen die medialen Eigenschaften von Blogs – grundlegend wandeln würden, wenn sie wissenschaftlich zitierfähig werden würden.

39 Wenn ein Kommentar abgeschickt wird, folgt für einen kurzen Zeitraum die Anzeige »Ihr Kommentar wird moderiert.« (zuletzt getestet am 04. 02. 2014). Wie der derzeitige Redakteur Jürgen Schönstein erläutert, kann es seit der Umstellung auf die Blogsoftware WordPress aber vorkommen, dass Kommentare einer »Zwangsmoderation« zum Opfer fallen, um dem hohen Spamaufkommen entgegenzuwirken (vgl.: http://scienceblogs.de/aboutcontact/#comment-236).

40 In der Literatur wird dieser Umstand der Partizipationsmöglichkeiten für die UserInnen häufig mit dem Begriff der »Interaktivität« bezeichnet und »interaktive Medien« werden gegenüber Massenmedien, die keinen solchen ›Rückkanal‹ bieten, abgegrenzt (vgl. Esposito 1995; Wehner 1997; Kleinsteuber und Hagen 1998; Berghaus 1999; Bieber und Leggewie 2004; Quirin und Schweiger 2006; Neuberger 2007; Schelhowe 2007). Man könnte also sagen, dass das Blogportal einen medialen Hybriden darstellt, der massenmediale und interaktive Elemente miteinander kombiniert. Der Begriff der Interaktivität ist jedoch unklar und zu Recht umstritten, auch weil er dazu verführt, *zentrale Unterschiede zwischen Interaktionen unter Anwesenden und medial bedingten Kommunikationen zu verwischen* (vgl. Schönhagen 2004).

einander. Jene *wechselseitigen kommunikativen Bezugnahmen* lassen sich als eine eigene Ebene der Sequentialität fassen. Dabei kann es zu sehr komplizierten Verweisungsstrukturen kommen, die mehr oder weniger explizit sein können. Oft wird auf einen User mit @Username verwiesen. In diesen Fällen wird häufig nicht klar, ob damit auf einen bestimmten Kommentar eines Users verwiesen wird, oder ob mit dieser Form der Adressierung allgemein auf eine bestimmte inhaltliche Position in der Diskussion, die dem adressierten User zugeschrieben wird, hingewiesen werden soll. Eine andere Form der Verweisung besteht in direkten Zitaten eines Users. Das folgende Beispiel (Abb. 5.3.5) veranschaulicht beispielhaft beide Ebenen: die zeitliche Abfolge der Kommentare sowie diverse Formen des kommunikativen Verweisens. Kommunikativ schließt »sundance« an einen Beitrag von »JuBa« an (#102) indem er auf einen älteren Kommentar von ihm selbst verweist. »Florian Freistetter« schließt ebenfalls an den älteren Beitrag von »sundance« an und zitiert diesen wörtlich (#103). »JuBa«s Kommentar #104 folgt dann zwar in der Reihenfolge auf den von Freistetter, inhaltlich schließt er aber an den Kommentar #102 (und den davor) von »sundance« an. Kommentar #105 des Users »RabenAas« schließt zwar thematisch an, er adressiert seinen Kommentar jedoch an niemanden direkt. Die Ebene der kommunikativen Bezugnahme ähnelt in ihrer Sequentialität der Form einer informalen Gruppeninteraktion, bei der auch die zeitlich aufeinanderfolgenden Redebeiträge nicht immer an die vorherigen anschließen, wie das bei einer dialogischen Interaktion üblich ist. Im Unterschied zu solchen Interaktionen sind im Kommentarbereich des Blogs aber technisch bedingt keine gleichzeitigen Kommunikationsbeiträge möglich, weil die Software alle Beiträge strikt nacheinander anordnet. Ferner stellt sich für die Kommentarebene die Frage, ob und inwiefern die durch die Software generierten und formalisierten Adresszeilen der Kommentare, die sich mit den allgemeinen Design-Änderungen im Übrigen ändern können, berücksichtigt werden. Innerhalb dieser formalisierten Zeilen sind bspw. Unterschiede zwischen den Kommentierenden zu finden. So sind manche mit einer Internetadresse verknüpft, die entweder zu einem Blog oder einer anderen Art von Internetauftritt führen und/oder ein Kommentierender ein Foto (wie in Abb. 5.3.5 Florian Freistetter) als Icon verwendet, das ihn von den anderen visuell abhebt. Es ist also zu vermuten, dass sich hierüber eine Art Adressenkonstruktion und rudimentäres Reputationsmanagement entschlüsseln lässt.[41] Zudem stellen sich auch für die Kommentare die (in

---

41 Im Vergleich zu Gesprächen unter Bekannten oder zu Internetforen, bei denen die User mit Klarnamen angemeldet und eingeloggt sein müssen, um Kommentieren zu können, bieten die SBs vielfältigere Möglichkeiten der Adressenkonstruktion in der Kommunikation (vgl. dazu allgemein Tacke 2000: S. 300 ff. und Taubert 2014 für den Bereich *Open-Source-Software*). Dort können z. B. Pseudonyme verwendet und die Namen mit einer Internetseite verlinkt werden. Die *ScienceBlogger* verwenden bspw. meist spezielle Symbole und/oder Fo-

Abbildung 5.3.5   Kommentare und kommunikative Anschlüsse (Quelle: http://science-blogs.de/astrodicticum-simplex/2010/01/09/dieter-broers-erklart-den-synchronisations-strahl/, Stand 28. 03. 2013)

sundance
12. Januar 2010

@JuBa
Hast mein Kommentar gelesen, da hab ichs schon geschrieben. Letzter Absatz.

#102

Florian Freistetter
12. Januar 2010

@sundance: Ja, das es schöne Bilder von Kornkreisen gibt, bezweifle ich ja nicht. Nur – was sollen die belegen?

#103

Und was soll ich mit der Aussage: "Es gibt Beweise für UFOs, sie werden nur zurückgehalten" anfangen? Mit der Taktik kann man alles beweisen.

"Aber wenn du für alles Belege und Beweise brauchst,"

Du meinst also, es wäre besser, wenn man Dinge einfach blind glaubt? Nicht nachfragen? Nicht überprüfen?

Wenn du mir erzählen willst, das es Außerirdische gibt, die es für sinnvoll halten mit uns zu kommunizieren in dem sie Muster in Getreidefelder malen – Ja! dann will ich dafür Belege und Beweise haben. Ich seh nicht ein, warum ich so etwas absurdes einfach unbelegt glauben soll.

JuBa
12. Januar 2010

@sundance

#104

Irgendwie scheint hier ein grundlegendes Kommunikationsproblem zu bestehen. Ich habe dein Post gelesen. Doch es ist nicht die Antwort auf meine Frage. Ich möchte nicht wissen, ob es – was eigentlich?? Der Bewusstseinssprung? Oder der Synch-Strahl?Bitte konkreter werden – schon passiert. Ich möchte nur wissen: wenn nichts von Broers Behauptungen eintrifft, was wird deine Reaktion sein? Ist die Frage denn so schwer zu verstehen?

RabenAas
12. Januar 2010

Was ich auch nicht verstehe: warum malen die Aliens eigentlich nur Muster in Getreidefelder – warum nicht auch in den Schnee oder in den Sand? Ist doch irgendwie unpraktisch, nur dann Botschaften hinterlassen zu können, wenn gerade das Getreide wächst.

#105

Hinblick auf die Startseite und die Blogbeiträge) bereits aufgeworfenen Fragen bezüglich der Navigationsmöglichkeiten und Hypertextstrukturen.

6 Schluss

Obwohl rekonstruktiv vorgehende, hermeneutische Verfahren seit langer Zeit auch im Bereich der Medienanalysen Anwendung finden, gibt es in Bezug auf internetbasierte Forschungsgegenstände kaum hermeneutische Untersuchungen oder methodische Auseinandersetzungen. Dabei könnten bestimmte Internetdaten besonders interessantes Material für rekonstruktive Verfahren darstellen, weil in ihnen häufig kommunikative Abläufe festgehalten sind. Internetbasierte Gegenstände stellen aber auch eine Herausforderung für das sequenzanalytische Vorgehen dar, weil sie komplexe und in vielerlei Hinsichten dynamische Gegenstände sind und weil sie spezifische mediale Eigenschaften aufweisen, die eine Anwendung der Sequenzanalyse erschweren. Am Beispiel des deutschsprachigen Blogportals *ScienceBlogs* wurden einige Irritationen, die im Zuge einer sequenzanalytischen Betrachtung auftreten, dargestellt. Daraus ergeben sich methodische Fragen, mit der sich eine rekonstruktiv verfahrende Methode, wie die objektive Hermeneutik, beschäftigen muss, sofern das Internet und die in ihm ablaufenden (sozialen) Prozesse als eigenständiger Forschungsbereich ernst genommen werden sollen. Allerdings wäre es dazu notwendig, sich dem Internet wesentlich ausgiebiger und tiefgründiger zuzuwenden, als das bisher geschehen ist. Das wäre vor allem auch deshalb erforderlich, um die für die objektive Hermeneutik (und rekonstruktive Sozialforschung) besonders spannende Frage nach dem möglichen Einfluss medialer Eigentümlichkeiten auf die *Sinnstrukturen* sozialer Phänomene anzugehen.

---

tos und werden dadurch als Insider erkennbar. Andere verwenden Pseudonyme, wie etwa »Doctor Who«, die vermutlich einprägsamer und leichter wiederzuerkennen sind, als es gewöhnliche Namen wären. Ob und inwiefern wir es hier mit gleichberechtigten UserInnen zu tun haben, oder ob an diesen Adresskonstruktionen grundlegende Reputationsunterschiede kondensieren, ist eine interessante empirische Frage. Vgl. Stegbauer und Rausch (2006) zu dieser Thematik der sozialen Ungleichheit in internetbasierten Kommunikationsräumen aus netzwerkanalytischer Sicht.

Anhänge

Anhang 5.3.1   Startseite ScienceBlogs (Quelle: http://scienceblogs.de/, Stand 13. 01. 2010)

Anhang 5.3.2   Startseite ScienceBlogs (Quelle: http://scienceblogs.de/, 10. 04. 2014)

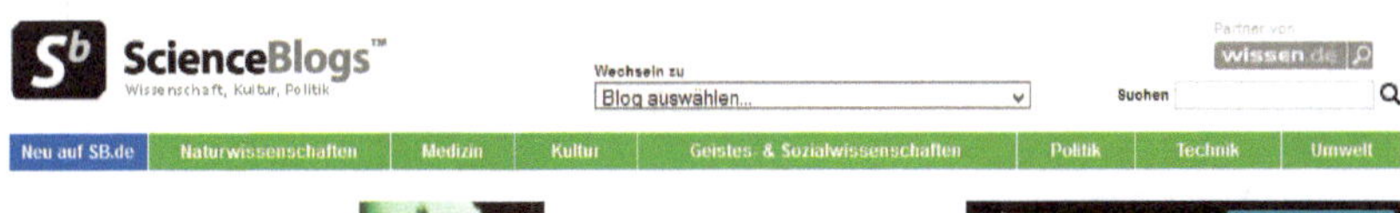

Echte Wissenschaft und falsche

Interview mit Rudolf Jaenisch zur Verleihung der Otto-Warburg-Medaille

BLOOD'N'ACID April 4, 2014

Ich wurde von der GBM eingeladen, ihrer diesjährigen Verleihung der Otto-Warburg-Medaille im Rahmen des 65. Mosbacher Kolloquiums beizuwohnen und bei dieser Gelegenheit ein Interview mit Rudolf Jaenisch, dem Preisträger für 2014, zu führen. Rudolf Jaenisch ist ein vielfach (u.a. mit der National Medal of Science) ausgezeichneter Genetiker und Molekularbiologe und Pionier der Stammzellforschung, dessen wissenschaftliche Schwerpunkte ...

Hogwarts an der Traun: Aus für Homöopathie-Studium

KRITISCH GEDACHT

MISSION ACCOMPLISHED! Vor zwei Wochen erst hatte ich im profil-wissen über den unsäglichen Versuch der Homöopathie-Lobby geschrieben, ihr geistloses Gelaber über geistartige Kräfte in Zuckerkügelchen als "wissenschaftliche" Lehre an die Unis zu bringen. Die Steinbeis-Hochschule Berlin (SHB) hatte genau das in Form der Traunsteiner Homöo-Akademie versucht, die ein BSc-Studium der Homöopathie ab Herbst 2014 angekündigt ...

Wie Wissenschaft geht und wie nicht, ist heute ein Thema für zwei unserer ScienceBlogs: Cornelius Courts war dabei, als dem Molekulargenetiker Rudolf Jaenisch die diesjährige Otto-Warburg-Medaille verliehen wurde; er nutzte die Gelegenheit, ausführlich mit dem Professor (Jaenisch lehrt und forscht am Massachusetts Institute of Technology) über dessen Arbeit zu reden und had dieses Gespräch auch in voller Ausführlichkeit in seinem Blog BlooD'N'Acid niedergeschrieben. Bei Ulrich Bergers Kritisch gedacht geht es um etwas, das sich so gerne wissenschaftlich verkleidet hätte, woraus nun aber doch nichts wird: Die Pläne, im Herbst in Traunstein einen akademisch sanktionierten Bachelor-of-Science-Studiengang für Homöopathie zu starten, wurden nun vom Tisch gefegt.
Foto: Bill Branson via Wikimedia Commons (public domain)

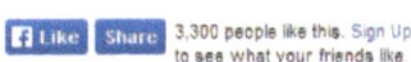

▌ Suche

Search for [   ]   [Search]

▌ Stand-up Science

An dieser Stelle präsentiert der Kabarettist Vince Ebert für ScienceBlogs.de Auszüge aus seinen Shows und Vorträgen.

Eine größere Version des Clips sowie die Möglichkeit, Kommentare zu hinterlassen, gibt es hier.

▌ Video der Woche

Kategorien

NATURWISSENSCHAFTEN	MEDIZIN	KULTUR

KRITISCH GEDACHT

"Homöopathische Überdosis": 10.23-Aktion 2014 in Wien

Es ist wieder so weit: Anlässlich des Beginns der "Woche der Homöopathie" würdigen wir (und nicht nur wir) die tiefsinnige Leere von den Wunderkugeln mit dem bewährten Opferritual der "homöopathischen Überdosis", auch bekannt als "10:23-Aktion". Morgen, am Freitag, 11. April 2014, 17:00 Uhr, schütten wir am Wiener Stephansplatz wieder tausende von kleinen, übersteuerten Zuckerkügelchen in ...

ASTRODICTICUM SIMPLEX

GESUNDHEITS-CHECK

Neues vom Geheimhaltungsplacebo

Vor 2 Jahren wurde hier bei Gesundheits-Check schon einmal darauf hingewiesen, dass das von den Behörden für den Pandemiefall massenhaft und für Unsummen eingelagerte Grippemittel Tamiflu möglicherweise nicht hält, was es verspricht, dass man dabei aber ziemlich im Dunkeln tappt, unter anderem, weil ein großer Teil der Studiendaten nicht zugänglich ist. Eine aktuelle Cochrane-Studie kommt ...

GEOGRAFFITICO

Nanu, Nano: MIT-Pressemitteilung warnt

ASTRODICTICUM SIMPLEX

"Die Hysterie des Netzjournalismus". Ein Besuch bei den "Deutschen Wirtschafts Nachrichten"

Wenn man sich regelmäßig bei Facebook & Co aufhält, muss man sich zusammenreißen um nicht den Glauben an die Menschheit zu verlieren. Da werden "Informationen", "Fakten" und "Nachrichten" wie wild geteilt und je hysterischer das ganze ist, desto besser! Niemand denkt mehr darüber nach, ob das jetzt eigentlich stimmt, was das verkündet wird. Hauptsache es ...

ASTRODICTICUM SIMPLEX

Nicht totzukriegen: Das geozentrische

Anhang 5.3.3   Startseite Blog blooD'N'Acid (Quelle: http://scienceblogs.de/bloodnacid/, Stand: 07.04.2014)

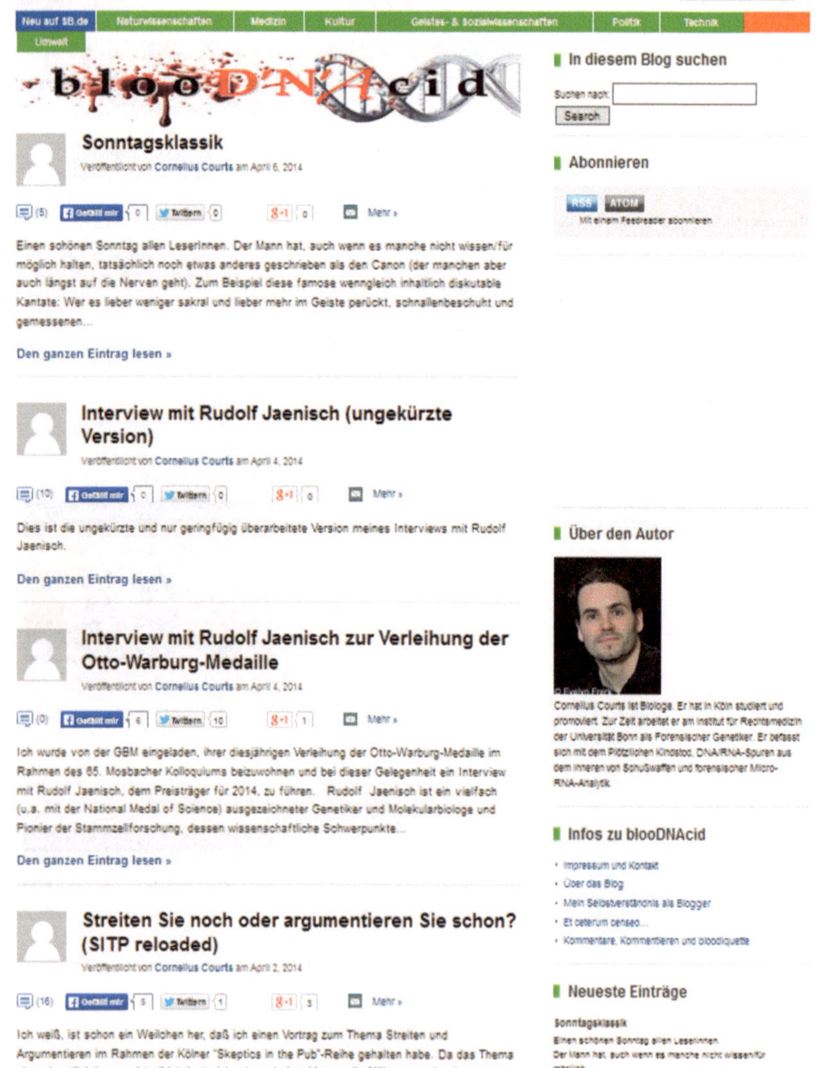

Anhang 5.3.4 Beispiel für eine thematische Beitragsreihe (Quelle: http://scienceblogs.de/astrodicticum-simplex/2010/01/09/dieter-broers-erklart-den-synchronisationsstrahl/, Stand: 24.10.2011)

__Ähnliche Artikel:__ 2012-FAQ, Kein Weltuntergang am 21.12.2012 Teil 1, Kein Weltuntergang am 21.12.2012 Teil 2, NASA und Nibiru, Warum es Planet X nicht geben kann, 2012 und der gefährliche Sonnensturm, Werden die Planeten 2012 in einer Reihe stehen?, Es kommt kein Synchronisationsstrahl aus dem Zentrum der Milchstrasse, Es wird 2012 keinen Polsprung geben, Alles dreht sich, alles bewegt sich: die Sonne, die Milchstrasse und 2012, Das "Institut für Human Continuity" ist ein Fake, Nicht jeder Planet X ist gefährlich, 2012 und der mysteriöse Bunker in Norwegen, Was sagen eigentlich die Maya zum Weltuntergang 2012, Die Jagd nach Planet X, Nibiru- und 2012-Unsinn gesucht, Der neue Stern von Benjamin Creme, Penn & Teller: Bullshit 2012, Planet X ist weit weg, Weltuntergang 2012: bald auch im Kino, 2012 - Das Ende aller Zeiten (Buch), Erich von Däniken: Götterdämmerung, 2012, die Maya und Roland Emmerich: ein neuer Trailer

Literatur

Aufenanger, Stefan und Lenssen, Margrit (Hrsg.). 1986. Handlung und Sinnstruktur. Bedeutung und Anwendung der objektiven Hermeneutik. München.

Baecker, Dirk. 2007. Studien zur nächsten Gesellschaft. Frankfurt am Main: Suhrkamp.

Berghaus, Margot (Hrsg.). 1999. Interaktive Medien – interdisziplinär vernetzt. Opladen.

Bergmann, Jörg R. 2011. Qualitative Methoden der Medienforschung – Einleitung und Rahmung. In *Qualitative Methoden der Medienforschung,* hrsg. R. Ayaß und J. Bergmann, 13–41. Mannheim: Verl. für Gesprächsforschung.

Bieber, Christoph und Leggewie, Claus (Hrsg.). 2004. Interaktivität. Ein transdisziplinärer Schlüsselbegriff. Frankfurt am Main.

Bohnsack, Ralf. 2010. Rekonstruktive Sozialforschung. Einführung in qualitative Methoden. Opladen [u. a.]: Budrich.

Breckner, Roswitha. 2010. Sozialtheorie des Bildes. Zur interpretativen Analyse von Bildern und Fotografien. Bielefeld: Transcript.

Bruns, Axel. 2008. Blogs, Wikipedia, Second Life, and beyond. From production to produsage. New York, NY: Lang.

Cahn, Michael. 1997. Die Rhetorik der Wissenschaft im Medium der Typographie. Zum Beispiel die Fußnote. In *Räume des Wissens. Repräsentation, Codierung, Spur*, hrsg. H.-J. Rheinberger, 91–109. Berlin: Akad.-Verl.

Dickel, Sascha. 2013. Im Netz der Selbstreferenz. Facebook-Kommunikation als Antwort auf die »Katastrophe« des Internet. In *Internet, Mobile Devices und die Transformation der Medien. Radikaler Wandel als schrittweise Rekonfiguration*, hrsg. U. Dolata und J.-F. Schrape, 331–356. Berlin: edition sigma.

Eisenstein, Elizabeth L. 2008. The printing press as an agent of change. Communications and cultural transformations in early-modern Europe ; volumes I and II. Cambridge u. a.: Cambridge Univ. Press.

Ellis, John. 2002. Fernsehen als kulturelle Form. In *Grundlagentexte zur Fernsehwissenschaft. Theorie – Geschichte – Analyse*, hrsg. R. Adelmann, J. O. Hesse, J. Keilbach, M. Stauff und M. Thiele, 44–73. Konstanz: UVK.

Englisch, Felicitas. 1991. Bildanalyse in strukturalhermeneutischer Einstellung. Methodische Überlegungen und Analysebeispiele. In *Qualitativ-empirische Sozialforschung. Konzepte, Methoden, Analysen*, hrsg. D. Garz und K. Kraimer, 133–176. Opladen: Westdeutscher Verlag.

Esposito, Elena. 1995. Interaktion, Interaktivität und die Personalisierung der Massenmedien. *Soziale Systeme 1* (2), 225–260.

Garz, Detlef und Ackermann, Friedhelm. 2011. Objektive Hermeneutik. In *Qualitative Methoden der Medienforschung*, hrsg. R. Ayaß und J. Bergmann, 324–349. Mannheim: Verl. für Gesprächsforschung.

Giesecke, Michael. 1998. Der Buchdruck in der frühen Neuzeit. Eine historische Fallstudie über die Durchsetzung neuer Informations- und Kommunikationstechnologien. Frankfurt am Main: Suhrkamp.

Göbel, Andreas. 2006. Der ›Heilige Geist des Systems‹? Gesellschaftstheoretische Bemerkungen zum System der Massenmedien. In *Medien der Gesellschaft – Gesellschaft der Medien*, hrsg. A. Ziemann, 111–139. Konstanz: UVK.

Haupert, Bernhard. 1994. Objektiv-hermeneutische Fotoanalyse am Beispiel von Soldatenfotos aus dem Zweiten Weltkrieg. In *Die Welt als Text. Theorie, Kritik und Praxis der objektiven Hermeneutik*, hrsg. D. Garz und K. Kraimer, 281–314. Frankfurt am Main: Suhrkamp.

Heintz, Bettina. 2010. Nummerische Differenz. Überlegungen zu einer Soziologie des (quantitativen) Vergleichs. *Zeitschrift für Soziologie 39* (3), 162–181.

Kade, Jochen. 2000. Boulevard Bio – Pädagogik einer Talkshow. In *Die Fallrekonstruktion. Sinnverstehen in der sozialwissenschaftlichen Forschung*, hrsg. K. Kraimer, 561–593. Frankfurt am Main: Suhrkamp.

Katzenbach, Christian. 2008. Weblogs und ihre Öffentlichkeiten. Motive und Strukturen der Kommunikation im Web 2.0. München: Fischer.

Keller, Reiner. 2012. Das Interpretative Paradigma. Eine Einführung. Wiesbaden: VS Verlag.

Kleinsteuber, Hans J. und Hagen, Martin. 1998. Interaktivität – Verheißungen der Kommunikationstheorie und das Netz. In *Das Netz-Medium. Kommunikationswissenschaftliche Aspekte eines Mediums in Entwicklung*, hrsg. I. Neverla, 63–88. Opladen, Wiesbaden: Westdeutscher Verlag.

Kluba, M. 2002. Massenmedien und Internet – eine systemtheoretische Perspektive.

Kouper, Inna. 2010. Science blogs and public engagement with science: practices, challenges, and opportunities. *Journal of Science Communication 9* (1), 1–10.

Kubicek, Herbert. 1997. Das Internet auf dem Weg zum Massenmedium? – Ein Versuch, Lehren aus der Geschichte alter und anderer neuer Medien zu ziehen. In *Modell Internet? Entwicklungsperspektiven neuer Kommunikationsnetze, hrsg.* R. Werle und C. Lang, 213–239. Frankfurt am Main: Campus.

Luhmann, Niklas. 1999. Die Gesellschaft der Gesellschaft. Frankfurt am Main: Suhrkamp.

Luhmann, Niklas. 2005. Die Unwahrscheinlichkeit der Kommunikation. In *Soziologische Aufklärung 3. Soziales System, Gesellschaft, Organisation*, 29–40. Wiesbaden: VS Verlag.

Müller-Doohm, Stefan. 1997. Bildinterpretation als struktural-hermeneutische Symbolanalyse. In *Sozialwissenschaftliche Hermeneutik. Eine Einführung, hrsg.* R. Hitzler und A. Honer, 81–108. Opladen: Leske + Budrich.

Nentwich, Michael und König, René. 2012. Cyberscience 2.0. Research in the age of digital social networks. Frankfurt am Main [u. a.]: Campus.

Neuberger, Christoph. 2007. Interaktivität, Interaktion, Internet. Eine Begriffsanalyse. *Publizistik 52* (1), 33–50.

Oevermann, Ulrich. 1986. Kontroversen über sinnverstehende Soziologie. Einige wiederkehrende Probleme und Mißverständnisse in der Rezeption der »objektiven Hermeneutik«. In *Handlung und Sinnstruktur. Bedeutung und Anwendung der objektiven Hermeneutik, hrsg.* S. Aufenanger und M. Lenssen, 19–83. München: Kindt.

Oevermann, Ulrich. 1996. Der Strukturwandel der Öffentlichkeit durch die Selbstinszenierungslogik des Fernsehens. In *Gesellschaften im Umbau. Identitäten Konflikte Differenzen ; Hauptreferate des Kongresses der Schweizerischen Sozialwissenschaften Bern 1995, hrsg.* C. Honegger, 197–228. Zürich: Seismo.

Oevermann, Ulrich. 1999. Zur Sache. Die Bedeutung von Adornos methodologischem Selbstverständnis für die Begründung einer materialen soziologischen Strukturanalyse. In *Adorno-Konferenz. 1983, hrsg.* L. von Friedeburg und J. Habermas, 234–289. Frankfurt am Main: Suhrkamp.

Oevermann, Ulrich. 2004. Adorno als empirischer Sozialforscher im Blickwinkel der heutigen Methodenlage. In *Die Lebendigkeit der kritischen Gesellschaftstheorie. Dokumentation der Arbeitstagung aus Anlass des 100. Geburtstages von Theodor W. Adorno, 4.–6. Juli 2003 an der Johann Wolfgang Goethe-Universität, Frankfurt am Main, hrsg.* A. Gruschka und U. Oevermann, 189–234. Wetzlar: Büchse der Pandora.

Oevermann, Ulrich. 2004. Objektivität des Protokolls und Subjektivität als Forschungsgegenstand. *Zeitschrift für qualitative Bildungs-, Beratungs- und Sozialforschung 5* (2), 311–336.

Oevermann, Ulrich. 2009. »Get Closer«. Bildanalyse mit den Verfahren der objektiven Hermeneutik am Beispiel einer Google Earth-Werbung. In *Geo-Visiotype. Zur Werbegeschichte der Telekommunikation, hrsg.* J. Döring, 129–177. Siegen: Universität.

Oevermann, Ulrich. 2013. Objektive Hermeneutik als Methodologie der Erfahrungs-
    wissenschaften von der sinnstrukturierten Welt. In *Reflexive Wissensproduktion.*
    Anregungen zu einem kritischen Methodenverständnis in qualitativer Forschung,
    hrsg. P. C. Langer, A. Kühner und P. Schweder, 69–98. Wiesbaden: Springer VS.
Oevermann, Ulrich und Tykwer, Jörg. 1991. Selbstinszenierung als reales Modell der
    Struktur von Fernsehkommunikation. Eine Analyse der »Tagesthemen« vom
    2. Oktober 1990. In *Öffentlichkeit, Kultur, Massenkommunikation. Beiträge zur*
    Medien- und Kommunikationssoziologie, hrsg. S. Müller-Doohm und K. Neu-
    mann-Braun, 267–315. Oldenburg: Bibliotheks- und Informationssystem der
    Universität Oldenburg.
Quiring, Oliver und Schweiger, Wolfgang. 2006. Interaktivität – ten years after. Be-
    standsaufnahmen und Analyserahmen. *M & K – Medien & Kommunikations-*
    wissenschaft 54 (1), 5–25.
Reichertz, Jo. 1992. Der Morgen danach. Hermeneutischhe Auslegung einer Werbefo-
    tografie in zwölf Einstellungen. In *Bilderflut und Sprachmagie. Fallstudien zur*
    Kultur der Werbung, hrsg. H. A. Hartmann und R. Haubl, 141–163. Opladen:
    Westdeutscher Verlag.
Reichertz, Jo. 2002. Die objektive Hermeneutik – Darstellung und Kritik. In *Qualitati-*
    ve Forschung. Grundlagen und Methoden, hrsg. E. König und P. Zedler, 123–156.
    Weinheim und Basel: Beltz.
Reichertz, Jo und Marth, Nadine. 2004. Abschied vom Glauben an die Allmacht der
    Rationalität? oder: Der Unternehmensberater als Charismatiker. Lässt sich die
    hermeneutische Wissenssoziologie für die Interpretation einer Homepage nut-
    zen? *Zeitschrift für qualitative Bildungs-, Beratungs- und Sozialforschung 5* (1),
    7–28.
Reichertz, Jo und Marth, Nadine. 2009. Abschied vom Glauben an die Allmacht der
    Rationalität? oder: Der Unternehmensberater als Charismatiker. In *Die Macht*
    der Worte und der Medien, hrsg. J. Reichertz, 243–269. Wiesbaden: VS Verlag.
Schelhowe, Heidi. 1997. Das Medium aus der Maschine. Zur Metamorphose des Com-
    puters. Frankfurt am Main, New York: Campus.
Schmidt, Jan. 2006. Weblogs. Eine kommunikationssoziologische Studie. Konstanz:
    UVK.
Schneider, Wolfgang Ludwig. 2004. Grundlagen der soziologischen Theorie. Band
    3: Sinnverstehen und Intersubjektivität – Hermeneutik, funktionale Analyse,
    Konversationsanalyse und Systemtheorie. Wiesbaden: VS Verlag.
Schönhagen, Philomen. 2004. Soziale Kommunikation im Internet. Zur Theorie und
    Systematik computervermittelter Kommunikation vor dem Hintergrund der
    Kommunikationsgeschichte. Bern: Lang.
Schrape, Jan-Felix. 2010. Web 2.0 und Massenmedien: Visionen versus Empirie. *For-*
    schungsjournal NSB 23 (3), 72–83.
Stäheli, Urs. 2004. Der Takt der Börse. Inklusionseffekte von Verbreitungsmedien am
    Beispiel des Börsen-Tickers. *Zeitschrift für Soziologie 33* (3), 245–263.
Stegbauer, Christian. und Rausch, Alexander. 2006. Strukturalistische Internetfor-
    schung. Netzwerkanalysen internetbasierter Kommunikationsräume. Wiesba-
    den: VS Verlag.

Tacke, Veronika. 2000. Netzwerk und Adresse. *Soziale Systeme* 6 (2), 291–320.

Taubert, Niels C. 2006. Produktive Anarchie? Netzwerke freier Softwareentwicklung. Bielefeld: Transcript.

Taubert, Niels C. 2009. Die Wahrheit zwischen Gutenberg-Galaxis und World Wide Web. In *Die Wissenschaft geht ins Netz. Publizieren und Kommunizieren im Zeitalter des Internets, hrsg.* Berlin-Brandenburgische Akademie der Wissenschaften, 9–12. Berlin: Akademie Verlag.

Taubert, Niels C. 2014. Autorschaft von Open-Source-Software. Zur Aktualität eines alten Konzepts. (Im Erscheinen). In *Erzählung und Geltung. Wissenschaft zwischen Autorschaft und Autorität, hrsg.* S. Azzouni, S. Böschen und C. Reinhadt. Weilerswist: Velbrück.

Trench, Brian. 2012. Scientists' Blogs: Glimpses Behind the Scenes. In *The Sciences' Media Connection – Communication to the Public and its Repercussions, hrsg.* S. Rödder, M. Franzen und P. Weingart, 273–289. Dordrecht: Springer.

Wehner, Josef. 1997. Interaktive Medien – Ende der Massenkommunikation? *Zeitschrift für Soziologie 26 (), 96–114.*

Wenninger, Andreas. 2012. »Wissenschaftliche« Kontroversen im Internet am Beispiel eines Blogportals. In *Politik und Wissenschaft im Technikwandel. Neue Interdisziplinäre Ansätze, hrsg.* A. Donk und R. Becker, 101–119. Münster: LIT.

Wernet, Andreas. 2006. Einführung in die Interpretationstechnik der Objektiven Hermeneutik. Wiesbaden: VS Verlag.

Ehe für Alle – Gleichstellung oder Geschlechterkampf?

Die qualitative Kontrastierung von reflektierten
und nicht-reflektierten Äußerungen der französischen
Protestbewegung gegen die Öffnung der Ehe.
Eine Untersuchung von Internetseiten und Tweets

Dominique Schirmer

1 Einführung – Methodischer und inhaltlicher Gegenstand der Untersuchung

Der vorliegende Beitrag diskutiert Fragen der Analyse internetbasierter Daten – konkret von Mikroblogs (sog. Kurznachrichten) und von Internetseiten. Zu dieser Analyse gehört auch die Datenauswahl. Der Beitrag untersucht die französische Protestbewegung gegen die Öffnung der Ehe im Frühjahr 2013, hat aber einen klaren Fokus auf methodische Fragen. Diese stelle ich im Folgenden vor. Zuvor führe ich kurz in die Hintergründe des Untersuchungsthemas und der Untersuchung ein. Schließlich lege ich in dieser Einführung die konkrete methodische Strategie und Vorgehensweise dar.[1]

Besser als alle Medien zuvor gibt das Internet der Multimodalität von Kommunikation einen Raum, denn Internetmedien sind multimodal – sie verknüpfen eine Vielzahl von Einzelmedien (Film, Bild, Text usw.). Aus Sicht der Forschung haben zudem verschiedene Äußerungsformen gesellschaftlicher Wirklichkeit ihren Platz: Meinungen, Wertorientierungen, Diskurse und Strukturen, Habitus- und Handlungsformen. Bei der Konzipierung von Forschung bestimmen unter anderem diese Erhebungsziele (mehr dazu weiter unten) die Auswahl von Material und die Festlegung von Verfahren. Dabei erfordern verschiedene Erhebungsziele unterschiedliche Materialien und Instrumente, da jedes Erhebungsziel Themen und Sachverhalte auf eine spezifische Art repräsentiert. Ihre Differenzierung

---

1   An dieser Stelle möchte ich den vielen Menschen, die mit mir dieses Thema diskutiert haben, meinen Dank aussprechen. Er gilt ganz besonders den KollegInnen, die ihre Zeit und Energie in methodische Fragen investiert haben und die so einen wichtigen Beitrag zu dieser Studie geleistet haben. Allen voran ist das Stephanie Bethmann sowie Nina Degele, Heiko Hoffmann, Debora Niermann, Patricia Kees und meine Mit-HerausgeberInnen Nadine Sander und Andreas Wenninger.

ist für die Auswahl des Untersuchungsmaterials und der methodischen Werkzeuge wichtig. Die Analyse von Einstellungen erfordert ein anderes Vorgehen, als die Erhebung von Diskursen oder die Interpretation von Handeln.

Die vorliegende Untersuchung fokussiert drei Dinge: Erstens die Analyse von Mikroblogs, also von Mikro-Beiträgen im Internet, wie sie ganz besonders vom Mikroblog-Portal Twitter repräsentiert werden. Die Analyse von Mikroblogs ist relativ neu und vor allem im Bereich quantitativer Analysen üblich. Es stellt sich die Frage, ob sich Mikroblogs auch für qualitative Analysen eignen. Auf den ersten Blick scheint die Charakteristik von Mikroblogs den Anforderungen an qualitative Analysen zu widersprechen: einen *dichten* Text zu liefern, der genügend Stoff für seine Interpretation bietet. Zweitens geht es um die Analyse von (statischen) Internetseiten. Dieses Material ist aus methodischer Sicht nicht besonders interessant, denn wenn auch das Auswahlvorgehen differiert, so unterscheidet sich die Analyse nicht von der analogen Materials. Interessant ist vielmehr das Kontrastieren der Materialien, konkret, verschiedener Erhebungsziele. Der dritte Fokus richtet sich besonders auf die Frage der Auswahlstrategien in der Arbeit mit Internetmaterial. Deswegen setze ich mich ausführlich mit dem Thema Auswahl auseinander.

Sämtliche Namen und Zitate aus den untersuchten Internetquellen sind im Original auf französisch und von mir ins Deutsche übertragen.

## 1.1	Die Öffnung der Ehe: Gesetzgebungsverfahren und Proteste

Vor den französischen Präsidentschaftswahlen 2012 kündigte der Bewerber François Hollande an, die Ehe für lesbische und schwule Paare öffnen zu wollen.[2] Zu diesem Zeitpunkt war es in Frankreich für die verschiedensten Konstellationen sozialer Beziehungen – unter anderem für lesbische und schwule Paare – möglich, eine Partnerschaft (Pacs) einzugehen.

Schon im Herbst, als das (lange angekündigte) Gesetzgebungsverfahren dazu anlief (ab dem 18.10.2012), begannen Protest- sowie Unterstützungsdemonstrationen.[3] Zwischen Herbst 2012 und Frühjahr 2013 wurden verschiedene Vereinigungen gegen das Gesetzesvorhaben gegründet. Das Gesetzgebungsverfahren wurde vom 29. Januar bis zum 23. April 2013 in Nationalversammlung und Senat beraten

---

2	Ein Vorhaben, das nicht aus »heiterem Himmel« kam oder auf einer »einsamen Entscheidung« des Präsidentschaftskandidaten basierte, sondern das auf einer längeren gesellschaftlichen und juristischen Debatte in Frankreich beruhte.

3	Schon in den Monaten und Jahren davor hat es vereinzelte Proteste und Aktivitäten gegen Konzepte der Gleichstellung gegeben, die sich aber weder in einer Bewegung, noch in Massenprotesten ausdrückten.

und schließlich am 23. April verabschiedet und verkündet. Am gleichen Tag riefen konservative Abgeordnete den Verfassungsrat (französisches Verfassungsgericht) an, der das Gesetz am 17. Mai (dem internationalen Tag gegen Homophobie!) bestätigt hat. Das Gesetz ist am 18. Mai 2013 in Kraft getreten.

Seit Beginn des Verfahrens, vor allem in der Zeit bis zur Verabschiedung des Gesetzes, aber auch heute, gibt es heftige Proteste. Aus deutscher Sicht scheint das paradox: Während sich die deutsche Regierung gegen eine Angleichung von heterosexueller Ehe und homosexueller Eingetragener Partnerschaft und damit gegen eine vorherrschende Stimmung in der deutschen Bevölkerung sowie gegen Vorgaben des Bundesverfassungsgerichtes stemmt, bringt die französische Regierung ein Gesetz zur Öffnung der heterosexuellen Ehe für homosexuelle Paare auf den Weg und stemmt sich damit gegen einen Teil der französischen Bevölkerung. Zwar ist – aus deutscher Sicht – das Ausmaß der Proteste zu relativieren; in Frankreich sind massive Demonstrationen und Proteste nicht ungewöhnlich, die auch gelegentlich in gewalttätige Ausschreitungen münden. Dennoch gibt es auch auf französischer Seite Irritationen, die in Medien und Politik zum Ausdruck gebracht werden. Eine *LGBTI*-Aktivistin warnt vor der Entfesselung von Homophobie, von Wut und Hass durch das Gesetz.[4] Was hinter der Haltung der GegnerInnen des Gesetzes steckt, ist Gegenstand dieser Analyse; wie die französische Bevölkerung und die Medien das Gesetz und den Protest einordnen, wird dagegen nur am Rande thematisiert.

Auseinandersetzungen wie in Frankreich (und Deutschland) sind derzeit in vielen europäischen Ländern sichtbar. Die Proteste sind ein Gegendiskurs zu den Gleichstellungsdiskursen vieler westlicher Gesellschaften. Denn das Blatt hat sich gewendet; beobachtet man die Debatten um Homosexualität, Verpartnerung und Homophobie, so ist gegenwärtig in Bezug auf Homopolitik, genauer auf *LSBTTIQ*-Fragen, also Fragen, die lesbische und schwule Belange, aber auch Themen der Trans- und Intersexualität, des sogenannten *Transgender* und der Geschlechterpolitik insgesamt betreffen, in vielen Ländern und auf internationaler Bühne eine Umkehrung des Mainstreams zu beobachten. Bis vor wenigen Jahren war eine ablehnende Haltung zum Thema Homosexualität bzw. zu lesbischen und schwulen Beziehungen mainstream. VertreterInnen einer Haltung, die Homosexualität, lesbische und schwule Beziehungen und gar eine sogenannte *Homoehe* befürworteten, befanden sich in einer Position der Rechtfertigung. Salopp gesagt:

---

4   »Bisher ware es verpönt, homophob zu sein, genauso wie rassistisch zu sein. Ich hätte nicht gedacht, dass so etwas in Frankreich wieder möglich ist.« (Nouvel Observateur, 24. 4. 13, http://fb.me/2kjPTb9v7)

LGBTI steht für »lesbian, gay bi trans- und intersexual«; die Aktivistin engagiert sich also in der queeren Bewegung.

Mainstream dagegen, Minderheit dafür. Diese Stimmung ist gekippt. Nun sehen sich die GegnerInnen in der Rolle derer, die sich rechtfertigen müssen. Salopp gesagt: Mainstream dafür, Minderheit dagegen. Der *Anti-Konsens* hat sich also in einen *Pro-Konsens* gewandelt. Ob dies Ausdruck eines grundlegenden Wandels des Mainstreams ist oder eine oberflächliche politische Korrektheit: Die hier untersuchte Protestbewegung ist Ausdruck einer Gegenwehr gegen diese Entwicklung.[5] Die Position der GegnerInnen ist klar: Auch diejenigen, die sich gegen eine Diskriminierung von Lesben und Schwulen aussprechen, beziehen klar Stellung gegen die Idee der Gleichwertigkeit. Hier stellt sich nun die Frage, welche Haltung hinter Äußerungen und Handlungen steckt und wie diese zu interpretieren sind.

Was steckt dahinter, dass in Frankreich der Protest gegen diese Initiative der Gesetzgebung und des Präsidenten so heftig ausfällt? Was bewegt die Menschen? Gegen wen ist der Protest – und die Wut – gerichtet, gegen Lesben und Schwule, gegen den französischen Präsidenten, gegen eine neue Zeit? Fühlen die Menschen sich bedroht oder artikulieren sich hier Hass und Ablehnung des *Anderen?* Meine Vermutung war, dass sich drei Themen überschneiden: 1. Die Frage der Unzufriedenheit mit bzw. Legitimation der französischen Regierung und insbesondere des Präsidenten (Regierungskrise). 2. Die gesellschaftliche Auseinandersetzung um den Platz von Minderheiten im Besonderen sowie 3. die Auswirkungen eines Wertewandels bzw. eines gesellschaftlichen Umbruchs von Werten und Lebenskonzepten im Allgemeinen. Schließlich ist, wie angemerkt, die spezifische Situation in Frankreich zu berücksichtigen. Sie spielt allerdings bei der Frage, welche Haltung und welche Wertvorstellungen hinter den Protesten stecken, keine Rolle. Gegenstand dieses Beitrags ist die Protestbewegung bzw. die Gegnerschaft zu diesem Gesetz. Ich werde also weder auf Hintergründe und Bewertungen der BefürworterInnen blicken, noch versuchen, die Lager oder die Haltung in Frankreich insgesamt quantitativ einzuschätzen (die Mehrheit der Bevölkerung und der Politik unterstützt das Gesetz und damit die Öffnung der Ehe). Mein Fokus liegt allein auf der Protestbewegung und den GegnerInnen des Gesetzes. Diesen Teildiskurs werde ich zerlegen, einerseits in die angeführten Argumente und andererseits in die Beweggründe und Haltungen. Aus diesem Grund werde ich zwei Äußerungsformen, das heißt verschiedene Erhebungsziele, kontrastieren.

5　Man kann den Eindruck gewinnen, dass diese Gegenwehr Formen eines Kulturkampfes annimmt. So oder so trägt das Phänomen des Protestes zu einer Präzisierung der Debatte bei, da sie die Standpunkte schärft.

1.2   Die Kontrastierung von *offiziellen Stellungnahmen* und *subjektiven Äußerungen*

Wie dargelegt, geht es darum, die Protestbewegung zu analysieren, indem ich den Diskurs dieser Bewegung in eine offizielle und eine subjektive Seite zerlege und offizielle Stellungnahmen und subjektive[6] Äußerungen kontrastiere. Der Vergleich von offiziellen, öffentlichen Beiträgen auf der einen Seite und persönlichen, subjektiven und vielleicht spontanen Äußerungen auf der anderen Seite ermöglicht gleichzeitig einen Eindruck von den Einstellungen der Protestseite.

Dazu gehört die Untersuchung der Inhalte der Protestbewegung. Es stellt sich die Frage, ob und wie der Diskurs dieser Bewegung von den Haltungen der Teilnehmenden, von den subjektiven Äußerungen derer, die der Teildiskurs repräsentieren will, getragen wird. Welche Motivationen, welche Motive, welche Sinnstrukturen stecken hinter der Beteiligung an den Protesten? Welches sind die Gründe für die Proteste? Erstens ist zu beantworten, welche Gründe offiziell genannt und thematisiert werden. Zweitens geht es um die Frage der – gegebenenfalls davon abweichenden – subjektiven Gründe. Die subjektiven Beweggründe der GegnerInnen möchte ich über die Analyse von Mikroblogbeiträgen, konkret über Tweets, ermitteln. Die offiziellen Gründe über die mehr oder weniger gut organisierten öffentlichen Auftritte der Protestorganisationen und -organisatorInnen. Da der Protest stark über das Internet vermittelt und organisiert wird, eignet sich auch hier eine Internet-Analyse. Konkret ist das die Analyse der Internetauftritte von Organisationen, die sich aktiv an der Protestbewegung beteiligen, die also in der Protestbewegung präsent sind und in irgendeiner Weise eine wichtige Rolle spielen. Der Blick richtet sich dabei auf die Analyse der hier vertretenen *offiziellen Standpunkte,* also der offiziellen Verlautbarungen der Protestbewegung – ich nenne sie (offizielle) *Stellungnahmen.* Während Mikroblogs flüchtige Vertreter der Protestbewegung und ihrer Standpunkte sind, zeigen Stellungnahmen Verfestigungen dieses Teildiskurses. Beide repräsentieren verschiedene Orientierungsrahmen, Sinnstrukturen und Deutungsmuster. Es stellt sich nun die Frage, ob diese übereinstimmen, ob sie zwei Seiten einer Medaille (des Orientierungsrahmens) sind oder ob sie ganz anderen Mustern folgen.

Damit geht es um eine Kontrastierung von *reflektierten* und *nicht-reflektierten* Äußerungen im Internet, darum, flüchtige Motive der Ablehnung der Öffnung der Ehe aufzudecken und mit den offenen (und somit verfestigten) Motiven zu vergleichen. In Methodendiskursen wird hier gerne zwischen wahren und nicht (so) wahren, zwischen ehrlichen und offiziellen Äußerungen unterschieden. Dorostkar

---

6   Sie sind subjektiv insofern, als sie eine persönliche Sichtweise zeigen; sie sind aber nicht individuell, also auf eine einzelne Person bezogen und damit einzigartig.

und Preisinger (2013, S. 314) zitieren Gröbchen und meinen, Postings (wie die der untersuchten Twitter-Beiträge) zeigten die »wahren Meinungen, Aversionen, Vorlieben, Wünsche und Bedürfnisse. Die sich sonst unter einer – auch im analogen Alltag oft reichlich dünnen – Schutzschicht zivilisatorischer Etikette verborgen halten.« Dies ist eine nachvollziehbare, reizvolle und absolut verbreitete Annahme.[7] Es handelt sich allerdings m. E. nicht um Meinungen, die wahr oder »wahrer« wären, als solche, die sich in reflektierten Äußerungen zeigen (oder als solche, die in konkretem Handeln deutlich werden), aber es sind *Meinungen und Einstellungen*, die in dem Gefüge eines Diskurses, hier als Teil der Protestbewegung, ihren Platz und ihre Funktion haben und die bei der Analyse von Motiven, von Sinnstrukturen und Orientierungsmustern der Bewegung kontrastiert und trianguliert werden müssen.

Das Untersuchungsmaterial ist also strukturiert nach flüchtigen, nicht-reflektierten und offiziellen, reflektierten Äußerungen der Protestbewegung. Sie zeigen verschiedene Seiten eines Teildiskurses[8] und repräsentieren unterschiedliche Ebenen, die ich – aus methodischer Perspektive – Erhebungsziele nenne. Die Unterscheidung der Erhebungsziele ist deshalb wichtig, weil die verschiedenen Aspekte eines Diskurses immer unterschiedliche Äußerungsformen haben, die bei der Erforschung (z. B. Datenerhebung) berücksichtigt und kontrastiert werden müssen.

Ich möchte diese Erhebungsziele hier in aller Kürze vorstellen: Die Erhebungsziele sind Diskurse und Strukturen, Habitus- und Handlungsformen, Orientierungsrahmen und Sinnstrukturen sowie Einstellungen und Meinungen. Einstellungen und Meinungen sind persönliche (oder flüchtige) Ansichten, Überzeugungen, Standpunkte, Urteile oder Annahmen. Sie sind genauso wenig individuell, wie Orientierungsrahmen, Habitusformen und Strukturen. Sie sind aber insofern persönlich, als sie flüchtiger, flexibler, wandelbarer sind und somit empirisch eher an Personen als an Gruppen oder Teilkulturen festgemacht werden können. Sinnhorizonte und Orientierungsrahmen beschreiben ein vorreflexives oder vortheoretisches Wissen. Es sind Annahmen, Weltbilder und Deutungsmuster, die wichtige Orientierungen für das eigene Handeln geben. Verschiedene gesellschaftliche Gruppen haben unterschiedliche handlungsleitende Sinnhorizonte bzw. Orientierungsrahmen, die sie als Gruppe ausmachen. Habitus und Handeln sind konkrete, fass- oder sichtbare, performative Wirklichkeitskonstruktionen und Praktiken. Sie sind – auf personaler Seite (wie Strukturen auf institutioneller

---

7   Wobei in der qualitativen Forschung auch die Annahme verbreitet ist, dass sich Orientierungrahmen unabhängig von der Form der Äußerung ermitteln lassen. Das würde bedeuten, dass sich auch die politisch korrekten Äußerungen einer Person auf widersprechende Orientierungsrahmen zurückführen ließen.

8   Des Teildiskurses der Protestbewegung, der, wie mit der vorliegenden Analyse deutlich werden wird, Teil des Geschlechterdiskurses ist.

Ebene) – Manifestationen, Verwirklichungen, stoffliche, sichtbare Repräsentanten von Diskursen, Orientierungsrahmen und Strukturen. Diskurse sind Äußerungen und Praktiken, die konkreten Inhalten zuzuordnen sind. Sie bilden soziale Wirklichkeit(en) ab, verhandeln sie, aber erzeugen sie auch. Sie sind mehr oder weniger fassbar, sichtbar oder unsichtbar, materiell oder nicht-materiell.

Erhebungsziele sind also Äußerungsformen von Konventionen, Kulturen usw. und stellen als solche einen bestimmten Aspekt dieser Konvention oder Kultur dar. Ich nenne sie Erhebungsziele, weil ihre Unterscheidung für die Konzeptionierung eines Forschungs- und Erhebungsplans wichtig ist; erstens äußern sie sich in unterschiedlichen Formen und über unterschiedliche Medien, zweitens fokussieren sie einen bestimmten Aspekt einer Frage oder eines Sachverhalts. Sie sind häufig an konkrete Fälle gebunden und werden über verschiedene Materialien transportiert. Für die empirische Analyse ist es wichtig, die relevanten Erhebungsziele zu definieren. Außerdem ist die Triangulation von Erhebungszielen hilfreich, z. B. über die Analyse verschiedener Materialien.

2   Die zweidimensionale Materialauswahl

Ein Fokus des vorliegenden Beitrags ist die Auswahl von Material im Internet. Es stellt sich die Frage, welche Vorgehensweisen und welche Regeln speziell für die Auswahl von Internetmaterial gelten. Im Folgenden wende ich eine zweidimensionale Auswahlstrategie an, die selektive und iterative Auswahlschritte mischt. Quellen (Plattformen usw.) und Material (Texte, Mikroblogbeiträge usw.) werden dabei erstens bewusst nach theoretischen und ggf. nach willkürlichen Kriterien ausgewählt (selektive Auswahl) sowie zweitens gleichzeitig nach Strategien des *theoretischen Sampling* (iterative Auswahl). Letzteres ist eine Auswahlstrategie, die stark mit der Methode der maximalen und minimalen Kontrastierung von Quellen oder Inhalten arbeitet.

Dieses Kapitel besteht aus drei Abschnitten: Der erste Abschnitt beschreibt kurz die formalen methodischen Schritte der Auswahl von Internetmaterial, der zweite Abschnitt zeigt diese Schritte für die Auswahl der offiziellen Stellungnahmen der gegnerischen Organisationen und der dritte Abschnitt zeigt die Schritte für die Auswahl der Mikroblogs. Der zweite Abschnitt befasst sich also mit den offiziellen Stellungnahmen der Organisationen, die gegen die Öffnung der Ehe eintreten. Damit handelt es sich um relativ statische Dokumente, die man auch als *Web-1.0-Material* bezeichnen könnte. Diese unterscheiden sich von analogen Dokumenten vor allem in Bezug auf die Zugänglichkeit – in der Auswertung gibt es keine Unterschiede. Spezifischen Charakter haben dagegen die Mikroblogs, deren Auswahl der dritte Abschnitt beschreibt. Sie unterscheiden sich von herkömmlichem Material in Bezug auf ihre Eigenschaften (z. B. als *flüchtiges* Material), auf die Auswahl und in Bezug auf die Analyse.

2.1 Willkürliche, iterative oder theoriebasierte Auswahl von Internetmaterial anhand von Plattformen, Themen und Kontexten

Wenn es um die empirische Analyse von Internetmaterial geht, ist häufig von einer kaum überschaubaren und kaum zu bewältigenden Materialmenge die Rede. Dies ist meines Erachtens ein Trugschluss, denn grundsätzlich hat man es bei der empirischen Analyse von Forschungsfragen mit einer eigentlich nicht zu bewältigenden Flut von Material zu tun, mit einer Unendlichkeit von Äußerungen, Handlungen, Dokumenten und Strukturen, die für die empirische Untersuchung geeignet wären. Ohne eine radikale Fokussierung, man könnte auch sagen, Verengung des Blicks auf einen klein(st)en Ausschnitt ist die empirischen Analyse überhaupt nicht möglich. So liegt die Besonderheit des Internets in Bezug auf die Materialfülle in der guten und einfachen Zugänglichkeit des Materials, die auf analogem Wege nur unter enormem Aufwand möglich wäre. Faktisch verschiebt das Internet in Bezug auf die Menge möglichen Materials lediglich den Zeitpunkt der Auswahlentscheidungen. Deshalb ist das Vorgehen einer zweidimensionalen Auswahl, das ich hier vorschlage, keine Neuerfindung von Auswahlverfahren, sondern die Anpassung gängiger und bewährter Vorgehensweisen und somit lediglich eine Verschiebung des Blicks.

Die zweidimensionale Auswahl kombiniert gängige Auswahlstrategien. Je nach Material eignet sich die sukzessive oder – wohl in den meisten Fällen – die gemischte Anwendung. Die erste Auswahl-Dimension beinhaltet die willkürliche, iterative oder theoriebasierte Auswahl von Material anhand von Plattformen, Themen und Kontexten (also der Zeit, des Ortsbezugs usw.). Auf der Basis dieser Auswahl kommen gängige Auswahlverfahren zur Anwendung, die zweite Auswahl-Dimension. So könnten Mikroblogs einer theoriebasiert ausgewählten Plattform und eines willkürlich ausgewählten Zeitraums nach Prinzipien der Wahrscheinlichkeitsauswahl weiter reduziert werden. Neben wenigen internetspezifischen Anforderungen (z. B. in Bezug auf die Frage der Plattformen oder den unterschiedlichen Umgang mit Zeit) besteht die Anpassung vor allem im zweidimensionalen Vorgehen, das übrigens eine bessere Kombinierbarkeit von Verfahren, auch von qualitativen und quantitativen Verfahren, ermöglicht.

Was heißt *willkürlich, iterativ* oder *theoriebasiert*? Eine theoriebasierte Auswahl ist die gängige Strategie zur Bestimmung von Untersuchungsmaterial. Die Entscheidungen für Untersuchungseinheiten, Material, Zeiträume, Ortsbezüge usw. richten sich nach der inhaltlichen Konzeption eines Projektes. Diese Vorgehensweise ist in den meisten Studien üblich, mit Ausnahme der großen quantitativen Umfragen, die ihre Untersuchungseinheiten nach statistischen Kriterien auswählen (wollen).[9] Der Nachteil einer theoriebasierten Auswahl liegt in der Gefahr der Reifizierung, der Bestätigung der Vorannahmen, weil die Auswahl theoretischen Annahmen folgt, die selbst Gegenstand der Untersuchung sind. Eine iterative Auswahlstrategie wie das *theoretische sampling* der *Grounded Theory* ist hier offener, kann sich aber ebenso wenig von theoretischen Annahmen lösen.

Für die qualitative Analyse internetbasierter Daten ist m. E. eine iterative Auswahlstrategie unter Vorgabe bestimmter Auswahlentscheidungen die adäquate Strategie. Sie legt nach jedem Auswahlobjekt und einer ersten Analyse den weiteren Auswahlschritt fest. Aber auch willkürliche Auswahlkriterien haben ihre Berechtigung; mit dem Ziel einer ersten Materialreduktion kann man sich ohne genauere theoretische Fundierung für bestimmte Materialien, Zeiten und Kontexte entscheiden. Grundsätzlich muss jedes Forschungsprojekt Material auch danach auswählen, ob es erreichbar und zu bewältigen ist; hier spielt auch der Zufall eine große Rolle (wie nicht nur Knorr-Cetina (2002) ausführlich beschrieben hat). Deshalb ist eine ehrliche Dokumentation sicher der beste Weg, damit umzugehen.

Die Auswahl des Materials kann also gleichzeitig willkürlich, iterativ oder theoriebasiert erfolgen. Dabei sind Entscheidungen zu treffen: bei der Frage, welche Plattformen sich eignen, an welchen Themen das Projekt konkretisiert und auf welche Kontexte es ausgerichtet sein soll. Zur Auswahl der Plattformen gehört auch die Auswahl von Medien (Text, Bild usw.) – falls diese jeweils relevant ist. Bei der Analyse von Mikroblogs kann es sinnvoll sein, die Mikroblog*kategorien* zu beachten, also die *Art* der Tweets. Es hat sich für mich eine Kategorisierung als nützlich erwiesen, nach der Mikroblogs formal geordnet und somit an konkrete Analyseanforderungen angepasst werden. Die Auswahl von Mikroblogs nach diesen formalen Aspekten ermöglicht die Konzentration auf inhaltlich bzw. analytisch relevante Mikroblogs – oder teilweise auch einfach die Einschränkung ihrer Anzahl. (Siehe 3.2.1.2 Mikroblogkategorien)

---

9   Mit der Auswahl nach statistischen Kriterien sind Auswahlverfahren gemeint, die den gängigen statistischen Analyseverfahren genügen, also ein- oder mehrstufige Wahrscheinlichkeitsauswahlen, die Quotenauswahl u. ä.

2.2 Auswahl von Plattformen, Themen und Kontexten der offiziellen Stellungnahmen

Wie oben dargelegt, ist die Strategie, verfestigte und flüchtige Äußerungs- und Deutungsmuster zu kontrastieren. Hierzu analysiere ich offizielle Stellungnahmen auf der einen und subjektive Einstellungen auf der anderen Seite. Stellungnahmen von Organisationen, die die Protestbewegung repräsentieren (möchten), eignen sich m. E. gut, um die offiziellen Standpunkte abzubilden. Sie zeigen die Standpunkte, öffentlichen Positionen und Ziele der Protestbewegung. Dabei handelt es sich um Äußerungen, die ausgearbeitet, »ausgefeilt«, reflektiert und langfristig(er) angelegt sind. Einen solchen langfristigen und ausgefeilten Charakter haben Organisationen mit einer konkreten Struktur, mit festen Mitgliedschaften, festen Orten und Repräsentationsweisen. Ihre Veröffentlichungen tragen dem Charakter des verfestigten Teildiskurses am besten Rechnung. Nach welchen Kriterien ist bei der Materialauswahl vorzugehen? Die erste Auswahl-Dimension beinhaltet die willkürliche, iterative oder theoriebasierte Auswahl von Material anhand von Plattformen, Themen und Kontexten, wie Zeit und Ort. Im Folgenden beschreibe ich die Auswahl für die offiziellen Stellungnahmen.

2.2.1 Auswahl des Gegenstands und der Themen

Auswahl der Themen heißt in diesem Fall Auswahl der Schlagwörter oder Suchwörter. Die Wahl der Suchwörter entscheidet darüber, ob man einen Bereich gut einfängt; sie entscheidet also unter Umständen darüber, welche Informationen, Äußerungen oder Standpunkte damit eingeschlossen bzw. ausgeschlossen sind. Allgemein entscheidet die Wahl der Suchwörter über die Menge an Material, das erschlossen wird. Außerdem spielt sie eine Rolle für die Richtung, in die eine Recherche und Analyse geht sowie über die Breite, also darüber, ob eine große Bandbreite an Äußerungen zur Verfügung steht, die dann häufig auch sehr allgemein sein kann, oder ein kleiner Bereich mit sehr konkreten Äußerungen.

Nach einer allgemeinen, unsystematischen Orientierung zu Informationen und Texten zu den Protesten gegen das Gesetzesvorhaben habe ich mit *Homoehe (mariage homo)* einen Einstiegsbegriff festgelegt und damit eine intensive Orientierungsphase auf französischen Medien- und Internetseiten begonnen. Es hat sich bald gezeigt, dass sich die Diskussionen und Proteste rund um den Begriff der *Ehe für Alle (Mariage Pour Tous)* bewegen – der offizielle Name des Gesetzesvorhabens zur Öffnung der Ehe hat sich zur gängigen Bezeichnung des Gesetzes entwickelt.[10] Der thematische Fokus der Proteste und ihr zentrales Sammelbecken ist die sogenannte *Demo für Alle (La Manif Pour Tous)*. Es gibt eine Organisation, die unter diesem Namen offiziell registriert ist; der Begriff umfasst aber außerdem die Protestbewegung insgesamt. Beide Bezeichnungen – *Ehe für Alle* und *Demo für Alle* – haben sich zu wichtigen Schlagworten entwickelt.

2.2.2 Auswahl der Plattformen und Einzelseiten

Im Zuge der Orientierung im Netz habe ich Medienseiten, Blogs, Facebookseiten, Homepages von Organisationen sowie Tweets beobachtet.[11] Der Zufall hatte mich zuerst zu Facebook geführt, so dass ich zuerst dort systematisch nach Seiten der Protestbewegung gesucht habe. Facebook hat sich bald als keine gute Spur erwiesen; die Bewegung ist dort nicht gut vertreten. Mein Eindruck ist, dass die Facebookseiten und -beiträge von einzelnen Personen initiiert und gepflegt werden (oder wurden), die nicht über die Möglichkeiten verfügen, die Pflege und Aktualität der Seiten zu gewährleisten. Seiten wurden vor allem in der Hochphase der Gesetzesinitiative und -verabschiedung gegründet und zu jener Zeit mehr oder weniger gepflegt. Allerdings fehlte den Seiten im Allgemeinen schon zu dieser Zeit die Resonanz, so dass nicht genügend Kommentare zur Verfügung stehen, die als flüchtige Materialien Eingang in diese Untersuchung finden könnten.

Über die Facebook-Seiten bin ich auf die offiziellen Internetauftritte der Protestbewegung gekommen. Im Laufe der Recherche habe ich mich für eine Plattform entschieden, die als Ausgangsbasis für die weitere Auswahl und Analyse dienen sollte: den Internetauftritt der Organisation *Demo für Alle (La Manif Pour Tous)*. Die *Demo für Alle* ist im Internet sehr präsent; sie ist mit einer Domain vertreten, wo sie Internetseiten in fünf Sprachen unterhält, mit Adressen bei YouTube, Facebook, Twitter und weiteren Plattformen.

Hier habe ich als zweite Auswahldimension mit der Auswahl des Analysematerials begonnen. *Demo für Alle* präsentiert sich als Sammelbecken verschiedener Gruppierungen und Personen, die gegen das Gesetz zur Öffnung der Ehe – und gegen eine gesellschaftliche Situation, die solch ein Gesetz hervorgebracht hat – aktiv sind oder sein möchten. Tatsächlich sind diese Seiten eine gute Ausgangsba-

---

10   Dabei ist, wie dargestellt, die Öffnung der Institution Ehe für lesbische Paare und für schwule Paare gemeint und nicht für »Alle«.

11   Die Gegenüberstellung von offiziellen Stellungnahmen und subjektiven Äußerungen schien mir in Blogs mit ihren Kommentaren besonders gut repräsentiert. Das Vorhaben der Analyse von Blogs und die Gründe, dieses Vorhaben zu verwerfen, beschreibe ich im Kapitel zur Auswahl der Mikroblogs (2.3).

sis, um sich im Internet zu den GegnerInnen zu orientieren. Ein wichtiger Grund dafür ist, dass sie als Netzwerk konzipiert sind und AnhängerInnen, KooperationspartnerInnen und Interessierten zur Verfügung stehen (wollen). Eine Seite mit dem Namen »die KooperationspartnerInnen« (les associations partenaires) führt (zumeist verlinkte) Namen anderer Initiativen und Vereinigungen der Protestbewegung auf.[12] Die meisten dieser Webseiten verfügen über eine Seite, die LeserInnen über Standpunkte und Stellungnahmen der jeweiligen Vereinigung informieren soll. Es sind sorgfältig und strategisch erstellte Informationsinhalte mit zentralem Kundgebungscharakter, die die offiziellen Standpunkte der Organisationen (re-)präsentieren.[13] Diese Seiten habe ich als »offizielle Stellungnahmen« analysiert.

Die weitere Auswahl habe ich zuerst innerhalb des Internetauftrittes der *Demo für Alle* vorgenommen (minimale Kontrastierung), indem ich die KooperationspartnerInnen näher betrachtet habe. Deren Namen vermitteln den Eindruck, dass die Organisationen bzw. ihre Themen sehr heterogen sind: Es sind kirchliche, muslimische, feministische, homosexuelle, politische, administrative und andere Organisationen vertreten. Hier bin ich maximal kontrastierend vorgegangen und habe zuerst Seiten von Organisationen analysiert, die mir möglichst gegensätzlich erschienen.

2.2.3 Auswahl von Zeitraum und Ort

Der Ort der agierenden Personen und Organisationen ergibt sich aus dem thematischen Bezug. Grundsätzlich bestimmt sich die Auswahl der Internetquellen aus der Frage, wo sie genutzt werden – hier im europäischen Frankreich[14]. Im vorliegenden Fall befinden sich zudem die relevanten Organisationen und prominente VertreterInnen notwendigerweise in Frankreich, denn dort ist die Protestbewegung aktiv. So zeigen viele Internetbeiträge Bilder und beziehen sich auf Ereignisse in Frankreich bzw. verabreden sich gar für bestimmte Orte und Zeiten. Bis auf ganz wenige nicht-französische Beiträge sind die Texte zudem französisch.

Der genaue Zeitpunkt von Veröffentlichungen statischer Internetseiten ist für die Analyse nicht so wichtig. Im Gegensatz zu Mikroblogs, die *flüchtige Äußerungen* und somit vergänglich sind (dazu weiter unten), haben die Stellungnahmen

---

12 Lamanifpourtous.fr/fr/qui-sommes-nous/les-associations-coordinatrices. Am 15. 8. 2013 enthielt die Liste 35 Namen.
13 Auf der Plattform Demo für Alle ist dies die Seite »Unsere Botschaft« (Notre Message). (lamanifpourtous.fr/fr/qui-sommes-nous/notre-message)
14 Die Republik Frankreich umfasst auch fünf Überseedepartements.

auf den Internetseiten Dokumentencharakter und sind somit über einen längeren Zeitraum aktuell. Das heißt für die Analyse, dass der Zeitraum für die Informations- und Organisationsplattformen nicht so eng gewählt sein muss; das Material muss lediglich im untersuchten Zeitraum vorhanden sein. Im Gegensatz zu Mikroblogs, die grundsätzlich zeitlich markiert sind, ist der Zeitpunkt einer Veröffentlichung allerdings nicht immer nachvollziehbar.

2.3 Auswahl von Plattformen, Themen und Kontexten der subjektiven Äußerungen

Kontrastierend zu den offiziellen Stellungnahmen verschiedener Organisationen habe ich mich mit der Analyse von Mikroblogs für die Untersuchung der (subjektiven) Beweggründe der GegnerInnen entschieden. Mikroblogs (re-)präsentieren flüchtige Äußerungen: Sie sind eher beiläufig und nicht-reflektiert[15] und stehen in einem starken Gegensatz zu den offiziellen Stellungnahmen. Sogar als Material sind sie eher flüchtig, denn im Gegensatz zu mehr oder weniger statischen Internetseiten, verlieren Mikroblogs radikal schnell an Aktualität und an Sichtbarkeit. Zwar sind sie prinzipiell lange zugänglich (und somit in gewissem Sinne statisch) – das gilt aber nicht für den alltäglichen Gebrauch: Sie verschwinden sehr schnell (manchmal nach Sekunden) von der sichtbaren Mikroblogseite, indem sie von neuen Beiträgen abgelöst werden. Ebenso schwindet das Interesse an vergangenen Äußerungen sehr schnell.

Um *offizielle Stellungnahmen* und *subjektive Äußerungen* optimal zu kontrastieren, war die ursprüngliche Idee, Blogs und Blog-Kommentare für die Analyse der Einstellungen zu verwenden. Auch Facebook-Kommentare hatte ich geprüft, aber die Facebook-Auftritte haben sich als nicht geeignet erwiesen. Blogs sind in Frankreich eine zentrale Form internetbasierter Kommunikation; sie spielen eine wichtige Rolle in öffentlichen Diskursen, so dass es besonders günstig schien, damit zu arbeiten. Sie liefern Material für beide Zugänge, das heißt, offizielle(re) Dokumente für die Stellungnahmen und Kommentare für die flüchtigen Äußerungen. Die Idee war deshalb zuerst, das Augenmerk ganz wesentlich auf Blogs der Anti-Mariage-Bewegung sowie auf Blog-Kommentare zu richten. Dieses Vorhaben habe ich im Verlauf des Auswahlprozesses verworfen. Frankreich hat zwar eine starke und prägende Blog-Kultur, aber Mikroblogs – allen voran Twitter – sind inzwischen so bedeutend, dass ich mich für sie entschieden habe. Mikroblogs eignen sich deshalb sehr gut, weil sie subjektive, spontane Haltungen gut (re-)präsentieren und zudem gut zu analysieren sind. Kommentare auf Blogs oder

---

15 Das gilt nicht für alle Mikroblogs und ist abhängig von der Mikroblogkategorie (s. 3.2.1.2).

anderen Internetseiten haben dagegen einige Nachteile. Ich gehe davon aus, dass NutzerInnen, die – vielleicht regelmäßig – bestimmte Internetseiten besuchen, in der Regel eine gewisse Nähe zur Protestbewegung oder der konkreten Organisation haben oder sich sogar dort engagieren. Ihre Haltung oder Argumentationsweise kann an die der Organisation angepasst sein. GegnerInnen der Ehe-Öffnung und Aktive sind aber nicht unbedingt identisch (eine Vermutung, die ich mit Kommentierenden im Netz teile). Auch Blogs selbst haben den Nachteil, dass Blog-Umgebungen wenig neutral sind, dass also Blogs ein ganz spezifisches Publikum haben. Blogs sind ja immer schon einem Standpunkt und häufig einer Gruppierung oder politischen Seite zugeordnet – sie werden relativ gezielt gelesen und verbreitet. Das bedeutet zweierlei: Erstens ist damit der Kreis derer, die diesen Blog lesen und kommentieren, eingeschränkt. Zweitens beziehen sich die Kommentare (seien sie bestätigend oder widersprechend) in der Regel auf einen konkreten Beitrag; sie können ein Thema zwar allgemein ansprechen, tun das aber nicht unbedingt. Damit sind sie stark oder stärker *reaktiv,* also abhängig von dem Beitrag, auf den sie sich beziehen und auf den konkreten Sachverhalt, der angesprochen war. Beides führt dazu, dass solche Kommentare eher Reaktionen auf geschlossene Fragen entsprechen, denn auf offene Fragen. Über diese Reaktivität hinaus wäre es m. E. nicht relevant, ob ein Beitrag allgemein oder konkret gehalten ist, auch wenn ein konkreter Beitrag häufig fruchtbarer sein mag.[16] Ein weiterer Vorteil von Mikroblogs ist die Begrenzung, der sie (im Gegensatz zu Kommentaren in Blogs, Foren oder auf Nachrichtenseiten) unterliegen. Das betrifft vor allem die Länge der Äußerungen, die von der Begrenzung der verwendeten Zeichen (meist um die 150) abhängig ist.[17] Kommentare wie bei Facebook oder in Blogs stellen Miniblogs dar, also eher kurze und in der Regel persönliche und

---

16 Hier ergeben sich viele interessante methodologische Anschlussfragen: Was ist besser – ein allgemeiner Inhalt oder ein konkreter? Welches Gewicht hat Reaktivität? Kommt in Beiträgen, die nur »zurückschießen« dennoch eine allgemeine Haltung zum Tragen? (Wie) Verführen Art und Inhalt eines Beitrages, auf den jemand antwortet, zu verzerrten Reaktionen?

17 Interessanterweise gab es bei den untersuchten Daten einige Tweets, die länger waren und deren AutorInnen sie deshalb auf zwei oder gar drei Mikroblogs verteilt haben. Solch ein Vorgehen ist mir bisher nur im französischen Kontext aufgefallen.

Kommentare im Internet, seien es Kommentare in Blogs, Foren oder Nachrichtenportalen haben ganz andere Eigenschaften, als Beiträge beispielsweise bei Twitter. Erstere sind Miniblogs. Charakteristisch ist, dass sie erstens zu einer ganz konkreten Nachricht gehören – zusammen mit den anderen Kommentaren zu dieser Nachricht – und dass sie zweitens nicht in ihrer Länge beschränkt sind und deshalb auch ausführlicher sein können. Dagegen sind oder erscheinen Mikroblogs für sich stehend. Außerdem sind sie grundsätzlich sehr kurz – etwa 150 Zeichen lang – und somit in der inhaltlichen Aussagefähigkeit deutlich begrenzt. Das gilt übrigens nicht für alle Sprachen und Verwendungsweisen, z. B. nicht für China. Eine Unterscheidung von Äußerungsformen – hier Miniblogs und Mikroblogs – halte ich für sehr wichtig, insbesondere aus der Analyseperspektive.

tendenziell spontane Beiträge, die aber nicht der sehr starken Beschränkung von Mikroblogs, also beispielsweise von Twitter-Beiträgen, unterliegen, sondern die mehr Raum – auch für die Analyse – bieten. Blog- und andere Kommentare sind deshalb treffender mit »Miniblogs« bezeichnet. Meines Erachtens transportieren Mikroblogs und Miniblogs sehr unterschiedliche Äußerungsformen und Reflexionsgrade. Persönliche, subjektive Motive sind am besten in persönlichen, spontanen, häufig emotional und unüberlegt erstellen Beiträgen zu finden, wie sie vor allem Mikroblogs (re-)präsentieren.

2.3.1 Auswahl der Plattform und der Medien

Im Prozess der Untersuchung, in dem ich die Analyse von Blog- oder Facebook-Kommentaren verworfen habe (s. o.), habe ich mich für die Analyse von Twitter-Beiträgen entschieden. Twitter-Beiträge haben in dieser Debatte eine große Rolle gespielt und die Bandbreite der Beiträge – und der Beitragenden – ist sehr groß. Außerdem sehe ich eine relative Neutralität der Beiträge auf Twitter insofern, als die Plattform die verschiedensten Positionen (re-)präsentiert. Schließlich hat sich Twitter in den letzten wenigen Jahren in Frankreich zu einem wichtigen Medium entwickelt.[18] Damit repräsentieren Mikroblogs der Plattform Twitter die flüchtigen Äußerungen in der vorliegenden Untersuchung. Weitere Auswahlkriterien in Bezug auf die Medien können die Mikroblog*kategorien* liefern, also die *Art* der Tweets. Je nach Analyseziel eignen sich bestimmte Mikroblogs (nicht) für die Untersuchung. Besonders die Frage, um welche Art von Mikroblogs es sich handelt, dürfte hier entscheidend sein – das sind die Mikroblogkategorien. Sie betreffen beispielsweise die Frage, ob eine MikrobloggerIn selbst einen Text verfasst oder ob sie eine Meldung weiterverbreitet. Vor allem die Kategorien *Medien, Urheberschaft* und *Beteiligte* dürften bei der Beurteilung von Mikroblogs eine Rolle spielen. Im Analysekapitel unten gehe ich ausführlich auf die Kategorisierung von Mikroblogs ein (siehe 3.2.1.2).

---

18   Dies ist einmal an den Zahlen der NutzerInnen ersichtlich und zudem daran, dass viele Internetseiten ihre Artikel (mindestens) mit einem Twitter- und einem Facebook-Knopf versehen (also sog. »Social Plugins«, die eine besuchte Seite mit dem Facebook- oder Twitter-Konto verbinden) und daran, dass und wie über Twitter-Inhalte diskutiert wird.

2.3.2 Zeitliche Kriterien der Auswahl

Ein wichtiges Kontext-Kriterium für die Auswahl ist der Zeitraum. In Frankreich gibt es seit einigen Jahren Widerstand gegen die politische Gleichstellung nicht-heteronormativer Lebensweisen; die Diskussion über die Unterstützung verschiedener Lebensweisen und die Öffnung der Ehe wird seit längerem geführt. Mit dem Inkrafttreten des Gesetzes zur Öffnung der Ehe ist dieser Widerstand nicht verschwunden.[19] Allgemein sichtbar und für die GegnerInnen der Gleichstellung konfliktreich wurde das Thema mit der Initiierung des Gesetzgebungsverfahrens. Für die Analyse der Protestbewegung ist der Hauptfokus deshalb erstens der Rahmen des Gesetzgebungsverfahrens, das Ende 2012 (mit der Beratung und Verabschiedung des Gesetzentwurfs, Beratungen im Parlament usw.) in Gang gesetzt und im Mai 2013 mit dem Inkrafttreten des Gesetzes abgeschlossen wurde. Wenn auch das Thema Öffnung der Ehe für viele Protestierende noch nicht erledigt ist, so markiert das Inkrafttreten des Gesetzes natürlich einen Wendepunkt. Zweitens ist die Protestbewegung gegen das Gesetz zentral, die im Frühjahr 2013 vor allem von den Demonstrationen geprägt ist. Hier bieten sich verschiedene Ereignisse und Zeiträume für die Analyse an. Nach der Verkündung des Gesetzes fanden noch einmal große Demonstrationen statt; danach hat die Intensität und Sichtbarkeit der Protestbewegung deutlich abgenommen. Basierend darauf habe ich als Anfangspunkt für die Betrachtung von Mikroblogs den 23. April festgelegt, den Tag der Verabschiedung des Gesetzes, sowie als Endpunkt das Wochenende des 26. Mai 2013. In dieser Zeitspanne war das Gesetz Gegenstand verfassungsrechtlicher Überprüfung, fanden viele Demonstrationen statt und die öffentlichen Debatten waren besonders aktiv.

Somit reicht der gewählte Analysezeitraum für die Mikroblogs vom 23. April 2013, der Verabschiedung des Gesetzes, bis zum 26. Mai 2013, einem für die Protestbewegung wichtigen Demonstrationstag. Im Fokus steht damit ein Zeitraum, dessen Ereignisse besonders viel Aufmerksamkeit erregten und öffentliche Debatten beflügelten. Innerhalb dieses Zeitraumes habe ich einzelne Tage gewählt, um die Anzahl der Mikroblogs einzugrenzen. Hierzu gehören der erste und der letzte Tag des Analysezeitraumes, also die Verabschiedung des Gesetzes sowie der dann folgende große Demonstrationstag, außerdem der Tag der Bestätigung des Gesetzes durch das Verfassungsgericht (die Voraussetzung für die Verkündung des

---

19   Bis heute hat die Protestbewegung verschiedene prägende Phasen erlebt: Sie hat sich gespalten, sie hat sich radikalisiert und neue Verbündete gewonnen. Bis zur Fertigstellung des vorliegenden Beitrags im April 2014 hat sich das Thema der Protestbewegung auf Geschlecht und Geschlechtertheorie zugespitzt.

Gesetzes einen Tag später), gleichzeitig der Internationale Tag gegen Homophobie, der 17. Mai.

In Bezug auf die zu analysierenden Tweets sind mit dieser Auswahlstrategie drei Vorteile zu erwarten: Erstens ist davon auszugehen, dass an solchen Tagen besonders viele, auch persönliche Äußerungen gemacht werden, zweitens äußern sich verstärkt auch die, die sich sonst nicht mit dem Thema befassen bzw. nicht dazu äußern und drittens sind Äußerungen im Zusammenhang mit solchen Ereignissen häufiger mit einer höheren Emotionalität verbunden – sie erfüllen damit einen Aspekt spontaner Äußerungen gut.[20] Aber auch umgekehrt lässt sich eine Schlussfolgerung ziehen: Wenn es besonders viele Äußerungen an bestimmten Ereignistagen gibt, unterstreicht dies die Bedeutung, die das Ereignis für viele MikrobloggerInnen hat.

Die quantitative Analyse von Mikroblogs stützt die Bedeutung der ausgewählten Tage und damit diese theoriebasierte Festlegung der Zeitpunkte. Eine Häufigkeitsanalyse des ursprünglich gewählten Stichwortes *Homoehe (mariage homo)* zeigt im Zeitraum vom 23.4.2013 bis zum 27.5.2013 (insgesamt 8648 Tweets) einige »heiße Phasen«, die (bis auf einen Ausreißer) mit den theoretisch entwickelten Eckdaten übereinstimmen. Die quantitative Einschätzung der Frage, welche Zeitpunkte sich für eine Analyse eignen, stimmt also mit der theoriebasierten Einschätzung überein. (Abbildung 2.3.2)

Die sieben Tage mit dem größten Twitterverkehr sind, absteigend, der 23.4., 24.4., 26.5., 21.5., 17.5. 24.5., 26.4. Gewählt habe ich die ersten fünf bzw. den 23.4. (stellvertretend für den 23. und 24.4.), den 26.5., den 21.5. und den 17.5. Am 23. April wurde das Gesetz verabschiedet, am 23. und am 24. April gab es Demonstrationen und Ausschreitungen in Paris, am 17. Mai hat das französische Verfassungsgericht das Gesetz bestätigt, am 18. Mai hat François Hollande das »Gesetz Taubira« (benannt nach der zuständigen Ministerin) verkündet. Am 26. Mai fanden große Demonstrationen der GegnerInnen statt und am gleichen Tag hat ein Film über eine lesbische Liebe in Cannes die Goldene Palme erhalten (zum ersten Mal für einen Film mit lesbischer bzw. homosexueller Thematik). Für die Spitze

---

20　Dies steht allerdings in gewissem Maße im Widerspruch zu Analysekriterien, die ich weiter oben beschrieben habe und bei denen es darum ging, »Reaktivität« gering zu halten. Es ist davon auszugehen, dass öffentlich besonders beachtete Ereignisse, wie große Demonstrationen, ebenfalls eine besondere Reaktion hervorrufen, dass sie also eher reaktivem, als nicht-reaktivem Material entsprechen (auch wenn sie nicht im Rahmen einer Forschung erhoben wurden). Dies beschreibt ein alt bekanntes Spannungsfeld empirischer Forschung; den Versuch, von Interviewpersonen (oder von Material) etwas zu erfahren, ohne selbst Vorgaben zu machen. Was die Konzeption von »flüchtigen Äußerungen« im Internet sowie von »Reaktivität« im Sinne des sich Beziehens auf andere Äußerungen angeht, gibt es einigen Forschungsbedarf, um zu klären, wo tendenziell Gefahren einer »Verzerrung« liegen und wo eher nicht.

Abbildung 2.3.2   Anzahl der Mikroblogs unter dem Stichwort *Homoehe (mariage homo)* pro Tag im gewählten Untersuchungszeitraum (eigene Auswertung)

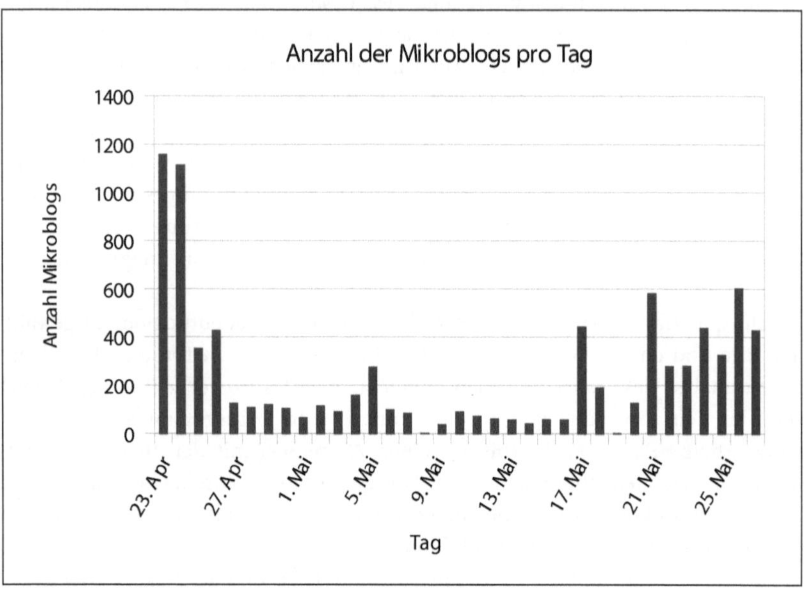

am 21. Mai habe ich keine Erklärung gefunden; sie könnte zum Beispiel in den Pfingstfeiertagen liegen, die direkt auf die Verkündung des Gesetzes folgten, oder auf einen technischen Fehler zurückzuführen sein.

Bei der Analyse von Tweets nach bestimmten Suchwörtern habe ich mich also auf diese Zeitpunkte konzentriert; bei der Analyse von Mikroblogbeiträgen, die nach Rautenwörtern (siehe 3.2.1.1) und Gesprächen ausgewählt waren (siehe 2.3.3), habe ich dagegen den gesamten Untersuchungszeitraum in den Blick genommen.

2.3.3 Auswahl der Themen (Suchkriterien)

Im Folgenden erläutere ich den Weg der Festlegung von Suchkriterien. Im Laufe des Auswahlprozesses bin ich von der Suche nach Mikroblogs über das Stichwort *Homoehe (mariage homo)* zur Suche über die Rautenwörter *#wirgebennichtauf (#onlacherien)* und *#demofüralle (#manifpourtous)* gewechselt. Darüber hinaus habe ich ein Twitter-Gespräch in die Analyse einbezogen, also eine direkte Interaktion mehrerer Beteiligter.

Die Entwicklung der Suchkriterien war sehr aufwändig; an ihrem Ende standen Suchwörter, die wesentlich enger (also konkreter) waren, als anfangs geplant. Dies war eine Entwicklung, die ich eigentlich vermeiden wollte, die sich aber aus verschiedenen Gründen für die Zielsetzung des vorliegenden Projektes (Äußerungen der GegnerInnen) nicht umgehen ließ. Um eine möglichst offene und breite Analyse zu ermöglichen, hatte ich mich zu Beginn nach einigen Recherchen und Versuchen auf eine Stichwortsuche mit dem Suchbegriff *Homoehe (mariage homo)* festgelegt. Dabei handelt es sich um eine *Stichwortsuche*[21], nicht um eine *Suchwort-Suche*. Das heißt, man sucht nach Tweets, die der Twitter-Suchalgorithmus diesem Thema zuordnet, nicht etwa nach Tweets, die dieses *Wort* enthalten. Ich hatte das Stichwort gewählt, weil es breit genug und somit in der Lage ist, die verschiedensten Positionen in Bezug auf das Thema zu umfassen. Denn es hatte sich im Laufe der Untersuchung gezeigt, dass der Ausdruck *Homoehe* von allen Seiten und häufig neutral verwendet wurde. Auf diese Weise sollte die Konzentration auf Beiträge vermieden werden, die von vornhinein einer bestimmten Gruppierung oder einer bestimmten Haltung (über die gegnerische Hinaus) zuzuordnen sind.[22]

Im Laufe der Zeit hat sich aber erwiesen, dass das Ungleichgewicht von pro und contra Öffnung der Ehe bei den ausgewählten Mikroblogs so groß war, dass erstens die Suche nach auswertbaren Contra-Tweets (innerhalb des schon ausgewählten Materials) zu aufwändig wurde und dass sich zweitens die Auswahl nach Kriterien der Repräsentativität oder Geltung so nicht halten ließ. Diese Kriterien beziehen sich zuerst einmal auf die quantitative Repräsentativität: Der Anteil der contra-Beiträge war sehr gering, so dass eine deutlich größere Anzahl an Mikroblogs erforderlich gewesen wäre, als vorgesehen. Sie beziehen sich aber auch auf die qualitative Repräsentativität, auf die Geltung: Um eine Analyse auf Kriterien der Kontrastierung (z. B. der minimalen und maximalen Kontrastierung der *Grounded Theory*) zu fußen, ist eine Offenheit oder Bandbreite von Beiträgen nötig, die erst durch eine kritische Masse erreicht wird. Den Versuch, mit einer breiteren Auswahlbasis eine höhere Repräsentativität der Äußerungen innerhalb der Auswahl zu ermöglichen, musste ich deshalb aufgeben.[23]

---

21 Eine Stichwortsuche erfolgt grundsätzlich beim einfachen Suchen bzw. beim Schreiben eines Suchauftrags über »search?q=« in der Adresszeile (z. B. »https://twitter.com/search ?q=mariage%20homo«).

22 Siehe zur Begründung Kapitel 2.3 (oben).

23 Natürlich wäre auch eine Ausweitung der Datenbasis möglich gewesen (z. B. über die Ausdehnung des Zeitraumes); dies ist aber für eine qualitative Auswahl, bei der jeder Beitrag gelesen und eingeordnet werden muss, enorm aufwändig. Die wenigen gegnerischen Mikroblogs, die sich in dieser Auswahl befinden, können allerdings für die qualitative Analyse zu den Tweets der endgültigen Auswahl hinzugenommen werden.

Die überwiegende Mehrzahl der einem Standpunkt zuzuordnenden Mikroblogs (Tweets mit Links oder Medienzitaten waren häufiger nicht zuzuordnen) hat sich für die Öffnung der Ehe ausgesprochen und hatte für die Gegnerschaft kein Verständnis. Das mag daran liegen, dass sich nach Umfragen die Mehrheit der französischen Bevölkerung positiv zur Öffnung der Ehe äußert[24] und es mag auch daran liegen, dass viele der gegnerischen Beiträge so beleidigend und herabwürdigend waren, dass sie zensiert wurden (über den rasanten Anstieg von Kommentaren im Netz und der stetigen Notwendigkeit der »Moderation« auf den Internetseiten der großen Medien siehe Amandine Schmitt 2013). Weitere Gründe sind denkbar; so ist die Haltung für oder gegen die Öffnung der Ehe mit Sicherheit gruppenabhängig; auch die Affinität zu Internet und sozialen Medien bzw. innerhalb der Medien die Affinität zu bestimmten Plattformen ist gruppenabhängig. Diese Aspekte spielen zwar insofern keine Rolle, als es hier eben nicht um eine quantitative Bestimmung der GegnerInnen oder um eine zahlenmäßige Gegenüberstellung von pro und contra geht. Sie spielen allerdings dann eine Rolle, wenn die spezifischen Standpunkte der Gruppe der Nicht-Internet-Affinen zum Thema Öffnung der Ehe herausfallen, weil bzw. wenn die Gruppe der GegnerInnen unter den Nicht-Internet-Affinen besonders groß sein sollte. Auch die Vermutung, dass vor allem bei den GegnerInnen Beiträge so ausfallen, dass sie häufiger zensiert werden, lässt vermuten, dass hier interessantes oder relevantes Analysematerial herausfällt.

Der Versuch, Beiträge zu vermeiden, die von vornherein einer bestimmten Gruppierung oder einer bestimmten Haltung zugeordnet werden können, ließ sich also nicht umsetzen. Deshalb habe ich die Mikroblogs zum Stichwort *Homoehe* in den Hintergrund gerückt und nach folgenden Kriterien gesucht: Zwei Rautenwörter *#wirgebennichtauf (#onlacherien)* sowie *#demofüralle (#manifpourtous)*, in beiden Fällen wiederum eine Auswahl, die von Twitter bereitgestellten »Top-Tweets« (vom 23.4.–26.5.). Außerdem ein Gespräch »Über Rebsamen« (vom 5.5.). *Demo für Alle (Manif Pour Tous)* und *wir geben nicht auf (on (ne) lâche rien)* sind zwei der wichtigsten Schlagwörter der Protestbewegung gegen die Öffnung der Ehe. *Demo für Alle* kann man als Dachbezeichnung für diese Bewegung sehen, während *wir geben nicht auf* zudem ein »Schlachtruf« ist, der übrigens zunehmend eine radikalere Haltung dokumentiert. Als Rautenwörter werden diese Ausdrücke von vielen MikrobloggerInnen genutzt, die Bezug darauf nehmen, also auch von GegnerInnen der Gegen-Bewegung (von BefürworterInnen des Geset-

---

24 Nach Umfragen vor und im Frühjahr 2013 hat sich der Großteil der Befragten für die Öffnung der Ehe für lesbische und schwule Paare ausgesprochen, allerdings ohne Adoption, (was das Kernthema der GegnerInnen trifft – die Elternschaft). Die Öffnung mit Adoption unterstützten 58 % der Bevölkerung. (Les Français et le »Mariage pour tous« 2013)

zes). Dennoch sind es Schlagwörter, unter denen sich sichtlich die VertreterInnen der Protestbewegung gegen die Öffnung der Ehe sammeln.

3 Die Analyse

Im vorliegenden Kapitel beschreibe ich das Vorgehen und die Ergebnisse der Analyse von Internetseiten (3.1) und Mikroblogs (3.2) und vergleiche am Rande Unterschiede (eine gegenüberstellende Betrachtung der Analyseergebnisse findet sich in Kapitel 4). Der erste Analyseschritt hat einen inhaltsanalytischen Schwerpunkt – er bereitet den Weg für den zweiten, hermeneutischen Analyseschritt. Interessant ist – und das war ja ein Schwerpunkt der Betrachtung –, dass sich Tweets und Stellungnahmen schon auf dieser Ebene unterscheiden – sie haben unterschiedliche Botschaften, obwohl sich die Themen und die Inhalte zwischen den Zeilen auf den ersten Blick weitgehend decken.

3.1 Offizielle Standpunkte: Die Analyse der Stellungnahmen

Auf den nächsten Seiten beschreibe ich das weitere Auswahlvorgehen, das in die Analyse der Stellungnahmen mündet.[25] Ausgangspunkt der Auswahl war, wie oben beschrieben, der Internetauftritt der zentralen Organisation der Proteste *Demo für Alle (Manif Pour Tous)*[26]. Von hier aus habe ich auf die Internetseiten verlinkter, sogenannter kooperierender Organisationen zugegriffen. Die meisten dieser Organisationen haben eine Seite oder einen Text, der die Ziele, Argumente und Standpunkte der Organisation darlegt. Diese *Stellungnahmen* umfassen häufig eine halbe bis eine DIN-A-4-Seite. Die verlinkten Organisationen und ihre Themen sind sehr heterogen. Sie haben kirchliche, muslimische, feministische, homosexuelle, politische, administrative und andere Bezüge. Um innerhalb der Kooperationen eine breite Auswahl zu erreichen, bin ich bei der Be-

---

25 Selbstverständlich ist auch die Auswahl eine Analyse, die Analyse auch Auswahl, weshalb der Übergang nicht genau bestimmt werden kann und muss.

Ich möchte hier und in Kapitel 3.2 auf die verwendete Software eingehen, ein Thema, das viele qualitativ Forschende beschäftigt. Neben Textdateien habe ich folgende Werkzeuge verwendet: Internetbrowser mit guten Zwischenablage Funktionen (die besonders für Mikro blogs wichtig sind), Suchmaschinen, ScrapBook und pdf-Programme für die Archivierung von Seiten sowie RQDA (ein offenes qualitatives Analyseprogramm, das auf R basiert und auch auf Linux läuft) für die Analyse der Texte.

26 www.lamanifpourtous.fr.

rücksichtigung der Analysetexte maximal kontrastierend vorgegangen;[27] ich habe also nicht alle Seiten berücksichtigt, sondern möglichst gegensätzliche oder unterschiedliche Organisationen ausgewählt. Allerdings habe ich im Laufe der Analyse, aufgrund der Kürze der Stellungnahmen, die meisten Seiten gelesen und eine Vorauswahl getroffen, also nur vorausgewählte Stellungnahmen aufgenommen.[28] Einige der Internetseiten waren nicht für die weitere Analyse geeignet (wie z.B. *Woman Attitude, Fils de France, Homovox*). In die genauere Analyse sind schließlich elf Stellungnahmen eingegangen.[29] Im folgenden Analyseschritt habe ich den ausgewählten Stellungnahmen induktive Kodes zugewiesen.

Die Kodierung erfolgte vor allem inhaltsbezogen, da es zuerst einmal darum ging, die Argumente und Standpunkte darzustellen. Dort, wo sie besonders auffällig waren, habe ich aber auch auf implizite Botschaften oder Standpunkte sowie auf methodische Gesichtspunkte hin kodiert. Bei der induktiven Inhaltsanalyse hat sich schon nach dem sechsten Text nichts substantiell Neues ergeben, es sind also keine relevanten neuen induktiven Kodes mehr dazugekommen. Insgesamt haben sich achtzehn Kodes ergeben, davon zwölf inhaltliche.

Aus Gründen der Vollständigkeit, um die Validität der Analyse zu erhöhen (oder zu festigen) und um Kodierungen auch quantitativ auswerten zu können, wäre nun ein zweiter Kodiervorgang möglich, der mit allen geeigneten Stellungnahmen vorgenommen würde. Hier wäre dann eine doppelte Kodierung angebracht: Eine neue, offene, also induktive Kodierung sowie eine Kodierung nach den Kategorien, die aus dem ersten Kodiervorgang entwickelt wurden. Ich verzichte an dieser Stelle auf dieses Vorgehen, weil sich weder Hinweise auf neue Kodes oder Kategorien ergeben hatten, noch eine Häufigkeitsauszählung fruchtbar erscheint.

Weltbilder

Aus den neun zentralen inhaltlichen Kodes, den Botschaften und Standpunkten der Protestbewegung, lassen sich drei Kategorien zusammenfassen, die die Weltbilder der Protestbewegung abbilden: *Geschlecht, Generativität* und *Verding-*

---

27 Zur Methode der maximalen bzw. minimalen Kontrastierung aus der Grounded Theory (grundlegend bei Glaser/Strauss und Strauss/Corbin) vgl. Schirmer 2009: 96–99.

28 Verworfen habe ich sie, wenn ich sicher war, dass sich keine neuen Kodes ergeben. Man kann also sagen, dass ich die Texte »virtuell kodiert« habe und dann den Text nur bei Auftreten eines neuen Aspektes in die »offizielle Analyse« (mit dem QDA) aufgenommen habe. Das war deshalb möglich, weil die zu analysierenden Texte immer sehr kurz waren und die Anzahl der Kodes übersichtlich.

29 Dabei sind 3 Organisationen doppelt vertreten. Die genauer analysierten Stellungnahmen vertreten damit etwa 1/4 der auf der Manif-pour-tous-Seite aufgeführten KooperationspartnerInnen.

Abbildung 3.1.1   Weltbilder Geschlecht – Generativität – Verdinglichung (eigene Auswertung): Die Zivilisation ist auf der Unterscheidung von Männern und Frauen begründet

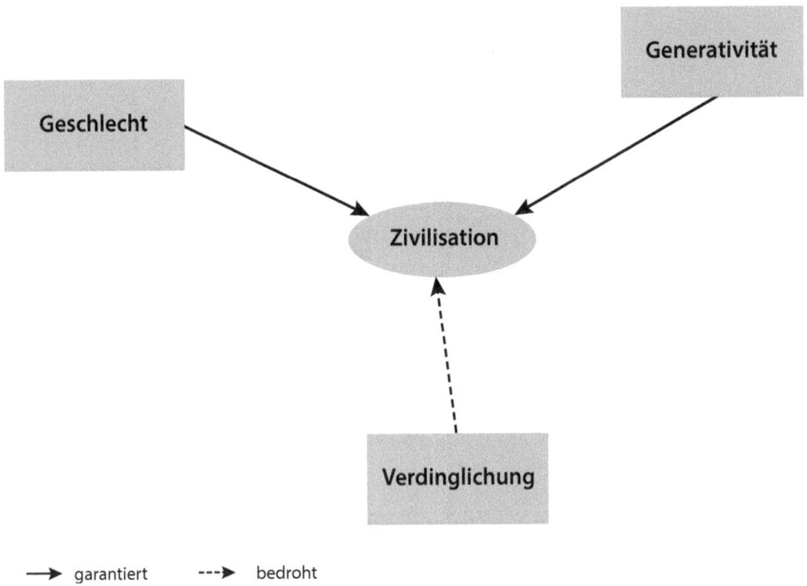

lichung. Geschlecht meint die Unterschiedlichkeit von Frauen und Männern, Generativität die konkrete Fortpflanzung einer Gesellschaft und Verdinglichung bedeutet, dass künstliche Reproduktion entmenschlicht; Frauen werden zu Gebärmaschinen, Männer zu Samenproduzenten, Kinder zu künstlichen Produkten. Dabei gibt es einen zentralen Kode, der als einziger allen drei Kategorien zuzuordnen ist und der damit die Kategorien verbindet: *Zivilisation.* (Siehe Abbildung 3.1.1) Für die AnhängerInnen der Protestbewegung ist damit der Kampf gegen die Öffnung der Ehe ein Kampf für die Zivilisation und deren Erhalt. Dies ist sowohl physisch, als auch moralisch-kulturell zu verstehen (und es ist sichtbar in den Symbolen der Protestbewegung, z. B. in Abbildung 3.2.2.3, deren Requisiten einen Zusammenhang herstellen zwischen Geschlecht (die Aufteilung von Frauen und Männern, Farben), Zivilisation (Symbole der Republik) und Bedrohung (Schweigen – Aufforderung zum Kampf)).

Themen
Ordnet man die Kodes nach zentralen Themen, ergeben sich fünf Kategorien: *Geschlechterdifferenz* (ihre Leugnung, ihre Betonung, der Diskurs), *Fortpflanzung,*

Abbildung 3.1.2 Themen: Vater – Mutter – Kind(er) und Geschlecht (eigene Auswertung)

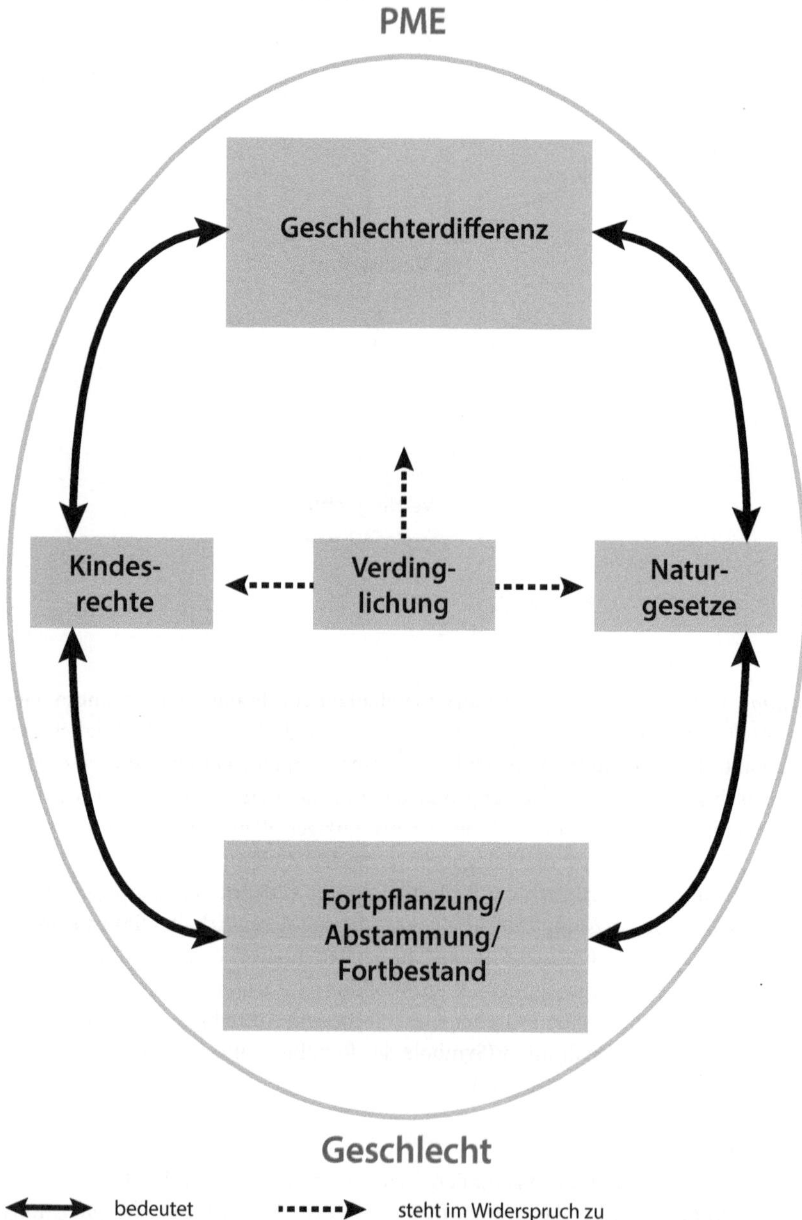

Abstammung und *Fortbestand* (mikro, meso und makro, also Person, Familie, Gesellschaft und Zivilisation), *Naturgesetze* (es gibt Dinge und Tatsachen, die der Mensch nicht diskutieren, nicht entscheiden und nicht verändern kann), *Kindes-Rechte* (die Kinder haben ein Recht auf die Welt, wie sie in den Stellungnahmen vertreten wird) sowie Verdinglichung (Ausbeutung, Entmenschlichung, Vermarktung, Instrumentalisierung).

Geschlechterdifferenz und *Fortbestand* werden in den Stellungnahmen und bei den Demonstrationen von dem Schlagwort *Vater – Mutter – Kind(er) (Père – Mère – Enfant(s))* repräsentiert und nehmen in den Äußerungen einen breiten Raum ein. *Naturgesetze* und *Kindes-Rechte* sind keine echten Thesen, weil sie immer auf die Geschlechterdifferenz (und den Fortbestand) zurückgeführt werden. Die *Kindes-Rechte* sind also vor allem die Rechte auf dieses Weltbild, die Thesen der *Naturgesetze* besagen lediglich, dass die Thesen die Naturgesetze widerspiegeln. Dagegen ist die *Verdinglichung* eine weitere echte These. Es ist der Standpunkt, dass künstliche Reproduktion entmenschlicht und daher menschenunwürdig ist. Sie wäre somit m. E. die stärkste These, wenn ihre Verknüpfung mit der Öffnung der Ehe nicht falsch wäre. Denn die Öffnung der Ehe ermöglicht keine künstliche Reproduktion, zu der zudem in vielen Ländern fast ausschließlich heterosexuelle Paare Zugang haben. *Vater – Mutter – Kind(er) (Père – Mère – Enfant(s) – PME)* ist der konkrete Ausdruck des abstrakten Konstruktes *Geschlecht,* das einem Geschlechterdiskurs gegenübergestellt wird, der in wissenschaftlichen Diskursen und politischen Maßnahmen ihren Ausdruck findet (der »Gender-Ideologie« aus der Sicht der Protestbewegung). Damit bildet die Haltung zu Geschlecht und Geschlechterdifferenz die Grundlage für konkretere Positionen und Äußerungen zur Geschlechterdifferenz, zu Fragen der Abstammung und dem Fortbestand der Gesellschaft, zu Fragen der Kindes-Rechte, der Naturgesetze und zu Thesen von der Verdinglichung von Menschen. (Abbildung 3.1.2)

Zugespitzt formuliert, aber durchaus sowohl den Weltbildern, als auch den Themen insgesamt vollkommen entsprechend, kann man die Position der GegnerInnen des Gesetzes wie folgt zusammenfassen: La civilisation, c'est père, mère, enfant(s)[30]; Vater, Mutter, Kind(er) sind der Kern der Zivilisation. So drückt es auch eine Stellungnahme aus, die sich, wie oben gezeigt, dagegen wehrt, dass »unsere Zivilisation, die auf der Unterscheidung der Geschlechter basiert, in Frage gestellt wird«[31].

Damit – und das ist m. E. ebenso überraschend wie naheliegend – ist Geschlecht *das* Thema dieser Bewegung, ihre Gegenstände sind Geschlechterdifferenz, Zweigeschlechtlichkeit, Heteronormativität. Es ist der Kampf gegen die

---

30　Dies ist kein Zitat, sondern meine Umschreibung.
31　http://www.nouveaufeminisme.eu/Actualites/1-400-000-bravos-!-1-400-000-Mercis.

Abbildung 3.1.3   *L'idéologie du genre (die Geschlechterideologie)*

http://lamanifpourtous.fr/fr/toutes-les-actualites/954-publication-d-une-note-sur-l-ideologie-du-genre

Die Autorin hat sich um die Rechte an den Bildern (3.1.3, 3,1,4, 3.2.2.3) bemüht; sollten wir wider erwarten Rechte verletzt haben, bitten wir die RechteinhaberInnen, sich an den Verlag zu wenden.

Abbildung 3.1.4   Logo *La Manif Pour Tous*

http://lamanifpourtous.fr/fr/

»Ideologie des Geschlechts« (s. u.), wie sie heute in vielen Gesellschaften in verschiedenen Formen Gegenstand von Debatten und wichtiger Bestandteil gesellschaftlicher Diskurse ist. Dies ist implizit allgegenwärtig, z. B. in einer oft plakativen heteronormativen Symbolik, beginnend mit den Farben rosa und hellblau, die das Bild der Protestbewegung dominieren. Das gilt für ihre Symbole (siehe Abbildung 3.1.4), aber auch für die Menschen selbst (siehe Abbildung 3.2.2.3). Es wird zudem zunehmend explizit gemacht, indem der Kampf gegen aktuelle Geschlechterkonzepte von der Protestbewegung verbreitet wird, die ihn somit von einer Ebene theoretischer Debatten auf eine populäre Ebene hebt.[32] Die plakative Symbolik spielt auch hier eine wichtige Rolle (wie in einer Veröffentlichung von *La Manif Pour Tous* deutlich wird, siehe Abbildung 3.1.3).[33] Eine weitere implizite Botschaft ist ebenfalls allgegenwärtig: die der Bedrohung, des Bedroht-Seins. Ohne dies explizit zu äußern, vermitteln viele Stellungnahmen das Heraufbeschwören von Gefahr, die man sowohl quantitativ, wie auch gefühlsmäßig durchaus das mächtigste Thema in den Texten nennen kann.

Das zentrale Thema ist also Geschlecht. Gewendet auf die hier umkämpften Themen Ehe und Familie ist das Statement der GegnerInnen die klassische Kernfamilie, Vater, Mutter, Kind(er). Geht man zurück auf die Inhalte, die in den Stel-

---

32   Diese These kann ich an der Stelle nicht weiter ausführen; zur Theorieebene siehe z. B. http://www.nouveaufeminisme.eu/

33   Im Januar 2014, also außerhalb des hier analysierten Zeitrahmens, hat die Organisation *Demo für Alle* neue Plakate verbreitet, unter denen eines die Überschrift hat »Hände weg von unseren Geschlechterstereotypen!« (http://www.lamanifpourtous.fr/images/2fev2014/ KitManifestant/StereotypeDuGenre-21.png). Nach eingehender Überlegung und nach der – direkten und indirekten – Diskussion mit mehreren KollegInnen (hierfür möchte ich mich an dieser Stelle bedanken!), habe ich mich für diese Interpretation – und Übersetzung entschieden (und nicht etwa für »Hände weg von unserem Geschlechterbild«, da der Ausdruck »stéréotypes« eher negativ aufzufassen ist). Der Slogan ist m. E. (aus Sicht der Protestbewegung) wie folgt zu interpretieren: Die VertreterInnen der »Geschlechterideologie« verunglimpfen die Geschlechterdifferenz als Geschlechter-Stereotypen und wollen sie abschaffen; wir verteidigen diese »Stereotypen« und kämpfen gegen diesen Angriff auf unsere Zivilisation.

Abbildung 3.1.5   *Modell PME,* Vater – Mutter – Kind(er) (eigene Auswertung)

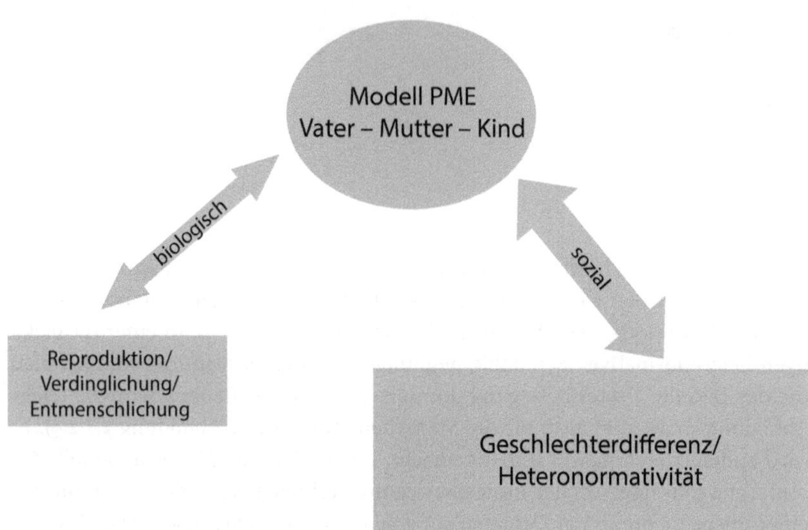

lungnahmen transportiert werden, dann hat die Geschlechterdifferenz zwei Dimensionen, eine biologische und eine soziale. Die biologische befasst sich mit der Reproduktion, während die soziale das zivilisatorische Maß der Heteronormativität fordert. Das heißt, sie besteht auf der sozialen Differenz von Frauen und Männern und damit verbunden auf der Notwendigkeit des Zusammenlebens und Zusammenwirkens von Frauen und Männern für das Wohl der Kinder (z. B. für ihre angemessene Erziehung) und für den Fortbestand der Zivilisation. Das zentrale Modell und Symbol der Bewegung ist die Konstellation Vater – Mutter – Kind(er). (Abbildungen 3.1.4 und 3.1.5)

Obwohl im untersuchten Zeitraum (!) Reproduktion das vorherrschende Thema ist, ist soziale Geschlechterdifferenz die argumentative Basis in der Protestbewegung. Dies symbolisiert das Größenverhältnis in Abbildung 3.1.5. Biologische Reproduktion wird dann hinterfragt, wenn sie nicht die Grundlage homosexueller Familien ist, aber nicht da, wo sie nicht die Grundlage heterosexueller Familien ist. Biologische Elternschaft wird also nur für homosexuelle Menschen gefordert; heterosexuelle Eltern, die nicht die biologischen Eltern sind, werden nicht infrage gestellt. Reproduktion ist damit an Heteronormativität geknüpft und verweist auf soziale Geschlechterdifferenz. Reproduktion bedeutet Familie: Nur eine Frau und ein Mann können (theoretisch) ein Kind gebären und somit – und dann! – die angemessene Lebenssituation für Kinder schaffen. Ein Übertreten dieser Ordnung hat Konsequenzen: Der Mensch wird zur Maschine (Frauen zu Gebärmaschinen, Männer zu Samenproduzenten, Kinder zu künstlichen Produkten) und Kinder werden ihrer natürlichen Lebensgrundlage beraubt, der Verbindung mit ihrer biologischen Herkunft und der Sozialisation mit beiden Aspekten der Ordnung, dem Männlichen und dem Weiblichen. Eine Infragestellung dieser Ordnung gefährdet bzw. zerstört die Zivilisation.

3.2 Persönliche Standpunkte: Die Analyse der Mikroblogs

Bevor ich auf die inhaltliche Analyse der Mikroblogs, also der flüchtigen, nicht-reflektierten Äußerungen eingehe, möchte ich im folgenden Abschnitt noch einige Spezifika der Analyse von Mikroblogs vorstellen.[34]

3.2.1 Spezifika der Analyse von Mikroblogs

Die hier diskutierten Spezifika der Mikrobloganalyse betreffen deren Kontext und die Verweise, die bei der Analysearbeit zu berücksichtigen sind, sowie die Einordnung von Mikroblogkategorien, die Mikroblogs charakterisieren und damit für die Analyse hilfreich sind.

3.2.1.1 Kontext und Verweise

Mikroblogs sind sehr stark kontext- und verweisbezogen. Das heißt, es ist unter Umständen schwer bis unmöglich, einen Mikroblog für sich alleine zu verstehen und zu interpretieren. Je nach Analyseziel ist das Verstehen über den konkreten Mikroblog-Inhalt hinaus für die Interpretation nicht notwendig[35] oder eben eine Voraussetzung. Zum einen werden Mikroblogs häufig genutzt, um auf an-

---

34 Auch hier seien die verwendeten Programme und Werkzeuge genannt. Es sind, neben Text dateien, Internetbrowser mit guten Zwischenablage-Funktionen (die besonders für Mikroblogs wichtig sind), Twitter-Suchaufträge (die Twitter-internen Suchmaschinen), das Tabellenkalkulationsprogramm Calc von LibreOffice für die Verarbeitung, Sortierung und qualitative sowie quantitative Analyse der Mikroblogs und die Erzeugung von Diagrammen sowie LibreOffice Draw für die Erzeugung von Schaubildern.

35 Beispielsweise haben wir im Rahmen eines Seminars »Sicherheits-Tweets« untersucht, um etwas über gesellschaftliche Bilder bzw. Konzepte von Sicherheit und Unsicherheit zu erfahren. Hier fanden wir übrigens auch viele kommerzielle Mikroblogs nützlich, weil in allen Mikroblog-Inhalten Konzepte von Sicherheit und Unsicherheit sichbar wurden, ob sie nun für verschließbare Rolläden warben oder ob sie auch einen externen Bezug hatten, der im Mikroblog selbst nicht nachvollziehbar war.

deres Material hinzuweisen. Sie enthalten dann einen Link oder bestehen sogar nur aus diesem Link. Zweitens sind Mikroblogs in der Regel zeit-, orts- und gruppenbezogen. Sie beziehen sich beispielsweise auf eine konkrete Meldung aus den Massenmedien, deren Kenntnis unter Umständen gruppenbezogen ist (sich also auf die Personen beschränkt, die entsprechende Nachrichten überhaupt wahrnehmen). Dann begnügen sich die AutorInnen mit einem Schlagwort, um den Sachverhalt anzusprechen und zu kommentieren. Wer die Meldung nicht kennt, versteht den Mikroblog-Inhalt nicht. Bei der Analyse von Mikroblogs ist es deshalb in vielen Fällen (lange nicht in allen!) notwendig, den Kontext mühsam zu rekonstruieren, indem weitere Medien in die Analyse einbezogen werden. So kann die Analyse eines Mikroblogs mit wenigen Wörtern Stunden in Anspruch nehmen. Dieser Aufwand relativiert sich mit einer steigenden Zahl von Mikroblogs, weil man sich die relevanten Kontexte Stück für Stück erobert.

Ich möchte dieses Vorgehen am Beispiel eines Mikroblogs zeigen, der Grundlage eines Gesprächs war, das ich in die Analyse aufgenommen habe. Der gesamte Mikrobloginhalt sieht wie folgt aus:

> »Au dessus de Rebsamen, à la mairie de Dijon ! #onlâcherien #FrançaisEnRévolte @ VeilleursDijon @ManifPourTous21 pic.twitter.com/h5dbboHOtR«

Eine typische Mikroblog-Struktur, bestehend aus einem Text der Mikroblog-VerfasserIn, zwei Rautenwörtern, also Stichwörtern, unter denen auf Twitter eine Debatte geführt wird, zwei Twitter-Namen (also den Twitter-Namen von Personen oder Organisationen) sowie dem Link zu einem Bild, das auf der Twitter-Seite der Mikroblog-AutorIn eingestellt ist (und bei den Twitter-Meldungen sichtbar gemacht werden kann). Der Mikroblog-Text »Über Rebsamen, im Rathaus von Dijon!« ist von Außenstehenden nicht zu verstehen. Der Mikroblog enthält aber zwei Hilfen: Die eine ist das »Rathaus von Dijon«, die andere das Bild, das den Ausschnitt eines Gebäudes (wohl das Rathaus von Dijon) zeigt, an dem ein Spruchband hängt mit den Worten »Aufhebung des Gesetzes Taubira« und »Das Kind ist kein Spielzeug«. Rebsamen ist der sozialistische Bürgermeister von Dijon (also Mitglied der in Frankreich regierenden sozialistischen Partei PS) und gilt als Freund des Präsidenten.

3.2.1.2 Mikroblogkategorien

Bei der Analyse von Mikroblogs kann es sinnvoll sein, die *Art* der Tweets, die Mikroblog*kategorien,* zu beachten. Wie sind beispielsweise sogenannte Retweets zu bewerten, also Mikroblogs, die von einer Person, die sie verschickt, nicht verfasst und auch nicht verändert, sondern kommentarlos weiterverschickt werden? Handelt es sich um eine Meinungsäußerung und, wenn ja, um welche? Das gleiche gilt für die Weiterleitung von Materialien, z. B. von Zeitungsartikeln, über Links.

Es hat sich für mich eine Kategorisierung als nützlich erwiesen, nach der Mikroblogs formal geordnet und so besser an konkrete Analyseanforderungen angepasst werden können. Die formalen Aspekte erlauben die Konzentration auf inhaltlich bzw. analytisch relevante Mikroblogs bei der Auswahl – oder teilweise auch lediglich die Einschränkung ihrer Anzahl. Was sind Mikroblog*kategorien?* Mikroblogs lassen sich nach verwendeten Medien, nach ihrer Urheberschaft, nach der Interaktivität, der Sequenzialität und nach ihren Quellen unterscheiden. Nach den verwendeten Medien kann man grob unterscheiden zwischen der Verwendung von *Text, Link* oder *Medium* (Medienanhang) bzw. fein nach der Verwendung von *Text, Link, Bild, Schaubild, Karte, Film, Zeichen, Animation. Urheberschaft* unterscheidet nach *eigenem Beitrag, persönlichem Zitat* (der Beitrag einer anderen AutorIn wird verschickt), *Medienzitat, kommerziellem Beitrag* oder nach einer Mischform. *Beteiligte* umfasst *Einzelbeiträge, dialogische* und *multiple Beiträge;* hierzu gehört die Verwendung von *@Name* als Bezug auf andere AutorInnen bzw. auf eine Diskussion (kann auch als *Gespräch* markiert sein). Die *Sequenzialität (Levels)* bezieht sich auf die Zeitebene, also darauf, ob ein Mikroblog *einstufig, zweistufig* oder *mehrstufig* in Bezug auf die Zeitpunkte der Veröffentlichung ist. Schließlich beschreibt die *Quelle,* ob ein Beitrag aus einer *externen* (z. B. einem Medienbericht) oder einer *internen Quelle* (z. B. einer mit »#« markierte Diskussion auf Twitter) stammt. Es ist leicht ersichtlich, dass sich die Mikroblogkategorien überschneiden. Das Ziel der Kategorisierung ist nicht die ausschließliche Zuordnung eines Mikroblogs, sondern die (Fein-)Auswahl eines Teils von Beiträgen nach unterschiedlichen Perspektiven.

Während in der Kategorie *Medien* besonders die Textbeiträge hilf- und aufschlussreich sind, sind Links besonders problematisch, vor allem, wenn sie alleine stehen, also kein eigener Kommentar der MikrobloggerIn dabeisteht, der Schlüsse auf die Position der AutorIn zulassen würde und somit nicht explizit klar ist, wie die Position der AutorIn des Mikroblogs zum Linkinhalt ist. Bei der Kategorie *Urheberschaft* sind vor allem eigene Beiträge der Mikroblog-AutorInnen interessant und für die Analyse geeignet oder Zitate, die auch mit einem eigenen Beitrag versehen, also kommentiert sind. Während kommerzielle Mikroblogs für den hier untersuchten Themenbereich meistens nicht interessant sind – und auch praktisch nicht vorkommen –, ist es, wie beschrieben, bei Zitaten aus anderen Medien oder aus anderen Mikroblogs häufig schwer, auf die Position der Mikroblog-AutorIn zu schließen. Andererseits kann die Verwendung solcher Zitate interessant sein. Hinzu kommt, dass solche Zitate – zu denen häufig Links gehören – in Twitter weit verbreitet sind. Es ist deshalb nur auf den ersten Blick sinnvoll – häufig aber nicht möglich –, sich auf *eigene Beiträge* der MikrobloggerInnen zu beschränken, also auf Beiträge, die von der Mikroblog-AutorIn selbst verfasst wurden und auf sie zurückgeführt werden können. Zwar ist es enorm aufwändig, Links in die Analyse aufzuehmen, weil die Materialmenge um ein Vielfaches zunimmt; qualitative Analyse ist aber prädestiniert dafür, weiteres relevantes Material in die Analyse einzubeziehen. Auch sogenannte Retweets (hier *persönlicher Zitate*) oder Verweise auf Medienartikel *(Medienzitate)* sind interessant: Auch sie sind Meinungsäußerungen, aber die Unterscheidung von eigenen Äußerungen der MikrobloggerInnen und fremden Beiträgen kann wichtig sein. Letztendlich müssen sich Art und Tiefe der Analyse am Material und an der Fragestellung ausrichten.[36] Das gilt auch für die Multimodalität der Mikroblogs: So ist es kaum möglich – und sinnvoll –, die Rolle von Bildern beim vorliegenden Forschungsthema zu ignorieren. Zwar habe ich hier auf eine umfassende Bildanalyse verzichtet, aber die Bilder sind als zentraler Teil der Kommunikation auch Gegenstand der Analyse(-Betrachtung).

3.2.2 Die Analyse der Mikroblogs

Zunächst habe ich die Analyse auch hier mit dem Fokus auf die Inhalte der Mikroblogs begonnen. Fasst man die Inhalte zusammen, ergibt sich eine Reihe von Themen, die, bis auf wenige, einen Themenkomplex bilden. (Abbildung 3.2.2.1: Äußerungen, die gleichzeitig als übergeordneter Kode fungieren, sind mit einem »+« gekennzeichnet, untergeordnete Äußerungen mit einem »–«.)

Das wichtigste Thema der Äußerungen, die die Haltung der MikrobloggerInnen repräsentieren, ist die Gegenüberstellung von Mehrheit und Minderheit. Die vorherrschende Betonung in den Mikroblogs ist »wir sind viele«; das zentrale Thema in den Äußerungen also: »Wir sind die Mehrheit!« Das zeigt sich in den Mikroblogs direkt, in Worten, in Bildern (!), in Deutungsstreites mit den Behörden[37], in Witzen[38].

---

36 Folgenden Kodierungen habe ich bei der Analyse berücksichtigt: »Urheberschaft; identisch mit (anderen) Mikroblogs; verwendete Medien; Interaktivität; Ausdruck/Emotion; AutorIn vermutlich für oder gegen (die Öffnung der Ehe); Erläuterung/Beschreibung«.

37 Bei der Interpretation des Themas ist allerdings Vorsicht geboten, denn es gab einen laufenden Deutungskampf um die Zahlen zwischen Staat und *Demo für Alle*. Es ist unklar, wer den Deutungskampf begonnen hat – die Polizei oder die Protestbewegung. Oder ob sich Letztere von üblichen TeilnehmerInnen-Zahlen-Einschätzungen der Polizei so schnell und über Gebühr hat provozieren lassen. Es gibt aber noch viele andere Interpretationsmöglichkeiten dieses »Zahlenkampfes«, z. B. die eines Masse-Rausches als Motivation der MikrobloggerInnen. Eine weitere Interpretation wäre die, dass die MikrobloggerInnen keine Themen haben, keine Inhalte vertreten; dass ihr »Argument« also eines der Form, nicht der Inhalte ist.

38 »Eine Handvoll Demonstrierender heute an den Invaliden für die #demofüralle …« schreibt

Abbildung 3.2.2.1   Direkte und indirekte Haltungen der GegnerInnen (eigene Auswertung)

+   das Gesetz ist für eine ganz kleine Minderheit (quantitativ wie qualitativ!)

- die Regierung soll sich um die Mehrheit kümmern
- wer zur Mehrheit gehört, hat es sehr schwer, wird diskriminiert
- die Regierung soll sich um die »wahren Probleme« kümmern
- ein Gesetz gegen die Mehrheit
- eine Gruppe, die nicht normal ist, erhält Rechte (heute Homosexuelle, morgen Zoophile, Pädophile, Poligame; ein Gesetz für Trunkenheit am Steuer)

+   wir sind (die) Massen

- eine große Masse von Menschen in Frankreich ist gegen das Gesetz
- ein Gesetz gegen die Mehrheit

+   Politik, Polizei und Medien leugnen, ignorieren und unterdrücken die Stimme des Volkes

- Ignoranz der Regierung und unlautere Mittel werden zur Durchsetzung des Vorhabens angewendet
- wir sind friedlich, keine KrawallmacherInnen

- die Bedrohung von Kindern

Mehrheit hat dabei eine explizite und eine implizite Bedeutung (siehe Abbildung 3.2.2.2). Sie ließe sich erstens quantitativ wie folgt ausdrücken: »Wir sind eine große Masse, wir vertreten den größten Teil der Bevölkerung, wir sind das Volk«. Zweitens qualitativ: »Wir sind der Mainstream, die ›Normalität‹ (Normalität ist eine Frage der Definition, nicht der Zahl), der Maßstab«.[39] Das Konzept der Mehrheit ist dabei eine Botschaft nach außen und in die Protestbewegung hinein. Die unaufhörliche Betonung der Quantität erzeugt eine starke Rechtfertigung und innere Versicherung und ermöglicht den Zusammenhalt der Bewegung. Wenn also in den Tweets unaufhörlich die Botschaft von den Massen wiedergege-

---

eine MikrobloggerIn und fügt ein Bild mit tausenden DemonstrantInnen bei. [II57] Oder es entspinnt sich folgendes Gespräch um ein Bild mit einer ebenso großen Menschenmenge: a. »also, letztlich, wenn man es zusammenzählt, waren 651 Teilnehmer bei #DemoFürAlle« – b. »es gab zwei siamesische Zwillinge, die zählen als einer« – c. »ah ja! LOL!!!!« – a. »das ist wahr, also 650!« – d. »die schwangeren Frauen zählen als einer! also sind wir bei 612«. [II232]

39 Diese quantitative wie qualitative Mehrheit drückt sich in dem Slogen *Demo für Alle* aus, der als Reaktion auf den provozierenden Slogan der Regierung *Ehe für Alle* zu verstehen ist und mit der Klarstellung der Frage, wer »Alle« ist, dieses Weltbild wieder zurechtrückt.

Abbildung 3.2.2.2   Mehrheit (eigene Auswertung)

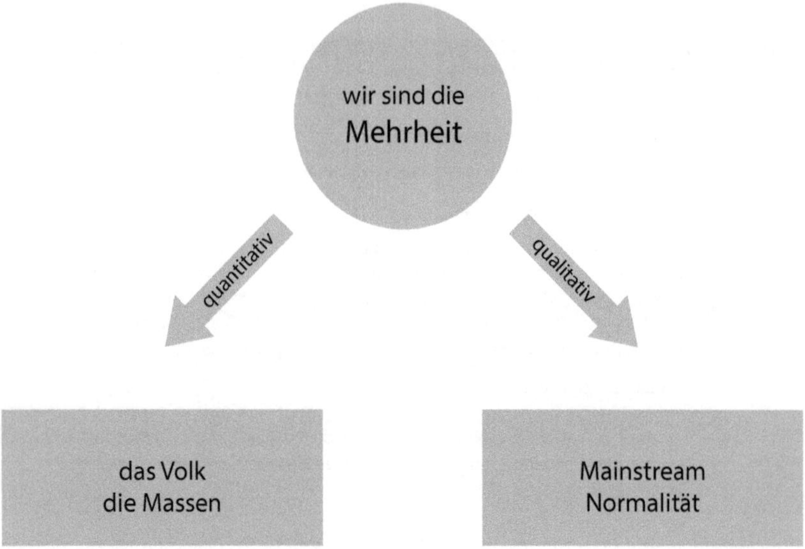

ben wird, ist das ein einflussreicher Eindruck, den die Protestbewegung von sich selbst konstruiert.

Diese Auffassung von der Mehrheit und die Empörung darüber, dass sich jemand gegen die Mehrheit richtet, ist mit einer weiteren Schlussfolgerung eng verknüpft: »Wer gegen die Mehrheit ist, erreicht dies nur auf eine Weise: mit Betrug, Verleumdung, Ignoranz, Misstrauen und Lüge,[40] mit undemokratischem Verhalten,[41] mit Einschüchterung,[42] unlauteren (Macht-)Mitteln und Ungerech-

---

40 »Viel Glück an die JournalistInnen, die heute arbeiten! Bravo denen, die in der Lage sind, frei zu bleiben, um über die Wahrheit zu berichten und sie zu zeigen #demofüralle« schreibt eine MikrobloggerIn [II253]

41 Beispielsweise ist zu lesen: »#demofüralle: ein düsterer Tag für die Republik, ein düsterer Tag für Frankreich. Wie eine Handvoll Bohemiens einem ganzen Volk seinen Willen aufdrückt!« [II277]; »Seit einigen Jahren werden alle Diktaturen getürzt! #WirGebenNichtAuf« [I295]; »(…) Das Gesetz eines illegitimen Präsidenten & wem dient es? 1 Minderheit 1 Minderheit« [III28]; eine MikrobloggerIn meint, dass Steven Spielberg (in der Jury) in Cannes dafür gesorgt habe, dass der Film über eine lesbische Liebe die Goldene Palme erhält – als Reaktion auf die Protestbewegung; eine andere MikrobloggerIn zeigt anhand einer Grafik, dass die regierende PS nur nach dem gültigen – ungerechten – Gesetz die Mehrheit im Parlament habe.

42 So unterstellt eine MikrobloggerIn der Regierung, die Protestierenden einzuschüchtern. [II221]

Abbildung 3.2.2.3   DemonstrantInnen gegen die Öffnung der Ehe in Paris im April 2013

www.leparisien.fr/politique/en-direct-mariage-gay-suivez-le-vote-de-l-assemblee-nationale-23-04-2013-
2751773.php

tigkeit[43]. Dies wird übrigens auch von der Symbolik der Protestbewegung transportiert wie das Bild zeigt, auf dem DemonstrantInnen zugeklebte Münder haben
(und wo die DemonstrantInnen drei der wichtigsten Haltungen präsentieren: Sie
verkörpern die zum Schweigen gebrachte Mehrheit, die klare Unterscheidbarkeit
von Frauen und Männern sowie die Zivilisation (bzw. Frankreich/die Republik)
(Abbildung 3.2.2.3).[44] Ein Mikroblog-Beitrag macht dies mit den folgenden Worten deutlich: »Bist du weiß, hetero oder christlich? François ist nicht dein Präsi-

---

43   »Die Gendarmerie, die die Wagen der #DemoFürAlle abbremst (60 km/h auf der Auto-
     bahn) … Damit wir um 21 Uhr ankommen?« [II237] Oder »(…) Die Geschichte hat gezeigt,
     dass die Arbeit für die Gerechtigkeit eine beständige Entschiedenheit [sic!] gegen ein unge-
     rechtes Gesetzt erfordert.« [II281]
44   »Manifestation d'opposants au texte à Paris«, AFP, (www.leparisien.fr/politique/en-direct-
     mariage-gay-suivez-le-vote-de-l-assemblee-nationale-23-04-2013-2751773.php). Auf den De-
     monstrationen und in den sozialen Medien sind einige Bilder und Symbole zu sehen, auf
     denen Menschen zugeklebte Münder haben.

dent«.[45] Die logische Folgerung dessen, was zwischen den Zeilen gesagt wird, ist die Perversität der Homoehe (und der Homosexualität).[46] Oder, wie es eine Mikroblog-AutorIn ausdrückt, »heute Homosexuelle, morgen Zoophile, Pädophile, Poligame.« [III52]

Die Toleranz bzw. Akzeptanz endet, wo die Vorherrschaft eines Geschlechter-, Familien- und Gesellschaftsbildes in Frage gestellt wird bzw. die gesellschaftlichen Hierarchien, die sich daraus ergeben. Für viele ProtagonistInnen ist es offensichtlich unfassbar, dass eine bestehende, gesellschaftliche – institutionell untermauerte – Hierarchie in Frage gestellt wird oder gar beseitigt werden soll.

Hier zeigt sich also ein Gegensatz – oder eher eine gegenseitige Ergänzung – der Botschaften in den Stellungnahmen auf der einen und in den flüchtigen Äußerungen, den Haltungen auf der anderen Seite: Während die Stellungnahmen argumentieren und selbstlos die gesamte Zivilisation verteidigen wollen, bestehen die flüchtigen Äußerungen egoistisch auf der eigenen Sonderstellung in der gesellschaftlichen Hierarchie. Ein weiterer Gegensatz von Mikroblog-Beiträgen und Stellungnahmen ist die Agency der Bedrohung: Während in den Stellungnahmen eine Atmosphäre des *Bedroht-Seins,* also der erfahrenen Drohung, anklingt, ist es in den Mikroblogs eine Atmosphäre der *Be-Drohung,* der aktiven Drohung. Diese Drohung, die nicht selten mit den Mikroblog-Äußerungen aufgebaut wird, ist mal explizit, mal implizit. Ein Beispiel: »Acht Minister dieses Wochenende in Soustons (40). Keine Panik, sie werden anständig empfangen.« [I124]

4   Schlussfolgerungen und Fazit

4.1   Die französische Protestbewegung

Generativität, also biologische Reproduktion ist das Kernthema und -argument der Protestbewegung, wenn es um die Unterscheidung von heterosexuellen und homosexuellen Familien geht. Viele Studien der Geschlechterforschung haben dies als Letztbegründung der Heteronormativität aufgezeigt. Diese Letztbegründung und ihre gesellschaftlichen Implikationen (»wer darf heiraten«) werden in dieser Debatte – den offiziellen Diskursen der Protestbewegung – nahezu schnörkellos präsentiert. Der Fortbestand unserer Zivilisation und Gesellschaft(en), der Schutz vor Entmenschlichung, das Heil und die Gesundheit der Kinder, das Prin-

---

45 Zitat aus http://www.madamelenvie.fr/tu-es-blanc-hetero-ou-chretien-francois-nest-pas-ton-president/, hier als Mikroblog gepostet. [I148]

46 »(…) Nächster Schritt die Poligamie, eine Lösung für die Wohnungsprobleme.« [II660]

zip der Unterschiedlichkeit von Frauen und Männern, all dies wird unmittelbar miteinander verbunden.

Aus der Perspektive der flüchtigen Äußerungen, die ich als nicht-reflektierte Äußerungen bezeichne, steht aber ein ganz anderer Aspekt von Heteronormativität im Vordergrund. Er beschreibt das Selbstverständnis in Bezug auf eine gesellschaftliche Hierarchie, die sich hier nicht am Geschlecht oder an der Hautfarbe festmacht, sondern an der sexuellen Orientierung.[47] Es entsteht der nicht zu ignorierende Eindruck, dass die Akzeptanz (!) des Anderen nur in einem hierarchischen Gefüge und nicht auf gleicher Höhe möglich ist. Die MikrobloggerInnen der Protestbewegung sind ganz offensichtlich empört und fühlen sich angegriffen von einer (zuerst einmal) symbolischen *Gleich*stellung einer Gruppe, die sie nicht auf der gleichen Stufe der Hierarchie sehen. Aggression ist eine häufige Reaktionsform. So ist ein interessanter Gegensatz zwischen den untersuchten Äußerungsformen die Differenz von aktiver vs. passiver Bedrohung; in den Stellungnahmen ist eine Atmosphäre des *Bedroht-Seins* spürbar, in den Mikroblogs eine des *Be-Drohens*.

Die französische Protestbewegung ist ein Teil und ein Zeichen der europaweiten Auseinandersetzungen und einer Gegenwehr gegen die Infragestellung konservativer Geschlechter- und Familienmodelle. Im Zentrum der Protestbewegung und ihrer Proteste steht eine *Zivilisationsregel: Vater – Mutter – Kind(er).* Aus der Hervorhebung der biologischen Reproduktion wird ein sozialer Standard, dessen Infragestellung gleichzusetzen ist mit der Bedrohung von Zivilisation und Menschlichkeit. Tatsächlich ist auch von Reproduktion und Reproduktionsmedizin die Rede, ein brennendes Thema, das zu Unrecht mit der Öffnung der Ehe in Verbindung gebracht wird, ist doch künstliche Reproduktion in vielen Ländern heterosexuellen Paaren vorbehalten. Dagegen ermöglicht die Öffnung der Ehe in Frankreich allen Ehepaaren die Adoption; ein Thema, das von der Protestbewegung interessanterweise fast überhaupt nicht angesprochen wird, obwohl biologische und soziale heterosexuelle Elternschaft so zentral diskutiert werden. Biologische und soziale Elternschaft sind aus Sicht der Protestbewegung untrennbar verknüpft; ein Kind braucht, so die Überzeugung, einen Vater und eine Mutter und es hat das Recht auf seine biologische Herkunft. Daraus entsteht die Forderung nach einer biologisch-sozialen Elternschaft, die aber ausschließlich an homosexuelle Elternschaft gerichtet ist und nicht mit heterosexuellen Familien ver-

---

47 In Bezug auf Geschlecht übrigens ein Selbstverständnis, das sich in Europa vor nicht allzu langer Zeit auf das Thema Gleichberechtigung von Frauen – und dessen Abwertung – bezog. Der Zusammenhang der Hierarchien und somit Diskriminierungen wurde im letzten Jahr mehrfach deutlich, indem die – dunkelhäutige – verantwortliche Ministerin, Christine Taubira, mit Bezug auf ihre Hautfarbe aufs Übelste beschimpft und verhöhnt wurde.

knüpft wird, bei denen biologische und soziale Elternschaft nicht (vollständig) übereinstimmen (in Deutschland umfasst dies beispielsweise ein Drittel aller Kinder). Im Kern wird damit faktisch eine Lebensweise von bzw. mit Kindern propagiert, die als *natürlich* oder *gesund* ausschließlich mit dem biologischen Vater und der biologischen Mutter gilt. So wird – überraschend, aber konsequenterweise – die Abwehr eines modernen Geschlechterbildes (vor allem wie es von der Geschlechterforschung vertreten wird) artikuliert. Eine Leugnung der Geschlechterdifferenz und der Versuch, Geschlechterunterschiede aufzulösen sowie die gegenwärtigen wissenschaftlichen Geschlechter-Diskurse und -Theorien werden als Bedrohung der Gesellschaft und der einzelnen Menschen gesehen. Die Artikulation dieser Abwehr war zum Zeitpunkt der untersuchten Proteste häufig subtil – inzwischen ist sie deutlich hervorgetreten.

Die Proteste sind also ein Gegendiskurs zu den Gleichstellungsdiskursen vor allem westlicher Gesellschaften. Gleichstellung bezieht sich dabei zum einen auf Geschlecht und zum anderen auf sexuelle Minderheiten. Ich hatte von einem Wandel des Mainstreams gesprochen: In vielen Ländern müssen sich heute die rechtfertigen, die gegen eine Gleichstellung von homosexuellen und heterosexuellen Partnerschaften sind und sich nicht gegen die Diskriminierung sexueller Minderheiten aussprechen. Diese Egalisierung wird nicht von allen akzeptiert.

Das Thema gewinnt noch einmal deutlich an Komplexität, wenn man den Analyserahmen und die Situation in Frankreich im Frühjahr 2013 verlässt und erstens die weiteren Geschehnisse 2013 und zu Beginn des Jahres 2014 sowie zweitens die Geschehnisse in ganz Europa oder gar weltweit beobachtet. (Als sehr allgemeines Fazit kann man immerhin feststellen, dass sich ganz Europa mit diesen Fragen auseinandersetzt.) In Europa hat sich eine Protestbewegung formiert, die ein modernes Geschlechterbild infrage stellt und die derzeit einer Politik der *sexuellen Vielfalt* den (Kultur-)Kampf angesagt hat. Ihre (zunehmend gemeinsamen) Symbole sind an vielen Orten zu sehen, so beispielsweise in Polen oder Kroatien 2013 oder in Baden-Württemberg bei den Protesten gegen den Bildungsplan der Landesregierung 2014. Spätestens auf der über-europäischen Ebene spielt auch die Infragestellung des westlichen Lebensstils, der Konkurrenz und Gegenentwürfe eine wichtige Rolle. So, wie vor wenigen Jahrzehnten die Geschlechterfrage (!), steht das Thema Homosexualität für einen westlichen imperialistischen Menschenrechtsdiskurs und für einen gesellschaftlichen Verfall der Sitten. Putin soll gesagt haben, die fruchtlose Toleranz des Westens führe zu nichts.

4.2 Internetbasierte Analyse

Zwei wichtige methodische Fragen (von vielen) haben sich zu Beginn dieses Projektes gestellt: Zum einen die Frage, ob und wie sich Mikroblogs, also kleinste Bestandteile von Kommunikation für eine qualitative Analyse eignen. Zum anderen die Frage, ob es über die Kontrastierung von Material mit unterschiedlichen Charakteristiken (also über verschiedene Erhebungsziele) möglich ist, zusätzliche Erkenntnisse zu gewinnen, die mit der Analyse eines Materials nicht gewonnen werden könnten. Hier ging es konkret um den Vergleich relativ statischer Dokumente (Stellungnahmen) mit flüchtigem Material (Mikroblogs).

Beide Fragen sind meines Erachtens eindeutig positiv zu beantworten. Eine Kontrastierung des Materials rückt die jeweiligen Äußerungen, die ja von einer Gruppe gemacht werden, in ein neues Licht. Es hat sich gezeigt, dass die Analyse des einen vor dem Hintergrund des anderen eine völlig andere Dimension erhält und in weiteren Analyseschritten könnten Stellungnahmen und Mikroblog-Äußerungen noch enger verknüpft werden. Für die Analyse der statischen Internetseiten und der Mikroblogs war es notwendig, verschiedene Analysevorgehen anzuwenden. Diese Triangulation der Verfahren kann die Qualität der Analyse steigern. Aber es besteht natürlich auch die Gefahr der Produktion von Artefakten, denn die Analyse der Mikroblogs war tendenziell implizit, die der Stellungnahmen tendenziell explizit. Deshalb sind die Art der Äußerungen (Stellungnahmen vs. Mikroblogs) und die Analyseart (stark inhaltsanalytisch vs. stark hermeneutisch) nicht eins-zu-eins miteinander vergleichbar. Vielmehr sollte das Ziel des Kontrastierens sein, die einen Resultate im Lichte der anderen zu betrachten. Die Differenz liegt sowohl in den Inhalten, als auch – und vor allem – in den Motiven und Bedeutungshintergründen der unterschiedlichen Äußerungen, die hier untersucht wurden. Was zeigt diese Differenz? Sie sagt etwas über die Inhalte, also über die untersuchte Protestbewegung aus. Und sie sagt etwas über die Art der Daten und spezifische Eigenschaften des Materials aus. Es ist unschwer zu erkennen, dass die beiden Diskurselemente zusammengehören: Die offiziellen Stellungnahmen definieren eine Lebensform, die die flüchtigen Äußerungen zum Leitbild erklären. Es sind aber Schwerpunkte festzustellen: Auf der Seite der Stellungnahmen die biologische Kernfamilie als Leitbild, auf der Seite der flüchtigen Äußerungen die heterosexuelle (heteronormative) Lebensform als Leitbild.

Die Analyse bzw. Kontrastierung verschiedener Medienarten mit der Fokussierung unterschiedlicher Erhebungsziele hat also tatsächlich andere Ergebnisse gebracht: auf der einen Seite den Kerndiskurs der Protestbewegung, die Verteidigung der Geschlechterstereotypen (um einen Plakat-Slogan aufzunehmen), auf der anderen Seite die zentrale Haltung der MikrobloggerInnen der Bewegung, eine gesellschaftliche Vormachtstellung einzunehmen und ihre Empörung über die Infragestellung derselben.

Bei der Kontrastierung des Materials habe ich Mikroblogs als flüchtiges Material behandelt. Dies ist m. E. eine zutreffende Einordnung, die diese Äußerungsform am besten charakterisiert. Vermutlich würden bei einer Genreanalyse die gleichen charakteristischen Merkmale deutlich. Zudem zeigt sich m. E. die Notwendigkeit, Art und Modalität von Äußerungen im Internet klar zu unterscheiden. Die Unterscheidung von Mikroblogs und Miniblogs beispielsweise bezieht sich auf Unterschiede im Charakter der Äußerungen. Während Mikroblogs, wie z. B. Tweets, in europäischen Sprachen stark von der Zeichenbegrenzung geprägt sind – eine Begrenzung, die sicher in direktem Zusammenhang mit der Häufigkeit und der Schnelligkeit ihrer Verwendung steht –, zeigen Miniblogs, also Kommentare zu verschiedensten Beiträgen, eine stark themen- und meinungsbezogene Prägung.

Bei den Auswahlverfahren habe ich theoriebasierte, iterative und willkürliche Herangehensweisen bewusst verknüpft. Daraus ergibt sich logisch, dass jeweils auch alternative Vorgehensweisen möglich sind. Beispielsweise gäbe es bei der Wahl der Stichwörter *(Thema)* viele Alternativen, die aber m. E. zu den gleichen Internetseiten und somit zu den gleichen Texten geführt hätten. Neben den ausgewählten Seiten und Plattformen bietet sich ebenfalls eine Vielzahl von Material – im und außerhalb des Internets – an, das eine Analyse lohnen würde. Neben Medienberichten allgemein sowie persönlichen Äußerungen (in Interviews usw.) scheint die Analyse von Plakaten, Transparenten und insgesamt Erscheinungsformen auf den Demonstrationen besonders reizvoll. Insgesamt hat sich gezeigt, dass sich Auswahlschritte klar und strukturiert vornehmen lassen. Die Sackgasse mit einem zu breiten Suchwort zu Beginn, die mich viel Zeit gekostet hat, ist ein typischer Umweg in einem Forschungsprojekt und nicht der Art der verwendeten Medien geschuldet. Andere Umwege, wie die Suche nach geeigneten Plattformen (beginnend mit Facebook), haben sich gut in den Forschungsprozess eingefügt und waren aufgrund des Mediums Internet leicht zu bewältigen.

Literatur

Bucher, Hans-Jürgen. 2010. Multimodalität – eine Universalie des Medienwandels: Problemstellungen und Theorien der Multimodalitätsforschung. In *Neue Medien – neue Formate. Ausdifferenzierung und Konvergenz in der Medienkommunikation*, hrsg. H.-J. Bucher et al., 41–79. Frankfurt: Campus.

Bucher, Hans-Jürgen/Thomas Gloning/Katrin Lehnen 2010. Medienformate: Ausdifferenzierung und Konvergenz – zum Zusammenhang von Medienwandel und Formatwandel. In *Neue Medien – neue Formate. Ausdifferenzierung und Konvergenz in der Medienkommunikation*, hrsg. H.-J. Bucher et al., 9–38. Frankfurt: Campus.

Bucher, Hans-Jürgen, Thomas Gloning, Katrin Lehnen (Hrsg.). 2010. *Neue Medien – neue Formate. Ausdifferenzierung und Konvergenz in der Medienkommunikation*. Frankfurt: Campus.

Charmaz, Kahty. 2006. *Constructing Grounded Theory. A practical guide through qualitative Analysis*. London: SAGE.

Degele, Nina und Dominique Schirmer. 2004. Selbstverständlich heteronormativ: zum Problem der Reifizierung in der Geschlechterforschung. In *Gender methodologisch. Empirische Forschung in der Informationsgesellschaft vor neuen Herausforderungen*, hrsg. S. Buchen et al., 107–122. Wiesbaden: VS.

Dorostkar, Niku und Alexander Preisinger. 2013. Kritische Online-Diskursanalyse: Medienlinguistische und diskurshistorische Ansätze zur Untersuchung von Leserkommentarforen. In *Online-Diskurse*, hrsg. C. Fraas et al., 313–345. Köln: Halem.

Dürscheid, Christa. 2003. Medienkommunikation im Kontinuum von Mündlichkeit und Schriftlichkeit. Theoretische und empirische Probleme. *Zeitschrift für angewandte Linguistik* (38): 37–56.

Dürscheid, Christa. 2005. Medien, Kommunikationsformen, kommunikative Gattungen. *Linguistik online* 22 (1). http://www.linguistik-online.de/22_05/duerscheid.html

Fraas, Claudia, Stefan Meier und Christian Pentzold hrsg. 2013. *Online-Diskurse. Theorien und Methoden transmedialer Online-Diskursforschung*. Köln: Halem.

Friebertshäuser, Barbara et al. 2012. *Feld und Theorie. Herausforderungen erziehungswissenschaftlicher Ethnographie*. Opladen: Budrich.

Fritzsche, Bettina und Anja Tervooren. 2012. Doing difference while doing ethnography? Zur Methodologie ethnografischer Untersuchungen von Differenzkategorien. In *Feld und Theorie*, hrsg. Friebertshäuser et al., 25–39. Opladen.

Früh, Doris. 2001. Online-Forschung im Zeichen des Qualitativen Paradigmas. Methodologische Reflexion und empirische Erfahrungen. *Forum Qualitative Sozialforschung* 1 (3): 104 Absätze. www.qualitative-research.net/index.php/fqs/article/view/1052. Überarbeitete Fassung von 2001; zuerst 2000.

Glaser, Barney G., Anselm L. Strauss. 1967. *The Discovery of Grounded Theory. Strategies for Qualitative Research*. Chicago: Aldine Publishing Company.

Jansen, Bernard, Mimi Zhang, Kate Sobel and Abdur Chowdury. 2009. Twitter Power: Tweets as Electronic Word of Mouth. *Journal of ASIS&T* (The American Society of Information Science and Technology) 60 (11): 2169–2188. www.inter-science.wiley.com.

Knorr-Cetina, Karin. 2002. *Die Fabrikation von Erkenntnis: zur Anthropologie der Naturwissenschaft.* Frankfurt: Suhrkamp. Erw. Neuaufl., 2. Aufl. [zuerst englisch 1984]

Nentwich, Michael und René König. 2012. *Cyberscience 2.0. Research in the Age of Digital Social Networks.* Frankfurt: Campus.

Noelle-Neumann, Elisabeth. 1996. *Öffentliche Meinung. Die Entdeckung der Schweigespirale.* Frankfurt: Ullstein.

Riemer, Kai und Stefanie Filius. 2009. Kontextualisierung der Medienwahl mit Hilfe von Kommunikationsgenres. *Wirtschaftsinformatik* 51 (2): 192–205.

Schirmer, Dominique. 2009. *Empirische Methoden der Sozialforschung – Grundlagen und Techniken.* Paderborn: Fink/UTB.

Schirmer, Dominique. 2005. Konstruktive Widersprüche. Inkonsistenzen als qualitatives Analysewerkzeug am Beispiel von Gruppendiskussionen. *Freiburger Frauenstudien* 17: 93–113.

Schmidt, Jan-Hinrik. 2013. Onlinebasierte Öffentlichkeiten: Praktiken, Arenen und Strukturen. In *Online-Diskurse,* hrsg. Fraas et al., 35–56. Köln: Halem.

Strauss, Anselm and Juliet Corbin. 1996. *Grounded Theory: Grundlagen Qualitativer Sozialforschung.* Weinheim: Beltz. (Orig. 1990).

Welker, Martin und Olaf Wenzel. 2007. *Online-Forschung. Grundlagen und Fallstudien.* Köln: Halem.

Welker, Martin und Carsten Wünsch (Hrsg.). 2010. *Die Online-Inhaltsanalyse: Forschungsobjekt Internet.* Köln: Halem.

Das Gesetz

LOI n° 2013-404 du 17 mai 2013 ouvrant le mariage aux couples de personnes de même sexe. [Gesetzestext] NOR: JUSC1236338L. JORF n°0114 du 18 mai 2013 page 8253, texte n° 3. http://www.legifrance.gouv.fr/affichTexte.do?cidTexte=JORFTEXT0 00027414540&dateTexte=&categorieLien=id.

Medienberichte und -analysen

Cash, Patrick. 2013. From Manif Pour Tous to Ukip: The March for the Moderate Middle. *Huffingtonpost UK.* http://www.huffingtonpost.co.uk/patrick-cash/manif-pour-tous-ukip_b_3325474.html?utm_hp_ref=tw. Veröffentlicht am 23.5.2013, abgerufen 12.12.2013.

de Charentenay, Pierre. 2012. Mariage homosexuel: un debat pour tous. Revue Etudes 417 (5): 436–440.

Hojlo, Anne-Sophie. 2013. Mariage homo: »On a l'adultère, la pension alimentaire!« *Le Nouvel Observateur.* Http://fb.me/2kjPTb9v7. Erschienen am 24.4.2013.

Schmitt, Amandine. 2013. Mariage homo: le »ouf« des modérateurs, pris dans la guerre en ligne. *Le Nouvel Observateur.* Http://bit.ly/15GH1Pn. Erschienen am 24. 4. 2013.

Videos

Léger, Christophe. 2013. Mariage pour tous: le lobby LGBT soulagé. Entretien avec Christophe Léger, délégué régional de SOS homophobie. (tempsreel.nouvelobs. com.) Veröffentlicht am 23. 04. 2013. http://youtu.be/R4OFy2oyEAM.
Turkle, Sherry. 2011. Alone Together. TED-Vortrag (TEDxUIUC, http://www.ted-xuiuc.com), aufgenommen am 19. Februar 2011 an der University of Illinois, Urbana-Champaign. Veröffentlicht am 25. 03. 2011. https://www.youtube.com/watch?v=MtLVCpZIiNs.

Umfrage

Les Français et le »Mariage pour tous«. Umfrage des CSA pour YAGG.COM, April 2013. http://www.csa-fr.com/multimedia/data/sondages/data2013/opi20130406-csa-pour-yagg.com-les-francais-et-le-mariage-pour-tous-avril-2013.pdf

Forumsdiskussionen im Internet als reaktives Instrument der Datenerhebung

Ein Werkstattbericht

Carsten G. Ullrich/Daniela Schiek

Der folgende Beitrag befasst sich mit den Möglichkeiten und Schwierigkeiten, Forumsdiskussionen im Internet als Instrumente der Datenerhebung zu nutzen. Es wird gezeigt, dass und wie asynchrone Forumsdiskussionen der qualitativen Sozialforschung eine interessante Erweiterung ihres Methodenspektrums bieten können. Gleichzeitig werden Grenzen dieser neuen Form der Datenerhebung aufgezeigt und auf noch ungeklärte methodische Fragen hingewiesen.

Im Zentrum des Beitrags stehen verschiedene Besonderheiten einer Datenerhebung mittels Online-Foren (2). Im Einzelnen werden die Frage der Selektivität der Teilnahme an Forumsdiskussionen, unterschiedliche Aspekte ihrer Moderation und der Umgang mit dem Phänomen sog. Off-topics diskutiert. Der Diskussion dieser methodischen Aspekte von Forumsdiskussionen werden jedoch zunächst allgemeine Ausfuhrungen zur Entwicklung von Online-Gruppendiskussionen, zur Einordnung von Forumsdiskussionen und zu den Unterschieden zwischen Online-Gruppendiskussionen und klassischen (Face-to-Face-)Gruppendiskussionen vorangestellt (1). Der Beitrag schließt mit Überlegungen zu den allgemeinen Perspektiven von Online-Gruppendiskussionen und zu den zukünftigen Einsatzmöglichkeiten von Forumsdiskussionen (3).

1 Forumsdiskussionen im Internet: ihre zentralen Merkmale und wodurch sie sich von anderen Gruppendiskussionsverfahren unterscheiden

Im Bereich der qualitativen Sozialforschung verbinden sich Online Methoden vor allem mit Begriffen wie virtuelle Ethnographie (Hine 2000) und Netnographie (Kozinets 2009), bei denen die Beobachtung von »Vorgängen« im Internet (z. B. von Online-Spiele(rInne)n, digitalen Spuren oder Social Networks) im Vordergrund steht. Neben ethnographischen Arbeiten werden seit Mitte der 1990er Jahre aber auch reaktive Verfahren wie Befragungen und Gruppendiskussion eingesetzt (vgl. u. a. Fielding et al. 2008; Hughes 2012; Mann und Stewart 2000). Trotz der mit dem »Web 2.0« deutlich verbesserten Möglichkeiten (Echtzeitkommunikation, Multimodalität) führen diese aber immer noch ein Schattendasein. So liegen für Online-Gruppendiskussionen insgesamt nur wenige Erfahrungen vor und entsprechend dünn ist der Stand der methodischen Reflexion (vgl. Kelle et al. 2009, S. 187; Kühn und Koschel 2011, S. 283). Im besonderen Maße gilt dies für asynchron-schriftliche Gruppendiskussionen, zu denen auch Forumsdiskussionen gehören.

1.1 Unterschiede zwischen online und »offline« durchgeführten Gruppendiskussionen

Online-Gruppendiskussionen, die mittels Social Media wie Webforen oder Chatrooms durchgeführt werden, unterscheiden sich gleich in einer Reihe wesentlicher Punkte von klassischen Face-to-Face-Gruppendiskussionen. So bezieht sich ein Haupteinwand gegen Online-Forschung auf die vermeintliche Selektivität der Teilnahme, denn an Online-Gruppendiskussionen würden nur Personen teilnehmen, die Zugang zum Internet und eine Affinität für das jeweilige Social Medium haben. Gleichzeitig erhöhen Online-Verfahren aber auch aufgrund ihrer zeitlichen und räumlichen Flexibilität die Erreichbarkeit von TeilnehmerInnen. Aufgrund der anonymen Erhebungssituation (kein Sichtkontakt, Verwendung von Nicknames) ist zudem eine Partizipation schwer gewinnbarer Personengruppen und bei sensiblen Themen wahrscheinlicher. Schließlich wird auch die Möglichkeit, an einem Ort eigener Wahl (etwa in der eigenen Wohnung) teilzunehmen, die Bereitschaft zur Teilnahme an einer Gruppendiskussion erhöhen (vgl. Mann und Stewart 2000, S. 106 ff.).

Hinsichtlich der Durchführung und des Verlaufs von Gruppendiskussionen ist die Alokalität (bzw. die fehlende Kopräsenz) das vielleicht auffälligste Merkmal von Online-Gruppendiskussionen. Von der »Entkörperlichung« der Gruppendiskussion werden erhebliche Auswirkungen auf die Gruppendynamik vermutet. Diese sei insgesamt geringer und weise vor allem eine geringere Spontanität und Interaktionsdichte auf. Zudem sei der Anteil wechselseitiger Bezugnahmen geringer (vgl. Erdogan 2001; Graffigna und Bosio 2006; Schneider et al. 2002). Gleichzeitig wird vermutet, dass die Anonymität des Netzes auch zu einem Abbau von Hemmschwellen führt[1] und damit zu einer größeren Offenheit und Erzählbereit-

---

1 Zur »Enthemmung« im Bereich der Online-Kommunikation vgl. Misoch (2006, S. 72 ff.).

schaft der TeilnehmerInnen. Diese, so die verbreitete Hoffnung, werden in der geschützten Online-Situation mehr und bereitwilliger von sich erzählen und sich eindeutiger positionieren, als dies in einem konventionellen Setting der Fall ist (vgl. Kelle et al. 2009, S. 192; Mann und Stewart 2000, S. 118 f.). Auf der anderen Seite können geringere Hemmschwellen aber auch zu Problemen führen, nämlich wenn TeilnehmerInnen durch polemische und provozierende Kommentare (sog. Flaming) eingeschüchtert oder sogar durch andere TeilnehmerInnen bedroht werden (Mann und Stewart 2000, S. 116 f.).

Vergleiche zwischen konventionellen und schriftlichen Online-Gruppendiskussionen zeigen zudem, dass die Beiträge in Online-Gruppendiskussionen egalitärer verteilt sind. Darüber hinaus scheinen online durchgeführte Gruppendiskussionen weniger moderatorenzentriert (und damit selbstläufiger) als Face-to-Face-Diskussionen zu sein und entsprechend schwerer zu steuern (vgl. Erdogan 2001, S. 7 ff.). Schließlich ermöglichen Online-Gruppendiskussionen in einem viel stärkeren Maße den Einbezug nicht-textlicher Materialien als Face-to-Face-Gruppendiskussionen (z. B. Audio-, Bild- und Videodateien).

Ein Vorteil von Online-Gruppendiskussionen kann darin gesehen werden, dass die meist bereits schriftlich verfassten Diskussionsbeiträge keine Transkription erfordern. Als problematisch gilt demgegenüber, dass para- und nonverbale Informationen weitgehend fehlen. Aufgrund des hohen Stellenwerts, der der para- und nonverbalen Kommunikation in vielen qualitativen Interpretationsverfahren beigemessen wird, ist daher derzeit noch ungeklärt, inwieweit in der qualitativen Sozialforschung etablierte Interpretationsverfahren auf die unterschiedlichen Formen von Online-Gruppendiskussionen angewendet werden können (vgl. hierzu Sander und Schulz in diesem Band). Grundsätzlich sollte dies aber möglich sein, da diese oft auch auf (konzeptionell) schriftliche Texte angewendet werden. Angesichts neuer Herausforderungen wie Hypertextualität und »Cyberspeak« ist jedoch davon auszugehen, dass Interpretationsregeln für die Analyse online durchgeführter Gruppendiskussionen zumindest adaptiert werden müssen (Bergmann und Meier 2000).

1.2 Typen von Online-Gruppendiskussionen

Online-Gruppendiskussionen unterscheiden sich also durchaus systematisch von konventionellen und sind kein problemlos einsetzbares Äquivalent von Face-to-Face-Verfahren. Ebenso wenig lassen sich die bestehenden Unterschiede im Sinne eines Defizitmodells interpretieren. Online-Gruppendiskussionen bieten der Sozialforschung vielmehr neue Möglichkeiten der Datengewinnung, ohne konventionelle Verfahren ersetzen zu können.

Die schon heute große Vielfalt von online durchgeführten Gruppendiskussionsverfahren macht zudem deutlich, dass die Unterschiede zwischen den verschiedenen Online-Verfahren mindestens ebenso groß sind wie die zwischen Face-to-Face- und Online-Gruppendiskussionen. So aufschlussreich daher auch Vergleiche zwischen konventionellen und Online-Gruppendiskussionen hinsichtlich einzelner Aspekte sein mögen (vgl. Erdogan 2001; Graffigna und Bosio 2006; Schneider et al. 2002; Turney und Pocknee 2005), ist oft nicht zu entscheiden, ob Spezifika von Online-Verfahren auch tatsächlich eine Folge der Mediatisierung sind. So unterscheiden sich etwa Gruppendiskussionen, die textbasiert in Chatrooms durchgeführt werden, von Face-to-Face-Diskussionen auch (und gerade) durch ihre Schriftlichkeit. Es ist daher zu vermuten, dass Unterschiede zwischen online und offline durchgeführten Gruppendiskussionen nicht unerheblich auf die Differenz von mündlicher und schriftlicher Kommunikation zurückzuführen sind und weniger auf die Mediatisierung. Umgekehrt sind Unterschiede zwischen mündlichen Online- und einer Offline-Diskussion womöglich weit geringer, als dies pauschale Vergleiche zwischen Online- und Face-to-Face-Verfahren suggerieren.[2]

Online-Gruppendiskussionen können anhand von mehreren Merkmalen beschrieben werden: Die wichtigste Unterscheidung dürfte die zwischen *synchronen und asynchronen Gruppendiskussionen* sein. Synchrone Gruppendiskussionen finden im Echtzeitmodus statt, d.h. die TeilnehmerInnen müssen zu einem vereinbarten Termin in einem dafür geeigneten Medium (z.B. Chatroom) miteinander diskutieren. Asynchrone Online-Gruppendiskussionen erfolgen demgegenüber zeitversetzt. In einem festgelegten oder auch offenen Zeitraum können die TeilnehmerInnen auf die Beiträge ihrer MitdiskutantInnen reagieren. Hierfür geeignete Medien sind insb. Foren und Blogs. Asynchrone Online-Gruppendiskussionen verlaufen langsamer und benötigen daher auch deutlich mehr Zeit als synchrone.

Das zweite zentrale Unterscheidungsmerkmal ist die Form, in der Beiträge verfasst werden. Dabei sind *schriftliche Beiträge* auch heute noch das in den meis-

---

2 Zudem verwischen sich die Unterschiede zum Teil. So ist die Charakterisierung der klassischen (Offline-)Gruppendiskussionen als (einziges) Face-to-Face-Verfahren fragwürdig, so lange nicht geklärt ist, ob nicht etwa auch in Echtzeit als Videokonferenzen durchgeführte Gruppendiskussionen das Kriterium der Face-to-Face-Interaktion erfüllen. Hier wäre zu klären, welche Auswirkungen die unterschiedlichen Formen der (wechselseitigen) Sichtbarkeit auf den Verlauf einer Gruppendiskussion haben (die »offline« in jedem Fall größer und umfassender sein wird), und ob Echtzeitkommunikation mit Kopräsenz gleichzusetzen ist. Es wäre also zu untersuchen, welche Besonderheiten der Kommunikationsform »klassische« Gruppendiskussion es eigentlich sind, die, neben der allgemeinen Ausnutzung von Gruppendynamik, den forscherischen Mehrwert einer Gruppendiskussion bewirken.

ten Online-Gruppendiskussionen übliche Verfahren. Im »Web 2.0« stehen aber auch Kommunikationsmedien für *mündliche* (Echtzeit)Kommunikation zur Verfügung, sodass auch mündliche Online-Gruppendiskussionen grundsätzlich möglich, wenn auch voraussetzungsvoll sind. Bei schriftlichen Beiträgen kann weiter danach unterschieden werden, welchen Umfang diese haben können. Hier ist vor allem die Unterscheidung von (normalen) Foren, die längere Beiträge ermöglichen, und sog. Mikroblogs wichtig, die nur kurze, SMS-ähnliche Äußerungen zulassen, die häufig in einem extremen Netzjargon formuliert werden (müssen).

Weitere wichtige Merkmale sind die Form der Rekrutierung der TeilnehmerInnen (gezieltes Sampling vs. Selbstselektion und Unbegrenztheit) und die Frage, ob die Online-Gruppendiskussion öffentlich oder geschützt durchgeführt wird. So kann die Teilnahme an einer Online-Gruppendiskussion *offen* oder *geschlossen* sein. Bei geschlossenen Diskussionen ist die Teilnehmerzahl begrenzt. Die TeilnehmerInnen werden dabei meist gezielt ausgewählt und zur Teilnahme aufgefordert, wobei die Teilnahme z. B. durch die Vergabe eines Zugangscodes kontrolliert werden kann. Bei offenen Online-Gruppendiskussionen ist die Teilnahme dagegen prinzipiell unbegrenzt. Alle, die teilnehmen möchten, können dies auch. Dies schließt Versuche nicht aus, durch entsprechende Hinweise die Teilnahme zu kanalisieren (z. B. indem Personentypen oder Gruppen gezielt zur Teilnahme aufgefordert werden). Grundsätzlich sind auch unterschiedliche Grade der Offenheit/ Zugänglichkeit möglich (z. B. eine Begrenzung der Teilnehmerzahl bei prinzipieller Offenheit).

Öffentliche Gruppendiskussionen sind schließlich solche, die internetöffentlich sind und daher auch von Nicht-TeilnehmerInnen (inkl. »Noch-Nicht«-TeilnehmerInnen) beobachtet werden können (sog. Lurking[3]). Im Gegensatz dazu sind bei nicht-öffentlichen (geschützten) Gruppendiskussionen die Beiträge nur für die ModeratorInnen und TeilnehmerInnen, die dann einen Mitgliederstatus haben, lesbar. Grundsätzlich sind auch hier Zwischenstufen möglich (z. B. öffentliche und nicht-öffentliche Teile der Gruppendiskussion). Die Entscheidung, eine Online-Diskussion öffentlich oder geschützt durchzuführen, ist auch von der gewählten Samplingstrategie abhängig und somit von der Entscheidung für eine offene oder geschlossene Diskussion. Denn während der Schutz der TeilnehmerInnen bei Diskussionen, die nur von angemeldeten Forumsmitgliedern eingesehen werden können, höher ist als bei internet-öffentlichen Beiträgen, können durch eine barrierefreie Beobachtung einer offen konzipierten Diskussion weitere Beiträge und neue TeilnehmerInnen gewonnen werden.

---

3   Zum Phänomen des Lurking und seiner kommunikationstheoretischen Einordnung vgl. bereits Stegbauer und Rausch (2001).

Diese Merkmale, anhand derer man Online-Gruppendiskussionsverfahren unterscheiden kann (und muss, wenn man ihre Potenziale einschätzen will), zeigen bereits, welche Vielfalt sich unter dem Begriff »Online-Gruppendiskussionen« verbirgt. Aber auch wenn diese grundsätzlich frei kombiniert werden können, gibt es doch so etwas wie typische und praktikabel erscheinende Kombinationen. Als zentral wird dabei meist die Differenz »synchron – asynchron« angesehen (vgl. u. a. Bloor et al. 2001; Erdogan 2001; Gaiser 2008; Mann und Stewart 2000), mit den Prototypen *Chatdiskussion* (synchron, zudem meist schriftlich, geschlossen und nicht-öffentlich) und *Forumsdiskussion* (asynchron und schriftlich; offen oder geschlossen).[4]

Sowohl erste empirische Erfahrungen mit unterschiedlichen Online-Gruppendiskussionsverfahren (vgl. u. a. Erdogan 2001; Graffigna und Bosio 2006; Kelle et al. 2009; Murray 1997) als auch methodologische Überlegungen legen die Vermutung nahe, dass sich Chat- und Forumsdiskussionen als Instrumente der Datengewinnung in mehreren Punkten deutlich unterscheiden. So erlauben Forumsdiskussionen vor allem eine deutlich höhere Teilnehmerzahl als Chat- oder auch Face-to-Face-Gruppendiskussionen, wobei die Einschätzungen über angemessene Gruppengrößen noch weit auseinander gehen (vgl. Theobald und Neundorfer 2001: 103 f.). Im Unterschied zu synchronen Formen haben die TeilnehmerInnen von Forumsdiskussionen aufgrund der Asynchronität eine hohe zeitliche Flexibilität und können selbst entscheiden, wann (und wo) sie ihre Diskussionsbeiträge verfassen.

Deutliche Unterschiede bestehen auch bei der Steuerung des Diskussionsverlaufs und der Gruppendynamik. Für Forumsdiskussionen ist u. a. eine sehr hohe Dauer (von mehreren Wochen oder Monaten), mit einer wechselnden Zusammensetzung der Gruppe und einer »Intervallteilnahme« (Teilnahme mit längeren Unterbrechungen) typisch. Auch hinsichtlich der Häufigkeit und Länge der Beiträge sowie der Interaktionsdynamik (z. B. wechselseitige Bezugnahmen) unterschieden sich Chat- und Forumsdiskussionen deutlich (s. Tabelle).

---

4   Auch wenn kein einfaches oder gar zwingendes Entsprechungsverhältnis zwischen Onlinemedium und Form der Online-Gruppendiskussion besteht, lässt sich zumindest empirisch feststellen, dass zu Forschungszwecken angeleitete synchrone Online-Gruppendiskussionen meist als Chats und asynchrone Online-Gruppendiskussionen überwiegend als Forumsdiskussionen durchgeführt werden. Im Folgenden werden wir daher auch die Begriffe synchrone Online-Gruppendiskussion und Chatdiskussion sowie asynchrone Online-Gruppendiskussion und Forumsdiskussion trotz einer gewissen Unschärfe jeweils synonym verwenden.

Tabelle 1.2.1   Unterschiede zwischen Forumsdiskussionen und synchronen Gruppendiskussionsverfahren

Forumsdiskussion (asynchron)	Chatdiskussion (synchron)	Face-to-Face-Gruppendiskussion
Feldzugang; Sampling		
• sehr geringe Sichtbarkeit (de facto-Anonymität) • hohe TeilnehmerInnenzahl • Einbezug schwer erreichbarer TeilnehmerInnen und sensibler Themen • möglich: Selbstrekrutierung • setzt Umgang mit notwendigen Medien voraus (Internet, Webforum)	• geringe Sichtbarkeit (Pseudonymität) • begrenzte Gruppengröße • Einbezug schwer erreichbarer TeilnehmerInnen und sensibler Themen • gezieltes Sampling (auch offline) • setzt Umgang mit notwendigen Medien voraus (Internet, Chat)	• begrenzte Gruppengröße • gezieltes Sampling möglich und notwendig • hohe Sichtbarkeit; nur formale Anonymität
Durchführung; Gruppendynamik		
• hohe zeitliche und räumliche Flexibilität (für TeilnehmerInnen), langer Zeitraum • Alokalität • hohe Selbstläufigkeit der Diskussion • diskontinuierliche Teilnahme • geringe Spontanität/hohe Interaktivität • lange Beiträge • egalitärere Verteilung der Beiträge • parallele Diskussionsstränge	• zeit- aber nicht ortsgebunden • Alokalität • hohe Eigendynamik der Gruppendiskussion • z.T. sehr hohe Spontanität/Dynamik • kurze Beiträge • egalitärere Verteilung der Beiträge • oft konfliktreich	• feste Zeit und fester Ort • Kopräsenz • gute Steuerungsmöglichkeiten durch ModeratorInnen • hohe Spontanität/Interaktivität • kurze Beiträge • oft hierarchische Diskussionsstruktur und ungleiche Beteiligung • Konsenstendenz
Auswertung		
• grundsätzliche Anwendbarkeit etablierter Interpretationsverfahren • keine para- und nonverbalen Signale • Notwendigkeit, Interpretationsregeln zu adaptieren: parallele Diskussionen, Hypertextualität, »Cyberspeak« • keine Transkription erforderlich	• grundsätzliche Anwendbarkeit etablierter Interpretationsverfahren • meist keine para- und nonverbalen Signale • Notwendigkeit, Interpretationsregeln zu adaptieren • keine Transkription erforderlich	• Anwendbarkeit etablierter Interpretationsverfahren (z. B. dokumentarische Methode) • aufwändige Transkription erforderlich

Anmerkung: Die Charakterisierung der Chatdiskussion bezieht sich nur auf die (wahrscheinliche) geschlossene Form.

1.3   Forumsdiskussionen im »Web 2.0«

Als Forumsdiskussion werden hier asynchrone Online-Gruppendiskussionen bezeichnet, die in einem Internet- oder Webforum durchgeführt werden. Neben der
Asynchronität sind die Schriftlichkeit, eine hohe Anonymität sowie die Alokalität
der Teilnehmenden ihre wichtigsten Merkmale. Forumsdiskussionen unterscheiden sich damit stärker von klassischen Gruppendiskussionsverfahren als synchrone Chats. Können diese aufgrund ihrer »konzeptionellen Mündlichkeit« (vgl.
Storrer 2001) als Online-Pendants klassischer Face-to-Face-Diskussionen gelten,
die sich dann womöglich auch als kostengünstige Alternative zu offline durchgeführten Diskussionen anbieten, ist bei Forumsdiskussionen aufgrund der geringen Unmittelbarkeit der Bezugnahme und der Schriftlichkeit der Beiträge eher
von einer eigenständigen Methode auszugehen (Lamnek 2005, S. 463; Theobald
und Neundorfer 2010, S. 89).

Für Forumsdiskussionen stehen ForscherInnen im »Web 2.0« unterschiedliche Wege offen: Zum einen besteht die Möglichkeit, bereits bestehende Online-
Diskussionsgruppen (z.B. Selbsthilfegruppen oder Foren von Online-Zeitschrif-
ten) ethnografisch zu beobachten (vgl. u.a. Stewart und William 2005; Wesemann
und Grunwald 2010). Dieses non-reaktive Verfahren unterscheidet sich damit
nicht grundsätzlich von der klassischen Dokumentenanalyse und anderen Vorgehensweisen aus dem Bereich der virtuellen Ethnographie. Da hier keine Moderation (Themenvorgabe, Stimuli, Leitfaden) erfolgt und insofern auch kein Einfluss
auf den Verlauf der Gruppendiskussion genommen werden kann, ist die reine Beobachtung von Online-Diskussionen zumindest im klassischen Verständnis jedoch keine Form einer Gruppendiskussion (vgl. Morgan 1997, S. 8 ff.; Stewart und
Willliams 2005, S. 196).

Aber auch in der konventionellen Forschung sind die Übergänge durchaus
fließend, wenn z.B. in einer ethnographischen Studie eine Gruppendiskussion initiiert wird. Im Online-Bereich verwischen sich die Grenzen zwischen moderier-
ter und beobachteter Gruppendiskussion nun jedoch zunehmend. Gründe hierfür
sind zum einen das deutlich breitere Spektrum von Moderationstätigkeiten, das
auch ein Moderieren auf einem Niveau ermöglicht, das in konventionellen Gruppendiskussionen undenkbar wäre, zum anderen die starke Verbreitung von Kom-
mentarfunktionen auch in Social Media, die im Kern nicht diskursiv angelegt sind
(z.B. Blogs; Bewertungsportale). Für die Einschätzung beobachteter Gruppendiskussionen als methodischen Zugang ist aber wohl wichtiger, dass Gruppendiskussionen im Netz deutlich mehr und genauer beobachtet werden können, als dies
»offline« der Fall ist. Hier haben sich also sowohl in der Form als auch im Umfang ganz neue Datenquellen eröffnet, deren methodologischer Stellenwert derzeit
noch nicht wirklich eingeschätzt werden kann.

Neben der reinen Beobachtung können sich Forschende auch aktiv an bereits bestehenden Forumsdiskussionen beteiligen[5], was wiederum offen oder verdeckt (die ForscherInnen geben sich als solche nicht zu erkennen) erfolgen kann. Insbesondere verdeckte Formen werfen in erheblichem Maße forschungsethische Fragen auf. Sie werden zudem dadurch erschwert, dass der Verdacht, es mit fingierten Beiträgen oder TeilnehmerInnen zu tun zu haben, in den entsprechenden Medien ohnehin sehr schnell aufkommt.

Schließlich können Webforen auch gezielt für Forschungszwecke eingerichtet werden.[6] Gegenüber der Nutzung bestehender Foren hat dies den für alle reaktiven Verfahren unvermeidlichen Nachteil der Schaffung eines künstlichen Kontextes der Datengewinnung. Abgesehen davon, dass viele Informationen, für die sich die Sozialforschung interessiert, nicht bereits durch bloße Beobachtung oder Recherche zugänglich sind, sondern gezielt erhoben werden müssen, bieten eigens für Forschungszwecke eingerichtete Webforen auch den Vorteil, Gruppendiskussionen in einer für die Forschungsfrage optimierten Form durchzuführen (offen/geschlossen, synchron/asynchron, gezieltes Sampling).

Diese kurze Darstellung unterschiedlicher Möglichkeiten, Foren als Erhebungsinstrument zu nutzen, macht bereits deutlich, dass für die Durchführung von Forumsdiskussionen sehr unterschiedlichen Optionen mit je eigenen Stärken und Schwächen bestehen – und dass sich jeweils, wenn auch mit unterschiedlicher Dringlichkeit forschungsethische Fragen stellen.

In den folgenden Abschnitten sollen einige der Möglichkeiten diskutiert werden, die *Forumsdiskussionen* im Internet der qualitativen Sozialforschung bieten. Neben eher allgemeinen methodologischen Überlegungen werden forschungspragmatische Fragen im Vordergrund stehen. Bei der Erörterung der Potenziale und Probleme von Forumsdiskussionen werden wir in erster Linie auf Erfahrungen aus einem eigenen Forschungsprojekt zurückgreifen und zunächst aus dessen Durchführung berichten.

1.4 Die Forumsdiskussion »Generation 9/11«

Die Forschungserfahrungen, auf die wir uns im Folgenden stützen, beruhen auf dem Projekt »Generation 9/11?«, in dem die Forumsdiskussion als Pilotstudie verwendet wurde.

---

5 Für entsprechende Erfahrungen mit synchronen Chats vgl. Debatin (1998) und Volst (2003).
6 Neben Webforen sind weitere Formen asynchroner Online-Gruppendiskussionen (z. B. via E-Mail und Newsgroups) möglich und erprobt worden (vgl. u. a. Murray 1997), die ebenfalls durch die ForscherInnen selbst initiiert werden.

Allgemeiner Ausgangspunkt des Projekts »Generation 9/11« ist die Frage, ob sich im Nachgang der Terroranschläge vom 11. September 2001 in Deutschland eine »Generation 9/11« herausbildet, die sich in zentralen Orientierungen und im eigenen Selbstverständnis von anderen Generationen unterscheidet (vgl. Schiek und Ullrich 2011). Daher wurde untersucht, in welchem Maße die Terroranschläge Auslöser und Referenzpunkt für die Ausbildung eines spezifischen Generationsbewusstseins der damals ca. 20- bis 30-Jährigen sind. Ein Grund, hierfür eine öffentliche asynchrone Gruppendiskussion mit hohen Teilnehmerzahlen einzusetzen, bestand dabei in der Hoffnung, auf diese Weise den Generationsbildungsprozess womöglich in statu nascendi beobachten und somit auch dann schon und für den Fall untersuchen zu können, wenn er den Status »geronnener« Geschichte (noch) nicht erreicht (hat). Um trotz noch geringer Sichtbarkeit überprüfen zu können, ob es eine gemeinsame Erfahrung junger Erwachsener von« 9/11« gibt und worin diese bestehen könnte, war es notwendig, einen hinsichtlich der TeilnehmerInnen und Themen unbegrenzten Erfahrungsaustausch zu initiieren. Die Entscheidung, hierfür eine Online-Forumsdiskussion zu verwenden, wurde zudem auch deshalb getroffen, weil uns die verbindenden und identitär-selbstkonstruktiven Funktionen des Web 2.0 für eine Erhebung zu der genannten Forschungsfrage besonders geeignet schienen.

Für die Online-Gruppendiskussion wurde ein eigenes Webforum gegründet; Abbildung 1.4.1 zeigt die Startseite des Forums. Für dieses Forum wurde sowohl online über Social Media-Kanäle (Twitter, Facebook, fremde Online-Foren) als auch über die klassischen Medien (regionale Funk- und Fernsehsender, Zeitungen, Zeitschriften) geworben. Es war von Mitte März bis August 2012 geöffnet.

Das Forum wurde von mehreren ModeratorInnen aus dem Forschungsteam aktiv moderiert. Dies bedeutete zum einen eine sehr aufmerksame und engmaschige Kontrolle der Diskussion, um das Forum und Vorhaben vor deutlich forumsfeindlichen oder strafrechtlich verdächtigen Beiträgen zu schützen. Dies ist sicherlich eine der Herausforderungen, die die Nutzung von Webforen für reaktive Verfahren mit sich bringt: Anders als bei synchronen Face-to-Face-Gruppendiskussionen muss hier nämlich mit dem Umstand umgegangen werden, dass man als ForscherIn für veröffentlichte Beiträge verantwortlich ist und Straftaten – wie in unserem Fall den Tatbestand der Volksverhetzung – zu unterbinden hat. Darüber hinaus muss aber auch damit umgegangen werden, wenn Forschungsfragen dem Internetpublikum oder großen bzw. »lauten« Teilen davon nicht gefallen und Forschung verhindert oder zumindest nach ihrem Willen verändert werden soll. Hier müssen ForscherInnen ihr Recht auf freie Forschung, konkret aber auch ihr »Hausrecht« behaupten, das auch für Internetforen gilt (vgl. Rinken 2008).

Zum anderen bestand in inhaltlich-methodischer Hinsicht die Moderation aus mehreren nacheinander gesetzten parallelen Threads (s. Abbildung 1.4.2), die

Abbildung 1.4.1   Forumsseite (www.nach911.de)

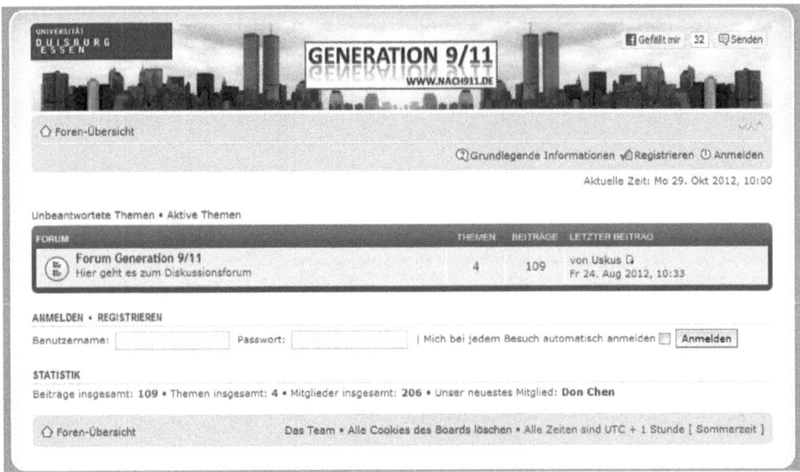

Abbildung 1.4.2   Forumsübersicht

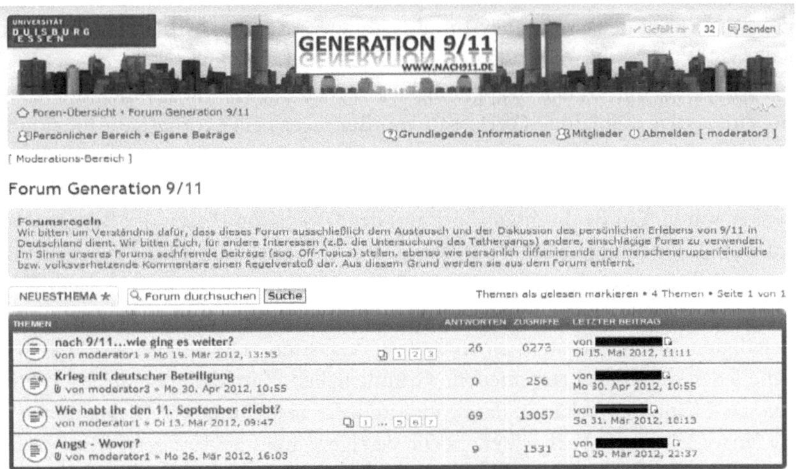

Abbildung 1.4.3   Eingangsstimulus

jeweils durch Stimuli der (als solche erkennbaren) ModeratorInnen begonnen und inhaltlich aus dem bisherigen Diskussionsverlauf entwickelt wurden. Abbildung 1.4.3 zeigt den Eröffnungsstimulus im zuerst gesetzten Thread. Neben Text wurde bei einigen Stimuli zusätzlich auch Bild- und Videomaterial verwendet.

Die Teilnahme an der Gruppendiskussion stand allen NutzerInnen offen, wobei eine aktive Teilnahme (Verfassen von Beiträgen) eine vorherige Anmeldung erforderte und Forumsregeln unterlag, die, ebenso wie Erklärungen und Empfehlungen zum Schutz der personenbezogenen Daten, in offenen Menüfeldern einsehbar waren. Ein Beobachten (Lurking) der Diskussion (Lesen der Beiträge; Betrachtung des Bildmaterials) war dagegen auch ohne Anmeldung möglich; die Gruppendiskussion wurde also öffentlich durchgeführt.

Das Forum hatte 173 Mitglieder, von denen sich 54 aktiv an der Diskussion beteiligten, d. h. mindestens einen Beitrag verfassten.[7] Die hohe Anzahl passiver Mitglieder kann dabei verschiedene Gründe haben. Zum einen ist für Internetforen das Phänomen bekannt, dass Neumitglieder erst einmal die Diskussion relativ lange Zeit passiv beobachten, bevor sie eigene Beiträge verfassen (Evans et al. 2001, S. 154; Taddicken und Bund 2010, S. 181). Es kann nicht beurteilt werden, ob diese Mitglieder bei einem längeren Diskussionsverlauf noch aktiv geworden wä-

---

7   Die Zahl der Mitglieder und Postings bezieht sich auf Beiträge und UserInnen, die sich legal verhalten und an die Forumsregeln gehalten haben.

ren. Denn zum zweiten ist ohnehin nicht festzustellen, ob eine Anmeldung in unserem Forum mit der Absicht erfolgte, einen (wenn auch späteren) eigenen Beitrag zu verfassen: In vielen, wenn nicht sogar den meisten Foren ist es notwendig, sich registrieren zu lassen, um Beiträge lesen zu können. Obwohl dies bei uns nicht notwendig war, haben sich vielleicht deshalb viele UserInnen von vornherein nur zum Mitlesen und »Reingucken« angemeldet.

Insgesamt wurden 84 Beträge in unserem Forum gepostet, wobei alle in den ersten beiden Wochen nach Forumseröffnung erfolgten und die Forumsdiskussion ebenso wie der Zuwachs ihrer Mitglieder im Prinzip eine Dauer von nur zwei Wochen hatte. Auch die gesamte Aufmerksamkeit gegenüber dem Forum ist zeitlich begrenzter als es von uns einkalkuliert worden war. So lassen die Entwicklungen der Besuchszahlen und der Beiträge eine ähnliche Dynamik erkennen: Zunächst erfolgt ein schneller Anstieg in den ersten Tagen und Wochen des Forums, gefolgt von einer langsam sinkenden Beteiligung bis zum völligen Erliegen der Diskussion.

Diese Dynamik der (aktiven wie passiven) Aufmerksamkeit gegenüber dem Forum kann zum einen auf seine mediale Öffentlichkeitswirkung zurückgeführt werden, die Mitte März 2012 ihren Höhepunkt hatte und zu den sichtbaren Spitzen führte. Allerdings lässt sich ein deutlicher Zusammenhang zwischen der Moderation durch das Forschungsteam und der Diskussionsdynamik feststellen. So scheinen das Setzen neuer Threads bzw. Stimuli und dessen Bekanntgabe (durch Rundmails und RSS-Abonnements) jeweils zur Registrierung neuer Mitglieder geführt zu haben. Auch die Hochs in der aktiven Diskussionsbeteiligung können damit erklärt werden, wenn auch die Beteiligung nicht immer direkt in den jeweils neuen Threads erfolgte, sondern ihre Eröffnungen eher zum Anlass genommen wurden, sich überhaupt oder erneut zu beteiligen. Abbildung 1.4.4 zeigt die Entwicklung der Beiträge und Mitgliederzahlen.

Aufgrund der bisher sehr geringen empirischen Erfahrungen mit asynchronen Online-Gruppendiskussionen lässt sich nicht beurteilen, ob die relativ kurze Dauer der Forumsdiskussion »Generation 9/11?« als suboptimal oder gar als zumindest partielles Scheitern anzusehen ist – oder ob es sich nicht vielmehr um einen normalen Verlauf handelt (und unsere eigenen Erwartungen entsprechend überzogen waren). Im Projekt »Generation 9/11?« haben wird jedenfalls auch trotz der (vermeintlich) kurzen Dauer der Diskussion hinreichend viele und dabei inhaltlich aussagekräftige Beiträge gewinnen können. Neben den genannten äußeren Faktoren konnten dabei auch inhaltliche Gründe für die Diskussionsdynamik festgestellt werden. So zeigten sich Korrespondenzen zwischen der Forumsbeteiligung und den von uns vermuteten gemeinsamen Ankerpunkten des Erlebens von »9/11«. Hiernach sind die Anschläge für die Gruppe wichtiger als ihre innen- und außenpolitischen Folgen. Entsprechend richtet sich die gesamte

Abbildung 1.4.4   Mitgliederzahlen und Beiträge im Forum »Generation 9/11«

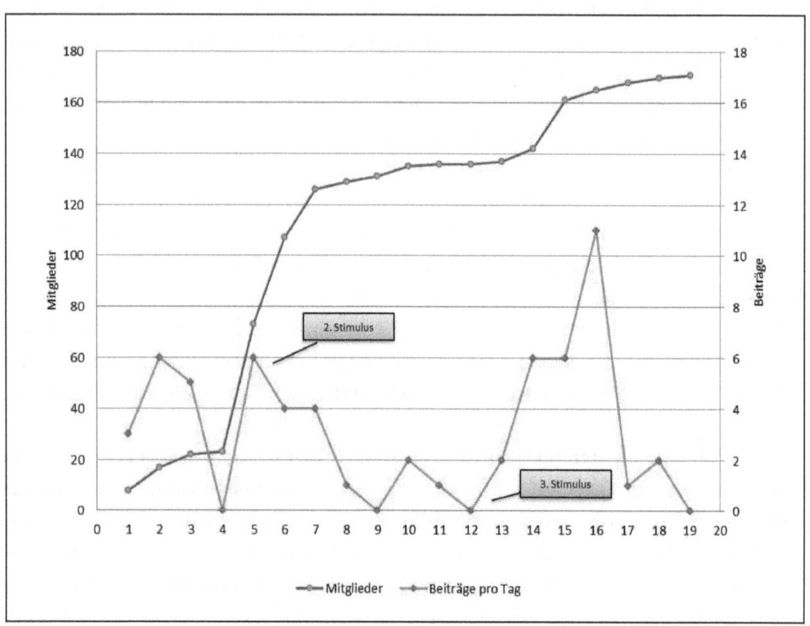

(d. h. auch die passive) Aufmerksamkeit der TeilnehmerInnen fast ausschließlich auf die zuerst gesetzten Themen, die auf das unmittelbare Erleben der Anschläge zielten – und das auch dann noch, als die Diskussion längst zum Erliegen gekommen war. Dies kann auch im Sinne einer Homologie von Darstellungs- und Erfahrungsstruktur interpretiert werden, die grundsätzlich für alle qualitativen Verfahren angenommen werden kann, also auch für asynchrone Forumsdiskussionen. Die Beendigung der Diskussion wäre dann »natürlich« in der Erfahrungsstruktur der teilnehmenden Generationsangehörigen begründet.

2   Asynchrone Forumsdiskussionen: Chancen und Herausforderungen

Schriftlichkeit und Asynchronität sind sicher die wichtigsten Merkmale von Online-Gruppendiskussionen in Internet- und Webforen. Beide stellen die qualitative Sozialforschung vor neue Herausforderungen, denn weder Schriftlichkeit noch Asynchronität waren bisher ein zentraler Gegenstand qualitativ-methodologischer Überlegungen, geschweige denn im Zusammenhang mit Gruppendiskussionsverfahren. Dem stand bisher die zumindest »stillschweigende« Übereinkunft entgegen, dass die qualitative Sozialforschung, sofern sie nicht ohnehin auf »natürliche Daten« zurückgreift, ihre Daten in Face-to-Face-Situationen gewinnt, und das heißt: mündlich und in Echtzeit (vgl. hierzu ausführlich: Schiek 2014).

Sicher ist dies aber auch forschungspragmatisch begründet. So dürfte eine schriftlich-qualitative Befragung deutlich aufwändiger und schwieriger durchzuführen sein als ein Interview. Mit dem Web 2.0 hat sich die Situation jedoch grundlegend geändert: Noch nie gab es so vielfältige Kommunikationsformen (Email, SMS, Foren, Chats, Bewertungsportale, Social Networking usw.), noch nie haben so viele Menschen so viel und so häufig schriftlich kommuniziert (zur Nutzung des Social Web vgl. u. a. Gerhards et al. 2008; Schmidt 2008) und noch nie zuvor konnten sie dabei so gut beobachtet werden. Hieraus ergeben sich gerade für das Verfahren der Gruppendiskussion neue Möglichkeiten, aber auch klärungsbedürftige methodische Fragen. Vier dieser Fragen sollen in den nächsten Abschnitten vorgestellt und anhand unserer eigenen Erfahrungen aus dem Projekt »Generation 9/11«, aber auch auf der Basis allgemeiner Überlegungen diskutiert werden. Im Einzelnen werden folgende Aspekte erörtert: die Selektivität der Teilnahme (2.1), die Strukturierung der Gruppendiskussionen durch die ModeratorInnen (2.2) und der Umgang mit Off-topics (2.3).

2.1   Die vermeintliche Selektivität der Teilnahme

Die tatsächliche oder auch nur vermutete Selektivität der Teilnahme an Forumsdiskussionen und anderen Online-Kommunikationsmedien (allgemeiner: die unterschiedliche und eingeschränkte Erreichbarkeit von Personengruppen im Netz) ist ein zentraler Einwand, der gegen Online-Forschung vorgebracht wird. Bei den Social Media besteht dieses Problem gleich doppelt: Einerseits fungiert das Internet als Zugangsfilter, andererseits kann sich aber auch das jeweilige Medium als Hürde einer Teilnahme erweisen. Bei der Diskussion in einem Webforum können etwa, so die verbreitete Annahme, nur UserInnen und nur solche mit einer gewissen Forenaffinität erreicht werden.

Eine besondere Hürde bzw. ein besonderes Selektionselement wird dabei vor allem in der Notwendigkeit gesehen, schriftliche Beiträge zu verfassen.[8] Dass die

---

8   Ein weiteres »klassisches« Argument gegen Online-Forschung, der limitierte Zugang zu Netzmedien und die mit deren Nutzung verbundenen Kosten (vgl. z. B. Murray 1997, S. 545), dürfte angesichts der allgemeinen Verbreitung der Internets heute von eher geringer Bedeutung sein.

Motivation und Fähigkeit zu schriftlichen Beiträgen einen Einfluss auf die Teilnahme an asynchronen Online-Gruppendiskussionen hat, dürfte unbestritten sein; die Frage ist, wie stark dieser Einfluss ist.

Ein Blick in typische Webforen wirkt hier allerdings beruhigend: Eine geringe schriftliche Ausdrucksfähigkeit (oder -willigkeit) scheint zumindest viele (wenn sicher auch nicht alle) UserInnen nicht davon abzuhalten, sich aktiv in Diskussionsforen zu beteiligen. Die einst von Simmel (1908) betonten Besonderheiten des schriftlichen Ausdrucks haben zumindest eher wenig mit der Realität heutiger Online-Kommunikationsformen gemein, die wenige Hemmungen erkennen lassen, sich auch schriftlich umgangssprachlich auszudrücken (Oraliterarität) oder die Rechtschreibe- und Grammatikregeln zu missachten (Bampton 2002).

Ganz auszuschließen ist aber natürlich nicht, dass Probleme im schriftlichen Ausdruck oder der damit verbundene Aufwand eine Beteiligung an Foren- und anderen Online-Diskussionen einschränken; und dies könnte sogar noch mehr der Fall sein, wenn eine Gruppendiskussion explizit zu Forschungszwecken durchgeführt wird. Auf der anderen Seite sollte nicht vergessen werden, dass ähnliche Probleme selektiver Beteiligung auch bei mündlichen Beiträgen in konventionellen Gruppendiskussionen auftreten (können). Asynchrone Online-Gruppendiskussionen unterscheiden sich also nicht dadurch von Face-to-Face-Gruppendiskussionen, dass die Schriftlichkeit der Beiträge Selektionseffekte hat, sondern dass hier andere Selektionseffekte auftreten. Welche Folgen diese (jeweils) für die Durchführung und den Erfolg der Gruppendiskussionen haben und ob und welche Gegenstrategien möglich sind, muss für jeden Forschungskontext einzeln entschieden werden.

Das für die standardisierte Forschung so zentrale Problem der Repräsentativität hat dabei für die qualitative Online-Forschung keine Bedeutung. Das gilt jedoch nicht für die Möglichkeit systematischer, dem/r ForscherIn nicht bekannter »Schieflagen« bei der Beteiligung. Zum Teil kann dies durch eine gezielte, eventuell offline durchgeführte Rekrutierung verhindert werden. Bei offenen (asynchronen) Online-Gruppendiskussionen (wie dem Forum »Generation 9/11?«) besteht eine solche Option jedoch nicht. Hier ist man überwiegend auf Selbstrekrutierungen angewiesen, wobei Hinweise und Aufrufe zur Teilnahme in anderen Medien zu weiteren Verzerrungen führen können.[9]

---

9   Es ist jedoch möglich und üblich, die Beteiligung an für die Gruppendiskussion genutzten Medien von einer Anmeldung abhängig zu machen. Dies ermöglicht nicht nur eine Sanktionierung von Regelverletzungen, sondern auch Informationen über die TeilnehmerInnen, sodass zumindest abgeschätzt werden kann, inwiefern etwa Selbstrekrutierungsprozesse zu einer »schiefen« Zusammensetzung der TeilnehmerInnengruppe geführt haben.

Die Befürchtung einer hohen Selektivität der Beteiligung bestätigte sich im Forum »Generationen 9/11« insgesamt nicht. Es gibt vielmehr klare Anzeichen für eine hohe Beteiligung untypischer (Foren-unerfahrener) TeilnehmerInnen. So ist z.B. der Anteil von Beiträgen, die einem Netz- bzw. Forenjargon (z.B.: Verwendung von Emoticons; typische Abkürzungen; Begrüßungs- und Anredeforme(l)n) abgehalten sind, relativ gering. Von den insgesamt 84 Beiträgen sind es nicht einmal 10 Beiträge, die auf die Zugehörigkeit zur Online-Community oder zu in den Social Media besonders erfahrenen und aktiven Gruppen schließen lassen. Zudem ergaben sich kaum Hinweise, dass TeilnehmerInnen einer oder mehreren Communities angehörten, die im Netz bereits unabhängig vom eingerichteten Forum existierten (die Beteiligten kennen sich also nicht bereits aus anderen Social Media-Zusammenhängen).[10]

Über die Gründe, warum im Webforum »Generation 9/11?« ein relativ breiter TeilnehmerInnenkreis erreicht werden konnte, können hier nur Vermutungen angestellt werden. Zunächst ist natürlich zu beachten, dass die Altersgruppe, die sich primär an der Online-Gruppendiskussion teilnehmen sollte, grundsätzlich als eher Internet-affin gelten kann, sodass die Nutzung des Internets selbst keine große Rekrutierungshürde gewesen sein dürfte.

Als wichtigen Grund dafür, dass dabei nicht nur in den Social Media aktive und »onlinediskussionsfreudige« Personen angesprochen und erreicht wurden, kann dagegen der wissenschaftlich-sozialforscherische Charakter der Gruppendiskussion angesehen werden, der u.a. durch die Verwendung des Universitätslogos, durch besondere Forumsregeln (u.a. genaue Definition dessen, was als Beitrag akzeptiert wird; keine Möglichkeit zur Eröffnung von Threads durch die TeilnehmerInnen) sowie durch wiederholte Erinnerungen an den wissenschaftlichen Zweck des Forums hervorgehoben wurde. Darüber hinaus hat vermutlich auch die gezielte Bewerbung des Forums sowohl in Online- als auch in Offline-Medien, bei der wiederum der wissenschaftliche Charakter des Forums hervorgehoben wurde, dazu beigetragen, dass sich eine vergleichsweise hohe Zahl Forenuntypischer NutzerInnen an der Online-Gruppendiskussion beteiligt hat.

---

10 Diese Hinweise auf eine hohe Beteiligung Foren-untypischer TeilnehmerInnen gelten allerdings nur für die themenbezogenen Beiträge. Sachfremde und Forumsregeln verletzende Beiträge wurden dagegen überwiegend von typischen ForennutzerInnen verfasst, wobei hier die entgegengesetzten Merkmale beobachtet werden können (Netzjargon, Beschwerden über die Forumsregeln, wechselseitige Bekanntschaft aus anderen Netzzusammenhängen).

2.2 Moderation und Strukturierung von Forumsdiskussionen

Unbestritten und vielfach betont unterscheiden sich die Moderationsanforderungen von Online-Gruppendiskussionen, und insbesondere von asynchronschriftlichen, in vielen Punkten von denen bei Face-to-Face-Gruppendiskussionen (vgl. Gaiser 2008, S. 296 ff.). Kelle et al. (2009, S. 192) führen dies u. a. auf die hohe Abhängigkeit von der Motivation der TeilnehmerInnen (bei schriftlichen Beiträgen) zurück. Es wäre aber voreilig, asynchrone Online-Gruppendiskussionen angesichts bestehender Restriktionen bei der Moderation als im Vergleich zu Face-to-Face-Gruppendiskussionen defizitär zu qualifizieren. Denn wenn auch asynchrone Online-Gruppendiskussionen aufgrund der zeitlichen Verzögerungen und der geringen Unmittelbarkeit der Kommunikation als weniger moderatorInnenzentriert gelten als Face-to-Face-Gruppendiskussionen, so stehen den ModeratorInnen dennoch verschiedene Steuerungsmöglichkeiten zur Verfügung. Den Einschränkungen bei der Gestaltung von Gruppendiskussionen stehen also auch neue Gestaltungsoptionen gegenüber.

Zwei Aspekte der Strukturierung asynchroner Online-Gruppendiskussionen sollen hier diskutiert werden: Im Folgenden wenden wir uns zunächst der Frage zu, wie geeignete Diskussionsstimuli gesetzt werden können. Wie die Moderation mit sachfremden Beiträgen, sog. Off-topics, umgehen kann, wird in Abschnitt 2.3 diskutiert.

Wenn bisher auch wenig empirische Erfahrungen mit eigenständig durchgeführten asynchronen Online-Gruppendiskussionen vorliegen (vgl. aber Kelle et al. 2009; Murray 1997; Rezabek 2000; Stewart und Williams 2005), so lässt sich doch vermuten, dass diese bei Ingangsetzung der Diskussion, aber auch bei deren Aufrechterhaltung durch neue Impulse, aufgrund der Alokalität und Asynchronität vor anderen Herausforderungen stehen als konventionelle Gruppendiskussionen.

Der Eingangssequenz kommt in Gruppendiskussion und Interviews ohnehin bereits eine besondere Bedeutung zu, weil Befragte in der Regel hier am klarsten zeigen, wie sie etwas verstanden wissen, was sie für den weiteren Verlauf ausschließen und was sie dagegen eröffnen wollen (Oevermann et al. 1980, S. 44). Wenn also auch allgemein von einer geringeren ModeratorInnenzentriertheit von Online-Gruppendiskussionen ausgegangen wird (Erdogan 2001; Graffigna und Bosio 2006; Schneider et al. 2002), so ist doch anzunehmen, dass sich TeilnehmerInnen in asynchronen und schriftlichen Verfahren stärker und häufiger auf den Grundreiz beziehen als in synchronen Online- und Face-to-Face-Verfahren, ganz einfach, weil sie die Möglichkeit dazu haben, und vermutlich auch, weil es für ihre Orientierung in der (zeitlich viel gestreckteren) Diskussion erforderlich ist. Dem Eingangsstimulus kommt hier daher eine noch stärkere, vorstrukturierende Rolle zu.

Bei dem der eigenen Erlebnisschilderung vorangehenden Grundreiz sind die Variationsmöglichkeiten beim Anfangsstimulus (und ebenso bei späteren Themenwechseln und weiteren Stimuli) ähnlich hoch wie bei face-to-face durchgeführten Diskussionen. Womöglich bestehen in Forumsdiskussionen (und ebenso in anderen Online-Formen) sogar noch mehr Möglichkeiten zur Anregung der Diskussion als in konventionellen Formen. Dafür gibt es drei Gründe: Zum einen können auch in klassischen Gruppendiskussionen verwendete Hilfsmittel wie Bild- und Videomaterial online intensiver genutzt werden. Hierfür sprechen eine höhere Sichtbarkeit des Materials (am individuellen Bildschirm) und vor allem die Möglichkeit, solche Materialen jederzeit und in größerem Umfang wieder aufzurufen, wenn sie allen TeilnehmerInnen zur Verfügung gestellt werden.[11]

Dadurch dass die TeilnehmerInnen alle Stimuli (die Diskussionsaufforderung, Themenwechsel usw.) zu jeder Zeit wieder aufrufen können, unterliegen asynchrone Online-Gruppendiskussionen vermutlich weniger der Gefahr, dass gesetzte Stimuli in der Gruppendynamik untergehen und »versanden«. Schließlich besteht auch die Möglichkeit, durch Techniken des Social Web, wie virtuelle grafische Räume oder Avatare, Kontextbedingungen zu erzeugen, die sich motivierend und strukturierend auf die Online-Gruppendiskussion auswirken.[12]

Wichtig für die Frage des Setzen geeigneter Stimuli ist schließlich auch die Frage, ob die Eröffnung neuer Threads nur den ModeratorInnen oder, wie in Webforen eher üblich, allen TeilnehmerInnen des Forums möglich ist.[13] Welches Vorgehen angemessen ist, hängt von den konkreten Forschungsinteressen ab. Grundsätzlich besteht hier ein Zielkonflikt zwischen den Steuerungsmöglichkeiten und -notwendigkeiten (höher, wenn nur ModeratorInnen Threads eröffnen können) auf der einen Seite und der Offenheit und Selbstläufigkeit der Gruppendiskussion (höher, wenn auch TeilnehmerInnen Threads eröffnen können) auf der anderen. Das Threading durch TeilnehmerInnen kann sich zudem auch auf deren Motivation auswirken: Ein Unterbinden von Teilnehmerthreads kann zumindest auf die TeilnehmerInnen, die einen Thread eröffnen wollen, demotivierend wirken. Ähn-

---

11 So kann z. B. ein als Diskussionsstimulus verwendeter Film jederzeit von allen TeilnehmerInnen hochgeladen werden.

12 Solche Optionen sind bisher allerdings noch wenig erprobt, sodass bisher kaum etwas darüber ausgesagt werden kann, wie sie sich auf Gruppendiskussionen auswirken (für eine frühen Versuch vgl. Stewart und Williams 2005; für ähnliche Überlegungen und Erfahrungen im Bereich der Marktforschung vgl. Scholz 2008).

13 Zudem sind auch Zwischenformen möglich, z. B. die Eröffnung durch TeilnehmerInnen, die einem bestimmten, vorher definierten Status erreicht haben (z. B. Mindestanzahl von Beiträgen, längere Mitgliedschaft), oder die Aufforderung, den ModeratorInnen Vorschläge für neue Threads zu machen.

liches ist auf der anderen Seite aber auch bei einem unkontrollierten und daher ausufernden Threading zu befürchten.

Diese Bedenken ergeben sich vor allem aus der Perspektive der alltagsweltlichen Nutzung von Online-Foren. Aus der Perspektive ihrer Verwendung als reaktives Erhebungsinstrument ist allerdings zu bedenken, dass das Threading das Äquivalent zum Diskussionsleitfaden bildet und die Formel offener Befragungen, dass die Befragten den Verlauf der Diskussionen zu bestimmen haben, in zwei Richtungen in die asynchrone Online-Gruppendiskussion übersetzt werden kann: Auf der einen Seite haben die Befragten hier nun die technische Möglichkeit, auch wirklich und explizit die Diskussionsthemen zu bestimmen und entsprechend zu eröffnen. Auf der anderen Seite haben ForscherInnen hier die Chance, in Ruhe analytisch zu entscheiden, welche Themen den Befragten gemeinsam (!) relevant und in einem eigenen Diskussionsstrang weiterzuführen sind – etwas, was den Befragten wiederum kaum zugemutet werden kann, sondern im Kompetenzbereich und hier nun auch im zeitlichen Spielraum qualitativer SozialforscherInnen liegt.

So wurden im Forschungsforum zur »Generation 9/11« die Threads nacheinander gesetzt und jeweils aus dem bisherigen Diskussionsverlauf bestimmt, wobei auch ein weiter reichender Diskussionsleitfaden erstellt, aber entsprechend der Entwicklung der Diskussion flexibel gehandhabt wurde. Wie wir oben berichtet haben (Abschnitt 1.4), wurden die einzelnen Threads unterschiedlich stark von den TeilnehmerInnen angenommen, was auch inhaltlich (Homologie von Darstellungs- und Erfahrungsstruktur) begründet sein kann.

Nicht nur zur Gesamtlänge der Diskussion, sondern auch zur Beurteilung der Frage, wie gut Forumsdiskussionen tatsächlich in Gang gesetzt und in eine Interaktionsdynamik gebracht werden können, liegen insgesamt nicht genügend Erfahrungen vor. Beim Webforum »Generation 9/11« war die Initiierung der Gruppendiskussion unproblematisch. Die Diskussion verlief gleich am Tag der Öffnung des Forums sehr intensiv, wobei die Intensitätsmerkmale von synchronen Face-to-Face-Diskussionen (häufige SprecherInnenwechsel, gegenseitiges Ins-Wort-Fallen, Wort-Abbrüche, Stocken usw.) in das asynchrone und schriftliche Online-Format übersetzt werden müssen (u. a. Beitragsanzahl/Zeit, Hektik des Schriftbilds, nachgeschobene Ergänzungen und Korrekturen, Zitate als direkte Bezugnahmen).[14]

Insgesamt scheinen unsere Ergebnisse aber die Einschätzung von Kelle et al. (2009: 193) zu bestätigen, dass sich »im Vergleich mit Moderationsaufgaben bei der klassischen Gruppendiskussion [...] der Verantwortungsbereich des Modera-

---

14 Wie bereits in Abschnitt 1.4. verdeutlicht wurde, kann der Intensitätsabfall innerhalb von zwei Wochen mangels empirischer Erfahrungen, die als Vergleich dienen könnten, methodisch nicht beurteilt werden.

tors von einer eher non-direktiven Diskussionsleitung auf die Aufrechterhaltung des Diskussion durch Teilnehmermotivierung über einen längeren Zeitraum« verlagert – zumal die Interventionen bzw. Stimuli seitens der Moderation in unserem Fall in einem deutlichen Zusammenhang mit Schüben der Beteiligung im Forum stehen. Dies widerspricht gleichzeitig den oben erwähnten Beobachtungen, dass Online-Diskussionen weniger moderatorInnenzentriert seien als konventionelle Gruppendiskussionen. Allerdings kann die Bezugnahme auf den/die ModeratorIn auch strukturell (durch die Wahl der Geschichten, die Reihenfolge der Darstellung usw.) erfolgen, was sich nicht immer sofort feststellen lässt – in den Studien, in denen eine geringere ModeratorInnenzentriertheit von Online-Gruppendiskussionen beschrieben wird, lässt sich nicht erkennen, woran der ModeratorInnenbezug (und die Bezüge der TeilnehmerInnen untereinander) bemessen wird und ob das ModeratorInnenverhalten als solches dabei kontrolliert, d.h. variiert wurde. In den asynchronen Verfahren, die den ForscherInnen erheblich mehr Zeit lassen, können solche Bezugnahmen aber noch in der laufenden Diskussion analysiert und in weitere Moderations- und Steuerungsstrategien umgesetzt werden.

2.3   Der Umgang mit Off-topics

Neben der Stimulierung der Diskussion können Forumsdiskussionen im Internet die ForscherInnen auch vor besondere Herausforderungen stellen, die bei konventionellen Gruppendiskussionen zumindest in dieser Form nicht auftauchen. Hierzu gehören die Unterbindung bzw. Eindämmung von Missbrauch sowie, im Extremfall, die Abwehr von Übernahmeversuchen und die Verhinderung von Straftatbeständen, die auch den Gebrauch des Hausrechts notwendig machen können. Ratsam, wenn auch nicht ausreichend, scheint daher zunächst, dass das Programm und die Regeln der Diskussion, die man klassischerweise im Zuge der Einladung und im Vorab der Gruppendiskussion erklären würde, möglichst genau schriftlich verfasst und leicht auffindbar platziert werden. Im Projekt »Generation 9/11?« erwies sich zudem ein wiederholtes Erinnern an die Forumsregeln sowie deren Kontrolle als notwendig.

Dennoch kommt es auch in angeleiteten Forumsdiskussionen zu sog. Off-topics, die die Moderation asynchroner Online-Gruppendiskussionen, vor allem wenn diese offen und öffentlich durchgeführt werden, vor erhebliche Probleme stellen können. Als »off topic« werden in der Internetkommunikation Äußerungen und Beiträge bezeichnet, die am Thema vorbeigehen, also sachfremd sind. Die Bezeichnung von Kommunikationsbeiträgen als off topic macht also nur dort Sinn, wo ein thematisch definierter Diskussionszusammenhang besteht. Dies ist in Webforen und anderen Social Media meist der Fall. Ebenso gehören Off-topic-Beiträge (oder kurz: Off-topics) zu den normalen Begleiterscheinungen jeglicher thematisch gebundener Kommunikation und sind insofern ein alltägliches Phänomen.

Off-topic ist ein negativ definierter Begriff; entsprechend groß ist die Vielfalt sachfremder Beiträge. Als »reine Off-topics« können Beiträge bezeichnet werden, in denen, meist nach einem themenbezogenen Teil, inhaltlich vom Thema abgeschweift wird. Gründe dafür können mangelnde Konzentration, aber auch Missverständnisse über das eigentliche Thema sein. Davon sind »gezielte Off-topics« zu unterscheiden. Hierbei handelt es sich um Versuche, das Forum entweder gezielt für andere Themen zu benutzen oder aber die laufende Gruppendiskussion durch unpassende Beiträge zu (zer)stören. Übliche Regelverletzungen (u. a. Beiträge mit antisemitischen, rassistischen oder sexistischen Inhalten) stellen eine weitere Gruppe von Off-topics dar. Ein weiterer, ebenfalls eher häufiger Typus von Off-topics sind Beleidigungen anderer TeilnehmerInnen oder der ModeratorInnen. Schließlich sind auch metakommunikative Beiträge, sofern sie nicht einem direkten und konstruktiven Bezug zum Forumsthema stehen, als off-topic zu klassifizieren.

In der qualitativen Sozialforschung fällt den InterviewerInnen oder ModeratorInnen die Aufgabe zu, Abschweifungen vom Forschungsthema zu begrenzen, wobei die einzelnen Methoden dabei unterschiedliche Grenzen ziehen und unterschiedliche Techniken bereitstellen. Meist erfolgen entsprechende Eingriffe in zurückhaltender und subtiler Weise (z. B. durch nonverbale Signale oder einen Themenwechsel). Dies ist prinzipiell unproblematisch, weil von einer grundsätzlichen Einwilligung der Befragten bzw. TeilnehmerInnen in Thema und Art der Forschung ausgegangen werden kann.

In der Online-Forschung stellt sich das Problem der Off-topics jedoch in deutlich schärferer Form: So fehlen non- und paraverbale Kommunikationsmöglichkeiten, was eine subtile Steuerung nahezu unmöglich macht. Vor allem aber ist aufgrund der anonymen Erhebungssituation eine höhere Neigung bzw. eine geringere Hemmschwelle, Off-topic-Beiträge zu verfassen, anzunehmen. Bei offenen Erhebungsverfahren wie asynchronen Online-Gruppendiskussionen ist zudem von einer relativ hohen TeilnehmerInnenzahl auszugehen, die sich zudem den ForscherInnen und dem Forschungsziel wenig verpflichtet fühlen. Dies erhöht nicht nur die Wahrscheinlichkeit von Off-topics, sondern auch die Möglichkeit wechselseitiger Bestärkungen der VerfasserInnen von Off-topic-Beiträgen.

Treten Off-topics in größerem Umfang auf, ist dies auch für Forumsdiskussionen ein Problem, denn hierdurch steigt die Gefahr, dass die ModeratorInnen vorübergehend oder sogar dauerhaft die Kontrolle über die Diskussion verlieren. Bei einem hohen Anteil von Off-topics besteht vor allem die Gefahr, dass am Diskussionsthema interessierte TeilnehmerInnen frustriert werden und für den Forschungsprozess verloren gehen. Insbesondere wenn Forumsdiskussionen offen und öffentlich durchgeführt werden, besteht daher die Notwendigkeit, ein häufiges Auftreten von Off-topics zu unterbinden. Wie dringend ein Einschreiten und welcher Form es angeraten ist, hängt dabei auch von der Forschungsfrage und von der Art der Off-topics ab. Insbesondere wenn von (mehreren) TeilnehmerInnen offensichtlich und gezielt vom Thema abgewichen wird, scheint ein schnelles Eingreifen ratsam, um ein Entgleiten der Diskussion zu verhindern.[15]

Dabei erweist sich beim Umgang mit Off-topics die Asynchronität als Vorteil, denn im Unterschied zu synchronen Verfahren besteht hier mehr Zeit für die Identifizierung eines Off-topic-Beitrags und für die Entscheidung, wie mit ihm umzugehen ist. Doch auch ModeratorInnen asynchroner Online-Gruppendiskussionen stehen vor der Frage, wie sie Off-topic-Beiträge identifizieren können (und zumindest bei juristisch heiklen Off-topics stehen sie dabei auch unter zeitlichen Druck). In vielen Fällen wird eine Identifikation jedoch leicht sein oder der Off-topic-Charakter wird gar von den VerfasserInnen explizit gemacht.

Grundsätzlich ist man aber sicher gut beraten, Beiträge im Zweifelsfall als themenbezogen zu behandeln. Denn jede Zurückweisung eines Beitrags als sachfremd birgt auch die Gefahr, der Diskussionskultur zu schaden und Informationen zu verschenken. Zum Teil werden Off-topics aber auch während der Gruppendiskussion von den ModeratorInnen nicht (rechtzeitig) erkannt, sodass der Off-topic-Charakter womöglich erst später oder gar erst bei der inhaltsanalytischen Auswertung entdeckt wird.

3   Fazit

Forums- und andere asynchrone Online-Gruppendiskussionen sind nicht nur immer mehr Gegenstand qualitativer Forschung, sondern werden auch zunehmend als Erhebungsinstrumente für Forschungszwecke verwendet. Allerdings finden sich bislang noch wenige Erfahrungen und entsprechende Reflexionen ihrer Einsatzmöglichkeiten und -bedingungen. Welche Vorteile bietet nun die Verwendung asynchroner Online-Gruppendiskussionen als Erhebungsinstrument der qualita-

---

15 So hätte in unserem Fall, in dem wir die zentralen gemeinsamen Aspekte des Erlebens von »9/11« untersuchen wollten, eine weniger starke Kontrolle der Off-topics dazu geführt, dass die Gruppendiskussion von sog. verschwörungstheoretischen Spekulationen dominiert worden wäre. Angesichts der hohen Attraktivität von Ereignissen wie dem 11. September für Verschwörungstheorien (vgl. hierzu Jaecker 2012; Kuhn 2010; Wippermann 2007) und der entsprechenden Verbreitung derartiger Spekulationen im Internet, die uns im Vorfeld bekannt war, wäre dies eine keineswegs überraschende Entwicklung gewesen.

tiven Sozialforschung und von welchen Bedingungen hängt eine fruchtbare Nutzung ab? Aus dem hier Dargelegten lassen sich hierzu im Wesentlichen die folgenden Schlussfolgerungen ziehen:

Asynchronität und Schriftlichkeit bieten sich besonders für Fragestellungen an, die auf Erfahrungen abzielen, die möglicherweise (noch) nicht spontan und am Stück narrativ dargelegt werden können sondern dem/r Befragten Zeit zur Selbstreflektion sowie Möglichkeiten einräumen müssen, Erfahrungen fragmentarisch wiederzugeben – ohne nicht auch dort Geschichten erzählen zu können, wo es bereits welche zu erzählen gibt. Kurzum: In Forumsdiskussionen können ganz unterschiedliche Genres an Darstellungen bedient und sich so jenen »natürlichen« Erlebnisstrukturen angenähert werden, welche (noch) nicht geronnen sind. So erschließt sich der qualitativen Forschung ein neuer Datentyp. Zwar verlangen Forumsdiskussionen im Gegensatz zu den spontanen Darstellungszwängen und Verstehensmöglichkeiten sowohl dem/r Befragten als auch dem/r ForscherIn mehr Aufwand ab, relevante Stränge erkennen und weiterverfolgen zu können, räumen über die verzögerte Interaktion die Gelegenheit hierzu allerdings auch erst ein.

Ferner bieten Forumsdiskussionen darüber, dass sie öffentlich und offen sein können, gegenüber anderen Online-Gruppendiskussionen und synchronen Face-to-Face-Verfahren den Vorteil eines während der gesamten Erhebung offenen und unbegrenzten Samplings – was für (bestimmte) qualitative Fragestellungen interessant oder sogar notwendig sein kann. Dass dies gerade online zu einer ganz spezifischen Selektivität führt, ist ein Problem, das sich unseres Erachtens vor allem dann stellt, wenn man sich entweder in oder mit einem Forum den »natürlichen« Forumsdiskussionen soweit wie möglich annähern möchte. Wir kommen damit zu den Bedingungen, die den Einsatz von Forumsdiskussionen als qualitatives Erhebungsinstrument unserer Erfahrung nach erst erfolgreich machen.

Forumsdiskussionen (teilnehmend) zu beobachten ist für Fragestellungen interessant, die auf die natürlichen Forumsprozesse oder andere Gegenstände zielen, zu denen (im Internet) natürliche Daten produziert werden. Demgegenüber kann die Initiierung und Moderation eines Webforums zu Forschungszwecken die o. g. Vorteile auch für jene Forschungsinteressen erfüllen, zu denen im Internet keine oder nur selektiv Daten zur Verfügung stehen. Je weniger das Forum dabei an das natürliche Forumsverhalten angelehnt ist und je mehr also ein wissenschaftlicher Erhebungsprozess in den Vordergrund gestellt und durchgesetzt wird, desto erfolgreicher können die entsprechenden Daten gewonnen werden. So haben wir zeigen können, dass es die wissenschaftliche Rahmung und aktive Moderation eines Diskussionsforums sind, die auch Beiträge von forumsuntypischen TeilnehmerInnen hervorlocken können und unter Umständen überhaupt nur die Generierung von forschungsrelevanten Daten ermöglichen. Forumsdiskussionen sind daher als reaktives und dabei aktiv moderiertes Erhebungsinstrument besonders interessant für Fragestellungen, für deren Untersuchung man sich die Anonymität, Schriftlichkeit und Asynchronität von Internetforen zunutze machen möchte und von denen man vermutet, dass es sich um Felder handelt, in denen für qualitative Analysen nutzbare Daten nicht ohne Weiteres von selbst entstehen. Trotz oder sogar gerade *wegen* einer verhältnismäßig strikten Moderation seitens des Forschungsteams lässt sich offen eine Fülle an für qualitative Forschungszwecke brauchbares Datenmaterial gewinnen.

Unklar sind zum gegenwärtigen Stand der Dinge allerdings noch der reaktive Gebrauch von Schriftsprache für die qualitative Datenerhebung, der damit einhergehende Verzicht auf para- und nonverbale Daten sowie die Zeit, die für reaktive Forumsdiskussionen mindestens eingeplant werden muss.

Literatur

Bergmann, Jörg R., und Christoph Meier. 2000. Elektronische Prozessdaten und ihre Analyse. In *Qualitative Forschung. Ein Handbuch*, hrsg. Uwe Flick, Ernst von Kardoff und Ines Steinke, 429–437. Reinbek: Rowohlt.

Bloor, Michael, Jane Frankland, Michelle Thomas, und Kate Robson. 2001. *Focus Groups in Social Research*. London: Sage.

Erdogan, Gülten. 2001. Die Gruppendiskussion als qualitative Datenerhebung im Internet, ein Online-Offline-Vergleich. *kommunikation@gesellschaft* 2. [http://nbn-resolving.de/urn:nbn:de:0228-200102040].

Evans, Martin, Gamini Wedande, Lisa Ralston, und Selma van t Hul. 2001. Consumer interaction in the virtual era: some qualitative insights. *Qualitative Market Research* 4 (3): 150–159.

Fielding, Nigel, Raymond M. Lee, und Grant Blank. 2008. *The Sage Handbook of Online Research*. London: Sage.

Gaiser, Ted J. 2008. Online Focus Groups. In *The Sage Handbook of Online Research*, hrsg. Nigel Fielding, Raymond M. Lee und Grant Blank, 290–306. London: Sage.

Gerhards, Maria, Walter Klingler, und Thilo Trump. 2008. Das Social Web aus Rezipientensicht: Motivation, Nutzung und Nutzertypen. In *Kommunikation, Partizipation und Wirkungen im Social Web. Bd. 1: Grundlagen und Methoden*, hrsg. Ansgar Zerfaß, Martin Welker und Jan Schmidt, 129–149. Köln: Halem.

Graffigna, Guendalina, und Albino Claudio Bosio. 2006. The Influence of Settings on Findings Produced in Qualitative Health Research. A Comparison between Face-to-Face and Online Discussion Groups about HIV/AIDS. *International Journal of Qualitative Methods* 5 (3): 55–76.

Hine, Christine. 2000. *Virtual Ethnography*. London: Sage.

Hughes, Jason (Hrsg.). 2012. *Sage Internet Research Methods. Bd. 3: Taking Research Online – Qualitative Approaches*. Los Angeles: Sage.

Jaecker, Tobias. 2012. Von »Petronazis« und der »Kosher Nostra«. Verschwörungstheorien zum 11. September. In *Die Welt nach 9/11,* hrsg. Thomas Jäger, 928–945. Wiesbaden: VS-Verlag.

Kelle, Udo, Alexandra Tobor, und Brigitte Metje. 2009. Qualitative Evaluationsforschung im Internet. Online-Foren als Werkzeuge interpretativer Sozialforschung. In *Sozialforschung im Internet. Methodologie und Praxis der Online-Befragung,* hrsg. Nikolaus Jackob, Harald Schoen und Thomas Zerback, 181–195. Wiesbaden: VS-Verlag.

Kozinets, Robert V. 2009. *Netnography: Doing Ethnographic Research Online.* London: Sage.

Krueger, Richard A. 1994. *Focus Groups. A Practical Guide for Applied Research.* Thousand Oaks: Sage.

Kühn, Thomas, und Kay-Volker Koschel. 2011. *Gruppendiskussionen. Ein Praxis-Handbuch.* Wiesbaden: VS-Verlag.

Kuhn, Oliver. 2010. Spekulative Kommunikation und ihre Stigmatisierung – am Beispiel der Verschwörungstheorie. *Zeitschrift für Soziologie 39* (2): 106–123.

Lamnek, Siegfried. 2005. *Qualitative Sozialforschung.* Weinheim: Beltz.

Loos, Peter, und Burkhard Schäfer. 2001. *Das Gruppendiskussionsverfahren. Theoretische Grundlagen und empirische Anwendung.* Wiesbaden: Leske + Budrich.

Mann, Chris, und Fiona Stewart. 2000. *Internet Communication and Qualitative Research. A Handbook for Researching Online.* London: Sage.

Misoch, Sabina. 2006. *Online-Kommunikation.* Konstanz: UVK.

Morgan, David L. 1997. *Focus Groups as Qualitative Research.* 2. Aufl. Thousand Oaks: Sage.

Murray, Peter J. 1997. Using Virtual Focus Groups in Qualitative Research. *Qualitative Health Research 7* (4): 542–549.

Oevermann, Ulrich, Tillmann Allert, und Elisabeth Konau. 1980. Zur Logik der Interpretation von Interviewtexten. Fallanalyse anhand eines Interviews mit einer Fernstudentin. In *Interpretation einer Bildungsgeschichte. Überlegungen zur sozialwissenschaftlichen Hermeneutik,* hrsg. Thomas Heinze, Hans Werner Klusemann und Hans-Georg Soeffner, 15–69. Bensheim: Paedag. Extra Buchverlag.

Rezabek, Roger. 2000. Online Focus Groups: Electronic Discussions for Research. *Forum Qualitative Sozialforschung 1* (1). [http://nbn-resolving.de/urn:nbn:de:0114-fqs0001185].

Rinken, Marina. 2008. Diffamierung statt Diskussion. Reaktionsmöglichkeiten auf beleidigende Beiträge in Hochschulforen. *Infobrief Recht (November):* 4–6.

Schiek, Daniela. 2014. Das schriftliche Interview in der qualitativen Sozialforschung. *Zeitschrift für Soziologie,* H 5. Im Erscheinen.

Schiek, Daniela, und Carsten G. Ullrich. 2011. Generation 9/11? Zur Frage der gesellschaftlichen Verarbeitung der Terroranschläge in Deutschland. *Die Friedens-Warte. Journal of International Peace and Organization* (3-4): 165–183.

Schmidt, Jan. 2008. Was ist neu an Social Web? Soziologische und kommunikationswissenschaftliche Grundlagen. In *Kommunikation, Partizipation und Wirkungen im Social Web. Bd. 1: Grundlagen und Methoden,* hrsg. Ansgar Zerfaß, Martin Welker und Jan Schmidt, 18–40. Köln: Halem.

Schneider, Sid J., Jeffrey Kerwin, Joy Frechtling, und Benjamin A. Vivari. 2002. Characteristics of the Discussion in Online and Face-to-Face Focus Groups. *Social Science Computer Review 20* (1): 31–42.

Scholz, Joachim. 2008. Forschen mit dem Web 2.0 – eher Pflicht als Kür. In *Kommunikation, Partizipation und Wirkungen im Social Web. Bd. 1: Grundlagen und Methoden,* hrsg. Ansgar Zerfaß, Martin Welker und Jan Schmidt, 229–243. Köln: Halem.

Simmel, Georg. 1908. Exkurs über den schriftlichen Verkehr. In *Soziologie,* 287–288. Berlin: Duncker & Humblot.

Storrer, Angelika. 2001. Getippte Gespräche oder dialogische Texte? Zur kommunikationstheoretischen Einordnung der Chat-Kommunikation. In *Sprache im Alltag. Beiträge zu neuen Perspektiven in der Linguistik,* hrsg. Andrea Lehr et al., 439–465. Berlin: de Gruyter.

Stegbauer, Christian, und Alexander Rausch. 2001. Die schweigende Mehrheit. Die »Lurker« in internetbasierten Diskussionsforen. *Zeitschrift für Soziologie 30* (1): 48–64.

Stewart, Kate, und Matthew Williams. 2005. Researching Online Populations. The Use of Online Focus Groups for Social Research. *Qualitative Research 5* (4): 395–416.

Taddicken, Monika, und Kerstin Bund. 2010. Ich kommentiere, also bin ich. Community Research am Beispiel des Diskussionsforums der Zeit Online. In *Die Online-Inhaltsanalyse. Forschungsobjekt Internet,* hrsg. Martin Welker und Carsten Wunsch, 167–190. Köln: Halem.

Theobald, Elke, und Lisa Neundorfer. 2010. *Qualitative Online-Marktforschung. Grundlagen, Methoden und Anwendungen.* Baden-Baden: Nomos.

Turney, Lyn, und Catherine Pocknee. 2005. Virtual Focus Groups: New Frontiers in Research. *International Journal of Qualitative Methods 4* (2): 32–43.

Ullrich Carsten G., und Daniela Schiek. 2014. Gruppendiskussionen in Internetforen. Zur Methodologie eines neuen qualitativen Erhebungsinstruments. *Kölner Zeitschrift für Soziologie und Sozialpsychologie,* H. 3. Im Erscheinen.

Volst, Angelika. 2003. The Focus Is on Me? Fokusgruppen: Von Face to Face zu Online. *Österreichische Zeitschrift für Soziologie 28* (4): 93–118.

Wesemann, Dorette, und Martin Grundwald. 2010. Inhaltsanalyse von Online-Diskussionsforen für Betroffene von Essstörungen. In *Die Online-Inhaltsanalyse. Forschungsobjekt Internet,* hrsg. Martin Welker und Carsten Wunsch, 387–408. Köln: Halem.

Wippermann, Wolfgang. 2007. *Agenten des Bösen. Verschwörungstheorien von Luther bis heute.* Berlin: be.bra.

Zerback, Thomas, Harald Schoen, Nikolaus Jackob, und Stefanie Schlereth. 2009. Zehn Jahre Sozialforschung mit dem Internet. Eine Analyse zur Nutzung von Online-Befragungen in den Sozialwissenschaften. In *Sozialforschung im Internet. Methodologie und Praxis der Online-Befragung,* hrsg. Nikolaus Jackob, Harald Schoen und Thomas Zerback, 15–31. Wiesbaden: VS-Verlag.

Mediatisierte Online-Kommunikation

Forschungspraktische Verwobenheit
von Medientechnologie, Erhebungssituation
und kontextsensitivem Auswertungsverfahren

Nadine Sander/Miklas Schulz

1 Einleitung

In der qualitativen Sozialforschung spielt die Auseinandersetzung mit Technologien eine zunehmend große Rolle. Dabei geht es nicht nur um Programme für die Unterstützung der Auswertung wie ATLAS.ti oder MaxQDA. Auch die Erhebungssituationen selbst werden schon seit Längerem technologisiert: Die Verwendung von Technik beginnt bereits bei der Präsenz und Nutzung des Aufzeichnungsgeräts. Ein weiteres Stadium ist erreicht, wenn wir es mit telefonisch geführten Interviews zu tun bekommen, oder wenn wir uns als qualitative ForscherInnen mit der Erhebung von Online-Daten konfrontiert sehen. Doch neben der Erhebung stellt auch die Auswertung dieser Online-Daten qualitative ForscherInnen vor neue Herausforderungen, denn diese Daten sind durchaus mit denen von Offline-Erhebungen vergleichbar, sodass tradierte Auswertungsmethoden möglicherweise an Grenzen stoßen. Dieser Beitrag wird sich daher vertiefend mit dem Phänomen der Online-Daten befassen.

Basis für die Betrachtung der Erhebungs- und Auswertungssituation von Online-Daten ist das Material, das im Rahmen eines Forschungsprojektes der *Methodenwerkstatt* zu den Olympischen Sommerspielen 2012 im Centre for Digital Cultures an der Leuphana Universität Lüneburg entstanden ist und sich auf die Online-Übertragung der Spiele bezog.[1] Im Mittelpunkt dieses Beitrages stehen je-

---

[1]   Erstmals wurde Online-Content von öffentlich-rechtlichen Sendern bereitgestellt, welcher in diesem Umfang ausschließlich über das Internet und die Mediatheken erreichbar war. In dem Forschungsprojekt interessierte uns, wie dieses spezifische Angebot in den Alltag unterschiedlicher RezipientInnen integriert wurde und wo mögliche – medientechnische und/oder soziokulturelle – Hemmnisse für die online-basierten Aneignungen dieser Inhalte lagen. Vor allem von den Diskussionen auf den Social-Network-Sites haben wir neue Erkenntnisse zu unseren Fragestellungen erwartet. Solch einen Zugriff – über verschiedene Medien

doch nicht die Erkenntnisse zur Online-Übertragung, sondern die Erfahrungen, die wir im Rahmen der Datenerhebung und -auswertung gemacht haben. Bei der Erhebung wurden verschiedene Strategien angewendet und sowohl Online- als auch Offline-Komponenten integriert. So haben wir beispielsweise qualitative, teilnarrative Face-to-Face- und Online-Interviews durchgeführt, Online- und Offline-Gruppendiskussionen realisiert und (unangeleitete) Diskussionen auf den Social-Network-Sites Twitter und Facebook betrachtet. Die Leitfäden der Interviews und Gruppendiskussionen waren online wie offline identisch, um so eine Referenzmöglichkeit im Rahmen der Auswertung zu erhalten. Die Samplingstrategie folgte dem Prinzip der maximalen Heterogenität (Kelle und Kluge 2010).

Der vorliegende Beitrag befasst sich mit der spezifischen Erhebungs- und Auswertungssituation von Online-Daten. Bei der Betrachtung der verschiedenen Datenvarianten sind uns im Hinblick auf die Online-Daten sowohl bei der Erhebung als auch später bei der Auswertung Besonderheiten aufgefallen, die in diesem Beitrag beispielhaft aufgezeigt werden. Dabei liegt der Fokus auf Fragen und Herausforderungen, die insbesondere während der rekonstruktiven Auswertung der Online-Daten von Diskussionen auf Facebook und Twitter auftauchten. Da wir den Forderungen nach einer reflexiven Auseinandersetzung mit dem Forschungsinstrumentarium während des gesamten Forschungsprozesses (vgl. Kelle et al. 2012, S. 178) gerecht werden wollten, waren wir bemüht, den Herausforderungen entgegenzutreten und Lösungen zu finden. In unserem Fall mündete dies konkret in einem Erweiterungsvorschlag des von uns angewandten rekonstruktiven Auswertungsverfahrens. Mithilfe dieser Erweiterung soll das Verfahren den Online-Daten künftig besser gerecht werden können.

Der Beitrag beleuchtet im zweiten Kapitel die Herausforderungen (schriftbasierter) Online-Daten. Das dritte Kapitel beinhaltet zwei Auszüge aus unterschiedlichen Facebook-Diskussionen. Im darauffolgenden vierten Kapitel wird das integrative Basisverfahren als Auswertungsverfahren ausführlich vorgestellt, bevor sich das fünfte Kapitel mit der Idee der Integration der medientechnologischen Anwendung befasst. Im sechsten Kapitel schlagen wir eine Erweiterung des

---

hinweg – zu gewährleisten, erschien angemessen, da mit einem zusätzlichen Online-Übertragungsangebot auch jüngere und internetaffine Zielgruppen angesprochen werden, die diese sozialen Netzwerke selbstverständlich in ihr Medienmenü integrieren (vgl. Klingler et al. 2012). Häufig werden im Sinne eines Second-Screens unterschiedliche mediale Angebote und Anwendungen parallel genutzt (vgl. Müller 2013). Das mediale Angebot wird durch die Austauschmöglichkeiten in den sozialen Netzwerken weiter ergänzt (vgl. Busemann 2013; Van Eimerem und Frees 2012). Die Bedeutung, die solche medialen Großereignisse wie die Olympischen Spiele für einen wesentlichen Teil der Bevölkerung besitzen, sollte somit unter einem umfassenden Einbezug der einzelnen (medialen) Bestandteile dieser Aneignungspraxen rekonstruiert werden.

integrativen Basisverfahrens vor, die wir auch anhand der Beispiele aus dem dritten Kapitel illustrieren werden. Der Beitrag schließt im siebten Kapitel mit einem Fazit und einem Ausblick.

2 Die Herausforderung (schriftbasierter) Online-Daten

Im Vergleich zu offline erzeugten Daten gibt es im Entstehungskontext von Online-Daten eine Reihe von Besonderheiten, wobei die für uns relevantesten hier kurz erwähnt werden sollen. Während sich TeilnehmerInnen eines Face-to-Face-Interviews oder einer Offline-Gruppendiskussion in der Regel gemeinsam und gleichzeitig an einem Ort befinden, können Online-(Gruppen-)Diskussionen auf Facebook oder Twitter neben dieser Gleichzeitigkeit auch asynchron erfolgen. Hier kommt es darauf an, wie aktuell das Thema ist, inwieweit die TeilnehmerInnen zu einer Diskussion motiviert sind und inwiefern technische Gegebenheiten eine Synchronität oder Asynchronität von vornherein festlegen, beispielsweise über eine zeitliche Begrenzung der Option, Beiträge zu posten. Die von uns betrachteten Diskussionen auf Facebook und Twitter fanden asynchron statt – eine Reaktion auf ein Posting, einen Tweet oder der erneute Anschluss an eine vorhandene Diskussion konnte auch erst Tage später erfolgen. Die Erhebung von Online-Daten lässt sich daher sowohl zu einem bestimmten festgelegten Zeitpunkt als auch über einen längeren Zeitraum wie Wochen oder Monate verwirklichen, was oft bei der Betrachtung von Blogs üblich ist. In unserem Fall wurden die Diskussionen auf Facebook und Twitter über den gesamten Zeitraum der Olympischen Spiele verfolgt.

Im Gegensatz zur gesprochenen Sprache bei einer Offline-Datenerhebung (die zwar später über die Transkription ebenfalls für die Analyse verschriftlicht wird) handelt es sich bei den Online-Daten um geschriebene Sprache. Dabei fallen einige Kommunikationselemente weg, die jedoch zum Verständnis und zur Einordnung des Inhalts hilfreich und für die Analyse aufschlussreich wären. Beispielsweise fehlen nonverbale Elemente wie Mimik und Gestik sowie Intonation in der Online-Kommunikation. Zwar werden zur Verdeutlichung, wie etwas verstanden werden soll, in der Online-Kommunikation häufig sogenannte Emoticons eingesetzt. Sie zeigen beispielsweise an, dass etwas ironisch zu verstehen ist. Dennoch hat sich in unserem Forschungsprojekt gezeigt, dass die Gefahr von Missverständnissen bei der Online-Kommunikation höher ist. Das lag auch daran, dass der Ablauf der Diskussion nicht linear erfolgte, da entweder plötzlich Bezug auf ältere Aussagen genommen wurde, die schon als abgehandelt galten, sich neue TeilnehmerInnen in die Diskussion einschalteten oder TeilnehmerInnen die Diskussion einfach verließen, ohne dass dieses den anderen TeilnehmerInnen mitgeteilt wurde. Auch Tippfehler, fehlende Satzzeichen oder unbeachtete Grammatik erschwerten das Verständnis der Beiträge.

Darüber hinaus fällt bei Online-Daten die Vertaktung des Sprechaktes als Analysedimension weg. In einem schriftbasierten Text, der beispielsweise aus den Kommentarbeiträgen auf der Facebook-Seite oder den Tweets auf Twitter resultiert, gibt es keine Pausen, keine Versprecher, die sich an bestimmten Stellen wiederholen und gemeinsam mit einer spezifischen Prosodie ein Muster bilden könnten. Der schriftbasierte Akt der Versprachlichung vollzieht sich im Vergleich zu gesprochenen Äußerungen anders. Dem geschriebenen Resultat (zumindest bei den Beiträgen auf Facebook und Twitter) ist kein Zögern und Überlegen mehr anzumerken. Zwar erfolgt hier auch eine Zeitangabe über das Posting, jedoch werden die Angaben im Zeitverlauf nur grob dargestellt – erst minutenweise, dann stundenweise, später nur noch tageweise. Diese Zeitangaben sind zur Analyse eines Zögerns oder einer Pause im Rahmen einer Diskussion nicht genau genug, um mit einer sprachbasierten Kommunikation mitzuhalten.

Bei der Auswertung schriftlicher Transkriptionsprotokolle von gesprochener Sprache bleibt diese Analysedimension erhalten, da dort Pausen, Zögern, Intonation und bei der Berücksichtigung von ausführlichen Transkriptionsregeln auch die Sprachmelodie in das Transkript aufgenommen werden und damit weiterhin für die Auswertung zur Verfügung stehen. Zudem wird im Rahmen eines Face-to-Face-Interviews oder einer Offline-Gruppendiskussion in der Regel ein Gesprächsprotokoll angefertigt, in welchem alle Besonderheiten wie Störungen, Unterbrechungen und technische Probleme festgehalten werden. Diese Informationen liegen bei den Online-Daten üblicherweise nicht vor, da aus den Kommentaren und Postings auf Facebook und Twitter für gewöhnlich nicht erkennbar ist, ob währenddessen bei dem/r AutorIn beispielsweise eine Störung stattfand und wodurch diese ausgelöst wurde (es sei denn, der/die AutorIn thematisiert beides ausdrücklich im Beitrag).[2]

Die von uns zur Auswertung herangezogene rekonstruktive Sozialforschung befasst sich mit der Analyse der Komplexität von sprachlich-kommunikativen Sinnkonstruktionen (vgl. Kruse et al. 2011, S. 30). Damit eine solche Analyse bestmöglich gelingen kann, müssen einige Grundvoraussetzungen gewährleistet sein. Neben einer schriftlich fixierten Äußerung, auf die wiederholt im Forschungsprozess zurückgegriffen werden kann, sind weitere Aspekte wesentlich: Sofern per-

---

2   In unserem Forschungsprojekt gab es beispielsweise den Fall, dass eine Teilnehmerin einer Online-Gruppendiskussionsrunde auffällig lange keinen Beitrag mehr einbrachte. Nach circa fünf Minuten sendete sie einen Beitrag mit einer Entschuldigung ihrer kurzzeitigen Nicht-Teilnahme und erklärte, dass sie kurz aus der Diskussion ausgestiegen war, da es an ihrer Wohnungstür geklingelt hatte.

formativ konstruierter Sinn analytisch erfasst werden soll, ist ein gewisser Umfang an Textmaterial hilfreich, um über den Kontext genaueren Aufschluss zu erhalten, denn die sozialwissenschaftliche Forschung – und insbesondere die rekonstruktive – ist mit dem Problem der Indexikalität konfrontiert. Indexikalität drückt aus, »dass sich die Bedeutung eines Begriffes immer nur in seinem konkreten Zeichengebrauch und in Relation zu anderen begrifflichen Konzepten konstituiert« (Kruse 2014, S. 75).[3]

Bei den Online-Daten von Facebook und Twitter gibt es jedoch mit einigen dieser Voraussetzungen Schwierigkeiten. Zum einen existiert in vielen Fällen ein Problem mit dem Umfang von Äußerungen, die einer einzelnen Person zuzuordnen sind, woraus ein Kontextproblem erwächst. Das heißt, eine sequenziell fortschreitende Analyse ist auf die Möglichkeit verwiesen, Fragen nach der Einordnung bestimmter Passagen auf einen späteren Zeitpunkt zu verschieben (vgl. Lucius-Hoehne und Deppermann 2002, S. 322 f.; Kruse 2014). Es werden sogenannte Lesarten am Text entwickelt, die zu einem frühen Zeitpunkt keinesfalls konsistent sein müssen oder sollen. Es gilt vielmehr, bei diesem frühen Schritt in der Auswertung die Bandbreite der möglichen Bedeutungen zu erfassen, ohne sich zu früh auf eine bestimmte Deutungsweise festzulegen (vgl. Kruse 2014, S. 485 ff.). Zum anderen stellt sich die Frage, welche einzelnen Teile der Diskussion als Sample zusammengenommen werden sollen, um die Besonderheiten der Online-Daten auf einer höheren Aggregatebene des Datenkorpus auszugleichen.[4]

Ist der Materialumfang sehr gering, wird der qualitative Induktionsschluss spekulativer und die Konstruktion einer abschließend übereinstimmenden Perspektive in der Interpretation schwieriger. Die Validierung und Kontrolle des eigenen Fremdverstehensprozesses (der weiter unten genauer erläutert wird) werden unter diesen Bedingungen komplizierter. Das Problem verschärft sich, wenn – wie in unserem Fall – nicht-reaktive Daten erhoben werden, denn ohne Steuerung kann noch weniger Einfluss auf Umfang und Kontext des Datenmaterials genommen werden (vgl. hierzu Schirmer in diesem Band und Schirmer 2009, S. 166 ff.).

Es drängt sich also die Frage auf, welche Erkenntnisse wir aus den online-generierten Daten von Twitter und Facebook gewinnen können. Ist ein spezifischer

---

3   In Abschnitt 4.2 wird das Problem der Indexikalität ausführlicher aufgegriffen.

4   Auf diesen Punkt hat uns Jan Kruse hingewiesen, der die einzelnen Teile der Diskussion auch als *asynchrone Puzzleteile* bezeichnet. Wir danken ihm für seine wichtigen Anregungen und die konstruktive Kritik. Die Anmerkungen, die wir in diesem Beitrag nicht mehr berücksichtigen konnten, greifen wir in einer folgenden, geplanten Publikation gerne vertiefend auf. Zudem sprechen wir den Mit-HerausgeberInnen Dominique Schirmer und Andreas Wenninger unseren Dank für die hilfreichen Rückmeldungen und wertvollen Anregungen aus.

Umgang mit dem Datenmaterial denkbar, der die genannten Schwächen kompensieren kann? Kann der Anspruch rekonstruktiver Forschung auch bei der Analyse von nicht-reaktiven Online-Daten erhalten bleiben, ohne ungewollt auf das Deutungsniveau einer qualitativen Inhaltsanalyse zu rutschen? Unsere These ist, dass dieser Herausforderung begegnet werden kann, indem systematisch weitere Ebenen in die rekonstruktive Auswertungspraxis einbezogen werden. Dieses Vorgehen wollen wir an dem von uns angewandten Auswertungsverfahren, dem *integrativen Basisverfahren* nach Kruse (2014), illustrieren. Doch zunächst werden wir zwei Beispielauszüge aus unterschiedlichen Facebook-Diskussionen abbilden, an denen wir im weiteren Verlauf des Beitrages unseren Vorschlag zur Erweiterung der Analyseebenen in der rekonstruktiven Auswertungspraxis darstellen wollen. Anhand dieser Auszüge soll ein erster Eindruck über die Form und Besonderheiten solcher Diskussionen auf Social-Network-Sites gewonnen werden.

3   Online-Datenbeispiele aus zwei Facebook-Diskussionen

Die folgenden zwei Auszüge aus unterschiedlichen Diskussionen auf der Facebook-Seite eines Fernsehsenders während der Olympischen Spiele 2012 geben einen Einblick in die Daten, die uns zur Analyse vorlagen.[5] Unser Fokus liegt nicht auf der Betrachtung wie beispielsweise die Online- oder TV-Übertragung bewertet wird, sondern vielmehr auf der Form der Diskussion selbst. Die Ausschnitte zeigen sowohl beispielhaft, welche Spezifik mit den Online-Daten verbunden ist (zum Beispiel Informationsdichte, fehlende Intonation, fehlende Mimik)[6], als auch, welche Besonderheiten die einzelnen TeilnehmerInnen an dieser Diskussion aufweisen (u. a. wie ihre textliche Versprachlichung erfolgt, wie sie sich zueinander positionieren und sie ihre Nutzung des medientechnologischen Angebots gestalten).

Diese Auszüge sollen für den ersten Eindruck vorerst unkommentiert bleiben. Im Anschluss an diese Beispiele werden wir uns zunächst ausführlich mit dem angewandten Analyseverfahren befassen, um darauf aufbauend die Veränderungen der technologisierten Interaktionssituation vertiefend zu betrachten. Aus diesen Erkenntnissen werden wir unseren Erweiterungsvorschlag ableiten sowie die

---

5   Dieser Fernsehsender hat die Olympischen Spiele 2012 sowohl im TV als auch online übertragen.

6   Zwar können Intonation und Mimik auch in den Transkriptionsprotokollen fehlen, jedoch ist das der forschungspraktischen Natur geschuldet. In der Regel liegen diese Informationen bei den Offline-Daten vor und werden bei der Transkription lediglich nicht beachtet. Bei den Online-Daten hingegen sind diese Informationen gar nicht erst vorhanden.

beiden Beispiele wieder aufgreifen und an ihnen verdeutlichen, warum es unserer Auffassung nach erkenntnisreich und zielführend ist, das angewandte Auswertungsverfahren im Hinblick auf die technische Komponente zu erweitern.

3.1 Beispiel 1

Person 1: Was die hier alle meckern. Bei mir funktioniert es top, DANKE für das Angebot! An die anderen: Vielleicht einfach mal den Internet-Anbieter wechseln.[7]

Person 2: Person 1 wenn man keine Ahnung hat einfach mal Internet aus machen… ok?

Person 1: Person 2: Bei mir sind die Bilder weder verpixelt noch hängt da irgendwas, weshalb ich was neu laden muss. Also müssen sich doch die Leute, bei denen das der Fall ist, die Frage stellen ob es nicht vielleicht an Ihnen selbst liegt. Ich finde es eine Frechheit so ein umfangreiches Angebot, welches es in dieser Form noch nie gab, durch solche sinnlosen Shitstorms schlecht zu reden! Wem hier was fehlt, habt doch mal Fantasie, es gibt so viele Livestreams im Internet.

Person 2: Person 1: Die Leute wollen vernünftig die Wettkämpfe im TV gucken und nicht im Netz. Wenn Sie das nicht verstehen können, sollten sie doch ganz einfach mal den Mund halten und nicht so einen Shitstorm von sich geben. In diesem Sinne…

Person 3: Wie kann denn ein Mensch alleine einen Shitstorm von sich geben? Außerdem hat Person 1 (!) doch recht: Es IST ein umfangreiches Angebot! Ich weiß nicht, wieso es nötig ist, jemanden zu beschimpfen, weil er sachlich seine Meinung äußert – die Frage drängt sich auf, wer hier einen Shitstorm starten will.

Person 2: Sie und Person 1 sind bestimmt beim Sender XY angestellt, das sie hier das alles in Schutz nehmen…

Person 1: Person 2: Soll der Sender XY noch zu Ihnen nach Hause kommen und live dazu kommentieren, ja?

Person 3: Nein, bin ich definitiv nicht. Ich muss auch nicht alles in Schutz nehmen. Die Eröffnung gestern war zum Beispiel eine katastrophale Leistung der drei Moderatoren. Das habe ich auch sehr deutlich geäußert. Und weiter oben habe ich schon meinen Unmut über Frau XY (Sportreporterin, Anmerkung der AutorInnen) kundgetan. Ich weiß nur nicht, wieso man Menschen, die eine andere Meinung als man selber haben, gleich beschimpfen muss? Das ist doch nicht nötig.

---

7 In den hier dargestellten Beispielen sind Fehler in Rechtschreibung und Grammatik sowie Tippfehler bewusst nicht verändert worden, um die Daten nicht zu verfälschen. Lediglich die Namen der NutzerInnen und des Fernsehsenders sind anonymisiert.

Person 2: Beschimpfen sieht bei mir anders aus. Keine Sorge das war noch nett und höflich. Aber um wieder auf den Punkt zu kommen: Man hatte jetzt 4 Jahre Zeit die Übertragungen zu planen und wenn ich jetzt sehe was daraus geworden ist, frag ich mich doch was man in dieser Zeit getan hat. Nämlich gar nichts. Man hat Gebührengelder in eine Überdimensionale Studio Deko gesetzt die keiner sehen will. Der der für den Vorschlag der Live Streams verantwortlich ist, sollte man wegen Inkompetenz schnellstestns feuern. Das ist doch alles Verarschung am Zuschauer.

Dieser Auszug umfasst einen Diskussionszeitraum von ungefähr zehn Stunden. Über den hier präsentierten Auszug hinaus waren weitere Facebook-NutzerInnen an der Diskussion beteiligt, was aus Gründen der Fokussierung hier jedoch vernachlässigt wird. Ohnehin stellt es sich bei solchen ungesteuerten und damit mäandernden Diskussionen als schwierig heraus, Beginn und Ende genau festzulegen, denn bei diesen offenen Interaktionskontexten verabschieden sich nicht alle, die sich temporär in die Diskussion eingeklinkt haben. So kann auch geraume Zeit später ein Faden wieder aufgenommen werden, der zuvor scheinbar schon verloren gegangen schien. Dadurch wird der Beobachtungskontext in gewisser Hinsicht beliebig und ausschnitthaft.

3.2   Beispiel 2

Person A[8]: Sind die Redakteure zum Mittagessen und wieder die Praktikanten am Ruder? Wen interessiert denn sowas? Passiert aktuell sonst nichts anderes in London?
Person B: hä is doch geil Person A…kleine mimose.
Person A: Wieso Mimose ? Nur weil dir kein Spruch einfällt, Person B ?
Person C: @ Person A dein spruch ist aber auch nicht gerade das gelbe vom ei :D
Person A: einfach nur ehrlich, Person C. es passiert gerade so viel in london, und die bringen hier sowas… deutschland hat 82 mio. einwohner, diese seite aber nur 43.000 likes ! woran das wohl liegt…
Person B: ich hab nicht das bedürfniss n spruch loszulassen Person A :D
Person D: bist schon schwazer löwe
Person A: Ne, schwarz, mit \ r \« :D«
Person A: Anscheinend doch, Person B. Ist ja schon dein 2. Kommi hier :D

---

8   Es wurde sich beim zweiten Beispiel bewusst für eine alphabetische Nummerierung der anonymisierten Personen entschieden, um die Personen der beiden Auszüge bei der späteren Analyse besser auseinanderhalten zu können.

Person D: Ich entschuldige mich aufrichtig für diesen Fauxpas, Person A. Ich habe dieses \r\« nicht absichtlich vergessen.Im übrigen ist es ja schon dein fünfter Kommentar hier. Und außerdem mag dich keiner aber ich like deinen Kommentar mal, damit das zumindest einer tut. Und jetzt halte bitte deine Schnauze. Danke, servus!«

Diese Diskussion erfolgte in einem Zeitraum von ungefähr vier Stunden. Insgesamt waren an der Diskussion fünf Personen beteiligt, wobei sich die fünfte Person erst später eingeschaltet hat. Da wir hier aber nur einen Auszug aus der Diskussion betrachten und die Interaktion vor der Beteiligung der fünften Person stattfand, wurde sie außer Acht gelassen. Um im weiteren Verlauf eine Auswertung dieser Diskussionsauszüge vornehmen zu können, befasst sich das folgende Kapitel nun mit der vertiefenden Darstellung unseres Analyseverfahrens.

4 Das integrative Basisverfahren als Analyseverfahren

Mittlerweile gibt es eine Vielzahl von Ansätzen und Forschungsprojekten, die sich mit der qualitativen Erforschung von Online-Daten befassen. Das Merkmal *qualitativ* ist in diesem Kontext in einem weiten Sinne zu verstehen, da Ansätze von einem eher marktforschungs-orientierten Erkenntnisinteresse (vgl. Bowler und Gary 2010; Kozinets 2009), über diskursanalytische Verfahren (vgl. Fraas und Pentzold 2008; Fraas 2013) bis hin zu netzwerkanalytischen Vorgehensweisen reichen (vgl. Galanova und Sommer 2011). In den wenigsten Fällen wird allerdings systematisch die Rolle der jeweiligen medientechnologischen Anwendung selbst für das Zustandekommen und die Qualität des Textkorpus reflektiert. Auch Online-Daten sind schließlich als Produkt eines bestimmten Settings zu begreifen, das wiederum als ein Teil des gesamten Forschungszusammenhangs verstanden werden sollte. Dass dies häufig nicht beachtet wird, verwundert, da sich doch gerade die qualitative Forschung sensibel auf Daten und ihre Kontexte einlassen kann. Qualitative Forschungsansätze, die ihre besondere Qualität und Rechtfertigung nicht zuletzt aus dem Anspruch tiefgehender Analysen beziehen, sollten auch in Anbetracht großer Datenmengen im Internet nicht den Fehler begehen, mit quantitativ ausgerichteten Ansätzen konkurrieren zu wollen.

Das integrative Basisverfahren[9] eignet sich jedoch für die Erkundung dieses Neulands besonders gut, da es eine offene, wenig dogmatische Anschlussfähigkeit

---

9 Der Name *integratives Basisverfahren* betont die Offenheit und Anschlussfähigkeit an weitere Analysewerkzeuge wie beispielsweise das der Metaphernanalyse (vgl. Kruse et a. 2011) und das der Agencyanalyse (vgl. Bethmann et al. 2012).

an viele Ansätze qualitativer Textanalyseverfahren stark macht. Grundannahme ist, dass in erster Linie auf Basis des zu beforschenden Textes – natürlich neben dem forscherischen Erkenntnisinteresse – entschieden werden sollte, mit welchen analytischen Werkzeugen die Sinnzusammenhänge des Textes aufgeschlüsselt werden können. Als qualitatives Verfahren ist das integrative Basisverfahren bestrebt, eine umfassende und deskriptive Analyse sinnhafter sozialer Wirklichkeit darzustellen. Dabei lässt sich das Verfahren weiter präzisieren und zudem als rekonstruktives Verfahren fassen, welches darüber hinaus die Sinnstrukturen hinter den Sinnstrukturen herausarbeiten möchte (vgl. Kruse 2014, S. 24 ff.).[10]

Rekonstruktive Verfahren fragen »[…] nach den Grundlagen [der] Interakte [des Alltagsgeschehens] bzw. deren Objektivationen, nach Strukturen, die Bestand haben, ohne dass dies der Zustimmung durch die Subjekte der Forschung bedürfte« (Gaarz 2007, S. 225). Gefragt wird somit nach den tragenden Gerüsten dieses Geschehens, nach den Fundamenten, die die zu untersuchenden Objektivationen strukturieren. Die Ausgangsbasis aller ethnomethodologisch-konversationsanalytisch arbeitenden Verfahren ist »[…] dass kommunikativer Sinn nicht unabhängig von seinem interaktiv-prozessualen Kommunikationszusammenhang – von seinem *Vollzug* – existiert und verstanden werden kann […]« (Kruse 2014, S. 444). Demnach ist es relevant, dass die zu analysierende sprachlich-kommunikative Bedeutung interaktiv hergestellt wurde.

4.1   Das Verfahren im Kontext von Online-Daten

Durch das Interesse an dem kontextuell so entscheidenden Vollzug des Kommunikationszusammenhangs rückt bei Online-Daten unserer Auffassung nach auch das Moment der technologischen Vermittlung des Interaktionsgeschehens in den Fokus. Darüber hinaus wollen wir zeigen, dass die Aneignung der medientechnologischen Anwendung ebenfalls als ein spezifischer Interaktionszusammenhang konzeptualisiert und verstanden werden kann. Dementsprechend kann auch das integrative Basisverfahren für die Entstehung und die Analyse nicht-reaktiver, online-basierter Daten zuständig sein.

Wir haben es mit der Analyse von Interaktionen zu tun, die sich technisch vermittelt zwischen Menschen ereignen. Bestandteil dieses übergeordneten Interaktionssettings ist eine Mensch-Maschine-Kommunikation, die dem soziologischen

---

10   Rekonstruktive Forschung ist immer auch qualitative Forschung – aber nicht jede qualitative Forschung ist rekonstruktive Forschung (vgl. Kruse 2014, S. 24 ff.). Im vorliegenden Beitrag werden wir das integrative Basisverfahren sowohl als qualitatives als auch als rekonstruktives Verfahren bezeichnen.

Interaktionsbegriff teilweise widerspricht, da dieser an Webers Definition vom sozialen Handeln als einem sinnhaften und wechselseitig aufeinander aufbauenden Verweisungszusammenhang angelehnt ist (vgl. Weber 1972; Höflich 2003). Die Technologie strukturiert zwar wesentlich die Interaktion zwischen den AkteurInnen, jedoch kommuniziert sie – was erforderlich wäre, um sie mit dem Label der Interaktion zu belegen – nicht sinnhaft zurück. Daher sprechen wir von einer Mensch-Maschine-Kommunikation als einem Bestandteil der interpersonalen und technisch vermittelten Interaktion. Es liegt nahe, einen solchen Einfluss ebenfalls in eine systematische Reflexion des Textmaterials einzubeziehen, da mit der medientechnologischen Anwendung ein weiteres vermittelndes Element zusätzlich zur Sprache in die Interaktionssituation eingeschaltet wird. Weiter unten wird illustriert, dass auch die Aneignung der Medientechnologie ein regelgeleitetes, interaktives und damit soziales Geschehen darstellt.

Typische qualitative Interviewsituationen werden häufig mit dem Begriff »Störfaktoren« (vgl. Helfferich 2009, S 34) in Verbindung gebracht. Als Störfaktor wird hier die interviewende Person bezeichnet, deren Anwesenheit aus der Natürlichkeit einer alltäglichen Gesprächssituation eine Interviewsituation macht. Im Rahmen der von uns betrachteten Diskussionen auf Twitter und Facebook gab es diese Störfaktoren jedoch nicht, denn hier haben wir es mit einer im gewohnten Alltag stattfindenden Interaktionssituation zu tun, die lediglich technisch vermittelt wurde und bei der es keine subjektive Verzerrung durch eine interviewende Person gab. Zudem gab es keine Erhebungssituationen, die mit der Spezifität der künstlichen Rollenverteilung eines qualitativen Interviews korrespondieren würden. Die für die ethnografische Erhebungssituation maßgebliche Existenz von Spontaneität (vgl. Bergmann 2000), die die Produktion von *natürlichen* Texten erlaubt, war hier soweit gewährleistet, wie es der technologische Rahmen zuließ.

Doch zunächst wird das in der Interviewforschung entwickelte integrative Basisverfahren genauer vorgestellt, um darauf aufbauend im fünften Kapitel die Veränderungen der technologisierten Interaktionssituation anhand von Goffmans Rahmenkonzept präziser betrachten zu können und im Anschluss die Perspektive für einen medientechnologischen Rahmen nach Höflich zu öffnen.

4.2 Darstellung des Verfahrens

Ursprung des von Kruse (2014) als integratives Basisverfahren bezeichneten Analyseverfahrens ist das integrative, texthermeneutische Analyseverfahren des sozialwissenschaftlichen Frauenforschungsinstituts in Freiburg (vgl. Helfferich et al. 2006; Helfferich und Kruse 2007). Beim integrativen Basisverfahren steht die Offenheit im Vordergrund – die Forschenden beeinflussen das Datenmaterial nicht durch Hypothesen, sondern lassen die Daten für sich sprechen. Der Sinn eines Textes ergibt sich folglich allein aus dem Datenmaterial, auch etwaiges Hintergrundwissen wird so weit wie möglich zurückgestellt (vgl. Kruse 2014). Es geht darum, wie durch sprachliche Mittel – Zeichen und Symbole – die Konstruktion von sozialem Sinn erfolgt. Dabei soll aber nicht das Versprachlichte an sich untersucht, sondern darüber hinaus der Sinn rekonstruiert werden.

Das integrative Basisverfahren vereint in sich eine Reihe von Analysemethoden und betont damit seine Rekonstruktivität, die diese Offenheit voraussetzt, um den ganz unterschiedlichen sprachlich-kommunikativen Phänomenen gerecht zu werden und sie nicht in ein Analysegerüst hineinzuzwängen. Im Laufe der offenen Datenanalyse bedient sich das Verfahren verschiedener Analyseheuristiken und versucht so, die zentralen Sinnstrukturen herauszuarbeiten. In einem ersten Schritt erfolgt im Rahmen der offenen Analyse eine präzise Deskription der sprachlich-kommunikativen Phänomene. Auf deren Basis werden anschließend weiterführende Interpretationen vorgenommen. Das Verfahren arbeitet mit einer bewussten Verlangsamung des Analyseprozesses, um vorschnelle Deutungen und Interpretationen zu vermeiden (vgl. Helfferich und Kruse 2007). Der Sinn soll dem Text nicht aufgezwungen, sondern aus diesem herausgelesen werden. Dafür ist jedoch grundlegend anzunehmen, dass die Wahl bestimmter sprachlicher Mittel nicht willkürlich erfolgt, sondern dass diese »[...] für eine sinnhafte und symbolische Gestalt stehen« (Kruse 2014, S. 474). Diese »(inter-)subjektiven Repräsentationen« (Kruse 2014, S. 474) lassen sich mithilfe von pragmatischen, syntaktischen und semantischen Analysefokussen nachvollziehen, wobei die Repräsentationen (basierend auf den individuellen kognitiven Systemen) jedoch nicht allgemeingültig sind, sondern sich nach Kulturkreis, Erfahrungshorizont etc. unterscheiden. Für Kruse (2014) sind es vor allem die Methode der dokumentarischen Interpretation nach Karl Mannheim (2004) und die (ethnomethodologische) Konversationsanalyse nach Harold Garfinkel (1967), auf denen das integrative Basisverfahren fußt.

Die Nachvollziehbarkeit des Textsinns unterliegt dem Prinzip des Fremdverstehens, wobei das Verstehen von fremden Sinn- und Relevanzsystemen grundsätzlich vom eigenen Sinn- und Relevanzsystem geprägt ist. Diese Problematik zieht sich durch die gesamte qualitative Forschung und wird dementsprechend berücksichtigt, beispielsweise im (sozial-)phänomenologischen, handlungstheoretischen Ansatz (vgl. Schütz 1974), im ethnomethodologischen Ansatz (vgl. Garfinkel 1967) und im wissenssoziologischen Ansatz (vgl. Mannheim 2004). Anhand von Deutung und Sinnverstehen versucht die qualitative Forschung, die Wirklichkeitsausschnitte möglichst präzise nachzuzeichnen (vgl. Flick 2005).

Mithilfe des Verstehens wird versucht, dem Gesagten, dem Geschriebenen – also allen Handlungen von anderen – einen Sinn zu geben, herauszufinden, was sie bedeuten. Hierbei wird keine allgemeingültige Bedeutung hervorgebracht. Die Bedeutung ist lediglich subjektiv und nur für das jeweilige Individuum gültig, da jeder einen eigenen Erfahrungsschatz besitzt, mit individuellen Werten aufgewachsen ist und in einer Umwelt mit unterschiedlichen kulturellen Hintergründen und völlig verschiedenen Bezugspersonen lebt.

Beim Verstehensprozess wird einer Erfahrung ein subjektiv nachvollziehbarer Sinn verliehen, damit das Erlebte vom Individuum erfasst werden kann und plausibel wird. Dieser subjektiv nachvollziehbare Sinn basiert auf der jeweiligen Lebenspraxis, die bei jedem Individuum unterschiedlich ist. Dabei muss jedoch berücksichtigt werden, dass sich jede Lebenspraxis in einer Wirklichkeit abspielt, die bereits andere Individuen zuvor mit subjektivem Sinn belegt haben. Somit ist die Wirklichkeit stets eine sozial konstruierte, denn der subjektive Sinn eines Individuums wird immer auch von den Sinnzuschreibungen anderer beeinflusst, indem ein Individuum eine ihm schon bereits bekannte, in der Gesellschaft geläufige Sinngebung zum Verstehen heranzieht. »Der ›subjektiv gemeinte Sinn‹ hat also [...] eine soziale Bedeutungsdimension, die interaktiv hergestellt wurde – via sprachlicher und nicht-sprachlicher Symbole« (Kruse 2014, S. 60). Verstehen bedeutet somit auch immer Fremdverstehen und kommunikative Verständigung entsteht grundsätzlich in einem bestimmten Kontext und wird prozesshaft und interaktiv hergestellt (vgl. Kruse 2014). Jedoch ist Fremdverstehen nicht nur das Verstehen von bereits Verstandenem, sondern auch das Fremdverstehen von bereits fremdverstandenem Fremdverstandenem (vgl. Kruse 2014 in Anlehnung an Hitzler 1993).

Neben dem Verstehensprozess ist bei der Datenanalyse auch die Indexikalität zu berücksichtigen. Sie ist ein elementarer Bestandteil von Kommunikation – explizit von Sprache – und impliziert, dass sich eine Begriffsbedeutung erst ergibt, wenn der Begriff in Beziehung zu anderen Begriffskonzepten gesetzt wird. Mit Mannheim (1980, 2004) kann Indexikalität auch als dokumentarische Sinnhaftigkeit bezeichnet werden. Indexikalität lässt sich in eine situativ-kontextuelle und eine begrifflich-referentielle Dimension unterscheiden, wobei diese Differenz eher schwach ausgeprägt ist. Vielmehr sind sie miteinander eng verbunden, da »der situative Kontext eines Begriffes immer schon seine referentielle Bedeutung setzt« (Kruse 2014, S. 75).

Nicht nur Deiktika, wie beispielsweise *hier, da* und *dort* benötigen die Berücksichtigung des situativen Verwendungskontextes – auch alle anderen sprachlichen Begriffe erzwingen diesen Einbezug, wenn man sie verstehen möchte. Ohne die Berücksichtigung der situativ-kontextuellen Dimension würde sich beispielsweise nicht erschließen, ob etwas ironisch oder ernsthaft gemeint ist. Jedem/r BeobachterIn wird hingegen völlig klar sein, wie Ausrufe von Fußballfans bei einem Gegentor ihrer Lieblingsmannschaft wie »Ja, super! Toll! Na, das läuft ja heute wieder spitze!« gemeint sind. Ohne das Wissen um den situativen Kontext könnten diese sprachlichen Ausrufe entweder ironisch oder auch als echte Begeisterung aufgefasst werden. Um das ausdrücken zu können, was auch tatsächlich intendiert ist, müssen daher bestimmte sprachliche oder kommunikative Elemente genutzt werden, damit die Gefahr des Falschverstehens (und folglich das Indexikalitätsproblem) möglichst verringert wird. Eine vollständige Auflösung der Indexikalitätsproblematik ist nicht möglich. Garfinkel (1973) bezeichnet den Einsatz dieser kommunikativen Elemente als *Reflexivität,* sie werden aber auch *Kontextualisierungsmarkierungen* genannt. Diese Markierungen umfassen, neben den sprachlichen Mitteln, ebenso Anredeformen, Pronomina, körper- und parasprachliche Elemente wie Gestik, Mimik, Intonation, Lautstärke, Sprechtempo, Pausensetzung sowie alle Handlungen, die während der Kommunikation ablaufen, beispielsweise Seufzen, Räuspern oder Lachen. Mannheim (2004) bezeichnet diese Versprachlichungsebene als intendierten Ausdruckssinn, der jedoch nur in einem sozialen Kontext nachvollziehbar ist und ein zentrales Element der rekonstruktiv-hermeneutischen Interviewanalyse darstellt (vgl. Kruse 2014, S. 77).

Die begrifflich-referentielle Dimension der Indexikalität bezieht sich auf das *semantische Netzwerk* eines Begriffes, denn je nach kulturellen Eigenheiten und subjektiven Erfahrungen sind Begriffe neben ihrer Existenz als Allgemeinbegriffe in einer weiteren Version mit unterschiedlichen Vorstellungen und Konzepten behaftet (vgl. Kruse 2014, S. 77 f.). So kann der Begriff Meer sowohl im semantischen Netzwerk von Urlaub, Erholung, Schönheit stehen, aber auch im semantischen Netzwerk von Arbeit, Fischerei, Industrie oder Umweltverschmutzung, Tsunami, Tod.

Mannheim (1980) differenziert den Sinn von Begriffen in einen kommunikativ-generalisierten Sinn (auch immanenter oder objektiver Sinngehalt), in einen intendierten Ausdruckssinn und in einen dokumentarischen Sinn, der den Sinn hinter dem Sinn umfasst, welcher von Erfahrungen geprägt ist. Er fasst die Identifikation der verschiedenen Arten von Sinn mit dem Konzept des *homologen Musters,* welches den Sinn hinter dem Sinn konsistent aufzuzeigen versucht und dabei auf jeder Ebene des dokumentarischen Sinns nachvollzogen werden kann, was schlussendlich auf die Ebene eines konjunktiven Sinns führt. Sehr vereinfacht bezieht sich der objektive Sinn auf das, *was* oder *was nicht* gesagt wird, der Ausdruckssinn darauf, *wie* etwas gesagt wird und der dokumentarische Sinn[11] auf den Wissenskontext der Kommunizierenden. Mit dem dokumentarischen Sinn lassen sich die beiden anderen Arten von Sinn – also was und wie etwas gesagt wird – erklären (vgl. Srubar 2009), wobei das konjunktive Erfahrungswissen einer sozialen

---

11 Mannheim bezeichnet diesen Sinn auch als Weltanschauungssinn (Srubar 2009).

Gruppe – die Erfahrungen, die Personen gemeinsam gemacht haben – den dokumentarischen Sinn prägt (vgl. Przyborski 2004).

Kruse (2014) schlägt für den dokumentarischen Sinn eine Untergliederung vor: Zum einen in eine soziale (konjunktive) Sinndimension auf Grundlage des konjunktiven Erfahrungswissens, dem Wissen, das in der alltäglichen Lebenswelt durch Wahrnehmung und Deutung im Rahmen der kollektiven Eingebundenheit in eine kulturelle oder soziale Erfahrungsgemeinschaft erzeugt wird. Zum anderen in eine subjektive Dimension dokumentarischen Sinns, die von den individuellen, subjektiven Erfahrungen der SprecherInnen geprägt wird. Das »Wechselspiel« (Kruse 2014, S. 83) beider Ebenen sollte, zusätzlich zum Aufzeigen homologer Muster, bei einer rekonstruktiven Datenanalyse als empirisches Ziel berücksichtigt werden. Es bleibt zudem zu beachten, dass sich neben den subjektiven Erfahrungen eines jeden Einzelnen auch die konjunktiven Erfahrungsgemeinschaften voneinander unterscheiden können, was wiederum zu Verstehensproblematiken führt und ein Aufschlüsseln von Indexikalität im Rahmen der Datenanalyse unabdingbar macht (vgl. Kruse 2014, S. 85 f.).

Um die Bedeutung von sprachlich-kommunikativen Beiträgen zu analysieren, werden im Rahmen des integrativen Basisverfahrens zudem die einzelnen sprachlichen Aufmerksamkeitsebenen betrachtet. Diese »methodische Sensibilisierung für sprachlich-kommunikative Phänomene« (Kruse 2014, S. 483) ist die Besonderheit des integrativen Basisverfahrens. Es geht darum, auf drei Ebenen herauszuarbeiten, wie[12] etwas versprachlicht wird: auf den Ebenen der Pragmatik/Interaktion, Syntaktik und Semantik, die parallel deskriptiv verfolgt werden.[13] Da die Art und Weise, wie etwas auf den Ebenen ausgedrückt wird, nicht zufällig erfolgt, gibt diese Aufschluss über den dokumentarischen Sinn und wird daher zu Beginn der Datenanalyse deskriptiv erfasst, um die Grundlage des Fremdverstehensprozesses zu bilden.[14]

Die Ebene der Pragmatik/Interaktion berücksichtigt die Dynamik eines Interviews, also welche Rollen die Beteiligten einnehmen, welche sozialen Bezie-

---

12 Für Kruse ist der Kern des integrativen Basisverfahrens der Paradigmenwechsel vom *Was* zum *Wie* bei der deskriptiven Analyse der Daten, der seiner Meinung nach hier umfassender erfolgt, als im Rahmen der dokumentarischen Methode nach Bohnsack (vgl. Kruse 2014, S. 483).

13 Eine einzelne, nacheinander erfolgende Deskription ist nicht möglich, da jedes sprachliche Mittel immer alle drei Dimensionen gleichzeitig beinhaltet. Sie können jedoch während der Analyse je nach Forschungsziel unterschiedlich stark fokussiert werden.

14 Grundlage für die Analyse der Aufmerksamkeitsebenen sind die Regeln der Erzähltheorie, der linguistischen Pragmatik und der kognitiven Linguistik. Im Gegensatz zur Linguistik wird bei dieser sozialwissenschaftlich geprägten Datenanalyse der Semantikbegriff jedoch verkürzt als Wortsemantik genutzt und Pragmatik kann als (soziale) Interaktion gefasst werden (vgl. Kruse 2014, S. 479 ff.).

hungen existieren und wie sowohl anwesende Personen als auch die, über die gesprochen wird, positioniert werden (soziale Beziehungsgestaltung, Selbst- und Fremdpositionierung). »Interviewpersonen können ihre subjektiven Bedeutungskonstruktionen auch […] über Interaktionen auf einer Beziehungsebene szenisch darstellen« (Kruse 2014, S. 482). Beispiele für weitere Indikatoren dieser Ebene sind u. a. der Wunsch, sich im Interview führen zu lassen oder eben nicht, die Art der Selbstpräsentation, die Nutzung von Kontextualisierungshinweisen, gemeinsame Erfahrungshintergründe und der Stil von Fragen und Antworten. Die Ebene der Pragmatik/Interaktion arbeitet die vorhandenen Beziehungen heraus (ähnlich wie die Positioninganalyse) und lässt dabei Rückschlüsse auf symbolische Sinnfiguren zu. »Sprachlich-kommunikativer Sinn ist stets sozialer, in irgendeiner Weise beziehungsförmiger, oder auf Beziehungen verweisender Sinn« (Kruse 2014, S. 482).

Die Aufmerksamkeitsebene Syntaktik bezieht sich auf die sprachlich-grammatikalischen Besonderheiten, die den Ausdruck kognitiver Strukturen darstellen und beispielsweise anhand der Verwendung bestimmter Negationen, Verben, Pronomina, Füllwörter, durch direkte oder indirekte Rede, Satzabbrüche, aber auch der Intonation, Pausensetzung, Lautstärke, Sprechtempo, Akzentuierung charakterisiert werden können. Der Takt von Gesprochenem findet demnach ebenso Berücksichtigung. Diese Ebene orientiert sich an der kognitiven Linguistik und ermöglicht ebenfalls Erkenntnisse über subjektive Bedeutungskonstruktionen und soziale Deutungsmuster.

Auf besondere Wortwahl, Metaphorik, bestimmte einbezogene oder ausgelassene semantische Felder achtet die Ebene der Semantik beziehungsweise Wortsemantik. In Anlehnung an die kognitive Linguistik lassen vor allem die metaphorischen Besonderheiten (neben den grammatikalischen) Rückschlüsse auf die subjektiven Bedeutungskonstruktionen und mentalen Repräsentationen zu. Hier geht es beispielsweise um die Verwendung von Metaphern, Metonymien, Redewendungen, Allegorien und die Präsenz von Hochsprache, Fachsprache oder Alltagssprache.[15]

---

15 In der früheren Version des integrativen Basisverfahrens, das zu diesem Zeitpunkt, wie oben bereits erwähnt, noch als *integrative, texthermeneutische Analysemethode* (vgl. Helfferich et al. 2006; Helfferich und Kruse 2007) bezeichnet wurde, waren zwei weitere Aufmerksamkeitsebenen integriert: die Ebene der inhaltlichen Fakten, in der es um Berufsbezeichnungen, Statuspositionen, Orts- und Zeitangaben geht, und die Kruse nun unter die Ebene der Wortsemantik fasst, sowie die Ebene der Erzählfiguren und Gestalt, die nach wiederkehrenden Mustern beziehungsweise Figuren im Aufbau, der Architektur der Rede sucht (vgl. Kruse 2014, S. 480). Diese Ebene liegt nach Auffassung von Kruse quer zu den drei im Analyseverfahren integrierten Ebenen und wird erst in einer späteren Phase des Analyseprozesses relevant. In besonderen Fällen kann diese Ebene jedoch noch immer einen eigenen Analy-

Insgesamt werden im integrativen Basisverfahren sowohl verschiedene Ebenen und Blickwinkel als auch unterschiedliche Verfahrens- und Prozessdimensionen verfolgt, die im Folgenden beschrieben und am Ende des Abschnittes in der Abbildung 3.2.1 graphisch dargestellt werden. Das Verfahren beginnt mit einer (mikro-)sprachlich-deskriptiven Analyse (Nummer 1 in der Abbildung 3.2.1), die die drei Aufmerksamkeitsebenen der Pragmatik/Interaktion, Syntaktik und (Wort-)Semantik integriert. Diese Analyseebene, die nach Kruse (2014) die induktive Prozessdimension[16] darstellt, ist vergleichbar mit dem *offenen Kodieren* nach Straus und Corbin (1996). In einem nächsten Schritt werden an das Material Analyseheuristiken herangetragen, die den Analyseprozess offen strukturieren. Dabei haben die Analyseheuristiken einerseits eine thematische Dimension (Nummer 2a in Abbildung 3.2.1): Sie werden aus der Forschungsfrage und dem Forschungsgegenstand abgeleitet und sind im Laufe der Analyse veränderbar (iterativ-zyklischer Erkenntnisprozess). Andererseits werden methodische Analyseheuristiken (Nummer 2b in Abbildung 3.2.1) angewandt, die sich aus der Integration diverser Analyseverfahren ableiten (u. a. Positioninganalyse, Agencyanalyse, Argumentationsanalyse, Diskursanalyse, Metaphernanalyse). Die Liste der Verfahren ist jedoch offen und kann stetig erweitert werden, denn »[..] die datenzentrierte Anwendung methodischer Analyseheuristiken erlaubt einen offenen, sensibilisierenden Zugang zu (Interview-)Texten und ermöglicht es, Versprachlichungsprozesse (und damit Verstehensprozesse und Konstruktionen von Welt und Wirklichkeit) auf der einen Seite zwar datenzentriert, auf der anderen Seite aber aus spezifischen Perspektiven bewusster bzw. klarer zu verfolgen« (Kruse 2014, S. 477 f.).

Der Text wird abschnittsweise analysiert. Nach der Deskription im ersten Schritt und der Anwendung von Analyseheuristiken im zweiten Schritt, entstehen in einem dritten Schritt erste Lesarten, die sich im weiteren Verlauf zu konsistenten Sinnstrukturen verdichten (Nummer 3 in Abbildung 3.2.1). Grundlage dieser konsistenten Sinnstrukturen sind im Material vorhandene Muster, die aufzeigen, *wie* (Thematisierungsregeln, in Abbildung 3.2.1 als TR dargestellt), *was* (in Abbildung 3.2.1 als Motive dargestellt) und *was wie* versprachlicht wird (vgl. Kruse 2014, S. 478). Diese Muster verdichten sich letztlich zu sogenannten zentralen Motiven und zentralen Thematisierungsregeln, welche vergleichbar mit den *homologen Mustern* nach Mannheim (2004) sind. Diese ziehen sich über ein gesamtes In-

---

sefokus bilden, der es notwendig macht, diese Ebene bereits in der Deskriptionsphase zu berücksichtigen (vgl. Kruse 2014, S. 480).

16   Kruse weist jedoch darauf hin, dass auch auf der (mikro)sprachlich-deskriptiven Ebene im integrativen Basisverfahren eine rein induktive Analyse nicht möglich ist, da auch stets deduktive Elemente mit in die Analyse reinspielen, wenn diese auch nur in Form der Analyseheuristiken zum Tragen kommen (vgl. Kruse 2014, S. 489 ff.).

Abbildung 3.2.1   Die Verfahrens- und Prozessdimensionen des integrativen Basisverfahrens im grafischen Überblick

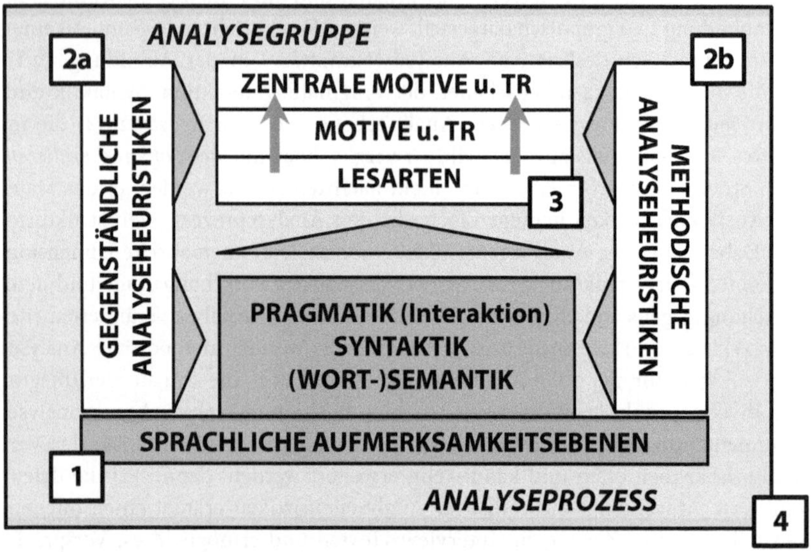

Quelle: Kruse 2014, S. 476

terview hinweg und können sich auch in mehreren Interviews zeigen. Es handelt
sich also um einen »iterative[n] Bündelungs-, Verdichtungs- und Abstraktions-
prozess« (Kruse 2014, S. 478), der insgesamt ein sehr anspruchsvolles und arbeits-
aufwändiges Verfahren darstellt, welches aufgrund der Forschungsanforderungen
keine Abkürzungen zulässt.

Die Abbildung 3.2.1 gibt nochmal eine Gesamtübersicht über das Verfahren
und seine einzelnen Schritte.

5   Die Integration der medientechnologischen Anwendung

Nachdem das integrative Basisverfahren mit seinen unterschiedlichen Aufmerksamkeitsebenen vorgestellt wurde, wollen wir nun einen genaueren Blick auf die
Aufmerksamkeitsebene der Interaktion (Pragmatik) werfen. In dem Moment, wo
wir das aus der Interviewforschung stammende Verfahren auf die Analyse online-basierter Daten anwenden, vollzieht sich eine wesentliche Verschiebung im

Zustandekommen des Textmaterials: Während in Helfferichs Ausführungen zur *Qualität qualitativer Daten* auf die Koproduktion sozialer Wirklichkeit in der Interviewsituation hingewiesen wird (vgl. Helfferich 2009, S. 13 ff.), geschieht etwas ähnliches nun im Zusammenspiel mit den medientechnologischen Anwendungen. Hier besteht der Unterschied zur Interviewsituation darin, dass nicht eine forschende und eine beforschte Person interagieren, sondern zwei Menschen in ihren jeweiligen alltags- und lebensweltlichen Kontexten, die mit und durch die Medientechnologie ihre Wirklichkeit koproduktiv herstellen.

Die durch das integrative Basisverfahren eingeforderte Kontextsensitivität im Hinblick auf die sprachlich-kommunikativen Phänomene muss hier, wenn sie konsequent übertragen werden soll, auch weitere solcher Kontexte in die analytischen Reflexionen einbeziehen. Denn Verstehen ist ein Verstehen von kontextspezifisch zu interpretierenden Sprechhandlungen (vgl. Heritage 1984, S. 139 und 151; Kruse 2014, S. 441 f.). Das bedeutet, dass im Zusammenhang mit Online-Daten die medientechnologische Anwendung berücksichtigt werden muss. Aber was heißt das genau?

Verschiedene Konstellationen sind denkbar: In jedem Fall haben wir es mit einer Kommunikation zwischen einem Text produzierenden Individuum und der computerbasierten Eingabemöglichkeit einer bestimmten Anwendung, in die der Text eingegeben wird, zu tun. Möglicherweise geschieht diese Texteingabe mit der Absicht, eine bestimmte Person anzusprechen oder mit ihr in einen dialoghaften Austausch zu treten, was aber nicht zwangsläufig der Fall sein muss. Ebenso denkbar ist, dass der Text für eine anonyme, massenhafte (Teil-)Öffentlichkeit verfasst wird, die keine bestimmte AdressatIn kennt. Unabhängig von der konkreten Kommunikationsintention wird sowohl mit einem bestimmten AdressatInnenkreis als auch mit den technologischen Möglichkeiten in einen dialoghaften Kontakt getreten. Wir sehen hier also zwei unterschiedliche Umstände, die auf die Interaktionssituation einwirken: Einerseits sind das antizipierte Erwartungen und Vorstellungen Dritter, bezogen auf die (sinnvolle und angemessene) Verwendungsweise der technologischen Potentialität. Andererseits sind es die durch die verwandte medientechnologische Anwendung festgelegten strukturellen Vorgaben. Beide Bestandteile der Interaktionssituation sind im Folgenden getrennt voneinander zu beschreiben und in ihren wechselseitigen Verweisungszusammenhängen weiter zu explizieren. Dafür nehmen wir Bezug auf das Rahmenkonzept nach Goffman (1977), welches Höflich (2003) bereits auf den Zusammenhang computerbasierter interpersonaler Kommunikation übertragen hat.

5.1　Der Rahmen nach Goffman

Goffman unterscheidet in seiner Studie unterschiedliche Konzeptionen von Rahmen: Einerseits die natürlichen Rahmen, die ohne menschlichen Willen oder Absicht zustande kommen und damit als ein physikalisches Phänomen zu betrachten sind (vgl. Goffman 1977, S. 30 f.). Andererseits die sozialen Rahmen, die sich dadurch auszeichnen, dass sie an einem »[…] Verständnishintergrund für Ereignisse, an denen Wille, Ziel und steuerndes Eingreifen einer Intelligenz, eines Lebewesens, in erster Linie des Menschen, beteiligt sind« (Goffman 1977, S. 32). Rahmen dienen der Organisation von Erfahrungen und Erwartungen und müssen folglich auch den sozialen Kontext berücksichtigen (vgl. Goffman 1977, S. 17).[17] Nur eine möglichst genau definierte und übereinkommend gedeutete Interaktionssituation ermöglicht die im zwischenmenschlichen Austausch so dringend benötigte Orientierung zur Reduktion von Komplexität und zur gelingenden Antizipation der Erwartungshaltung der jeweils Beteiligten. Goffmans Rahmenanalyse beschäftigt sich demnach mit zwischenmenschlichen Interaktionen, also mit sozialen Situationen, die entstehen, wenn sich zwei oder mehr Menschen in (un) mittelbarer Anwesenheit zueinander befinden (vgl. Goffman 2003, S. 17).[18] Die beteiligten AkteurInnen versuchen dabei, die Situation einzuordnen und zu bewerten und daraus ein für sie angemessenes Verhalten abzuleiten. Insofern geht es bei der Rahmenanalyse ganz grundlegend um die Organisationsprinzipien der Definition einer sozialen Situation.

Es ist sinnvoll, die beiden von Goffman verwendeten Begriffe des Rahmens und der Rahmung klar auseinander zu halten: Während mit dem Begriff des Rahmens das strukturierende Moment angesprochen ist, welches einer Situation ihre Form gibt – in unserem Falle u. a. die medientechnologische Anwendung – bezeichnet der Begriff der Rahmung sozusagen das dynamische Moment in der Interaktionssituation (vgl. Goffman 1977, S. 13 ff.). Letzteres kann auch als die Praxis der Rahmung, als das fragile und auszuhandelnde Moment verstanden werden, das immer wieder zu aktualisieren oder gar neu zu erschaffen ist (vgl. Höflich 2003, S. 40 ff.).

Mit Giddens (1997) lässt sich dieses wechselseitig bedingende Zusammenspiel aus Struktur und Handeln auch als *Dualität von Struktur* verstehen (vgl. Höflich 1996, S. 182 ff.). Damit ist einem naheliegenden Missverständnis vorgebeugt, dass die Technologie hier die Möglichkeiten der Interaktionssituation einseitig deter-

---

17　Siehe hierzu auch den Ansatz der sozialen Deutungsmusteranalyse nach Schetsche und Schmied-Knittel (2013) als möglichen Querbezug.

18　Diese soziale Situation kann auch medial vermittelt entstehen (vgl. Höflich 2003, S. 40).

minieren könnte. Vielmehr verhält es sich so, dass der soziale Rahmen, im Sinne der Definition der Interaktionssituation, erst durch die Praxis der Rahmung konsensual aktualisiert und damit hergestellt werden muss (vgl. Höflich 2003, S. 38 ff.). Daran sind mindestens zwei AkteurInnen beteiligt, die sich wechselseitig ihrer Erwartungen an die spezifische Kommunikationssituation versichern und sich gleichzeitig im Sinne der oben genannten Organisation die benötigte Verhaltenssicherheit erst schaffen.

Deutlich wird, dass wir es mit einer Selektion möglicher Praktiken zu tun haben, die die Rahmung durch die gemeinsame Herausbildungsleistung der Regeln als Struktur der Kommunikationssituation nicht nur gemeinsam schaffen, sondern auch verändern können. Allerdings ist nicht jede Situation in ihrer Typisierung neu zu entwerfen. Glücklicherweise verfügen wir alle über ein erhebliches Repertoire, um Situationen und ihre analogen Rahmen zu erkennen, sodass mit Goffman von sogenannten *klaren Rahmen* gesprochen werden kann. Betont ist damit die Antizipation des Umstandes, dass »[...] sich alle Beteiligten über die rahmenbezogenen Gegebenheiten einig sind bzw. jeder einzelne unterstellen kann, dass die anderen Handelnden die Situation ähnlich perzipieren« (Höflich 2003, S. 42). Ein klarer Rahmen in den Worten von Goffman heißt nicht nur, »[...] jeder Beteiligte habe eine hinlänglich richtige Vorstellung von dem, was vor sich geht, sondern im allgemeinen auch, er habe eine hinlängliche Vorstellung von den Vorstellungen der anderen, einschließlich deren Vorstellungen von seiner eigenen Vorstellung« (Goffman 1977, S. 369).

Sofern solche intersubjektiven Übereinkünfte bezüglich eines Umgangs mit und des Verhaltens in einer Situation geteilt werden, ist von einer Institutionalisierung bestimmter Rahmen und deren analogen Regeln zu sprechen. Voraussetzung dafür ist jedoch wiederum ein Repertoire kulturellen Erfahrungswissens, aus dem diese Typisierungen entspringen können. Und selbst wenn ein solcher klarer Rahmen existiert und womöglich auch erkannt wurde, besteht dennoch immer die Möglichkeit, sich nicht konform zu den adäquaten Handlungsweisen zu verhalten (vgl. Goffman 1977, S. 369). Rahmen sind so verstanden Deutungs- und Interpretationsmuster (vgl. Willems 1997, S. 351), die handlungsentlastend wirken und zu einem situationsadäquaten Verhalten führen können.

Wenn eine Person beispielsweise an einen Fahrkartenschalter tritt, ist diese Verkaufs- oder Beratungssituation eine sozial gerahmte Begegnung. Die Person wird auf Basis ihrer Erfahrungen eine Situationsdefinition ableiten und damit konkrete Vorstellungen von einem angemessenen und sinnvollen Verhalten während dieser Begegnung haben. Beispielsweise ist ihr vermutlich bewusst, dass sie keine ExpertInnenrolle in Bezug auf Preis- oder Streckenauskünfte besitzt. Sollte sie sich jedoch – entgegen unserer Annahme – als ExpertIn wahrnehmen und beispielsweise dem Personal des Fahrkartenschalters Preisauskünfte geben, wäre der

Rahmen verfehlt und die Handlungsorientierung würde unpassend erscheinen. »[…] [D]ann kann die falsche Wahrnehmung eines Tatbestandes zu einer Sichtweise führen, die selbst völlig unpassend ist, die selbst eine Haltung, eine ganze Grammatik von Erwartungen erzeugt, die zu nichts führt« (Goffman 1977, S. 339). Weitere Beispiele für solche verfehlten Rahmen und/oder mangelnde Institutionalisierungen werden wir weiter unten an den Diskussionsauszügen aus unserer Forschungspraxis illustrieren.

5.2   Der Medienrahmen nach Höflich

Wie deutlich wurde, schließt Höflich ebenfalls an Goffmans Rahmenkonzept an und erweitert dessen ursprünglich auf Face-to-Face-Interaktionen angelegtes Begriffsrepertoire auf den Kontext mediatisierter, interpersonaler Kommunikation (vgl. Höflich 2003, S. 43). Bereits im Goffmanschen Rahmenverständnis wird durch das strukturelle und das dynamische Moment, übertragen auf unseren Kontext, nahegelegt, die Grenzen und Möglichkeiten auch des medienspezifischen Rahmens sowohl in einem technischen als auch in einem sozialen Sinne zu verstehen (vgl. Höflich 2003, S. 40). So fasst Höflich Medienrahmen vorrangig als durch die Medienspezifik gerahmte soziale Situationen »[…] in denen sich die Kommunikationspartner befinden, wenn sie ein bestimmtes Kommunikationsmedium verwenden und insbesondere, wenn sie über dieses Medium miteinander verbunden sind« (Höflich 2003, S. 40), denn »ein Medienrahmen umreißt Sinnvorgaben wie auch medienspezifisch limitierte Handlungs- bzw. Kommunikationsmöglichkeiten« (Höflich 2003, S. 40).

Die Interaktionssituation ist demnach sowohl sozial als auch technologisch gerahmt. Erst das spezifische Wissen über die mit der Technologie einhergehenden Optionen ermöglicht im Rahmen interpersonaler und medial vermittelter Kommunikation eine funktionierende Interaktion. Beispielsweise muss eine Person, die sich an einer Facebook-Diskussion beteiligen möchte, ein gezieltes Medienhandeln vornehmen: Zum einen muss sie eine schriftliche Texteingabe vornehmen, zum anderen muss sie diese Texteingabe auch an einem bestimmten Ort platzieren – in diesem Fall direkt auf der Diskussionsseite und nicht auf der persönlichen Profilseite. Darüber hinaus müssen bestimmte Einstellungen im Hinblick auf die Sichtbarkeit der Texteingaben beziehungsweise die Privatsphäre vorgenommen werden, damit das Posting für andere lesbar ist und die Interaktion überhaupt entstehen kann.

Abhängig von einer im Einvernehmen mit anderen Beteiligten hergestellten Definition der Mediensituation kann der soziale Medienrahmen so oder eben auch ganz anders sein. Das öffnet folglich die Perspektive auch in Richtung denkbarer und in ihren Vorstellungen divergierender Verwendungsgemeinschaften. Solche auch als milieuspezifische Aneignungsmuster zu bezeichnenden und aus anderen Zusammenhängen bereits bekannten Phänomene (vgl. Winter 1995) sind somit ebenfalls in unserem Kontext zu berücksichtigen. Dementsprechend impliziert ein solcher Rahmen sowohl sozial ausgehandelte Strategien im Umgang mit dem einzelnen Medium beziehungsweise der medientechnologischen Anwendung als auch im Zusammenspiel mit weiteren medientechnologischen Angeboten, deren Inhalten und Gebrauchsversprechen (vgl. Weber 2008).

Ganz im Sinne des Mediatisierungsansatzes nach Krotz (2001, 2007) stellt auch für Höflich die Aneignung von Medientechnologien eine soziale Angelegenheit dar. Denn der für eine sinnvolle Verwendung voraussetzungsvolle Medienrahmen wird nicht nur kommunikativ mit anderen konstituiert, sondern gleichzeitig auf eine intersubjektive Grundlage gestellt. Dabei darf nicht irritieren, dass der Medienrahmen »[...] subjektiv wahrgenommen [wird], obwohl er technisch durch die Kommunikationspotentiale der jeweiligen Kommunikationstechnologien präformiert ist« (Höflich 2003, S. 41). Auch medial vermittelte Interaktionen basieren auf einer gemeinsamen Definition der Mediensituation – in gewissem Sinne selbst dann, wenn es keine bestimmte AdressatIn gibt, zum Beispiel für ein Posting auf Facebook. Hier befindet sich der/die AkteurIn ebenfalls in einem – gegebenenfalls imaginierten oder virtuellen – sozialen Raum, in dem sein/ihr aktuelles Medienhandeln von bereits vorausgegangenen Handlungsmustern beeinflusst wird. Diese Erfahrungen bilden den Hintergrund für die Antizipation der Regeln einer sinnvollen wie zweckmäßigen und obendrein sozial angemessenen Nutzung der Kommunikationsmöglichkeiten, die die jeweilige Anwendung bietet. Implizit wird von dem/r AkteurIn also ein Medienrahmen abgerufen, der Regeln und Regelsysteme beinhaltet, die eine Interaktion in ihrem Verlauf vorhersehbarer machen soll, um so ein angemessenes Medienhandeln darauf abzustimmen.

6 Mediensensitive Textanalyse: Die Erweiterung des integrativen Basisverfahrens

Wie gezeigt wurde, handelt es sich bei dem integrativen Basisverfahren um ein offenes Auswertungsverfahren, das seinen Vorzug gegenüber anderen Verfahren in der Kontextsensitivität für sprachlich-kommunikative Phänomene besitzt. Im Fall der Analyse von Facebook- und Twitter-Diskussionen betritt neben der Sprache ein weiteres intersubjektiv vermittelndes Medium das Spielfeld und zwar – wie oben gezeigt wurde – die medientechnologische Anwendung. Soll der Grundsatz der Kontextsensitivität weiter konsequent verfolgt werden und sich das angesprochene Auswertungsverfahren auch für Online-Daten und deren rekonstruktive Auswertung zuständig zeigen, sind hier Erweiterungen anzubringen: Es ist folglich nach den Regeln zu suchen, die die Medienaneignung und damit die textliche Versprachlichung anleiten. Für die Anwendung des integrativen Basisverfahrens auf Online-Daten schlagen wir daher vor, das Verfahren im Rahmen der sogenannten Aufmerksamkeitsebenen – explizit auf der Ebene der Interaktion (Pragmatik) – zu erweitern.

6.1 Drei Reflexionsdimensionen medientechnologisch vermittelter Textproduktion

Im Folgenden werden wir eine analytische Systematik in drei Dimensionen vorstellen, die helfen soll, die Analyseebene der Interaktion im Hinblick auf die Herausforderung des informationstechnologischen Zustandekommens des Materials hin zu erweitern. Durch den Einbezug dieser weiteren Reflexionsdimensionen kann womöglich das einleitend angesprochene Umfang- und Kontextproblem im Bereich der qualitativen Analyse online-basierter Daten etwas entschärft werden. Keinesfalls wird es so sein, dass sich diese Fragenkataloge immer systematisch und tatsächlich in komplettem Umfang am Datenmaterial abarbeiten lassen. Dies ist im Grunde auch nicht nötig, da es darum geht, mittels der Dimensionen und zugehörigen Fragenkomplexe ein Bewusstsein dafür anzuregen, welche Aspekte möglicherweise in dem Datenmaterial ungenutzt schlummern. Zudem soll dazu ermutigt werden, weitere und womöglich etwas andere Fragen an den Textkorpus zu stellen, als aus dem Kontext der Offline-Forschung gewohnt. Zur Erweiterung der Ebene der Interaktion/Pragmatik im integrativen Basisverfahren schlagen wir vor, diese um die von uns so benannten Dimensionen *Verwendung*, *Strukturierung* und *Verständigung* zu ergänzen, die wir im Folgenden vorstellen:

I. Die Verwendungsdimension
Im Rahmen dieser Dimension lautet die leitende Frage, was die AkteurInnen mit dem medientechnologischen Angebot machen. Dabei lassen sich weitere Unterfragen formulieren, die an das Material gestellt werden können:

- Wie sehen die Medien-geprägten Situationen aus, die die AkteurInnen konstituieren?
- Wie wird im Einzelfall Verwendung vom medialen Angebot gemacht?
- Welche Aspekte der medientechnischen Potentialität werden genutzt, welche werden verworfen?

- Welche Kommunikationsabsicht wird mit der Verwendung welcher medientechnologischen Potentiale verbunden?[19]
- Zu welchen Zwecken verwenden andere möglicherweise das Kommunikationsangebot?[20]
- Findet eine parallele Mediennutzung statt?
- Welches Verständnis des medientechnologischen Angebots kommt explizit zum Ausdruck oder lässt sich implizit – anhand von Verwendungsweisen – rekonstruieren oder durch Positioninganalysen aufzeigen?
- Welche Sprechweisen werden verwendet (Ironie, Sarkasmus, Ernsthaftigkeit, Umgangssprachlichkeit (Oralliteralität) oder eher Schriftsprachlichkeit)?
- Welche Erwartungshaltungen der Medienhandelnden werden offensichtlich?

II. Die Strukturierungsdimension

Die leitende Frage der Strukturierungsdimension bezieht sich auf die Informationen darüber, was die Medientechnologie mittels ihrer Vorgaben mit dem/r Medienhandelnden macht, beziehungsweise inwieweit ihr Einfluss feststellbar ist. Für die Klärung dieser Fragen müssen auch Analysen der informationstechnologischen Anwendungen durchgeführt werden. Nur so lassen sich auch die folgenden möglichen Unterfragen beantworten:

- Welche Bedingungen und Grenzen medialer interpersonaler Kommunikation lassen sich ausmachen?
- Welche Verwendungsweisen sind technisch vorherbestimmt?
- Gibt es Anzeichen dafür, dass die in der technologischen Struktur angelegte Logik durch die Praxis der Verwendung unterlaufen oder erweitert wird?

III. Die Verständigungsdimension

Die Medienhandelnden vereinbaren – mehr oder weniger beiläufig – im Kommunikationsprozess, wie gemeinsam mit den technischen Potentialen umgegangen werden soll. In der oben aufgeführten Terminologie kann daher gefragt werden, wie sich die Medienhandelnden mittels ihrer Praxis der Rahmung über den sozialen Rahmen der Medientechnologie verständigen. Weitere Unterfragen sind:

- Wann darf/soll wie, mit wem, in welcher Art und zu welchem Zwecke kommuniziert werden?

---

19 Jan Kruse merkt an, dass wir mit dieser Frage gegen die Ausführungen Schegloffs (1984) verstoßen.
20 Auch mit dieser Frage erfolgt nach Jan Kruse ein Verstoß gegen die Ausführungen Schegloffs (1984).

- Wie sieht eine Medienetikette aus, beziehungsweise wie gestaltet sich der Umgang mit anderen Mediennutzenden (Höflichkeitsregeln und Anstandsformen)?
- Inwiefern gibt es zwischen einzelnen Medienhandelnden unterschiedliche Erwartungshaltungen?
- Welche unterschiedlichen und womöglich voneinander abweichenden Regeln (beziehungsweise Regelauffassungen) sind zu beobachten?
- Kommt es in bestimmten Gruppen zu einer Neuaushandlung der Regeln und letztlich sogar zu einer Neurahmung des Rahmens?

Es bleibt anzumerken, dass es sich bei diesen drei Analysedimensionen um rein analytische Kategorien beziehungsweise Ebenen handelt. Die Fragenkataloge lassen sich demnach nicht immer vollständig am Datenmaterial aufzeigen. Mit ihrer Hilfe lässt sich allerdings der zirkulär-interaktive Charakter der Aneignung von Medientechnologien in der Auswertung systematisch fassen. Darüber hinaus können mit diesen Dimensionen die einzelnen individuellen, techno-strukturellen und intersubjektiven Momente in dem Aneignungsprozess in ihrer Verschränktheit gedacht und beschrieben werden.

6.2 Die Dimensionen in der praktischen Anwendung

Im Folgenden werden nun die beiden Facebook-Diskussionen zur Online-Übertragung der Olympischen Spiele aus Kapitel 3 unter Einbezug der vorgeschlagenen Erweiterungsdimensionen betrachtet. Die Beispiele sind zunächst aus Gründen der besseren Nachvollziehbarkeit noch einmal hier platziert, zudem wird jeder Kommentar nummeriert, um den Bezug in der Analyse zu verdeutlichen.

1) **Person 1:** Was die hier alle meckern. Bei mir funktioniert es top, DANKE für das Angebot! An die anderen: Vielleicht einfach mal den Internet-Anbieter wechseln.[21]
2) **Person 2:** Person 1 wenn man keine Ahnung hat einfach mal Internet aus machen… ok?
3) **Person 1:** Person 2: Bei mir sind die Bilder weder verpixelt noch hängt da irgendwas, weshalb ich was neu laden muss. Also müssen sich doch die Leute, bei denen das der Fall ist, die Frage stellen ob es nicht vielleicht an Ihnen selbst

---

21 Auch weiterhin sind in den hier dargestellten Beispielen Fehler in der Rechtschreibung und der Grammatik sowie Tippfehler bewusst nicht verändert worden, um die Daten nicht zu verfälschen.

liegt. Ich finde es eine Frechheit so ein umfangreiches Angebot, welches es in dieser Form noch nie gab, durch solche sinnlosen Shitstorms schlecht zu reden! Wem hier was fehlt, habt doch mal Fantasie, es gibt so viele Livestreams im Internet.

4) **Person 2:** Person 1: Die Leute wollen vernünftig die Wettkämpfe im TV gucken und nicht im Netz. Wenn Sie das nicht verstehen können, sollten sie doch ganz einfach mal den Mund halten und nicht so einen Shitstorm von sich geben. In diesem Sinne…

5) **Person 3:** Wie kann denn ein Mensch alleine einen Shitstorm von sich geben? Außerdem hat Person 1 (!) doch recht: Es IST ein umfangreiches Angebot! Ich weiß nicht, wieso es nötig ist, jemanden zu beschimpfen, weil er sachlich seine Meinung äußert – die Frage drängt sich auf, wer hier einen Shitstorm starten will.

6) **Person 2:** Sie und Person 1 sind bestimmt beim Sender XY angestellt, das sie hier das alles in Schutz nehmen…

7) **Person 1:** Person 2: Soll der Sender XY noch zu Ihnen nach Hause kommen und live dazu kommentieren, ja?

8) **Person 3:** Nein, bin ich definitiv nicht. Ich muss auch nicht alles in Schutz nehmen. Die Eröffnung gestern war zum Beispiel eine katastrophale Leistung der drei Moderatoren. Das habe ich auch sehr deutlich geäußert. Und weiter oben habe ich schon meinen Unmut über Frau XY (Sportreporterin, Anmerkung der AutorInnen) kundgetan. Ich weiß nur nicht, wieso man Menschen, die eine andere Meinung als man selber haben, gleich beschimpfen muss? Das ist doch nicht nötig.

9) **Person 2:** Beschimpfen sieht bei mir anders aus. Keine Sorge das war noch nett und höflich. Aber um wieder auf den Punkt zu kommen: Man hatte jetzt 4 Jahre Zeit die Übertragungen zu planen und wenn ich jetzt sehe was daraus geworden ist, frag ich mich doch was man in dieser Zeit getan hat. Nämlich gar nichts. Man hat Gebührengelder in eine Überdimensionale Studio Deko gesetzt die keiner sehen will. Der der für den Vorschlag der Live Streams verantwortlich ist, sollte man wegen Inkompetenz schnellstestns feuern. Das ist doch alles Verarschung am Zuschauer.

Der gewählte Auszug beginnt im Hinblick auf die Verwendungsdimension mit der Feststellung von Person 1, dass sie keine Probleme mit der Livestream-Nutzung habe (Kommentar 1).[22] Person 1 bedankt sich darüber hinaus für das Angebot des Senders, sodass die Kommunikationsabsicht ein Lob und eine dem Angebot po-

---

22 Diese Stelle ist keinesfalls der originäre Beginn der gesamten Debatte, jedoch ist dieser Auszug für unser Erkenntnisinteresse ausreichend.

sitiv gegenüberstehende Selbstpositionierung beinhaltet. Zudem schlägt Person 1 denjenigen, bei denen das Verfolgen des Livestreams nicht so reibungslos funktioniert, vor, den Internetanbieter zu wechseln. Damit positioniert sich Person 1 sogleich in einer doppelten Hinsicht: Zum einen ergreift sie Partei für das Fernsehsender-Angebot sowie für dessen Funktionalität. Zum anderen zeigt sie sich abgrenzend und verständnislos gegenüber Dritten, deren Beschwerden sie verwundern. Gefolgt wird diese durchaus als etwas abfällig antizipierbare Äußerung von einer Unterstellung im Sinne einer Fremdpositionierung, die die vermeintliche Schuld weg vom Fernsehsender auf die Internetanbieter verschiebt. Der Vorschlag »vielleicht einfach mal den Internetanbieter wechseln« kann eher zynisch verstanden werden, da ein Wechsel aufgrund vertraglicher Bindungen nicht so schnell zu realisieren ist und dieser Vorschlag daher in dem akuten Fall nicht helfen wird. Insofern stellt dieses Statement eine wenig empathische und provokante Reaktion dar – offenbar ist Person 1 von den Beschwerden anderer Nutzer genervt, wie sich auch aus Kommentar 3 ableiten lässt. Person 2 bezieht eine gegensätzliche Position zu Person 1 und drückt durch Ironie ihre Verständnislosigkeit für den Kommentar 1 von Person 1 aus. In Kommentar 4 richtet sich Person 2 direkt gegen die Äußerungen von Person 1 und vollzieht damit eine Fremdpositionierung. Hierbei wird Person 1 Ahnungslosigkeit bezüglich der Probleme und Ursachen anderer zugeschrieben und sie wird aufgefordert, sich aus der Kommunikation herauszuhalten. Dieses ex-kommunikative Exklusionsinteresse steht hier stellvertretend für die zuweilen etwas ruppige Umgangsweise sowie die hier eher konfrontative Verwendungsweise des Interaktionsangebots von Facebook. In den Kommentaren 4, 6 und 9 verdeutlicht sich, dass die Kommunikationsabsicht von Person 2 eher in der Beschwerde liegt und sie das mediale Angebot nutzt, um ihren Unmut zu kanalisieren. Offenbar versteht Person 2 die technische Möglichkeit der Kommentarfunktion auf der Fanpage auch als direkten Kommunikationskanal zum Fernsehsender, der anscheinend durch seine Öffentlichkeit besonders reizvoll ist, denn ansonsten könnte sie ja auch beim Kundenservice des Senders anrufen, einen Brief oder eine E-Mail verfassen.[23] Zudem verwendet Person 2 einen eher saloppen Umgangston, über den sie bestimmte Stimmungen oder Provokationen erzeugen kann (insbesondere Kommentar 9: »Verarschung am Zuschauer«). Sie zeigt damit ein eher konfrontatives Nutzungsverständnis als Verwendungsdimension.

Person 3 hingegen ignoriert den ironischen Unterton vorheriger Anspielungen auf eine mögliche Anstellung beim betroffenen Fernsehsender (Kommentar 6)

23　Im Rahmen einer umfassenderen Auswertung der Inhalte fiel bei dieser Person weiterführend auf, dass sie wiederholtes Interesse an einer möglichen Organisierung Unzufriedener zeigte – u. a. rief sie mehrfach zum Boykott der GEZ-Gebühren auf.

und die Verwendungsweise ihrer VorrednerInnen. Sie verteidigt mit Ernsthaftigkeit die Leistungen des Fernsehsenders (Kommentar 8) und unterstützt Person 1 (Kommentar 5). In der vorliegenden Mediensituation wurden demnach von den drei Beteiligten zwei gegensätzliche Positionen eingenommen, möglicherweise mit der Absicht, öffentlich Lob beziehungsweise Kritik zu äußern.

Die vermutete Absicht von öffentlichen Äußerungen ist auch im Hinblick auf die Strukturierungsdimension interessant. Die technischen Möglichkeiten lassen zu, dass die Sichtbarkeit der eigenen Kommentare graduell von den Personen selbst eingestellt werden und die Kommunikation einen je nach Einstellung variierenden (semi-)öffentlichen Charakter erhalten kann. Das ist natürlich nur möglich, wenn Kenntnis über diese Option besteht, beziehungsweise die Einstellungsmöglichkeiten auf der Website gefunden werden[24]. Letztlich bleibt ungewiss, ob die Kommentaraktivitäten tatsächlich in diesem Maße sichtbar sein sollen oder ob dies versehentlich erfolgt. Es gibt keine Möglichkeit, diese Frage am Material abschließend zu verifizieren, obwohl sie für das subjektive Nutzungsverständnis interessant ist. Die Beiträge im vorliegenden Auszugsbeispiel wurden von den drei Beteiligten – entweder bewusst oder unfreiwillig – als öffentlich freigegeben, da wir ansonsten keinen Zugriff auf sie gehabt hätten.[25] Damit greift ein starkes Selektionskriterium, das aus ForscherInnen-Perspektive unkontrollierbar ist. Jedoch macht es den Eindruck, als seien die Beteiligten mit den technisch vorherbestimmten Verwendungsweisen und der in der Struktur angelegten Logik vertraut, sodass die öffentliche Sichtbarkeit bewusst gewählt wurde, da beispielsweise Person 3 in Kommentar 8 mitteilt, dass sie in einer früheren Diskussion bereits auch schon einmal ihren Unmut kundgetan hat.

Im Bezug auf die Verständigungsdimension lässt sich feststellen, dass es differierende Vorstellungen darüber gibt, in welcher Art die Kommentarfunktion auf Facebook zu verwenden ist und wie der angemessene Ton in einer solchen Diskussion sein sollte. Immerhin ist die Diskussion öffentlich sichtbar und kann aufgrund der Schriftform dauerhaft festgehalten werden. Offenkundig kommt in dem Austausch zwischen Person 1 und Person 2 zudem noch eine grundlegendere Differenz zum Tragen, die jedoch nur beiläufig auftaucht: Während Person 1 die

---

24 Mittlerweile gibt es einige wissenschaftliche Publikationen, die sich diesem Themenkomplex annehmen (u. a. Acquisti und Gross 2006; Boyd 2008; Gross und Acquisti 2005).

25 Womit gleichzeitig ein weiteres, mögliches Problem der lückenlosen Erfassung von Daten einer Facebook-Diskussion angesprochen ist. Sobald die Privatsphäre-Einstellungen untersagen, dass die Inhalte über den jeweiligen Freundeskreis hinaus sichtbar gemacht oder von dritter Seite abgespeichert werden können, ist die volle Umfänglichkeit der Daten nicht länger gewährleistet. Aber wie bereits erwähnt, bestimmt letztlich das Forschungsinteresse, ob diese volle Umfänglichkeit überhaupt notwendig ist.

Onlineübertragung der Spiele lobt (Kommentar 1 und 3), bezieht sich Person 2 mit Kommentar 4 gar nicht explizit auf die Übertragungsqualität der Online-Übertragung, sondern äußert ihren Unmut darüber, dass es überhaupt eine Übertragung online gibt und nicht nur ausschließlich im TV. Demnach geht es Person 2 gar nicht um den Ausdruck einer Beschwerde über eine mögliche schlechte Übertragung, sondern um die Art der Übertragung an sich. Worin dieses *Aneinander-vorbei-Reden* seinen Grund haben mag, ist an dieser Stelle nicht abschließend zu beantworten. Denkbar ist neben dem Aspekt der Schriftkommunikation, bei der für das Verständnis und die Einordnung von Kommunikation hilfreiche Elemente wie Mimik, Gestik, Betonung und Prosodie fehlen, auch ein differierender Grad der Involvierung und Vertrautheit mit dem Diskussionsrahmen bezüglich des Themas auf Facebook.

Dennoch kann vermutet werden, dass hier eine Art *stellvertretende Auseinandersetzung* ausgetragen wird: zwischen denjenigen, die die Vielfalt des Angebotes schätzen und keine technischen Probleme haben beziehungsweise diese in Anbetracht größerer Auswahlmöglichkeiten in Kauf nehmen und denjenigen, die dem Experiment einer Online-Livestream-Übertragung ablehnend gegenüberstehen und die Ereignisse lieber im TV verfolgen würden. Bemerkenswert ist, dass beide Personen ein gewisses Interesse an der Sichtbarkeit ihrer Beteiligung an diesem Diskurs zu haben scheinen, da sie sich als *Sprachrohr* der jeweiligen Partei inszenieren.

Im Hinblick auf die Medienetikette sind besonders die Beiträge von Person 3 hervorzuheben: Während die Personen 1 und 2 einen eher lockeren Kommunikationsstil ohne Höflichkeitsregeln und mit einer eher beleidigenden Tendenz pflegen, hat Person 3 kein Verständnis dafür. Für sie gehört ein sachlicher und respektvoller Umgang miteinander zur Medienetikette. Insgesamt deuten die Beiträge von Person 3 darauf hin, dass ihrer Auffassung nach der Umgang mit anderen Mediennutzenden durch einen eher konstruktiven, harmonischen, ernsthaften und sachgerechten Austausch geprägt sein sollte. Sie kritisiert die Beschimpfungen bei Meinungsverschiedenheiten (Kommentar 8), wobei Person 2 sich davon angesprochen fühlt und verteidigend betont, dass ihre Äußerung freundlich gemeint war (Kommentar 9). Offenbar folgt demnach auch Person 2 einer Medienetikette, die jedoch anders gestaltet ist als die von Person 3 (beispielsweise im Hinblick auf die Toleranzgrenze dessen, was als Beschimpfung gilt und was nicht).

Auch wenn das Potential des vorliegenden Beispiels nicht erschöpft ist, lässt sich allein durch die bisherige Betrachtung feststellen, dass erstens unterschiedliche Verwendungsweisen des Interaktionsangebots von Facebook existieren, die jeweils als die natürlichen Verwendungsweisen empfunden und dargestellt werden. Zweitens gibt es im Hinblick auf die Verwendungsweise der Technologie, aber auch auf die adäquaten Umgangsformen auf dieser Kommunikationsplattform voneinander abweichende Regelverständnisse. Die hier vorgenommene kontrastierende Einordnung des Interaktionsgeschehens und seiner Beteiligten wird nur dann deutlich und möglich, wenn zuvor im Rahmen der Verwendungsdimension auf der Subjektebene analysiert wurde, welche Orientierungen sich bei jedem/r einzelnen AkteurIn feststellen lassen. Gleichzeitig wird dabei auch die Verständigungsdimension angesprochen, da eine Auseinandersetzung über den Umgang mit den technologischen Potentialen stattfindet.

Auch im nächsten Beispiel soll nach Regeln gesucht werden, die die Medienaneignung und somit die textliche Versprachlichung anleiten. Hierfür werden erneut unsere drei Erweiterungsdimensionen auf das Beispiel angewendet, wobei wir wiederholt betonen, dass sich die Fragenkataloge nicht immer im vollen Umfang am Datenmaterial aufzeigen lassen.

Zum besseren Überblick hier noch einmal das Beispiel – ebenfalls mit durchnummerierten Kommentaren zur leichteren Nachvollziehbarkeit der Analyse:

1) **Person A**[26]: Sind die Redakteure zum Mittagessen und wieder die Praktikanten am Ruder? Wen interessiert denn sowas? Passiert aktuell sonst nichts anderes in London?

2) **Person B:** hä is doch geil Person A...kleine mimose.

3) **Person A:** Wieso Mimose ? Nur weil dir kein Spruch einfällt, Person B ?

4) **Person C:** @ Person A dein spruch ist aber auch nicht gerade das gelbe vom ei :D

5) **Person A:** einfach nur ehrlich, Person C. es passiert gerade so viel in london, und die bringen hier sowas... deutschland hat 82 mio. einwohner, diese seite aber nur 43.000 likes ! woran das wohl liegt...

6) **Person B:** ich hab nicht das bedürfniss n spruch loszulassen Person A :D

7) **Person D:** bist schon schwazer löwe

8) **Person A:** Ne, schwarz, mit \ r \« :D«

9) **Person A:** Anscheinend doch, Person B. Ist ja schon dein 2. Kommi hier :D

10) **Person D:** Ich entschuldige mich aufrichtig für diesen Fauxpas, Person A. Ich habe dieses \r\« nicht absichtlich vergessen.Im übrigen ist es ja schon dein fünfter Kommentar hier. Und außerdem mag dich keiner aber ich like deinen Kommentar mal, damit das zumindest einer tut. Und jetzt halte bitte deine Schnauze. Danke, servus!«

---

26 Wir haben uns beim zweiten Beispiel bewusst für eine alphabetische Nummerierung der anonymisierten Personen entschieden, um die Diskussionsbeteiligten bei der Analyse besser unterscheiden zu können.

Im Hinblick auf die Verwendungsdimension lässt sich anhand des zweiten Beispiels festhalten, dass Person A die Diskussionsmöglichkeit auf der Facebook-Seite des Fernsehsenders als Plattform für den Ausdruck einer öffentlichen Beschwerde verwendet. Es macht den Eindruck, als habe sie die Kommunikationsabsicht eines allgemeinen Nörgelns, wie ihre Aussage zu Beginn des Auszugs verdeutlicht (Kommentar 1). Zudem verwendet sie in diesem Posting das Stilmittel der Ironie, da auch ihr völlig klar sein dürfte, dass die Auswahl der ausgestrahlten Szenen nicht davon beeinflusst wird, dass die Redakteure beim Mittagessen sind. Offenbar hat Person A das Kommunikationsangebot auf Facebook dafür nutzen wollen, sich zum einen über die Auswahl des gesendeten Materials zu beschweren (siehe Kommentar 1 und 5), zum anderen aber auch, um einen, ihrer Meinung nach, ›lustigen Spruch‹ zu platzieren (siehe Kommentar 3), für den sie vermutlich Anerkennung und/oder Zuspruch von anderen TeilnehmerInnen erwartet hat. Ganz im Gegenteil kritisieren die Personen B, C und D die Kommunikationsabsicht von Person A und unterstützen sich gegenseitig, wobei Person C sich erst einschaltet, um Person B gegen Person A zu unterstützen (Kommentar 4), obwohl Person B unaufgefordert relativ angriffslustig und sehr umgangssprachlich auf die Beschwerde von Person A reagiert. Im Kommentar 5 zeigt Person A Ernsthaftigkeit, um noch einmal zu begründen, warum sie diese Kritik äußert. Person B verdeutlicht mit Kommentar 6, dass ihre Kommunikationsabsicht nicht darin besteht, Sprüche zu posten, wobei Person A im Kommentar 9 jedoch das Gegenteil illustrieren möchte. Die Kommunikationsabsicht von Person D im Hinblick auf die Aussage mit dem Löwen kann in unserem Beispielauszug nicht genau nachvollzogen werden – möglicherweise besteht der Zweck hier in reiner Provokation, wofür auch die sehr drastische Aussage in Kommentar 10 sprechen würde.

Bei der Betrachtung der Strukturierungsdimension fällt auf, dass die Kommentare explizit mit Verweisen an die Personen geschrieben werden, denen dieses Posting gilt. Dabei nutzt nur Person C in Kommentar 4 die übliche Online-Gebrauchsweise des @ zur Adressierung. In allen anderen Kommentaren wird der Name des adressierten Empfängers als Teil des Textes mit ins Posting aufgenommen. In keinem Fall erfolgt eine direkte Verlinkung mit dem Facebook-Profil der entsprechenden Person, was technisch aber möglich wäre und keinen großen Aufwand verursachen würde, da Facebook systemseitig bei der Namenseingabe schon potentielle Adressaten vorschlägt. Obwohl diese Anwendung eigentlich technisch nahe gelegt ist und explizit für solche Adressierungen gedacht ist, nutzen sie die TeilnehmerInnen dieser Diskussion nicht. Sie eignen sich die in der Möglichkeit der Verknüpfung liegende Logik der technologischen Struktur nicht an. Solche Eigenwilligkeit kann langfristig zu Veränderungen oder zum Umbau eines Angebots führen. Hierbei ist jedoch nicht erkennbar, warum von diesen Möglichkeiten nicht Gebrauch gemacht wird. Zusätzlich fällt auf, dass die Tippfehler in der schriftlichen Kommunikation sogleich in der Diskussion thematisch aufgegriffen werden (siehe Kommentare 7, 8 und 10) und zu einer wechselseitigen Provokation der Personen A und D führen (Kommentare 8 und 10).

Die Provokationen zwischen Person A auf der einen Seite und Person B, C und D auf der anderen Seite sind offenbar ein zentrales Muster in dieser Diskussion, was uns zur Betrachtung der Verständigungsdimension führt: Die Höflichkeitsregeln und Anstandsformen sind in diesem Diskussionsauszug weitestgehend außer Kraft gesetzt, der Umgang miteinander ist provokativ und eher beleidigender Natur. Dieses wird vor allem an den Kommentaren 2, 7, 8 und 10 deutlich, wobei nochmals darauf hingewiesen wird, dass sich hier zwei Seiten gebildet haben und sich diese Provokationen und Beleidigungen nicht auf alle DiskussionsteilnehmerInnen untereinander beziehen. Interessant ist, dass die Diskussion mit einer ganz anderen Intention beginnt – nämlich mit dem Ausdruck des Unmutes von Person A über das Programm. Im Verlauf der Diskussion ändert sich jedoch der Gegenstand und wechselt auf die Ebene von wechselseitigen persönlichen Angriffen. Hiermit wandeln sich Art und Weise sowie der Zweck der Ursprungskommunikation. In Bezug auf die Erwartungshaltung kann, wie oben bereits erwähnt, vermutet werden, dass sich Person A Zuspruch erhofft hat und sie offenbar bereits häufiger Kommentare abgegeben hat (Kommentar 10). Die gesamte Diskussion als Reaktion auf den Kommentar 1 von Person A könnte jedoch auch erst aufgrund einer unterschiedlichen Regelauffassung in Gang gesetzt worden sein: Möglicherweise haben die Personen B, C und D ein anderes Verständnis der Mediennutzungsregeln – Regeln, die Person A mit der Beschwerde eventuell verletzt hat. Während Person A die Senderwebsite bei Facebook als Ausdrucksmöglichkeit ihrer Unzufriedenheit nutzt und sich gegebenenfalls dadurch einen Austausch oder Zustimmung durch Gleichgesinnte erhofft, sind die anderen TeilnehmerInnen der Diskussion mit dieser Verwendung nicht einverstanden und handeln durch ihre gemeinsame Interaktion gegen Person A neue rahmende Regelungen aus. Diese Neurahmung geht letztlich soweit, dass Person D Person A im Kommentar 10 auffordert, keinen Beitrag mehr zur Diskussion zu leisten und mit einem saloppen *Servus* die Teilnahme von Person A an der Diskussion für beendet erklärt.

7   Fazit und Ausblick

Der vorliegende Beitrag hat sich mit der spezifischen Erhebungs- und Auswertungssituation von Online-Daten befasst. Dabei lag der Fokus auf der Betrachtung einer rekonstruktiven Auswertung von Online-Daten, die im Rahmen von Diskussionen auf den Social-Network-Sites Facebook und Twitter entstanden sind. Im Anschluss an die Einleitung haben wir uns mit der Herausforderung von (schriftbasierten) Online-Daten auseinandergesetzt. Daraufhin wurden Auszüge aus zwei Facebook-Diskussionen als Beispiele für Online-Daten vorgestellt, woran anschließend das integrative Basisverfahren als angewandtes Verfahren zur Auswertung dieser Daten umfassend illustriert wurde. Dabei haben wir festgestellt, dass der Einfluss von Medientechnologie im Auswertungsverfahren nicht explizit berücksichtigt wird. Über den *Rahmen* nach Goffman (1977) und den *Medienrahmen* nach Höflich (2003) wurde daher versucht, die medientechnologische Anwendung in das Auswertungsverfahren zu integrieren, woraus wir drei Reflexionsdimensionen medientechnologisch vermittelter Textproduktion als Erweiterungsvorschlag für das integrative Basisverfahren abgeleitet haben. Diese drei Dimensionen *Verwendung, Strukturierung* und *Verständigung* wurden anhand der Diskussionsbeispiele illustriert.

Während der Arbeit mit diesen Daten sind uns bestimmte Eigenheiten aufgefallen, die unserer Auffassung nach bei einer Auswertung berücksichtigt werden sollten. Es ließ sich feststellen, dass die technischen Bedingungen, die mit diesen Online-Daten einhergingen, nicht zuletzt im Zusammenspiel mit den sozialen Aushandlungsprozessen wesentlichen Einfluss auf den Charakter und die Form, aber auch auf die Qualität der Daten hatten. Daher haben wir auf Basis unserer Erkenntnisse und Erfahrungen die drei Dimensionen zur Erweiterung der Interaktionsebene des integrativen Basisverfahrens (vgl. Kruse 2014) entwickelt. Wie wir zeigen konnten, eignet sich das integrative Basisverfahren aufgrund seiner Offenheit gut für die Arbeit mit Online-Daten. Mit unserem Erweiterungsvorschlag leisten wir insofern einen Beitrag für eine zukünftige Anwendungspraxis im Kontext von mediatisierten Online-Daten.

Zwecks der analytischen Annäherung an die technologisch vermittelte, interpersonale Kommunikation haben wir das Verhältnis Mensch-Maschine beziehungsweise Mensch-Technologie als eine Kommunikation gefasst, die ein Bestandteil interpersonaler und technisch vermittelter Interaktion ist. Es erscheint uns relevant, diesen Vorschlag weiter zu verfolgen, da sich darüber nicht nur das Zusammenspiel von Menschen, Technologie und Datenproduktion konzeptionell gut fassen lässt, sondern dieses Setting in seiner Spezifik gleichsam auch forschungspraktisch untersuchbar wird. Mit diesem Vorschlag der Konzeptualisierung wurde es möglich, mittels des Rahmenkonzepts von Goffman und den an dieses Konzept anschließenden Überlegungen Höflichs, die Erweiterung auf der Interaktionsebene vorzunehmen. Die Aneignung informationstechnologischer Anwendungen wie Facebook oder Twitter ließ sich als regelgeleitetes und durch Intersubjektivität konstruiertes Unterfangen betrachten. In einer rekonstruktiven Analyse des Datenmaterials können diese unterschiedlichen Ebenen der Aneignung nun gezielt verfolgt werden.

Bei der Erweiterung der Interaktionsebene durch den Aspekt der Technologie kommt es nicht zu gänzlich neuen Erkenntnissen: Auch ohne die drei Dimensionen *Verwendung, Strukturierung* und *Verständigung* könnte man die Phänomene möglicherweise herausarbeiten. Es ist dennoch auf den rahmenden Einfluss der jeweiligen Technologie zu verweisen, ohne die diese Interaktion so nicht hätte stattfinden können. Bei einem kontextsensitiven Auswertungsverfahren wie dem integrativen Basisverfahren nach Kruse (2014) ist es daher naheliegend und unserer Auffassung nach auch erforderlich, neben der zwischenmenschlichen Koproduktion auch den informationstechnisch vermittelten Zusammenhang bei der Textproduktion in der Datenanalyse zu berücksichtigen.

Wie wir gesehen haben, unterliegen die nicht-reaktiven Daten, die von den AkteurInnen während ihrer Verwendung von Facebook produziert wurden, verschiedenen Dynamiken. Es wurde deutlich, wie sensibel und störungsanfällig die Stimmungen in solchen Diskussionsrunden sind (ähnlich wie in Face-to-Face-Diskussionen) und was passieren kann, wenn unterschiedliche Aneignungsweisen – und damit Regelverständnisse – aufeinandertreffen. Verschärft wird dieser Umstand dadurch, dass sich die einzelnen AkteurInnen nicht aus anderen lebensweltlichen Zusammenhängen und Begegnungen kennen und nur diese kurze episodenhafte Sequenz der Diskussion miteinander teilen. Diese Sequenz ist darüber hinaus auch noch technologisch vermittelt und folglich im Rahmen der Aneignungspraktiken interpretationsbedürftig. Im Gegensatz zu anderen technologisch vermittelten Interaktionen, wie einem Telefonat zwischen Bekannten, die im Zeitverlauf eine gemeinsame Verwendungsweise entwickeln, besitzt Facebook eigene Qualitäten: Es steigert die Kontaktmöglichkeiten zwischen unterschiedlichen Milieus und Subkulturen, die sich im Hinblick auf ihre Vorstellungen von Verwendungsweisen, Höflichkeits- und Anstandsregeln relativ fremd gegenübertreten können. Damit wird die Notwendigkeit eines erweiterten Analysefokus auf solche regelgeleiteten Aneignungsweisen nachvollziehbar.

Anhand der Beispiele wurde weiterhin deutlich, dass es im Rahmen von Online-Diskussionen – in unserem Fall also Diskussionen, die nicht face-to-face stattfinden, sondern sich auf Plattformen wie Facebook oder Twitter abspielen noch weitere interessante Elemente zur Analyse gibt: Neben den sprachlichen Aufmerksamkeitsebenen, die Kruse (2014) im integrativen Basisverfahren betrachtet, beinhalten diese Online-Diskussionen weitere Dimensionen, die aus den sozialen Aneignungspraktiken der technischen Gegebenheiten resultieren und die Diskussionen beeinflussen können. Diese technisch beeinflussten Dimensionen sollten daher unserer Auffassung nach bei der rekonstruktiven Analyse von Online-Daten zukünftig unbedingt Berücksichtigung finden.

Literatur

Acquisti, Alessandro, und Ralph Gross. 2006. Imagined communities: Awareness, information sharing, and privacy on Facebook. http://www.heinz.cmu.edu/~acquisti/papers/acquisti-gross-facebook-privacy-PET-final.pdf. Zugegriffen: 26. März 2014.

Bergmann, Jörg R. 2000. Konversationsanalyse. In *Qualitative Forschung. Ein Handbuch,* hrsg. Uwe Flick, Ernst v. Kardorff, und Ines Steinke. 524–537. Reinbek: Rowohlt.

Bethmann, Stephanie, Cornelia Helfferich, Heiko Hoffmann, und Debora Niermann. 2012. *Agency. Qualitative Rekonstruktionen und gesellschaftstheoretische Bezüge von Handlungsmächtigkeit.* Weinheim: Beltz Juventa.

Boyd, Danah. 2008. Facebook's Privacy Trainwreck. Exposure, Invasion, and Social Convergence. http://cvg.sagepub.com. Zugegriffen: 24. April 2014.

Bowler Jr., Gary M. 2010. Netnography: A Method Specifically Designed to Study Cultures and Communities Online. *The Qualitative Report* 15 (5): 1270–1275.

Busemann, Katrin. 2013. Wer nutzt was im Social Web? *Media Perspektiven* (7-8): 391–399.

Flick, Uwe. 2005. *Qualitative Forschung. Eine Einführung.* Reinbek: Rowohlt.

Fraas, Claudia, und Christian Pentzold. 2008 Online-Diskurse. Theoretische Prämissen, methodische Anforderungen und analytische Befunde. In *Methoden der Diskurslinguistik. Sprachwissenschaftliche Zugänge zur transtextuellen Ebene,* hrsg. Ingo Warnke, und Jürgen Spitzmüller. 291–326. Berlin, New York: de Gruyter.

Fraas, Claudia. 2013. *Online-Diskurse. Theorien und Methoden transmedialer Online-Diskursforschung.* Köln: Herbert von Halem.

Galanova, Olga, und Vivien Sommer. 2011. Neue Forschungsfelder im Netz. Erhebung, Archivierung und Analyse von Online-Diskursen als digitale Daten. In *Digitale Wissenschaft. Stand und Entwicklung digital vernetzter Forschung in Deutschland,* hrsg. Silke Schomburg, Claus Leggewie, Henning Lobin, und Cornelius Puschmann. 169–178. Köln. http://www.hbz-nrw.de/dokumentencenter/veroeffentlichungen/Tagung_Digitale-Wissenschaft.pdf. Zugegriffen am 06. Mai 2014.

Garfinkel, Harold. 1967. *Studies in Ethnomethodology.* Englewood Cliffs (New Jersey): Prentice-Hall.

Garfinkel, Harold. 1973. Das Alltagswissen über soziale und innerhalb sozialer Strukturen. In *Alltagswissen, Interaktion und gesellschaftliche Wirklichkeit,* hrsg. Arbeitsgruppe Bielefelder Soziologen. 189–214. Reinbek: Rowohlt.

Garz, Detlef. 2007. Qualitative und/oder/versus rekonstruktive Sozialforschung, das müsste heute die Frage sein. *EWE-Erwägen, Wissen, Ethik* 18 (2): 224–225.

Giddens, Anthony. 1997. *Die Konstitution der Gesellschaft. Grundzüge einer Theorie der Strukturierung.* Frankfurt am Main: Campus.

Goffman, Erving, und Hermann Vetter. 1977. *Rahmen-Analyse. Ein Versuch über die Organisation von Alltagserfahrungen.* Frankfurt am Main: Suhrkamp.

Goffman, Erving. 2003. *Wir alle spielen Theater. Die Selbstdarstellung im Alltag.* München: Pieper.

Gross, Ralph, und Alessandro Acquisti. 2005. Information Revelation and Privacy in Online Social Networks. The Facebook case. www.heinz.cmu.edu/~acquisti/papers/privacy-facebook-gross-acquisti.pdf Zugegriffen am 19. April 2014.

Helfferich, Cornelia, Heike Klindworth, und Jan Kruse. 2006. *Eine Studie zu Lebensläufen und Familienplanung. Vertiefungsbericht.* Köln: Bundeszentrale für gesundheitliche Aufklärung (BZgA).

Helfferich, Cornelia, und Jan Kruse. 2007. Hermeneutisches Fremdverstehen als eine sensibilisierende Praxeologie für sozialarbeiterische Beratungskontexte. Oder: Vom »professionellen Blick« zum »hermeneutischen Ohr«. In *Rekonstruktion und Intervention. Interdisziplinäre Beiträge zur rekonstruktiven Sozialarbeitsforschung,* Hrsg. Ingrid Miethe, Wolfram Fischer, Cornelia Giebeler, Martina Goblirsch und Gerhard Riemann, 175–188. Leverkusen: Barbara Budrich.

Helfferich, Cornelia. 2009. *Die Qualität qualitativer Daten. Manual für die Durchführung qualitativer Interviews.* Wiesbaden: VS.

Heritage, John. 1984. *Garfinkel and Ethnomethodology.* Cambridge, New York: Polity Press.

Hitzler, Ronald. 1993. Verstehen: Alltagspraxis und wissenschaftliches Programm. In *»Wirklichkeit« im Deutungsprozess: Verstehen und Methoden in den Kultur- und Sozialwissenschaften,* hrsg. Thomas Jung, und Stefan Müller-Dohm. 223–240. Frankfurt am Main: Suhrkamp.

Höflich, Joachim R. 1996. *Technisch vermittelte interpersonale Kommunikation. Grundlagen, organisatorische Medienverwendung, Konstitution »elektronischer Gemeinschaften«.* Wiesbaden: VS.

Höflich, Joachim R. 2003. *Mensch, Computer und Kommunikation. Theoretische Verortungen und empirische Befunde.* Frankfurt am Main: Lang.

Kelle, Udo, und Susann Kluge. 2010. *Vom Einzelfall zum Typus. Fallvergleich und Fallkontrastierung in der qualitativen Sozialforschung.* Wiesbaden: VS.

Kelle, Udo, Alexandra Tobor, und Brigitte Metje. 2012. Qualitative Evaluationsforschung im Internet – Onlineforen als Werkzeuge interpretativer Sozialforschung. In *Sozialforschung im Internet. Methodologie und Praxis der Online-Befragung,* hrsg. Nikolaus Jackob, Harald Schoen, und Thomas Zerback. 178–192. Wiesbaden: VS.

Klingler, Walter, Andreas Vlasic, und Frank Widmeyer. 2012. Communitys bei Zwölf- bis 29-Jährigen und öffentliche Interaktion. *Media Perspektiven* (9): 433–444.

Kozinets, Robert V. 2009. *Netnography: Doing Ethnographic Research Online.* Beverly Hills, California: Sage Publications

Krotz, Friedrich. 2001. *Die Mediatisierung kommunikativen Handelns. Der Wandel von Alltag und sozialen Beziehungen, Kultur und Gesellschaft durch die Medien.* Wiesbaden: Westdeutscher Verlag.

Krotz, Friedrich. 2008. *Mediatisierung.* Wiesbaden: Springer.

Kruse, Jan, Kay Biesel, und Christian Schmieder. 2011. *Metaphernanalyse. Ein rekonstruktiver Ansatz.* Wiesbaden: VS.

Kruse, Jan. 2014. *Qualitative Interviewforschung. Ein integrativer Ansatz.* Weinheim: Beltz Juventa.

Lucius-Hoene, Gabriele und Arnulf Deppermann. 2002. *Rekonstruktion narrativer Identität. Ein Arbeitsbuch zur Analyse narrativer Interviews.* Opladen: Leske + Budrich.

Mannheim, Karl. 1980. *Strukturen des Denkens.* Frankfurt am Main: Suhrkamp.

Mannheim, Karl. 2004. Beiträge zur Theorie der Weltanschauungs-Interpretation. In *Methodologie interpretativer Sozialforschung. Klassische Grundlagentexte,* hrsg. Jörg Strübing und Bernt Schnettler. 101–154. Konstanz: UVK (UTB).

Müller, Thorsten. 2012. Habitualisierte Mobilnutzung – Smartphones und Tablets gehören zum Medienalltag. *Media Perspektiven* (9): 410–422.

Przyborski, Aglaja. 2004. *Gesprächsanalyse und dokumentarische Methode. Qualitative Auswertung von Gesprächen, Gruppendiskussionen und anderen Diskursen.* Wiesbaden: VS.

Schegloff, Emanuel A. 1984. On Some Questions and Ambiguities in Conversation. In *Structures of Social Action. Studies in Conversation Analysis,* hrsg. J. Maxwell Atkinson und John Heritage. 28–52. Cambridge: Cambridge University Press.

Schetsche, Michael, und Ina Schmied-Knittel. 2013. Deutungsmuster im Diskurs. Zur Möglichkeit der Integration der Deutungsmusteranalyse in die Wissenssoziologische Diskursanalyse. *Zeitschrift für Diskursforschung.* 2013 (1): 24–45.

Schirmer, Dominique. 2009. *Empirische Methoden der Sozialforschung.* Paderborn: Wilhelm Fink (UTB).

Schütz, Alfred. 1974. *Der sinnhafte Aufbau der sozialen Welt: Eine Einleitung in die verstehende Soziologie.* Frankfurt am Main: Suhrkamp.

Srubar, Ilja. 2009. *Kultur und Semantik.* Wiesbaden: VS.

Strauss, Anselm, und Juliet Corbin. 1996. *Grounded Theory: Grundlagen Qualitativer Sozialforschung.* Weinheim: Psychologische Verlags Union.

van Eimeren, Birgit, und Beate Frees. 2012. 76 Prozent der Deutschen online – neue Nutzungssituation durch mobile Endgeräte. *Media Perspektiven* (7-8): 362–379.

Weber, Heike. 2008. *Das Versprechen mobiler Freiheit. Zur Kultur- und Technikgeschichte von Kofferradio, Walkman und Handy.* Bielefeld: Transcript.

Weber, Max. 1972. *Wirtschaft und Gesellschaft. Grundriss der verstehenden Soziologie.* Tübingen: Mohr.

Willems, Herbert. 1997. *Rahmen und Habitus. Zum theoretischen und methodischen Ansatz Erving Goffmans: Vergleiche, Anschlüsse und Anwendungen.* Frankfurt am Main: Suhrkamp.

Winter, Rainer. 1995. *Der produktive Zuschauer. Medienaneignung als kultureller und ästhetischer Prozess.* Köln: Herbert von Halem.

Internetbasierte Daten als sprachsoziologische Rätsel

Michael Corsten/Holger Herma

1 Fragen vom Standpunkt einer Theorie der Internetkommunikation

1.1 Kommunikationstheoretische und sprachsoziologische Voraussetzungen interpretativer Sozialforschung

Interpretative Sozialforschung beruht in weiten Teilen auf Voraussetzungen der pragmatischen Linguistik. Dies betrifft insbesondere das von Jörg Bergmann (1985) sehr präzise herausgearbeitete Desiderat der Erhebung »prozess-registrierender« Dokumente (Daten). Die beiden Annahmen lauten erstens, dass soziale Sachverhalte spezifisch in der Geltung institutioneller Fakten bestehen, dass also »institutionelle Fakten« (Searle 1969, 1995) für gesellschaftliche Verhältnisse konstitutiv sind und dass sich zweitens aus der Aufzeichnung von Ereignisfolgen institutioneller Fakten die selbstbezügliche Validierung sozialer Kommunikation rekonstruieren lässt (Sozialforschung als rekonstruktive Analyse).

a) Die pragmatisch-linguistische Grundformel
Searle charakterisiert das Modell des Zeichengebrauchs mit der Formel: X gilt als Y in C. Beispiel: Schirm = ☂ (im deutschen Sprachkontext)
   Die Aufeinanderfolge der gedruckten Figuren (S, c, h, i, r, m) auf einem Blatt Papier bspw. wird im deutschen Sprachkontext als Wort »Schirm« gelesen und auf den Gegenstand Schirm (☂) bezogen. Einfach ausgedrückt sagen wir: Das Wort »Schirm« bedeutet Schirm. Die Beziehung ist nicht tautologisch, da die X-Stelle von der Y-Stelle unterschieden werden kann. Zum Beispiel wird jemand einer anderen Person kein Blatt Papier mit dem Wort Schirm aushändigen, wenn er sagt: »Hier, nimm den Schirm!« Oder auf die Idee kommen, er habe der Angesproche-

nen den Schirm schon damit ausgehändigt, dass er das Wort Schirm ausgesprochen hat. Zeichenverwendung beruht somit auf der Unterscheidung von Bezeichnendem (X) und Bezeichnetem (Y).

Wie Mannheim bereits in seinem frühen Aufsatz »zur Theorie der Weltanschauungs-Interpretation« ausgeführt hat, wird ein Zeichen als Sinn- bzw. Kulturgebilde sowohl als »es selbst« (eben als X) aufgefasst als auch als X, das über sich hinausweist und uns ein Y vermittelt. In der Zeichenoperation wird ein Bezeichnendes X somit sowohl vom Bezeichneten Y unterschieden ($X \neq Y$) als auch mit ihm gleichgesetzt ($X = Y$). Es ist wichtig zu verstehen, um welche Art von Gleichung es sich bei »X gilt als Y« handelt. Ganz offensichtlich ist es keine gewöhnliche rechnerische Gleichung wie »$1 + 1 = 2$«. Ebenso ist es keine rückführende Gleichsetzung wie in der Aussage: »Eisen und Aluminium sind gleich in der Eigenschaft, Metalle zu sein.« Die Gleichsetzung von X und Y beruht auf Übereinkunft, »kollektiver Intentionalität« wie John Searle es nennt.

Die Differenzen dieser »Gleichsetzungen« sehen wir dann, wenn wir ihre Gültigkeit überprüfen. Bei »$a + b = c$« geht es darum, Zahlen so einzusetzen, dass die behauptete Gleichheit auch arithmetisch richtig ist. Der Grund der Gleichsetzung basiert auf logisch-mathematischer Folgerichtigkeit. Bei der Gleichheit von Eisen und Aluminium durch die Rückführung auf die beiden zukommende Eigenschaft, metallisch zu sein, überprüfen wir, ob für beide Fälle (Stoffe) tatsächlich die behaupteten Eigenschaften festgestellt werden können. Bei der Operation des »X gilt als Y« haben wir es mit einer Gleich-Setzung im wörtlichen Sinn zu tun; sie beruht auf einer definitorischen Setzung. Ein Zeichen gilt dann als Zeichen, wenn in einem Kontext ein X in der Bedeutung von Y übereinstimmend verwendet wird. Im elementaren Sinn können wir uns vorstellen, dass die verwendeten Zeichen durch Zeigehandlungen eingeführt werden. Eine Person hebt den Arm, streckt ihn aus, weist mit der Hand auf einen Baum und spricht dabei das Wort »Baum« aus. Die körperliche Zeigehandlung lässt sich dann auch durch sprachliche Formen (die Zeigewörter »hier«, »da«, »das«) ergänzen. Wenn sich Sitzgelegenheiten gut sichtbar im Raum befinden, kann mit der Bemerkung »Nimm Platz, hier sind Stühle.« auf die Zeigehandlung verzichtet werden.

Wichtig ist in all diesen Fällen, dass die Übereinkunft in der Zeichengeltung in der Situation der Zeichenverwendung selbst hergestellt (von den Beteiligten ratifiziert) werden kann. Deshalb ist in Searles Formel »X gilt als Y« eben auch das »in Kontext C« wichtig. Es macht zweierlei deutlich: erstens, dass die Geltung auf den Kontext C beschränkt ist, und zweitens, dass in Kontext C eine Übereinkunft (kollektive Intention) besteht, auf der die »Gelten-Als-Gleichsetzung« beruht.

$[(X := Y) :\Leftrightarrow C]$ X definitorisch gleichgesetzt ($:=$) Y gilt genau dann, wenn ($:\Leftrightarrow$) C vorliegt. C ist eine Übereinkunft der VerwenderInnen von X und Y. Obwohl bereits jetzt auffällig ist, dass angesichts der Bedeutung der Zeigehandlungen die Konstruktion der Übereinkunft an der Situation der Kommunikation unter Anwesenden gewonnen wurde, möchten wir zunächst noch von dieser Schwierigkeit absehen und zuvor auf zwei weitere Aspekte hinweisen: Der erste betrifft Zeichenverwendung als soziale Praxis (b), der zweite den Prozesscharakter der Zeichenverwendung als sozialer Praxis (c).

b) Nicht nur semantische Relationen
Ein mögliches Missverständnis der Gleichsetzung »X gilt als Y« liegt vor, wenn das Verhältnis von X und Y rein semantisch aufgefasst werden würde. Daher ist es wichtig zu erkennen, dass die pragmatische Linguistik (die Kernüberlegungen der Sprechakttheorie) den Zweck der Zeichenverwendung nicht nur in der kollektiv übereinstimmenden Konstruktion von (wörtlicher) Bedeutung sieht, sondern in der Herstellung von Sozialität schlechthin. Das ist die Absicht in Searles Rede von der »Konstruktion der gesellschaftlichen Wirklichkeit« (auch im Unterschied zur gesellschaftlichen Konstruktion der Wirklichkeit). Aber bei der Verwendung von Sprache innerhalb von Kommunikation und in Diskursen[1] geht es eben nicht nur darum, dass die Wörter (die X-e) hinsichtlich ihrer Bedeutung richtig gebraucht werden. Es geht insbesondere auch darum, dass durch die Verwendung von Sprache innerhalb von Kommunikation und in Diskursen soziale Verhältnisse geschaffen, fortgesetzt und verändert werden. Das ist der Kern der an Austin und Searle anschließenden Theorie der Sprechakte (performatives).

Beispiel:
Ein Handschlag und die simultane Äußerung »Lass uns das so machen!« (X)
gilt als
Verabredung (Y)
zwischen A und B (also in dem durch A und B hergestellten Kontext C).

Am Beispiel zeigt sich, dass sprachliche Praxis soziale Praxis auf konstitutive Weise mitbegründet. Austin (1962, S. 6 f) sagt über den von ihm eingeführten Begriff »*performative*«: »*it indicates that the issuing of the utterance is the performing of an action – it is not normally thought of as just saying something.*« Um nicht nur etwas Gesagtes, sondern auch etwas mit Worten Getanes zu sein, muss die Äußerung bestimmte Bedingungen in einer gegebenen Situation erfüllen. So müssen eine »accepted conventional procedure« und eine angemessene (appropriate)

---

1   Wir gehen somit davon aus, dass es ein (grammatisches, semantisches und pragmatisches) Regelsystem der »Sprache hinter dem Sprechen« (Krämer 2002) als diskursive bzw. kommunikative Praxis gibt.

Relation zwischen Personen, Umständen und der angerufenen kommunikativen Prozedur (Austin 1962, S. 14 f) bestehen, in der die Prozedur zugleich korrekt und vollständig (»correctly and completely«, Austin 1962: 15) vollzogen (»executed«) werden muss, wobei die Äußerungen eine Redlichkeitsunterstellung (»must intend so to conduct themselves«) sowie die nachfolgende Einhaltung der vereinbarten Prozedur (»conduct themselves subsequently«) beinhalten. Kurz und knapp unterscheidet Austin somit zwischen Bedingungen der Anrufung (»invocation«), der Ausführung (»execution«) und der Redlichkeit (»sincerity«).

Wenn also zwei Personen etwas verabreden, dann wird damit nicht nur etwas gesagt, sondern es wird eine konventionalisierte, soziale Praxis mehr oder weniger adäquat einberufen, wohlgeformt ausgeführt und redlich befolgt. Wenn A und B eine Verabredung (z. B. zur gemeinsamen Renovierung einer Wohnung) treffen, dann müssen sie sich gegenseitig unterstellen, die verabredete Handlung rechtmäßig ausüben zu können. Merkwürdig wäre es bspw. wenn A und B verabredeten, die Wohnung von C zu renovieren, der davon gar nichts wüsste und folglich A und B keine Erlaubnis erteilt hätte die Tapeten zu streichen. A und B können diese Verabredung also nur dann adäquat einberufen, wenn die in Aussicht genommene Praxis in einem schlüssig geregelten Verhältnis zur darin bestimmten Situation und den daran beteiligten Personen steht; wenn es also z. B. darum ginge As Wohnung zu renovieren, die er allein gemietet hat und B über den vereinbarten Termin frei verfügen kann (und nicht bspw. schon eine andere Vereinbarung getroffen hat).

Die Bedingungen der Einberufung von Sprechhandlungen verdeutlichen somit, dass man in dem Fall, dass man mit Worten etwas tut, sich immer in einem Feld der Autorisierung aufhält; es lässt sich nicht ohne Weiteres etwas so sagen, sondern die Äußerung bewegt sich immer in einem Bereich des mehr oder weniger (nicht) Erlaubten. Dabei ist die Erlaubnis abhängig von der zu Beginn angesprochenen kollektiven Intentionalität. Es kann Fälle geben, in denen es reicht, dass sich A und B gegenseitig die Erlaubnis zu etwas erteilen; z. B. sich zum Spaziergang verabreden; in anderen Fällen müssen SprecherInnen spezifisch autorisiert sein, um mit Worten etwas tun zu können, z. B. A und B zu Mann und Frau zu erklären. Eine Sprechhandlung kann als soziale Praxis somit deshalb misslingen (oder missraten), weil die auf ›Erlaubnis/Autorisierung‹ beruhenden Einberufungsbedingungen nicht angemessen eingehalten wurden. Aber das allein reicht nicht aus. Denn selbst wenn die Sprechhandlung adäquat einberufen wurde, kann ihre Ausführung unstimmig (nämlich inkorrekt und/oder unvollständig) sein. So hat A bei der Verabredung zur Renovierung B vielleicht den falschen Straßennamen genannt (inkorrekt) oder vergessen zu erwähnen, dass B einen Eimer Farbe mitbringen soll. Oder es wurden wichtige Ausführungsbestimmungen einfach offen gelassen.

Beispiel:
A: Kannst du mir bei der Renovierung helfen?
B: Klar!
A: Dann lass uns das so machen!

Aber wenn in der Gesprächsinteraktion nicht geklärt wird, wo und wann, fehlen der Verabredung wichtige Züge der Ausführung, um eine Verabredung zu sein. Wichtige Teilaspekte der Verabredung sind noch offen. Die Bedingung der Redlichkeit weist darüber hinaus darauf hin, dass die beteiligten AkteurInnen den Sprechhandlungen soziale Verbindlichkeit zurechnen, dass sie sich zu zwei Bedingungen (moralisch) verpflichtet haben: a) zur Aufrichtigkeit, das Vereinbarte auch tatsächlich verbindlich zu wollen; b) zur Konsequenz (Verpflichtung), das Vereinbarte auch tatsächlich zu tun. Wenn AkteurInnen der Verbindlichkeit der Sprechhandlungen nicht nachkommen, gelten sie entweder als unaufrichtig (Fall a) oder als unzuverlässig (Fall b).

Im Fall a würden wir unterstellen, dass B von vorneherein gar nicht die Absicht hatte, bei der Renovierung zu helfen. Wenn B häufiger so handelte, könnte man ihm nicht trauen. Notorische Unaufrichtigkeit rührt sozial an der Vertrauenswürdigkeit einer Person (oder einer Instanz, einem korrupten System bspw.). Im Fall b würden wir unterstellen, dass B zwar im Moment der Verabredung tatsächlich bei der Renovierung helfen wollte, aber es aus bestimmten Gründen nicht tut, z. B. weil sie/er schusselig ist und ständig Termine vergisst. B wäre insofern unzuverlässig. Man kann nicht sicher voraussetzen, dass B gelingt (oder umsetzt), was sie/er sich vorgenommen hat. Mögliche Dispositionen könnten dabei Unvermögen oder Willensschwäche sein. Bemerkenswerterweise gibt es schon in den klassisch gewordenen Vorlesungstexten von Austin selbst zwei Fragezeichen (Austin 1962, S. 18), die sich auf Teilbedingungen der Einberufungs- und Aufrichtigkeitsregeln beziehen, und zwar erstens auf die Teilbedingung der Anrufung eines konventionalen Verfahrens, zu dem »the uttering of certain words by certain persons in certain circumstances« (Austin 1962, S. 14) gehören müssen. Das Problem liegt hier gewiss in der jeweiligen Ausfüllung der drei »certains«. In gewisser Weise korrespondiert damit die letzte Teilbedingung des zuverlässigen (konsequenten) Sich-Verhaltens zu der mit der Sprechhandlung intendierten Praxis.

Insofern bleiben für Austin Sprechhandlungen auf eine grundsätzliche und nicht aufhebbare Weise stets der Möglichkeit des ›Verunglückens‹ (›infelicities‹) anheimgestellt, gerade in ihrer Eigenschaft als Sprechhandlung zugleich soziale Praxis zu sein: »as utterances our performatives are also heir to certain other kinds of ill which infect all utterances.« (Austin 1962, S. 21).

c) Soziale Praxis ist Zeichenverwendung in ergebnisoffenen Prozessen

Den von Austin genannten Umstand hat Erving Goffman (1980, S. 55) explizit in seinem Ansatz der Rahmenanalyse aufgegriffen. Seinen Hauptbegriff der Rahmenanalyse, den des »keys«, bestimmt er mit ausdrücklichem Bezug auf Austins Kategorie der »performatives«. Austin führt an der oben zitierten Stelle weiter aus, dass Äußerungen unter bestimmten Umständen »hohl oder leer« sein könnten. Beispiele für die besonderen Umstände der Äußerung wären: die Äußerung im Kontext des Auftritts von SchauspielerInnen auf der Bühne, die Äußerung als ein Teil eines Gedichts oder in einem Selbstgespräch. »Sprache« werde unter den genannten Bedingungen »nicht ernsthaft«, sondern »parasitär« verwendet (Austin 1962, S. 22).

Goffman zieht daraus die Folgerung, dass den Äußerungen in solchen Fällen ein anderer (»nicht gewöhnlicher«) Rahmen unterstellt werde. Sie sind nicht ernsthaft ›verunglückt‹, sondern Teil eines »Als-Ob-Geschehens«, das selbst wiederum durch die soziale Unterstellung eines besonderen Rahmens gedeckt ist. Dabei gibt es eine feine Differenz zwischen Austin und Goffman. Für Austin sind die Fälle von SchauspielerInnen, des Gedichts, des Selbstgesprächs Gegenstände einer »Doktrin des uneigentlichen Gebrauchs der Sprache«. Er geht somit von einer strikten Grenze zwischen »uneigentlichem« und »gewöhnlichem« Gebrauch von performativen Äußerungen aus. Damit setzt er eine Hierarchie (bzw. Asymmetrie) zwischen »eigentlichen« und »uneigentlichen« Umständen (Rahmungen) der Kommunikation (des Diskurses) voraus. Für Goffman eröffnet das Konzept des »Keys« (bzw. »keyings« als kommunikativ-sozialer Handlung) die Möglichkeit der gleichrangigen Behandlung unterschiedlicher Rahmungsmöglichkeiten von Äußerungen.

Denn, was mit Wörtern getan wird, hängt auch schon bei Austin entschieden davon ab, unter welchen Bedingungen eine Äußerung (Wortfolge) verwendet wurde. Goffman versteht unter »Keys« daher »das System von Konventionen, wodurch eine bestimmte Tätigkeit, die bereits im Rahmen eines primären Rahmens sinnvoll ist, in etwas transformiert wird, das dieser Tätigkeit nachgebildet ist, von den Beteiligten aber als etwas ganz anderes gesehen wird.« (Goffman 1980, S. 55). Nach Goffman lassen sich somit die Rahmen in andere Rahmen »transponieren«. Insofern lässt sich – etwas neumodisch formuliert – der von Goffman als »keying« beschriebene Prozess als »Trans-Positionierung« bezeichnen. Je nach Verhältnis von Äußerung und Rahmen wird ein je verschiedenes System von Äußerungen, Umständen, Personen und Prozeduren einberufen. Und dies ermöglicht es, ein bereits einberufenes System von Äußerungen, Umständen, Personen und Prozeduren durch leichte Modulationen in ein anderes System zu transponieren[2].

---

2   Gesellschaftliche Praxis scheint dabei so etwas wie eine »Jam Session« zu sein, in der sich die MusikerInnen harmonisch von einem »Key« zum nächsten »Key« bewegen. »Eine gewisse

Auf ganz ähnliche Weise interessiert sich Judith Butler (1997) – ebenfalls im Anschluss an Austin – für die Iteration der Systeme von Konventionen, die Sprechhandlungen (als Zusammenhänge von Äußerungen, Umständen, Personen und Prozeduren) ermöglichen. Sie bezeichnet dies als den »Zitatcharakter des Sprechens«: »The speaker renews the linguistic tokens of a community, reissuing and reinvigorating such speech. Responsibility is thus linked with speech as repetition, not as origination.« (Butler 1997, S. 39). Butler sieht hierin die Möglichkeit die Kraft des (zeitlich primär gegebenen Rahmens eines) Sprechens zu entschärfen (im Original: »diffusing the force«). Die Politik der »perfomatives« enthält für Butler somit ganz in Einklang mit Goffman die Möglichkeit der »Resignifikation« (der illokutionären Kraft) einer Äußerung: »The resgni-fication of speech requires opening new contexts, speaking in ways that have never yet been legitimated, and hence producing legitimation in new and future forms.« (Butler 1997, S. 41).

In allen hier vorgestellten Ansätzen geht es immer darum, dass bestimmten Aspekten einer aufgezeichneten sozialen Praxis Geltung durch (kollektiv intendierte) Übereinkunft verliehen wurde und dass diese Momente der Übereinkunft im aufgezeichneten Prozess selbst beobachtet werden können. Es geht also nicht nur darum, dass eine bestimmte Arm- und Handbewegung (Ballen einer Faust) für sich genommen schon als Drohung gilt, sondern dass die simultan oder im unmittelbaren Anschluss im Handlungskontext vollzogenen Aktionen das Moment der Drohung validieren oder resignifizieren (und zwar unabhängig, ob aus den Anschlusshandlungen hervorgeht, dass die Drohung hingenommen oder zurückgewiesen wird). Als Behauptung wird bspw. eine Aussage auch schon dann angesehen, wenn ihr unmittelbar widersprochen wird, und zwar gerade weil ihr widersprochen wurde. Wenn jemand auf eine Drohung entgegnet, ich lasse mir nicht drohen, dann wird damit nachträglich die vorherige Äußerung als Drohung validiert (wenn auch als Handlungszug, der im genannten Kontext als unangemessen zurückgewiesen wird). Wir bewegen uns dann – je nachdem – im Rahmen von Drohungen oder Behauptungen.

So vermittelt etwa gerade die ethnomethodologische Untersuchung des Turn-Takings in Konversationen einen Einblick darin, wie in aufeinanderfolgenden Gesprächszügen Übereinkunft darüber hergestellt wird, worum es in der Situation geht. Die Kontingenz der »Definition der Situation« hält sich somit immer offen. Der prozessuale Vollzug von Sozialität (ähnlich wie in Luhmanns Formel von der dreifachen Selektion von Information, Mitteilung und Verstehen für Kommunikation gedeutet) hält zugleich immer auch die Ungewissheit über die Bedeutung

---

Analogie zur Musik ist beabsichtigt« (Goffman 1980, S. 56). Die Rahmenanalyse hat dabei zur Aufgabe die Grenzen zu rekonstruieren, in denen soziale Prozesse der Trans-Positionierung erfolgen können.

der Situation wach, deren übereinkommende Deutung immer nur momentan in einzelnen Validierungszügen (oftmals sogar unmerklich in den expliziten Bezugspunkten der Kommunikation) zum Ausdruck kommt. Dies ist wohl der wesentliche Grund dafür, dass sich in allen Spielarten des Interpretativen Paradigma das sequenzanalytische Vorgehen übereinstimmend durchgesetzt hat. Erst in der Abfolge der aneinander anschließenden symbolischen Züge (aus den dynamischen Relationen der Äußerungen) gelangen AkteurInnen zu »passing theories«, zu reartikulierten Übereinkünften im Prozess der sozialen Praxis. Methodisch hat es zur Konsequenz, dass Prozesse der Re-Artikulation von »Keys« (Rahmen, Systemen von Konventionen) zur Re-Konstitution sozialer Praxis als »Vollzugswirklichkeiten« in zeitlicher (prozessualer) Hinsicht möglichst vollständig registriert (aufgezeichnet) werden.

1.2 Internetkommunikation als spezifische Form diskursiver Öffentlichkeit

Die zuletzt genannte methodische Konsequenz ist der Grund dafür, dass Diskurse, die (zumindest in Teilprozessen) internetbasierte Kommunikation enthalten, rasch die Begrenztheit des Standardmodells einer pragmatisch-linguistisch fundierten Interpretativen Sozialforschung aufzeigen. Es wird nämlich relativ schnell deutlich, dass interpretative Analysen (seien sie objektiv-hermeneutisch, konversationsanalytisch, dokumentarisch, usf.) immer dann dem Bergmann'schen Kriterium der registrierenden Aufzeichnung von Prozessen des Sprechhandelns auf Anhieb gerecht werden, wenn »Kommunikation unter Anwesenden« untersucht wird. Die Prozesse der (bestätigenden oder resignifizierenden) Iteration von Äußerungsschemata liegt in der Kommunikation unter Anwesenden in dichten Sequenzen vor. Nicht zufällig spricht die Objektive Hermeneutik von der Aufzeichnung von »Interaktionsprotokollen«. In Interaktion (gleich Kommunikation unter Anwesenden) kann die Ratifizierung von Situationsrahmungen auf (auch in zeitlicher Hinsicht) engstem Raum erfolgen. Dem entspricht die Beobachtung, dass einzelne Verfahren der Interpretativen Sozialforschung Ausnahmeregeln der Vorgehensweise empfehlen, wenn es um Medienanalysen geht (so z. B. die Dokumentarische Methode und auch die Objektive Hermeneutik in Bezug auf Bild- oder Filmanalysen etwa). Die rekonstruktive Analyse von aufgezeichneter Kommunikation wird also dann immer problematisch, wenn der untersuchte Diskurs durch Verbreitungsmedien auch an Nicht-Anwesende adressiert ist.

Im Fall von Kommunikation über Verbreitungsmedien werden immer auch abwesende Dritte von den Mitteilungen erreicht. Dies steigert die Unwahrscheinlichkeit der Kommunikation in verschiedener Hinsicht. So werden Mitteilungen in Verbreitungsmedien zwar veröffentlicht; unklar bleibt aber wie Verstehen an sie anschließt, wie sie also in einem Prozess der Kommunikation ratifiziert werden. Hinzu kommt, dass Mitteilungen als Mitteilungen zeitlich konserviert (aufbewahrt) werden. Während in der Kommunikation unter Anwesenden eine Mitteilung mit ihrer mündlichen Äußerung auch schon endet und ab dann jede weitere Bezugnahme auf die vergangene Mitteilung auf die kollektive Erinnerung der GesprächsteilnehmerInnen angewiesen ist, sind verbreitungsmedial generierte Kommunikationen häufig Aufzeichnungen (wie Zeitungsmeldungen, Radio- und Fernsehsendungen, aber auch Kommunikation im Internet).

Durch Verbreitungsmedien kommt es somit zu mindestens zwei Ausdehnungen der Kommunikation: Erstens im Hinblick auf die Kreise abwesender Dritter, die durch Verbreitungsmedien erreicht werden; zweitens im Hinblick auf die Aufbewahrung der Mitteilung über die Zeit hinweg. Kommunikation kann somit durch Verbreitungsmedien ganz woanders und viel später an Kommunikationsbeiträge anschließen (oder auch nicht). Hat diese Differenz der Reichweite der Kommunikation Konsequenzen für das Gelingen der Kommunikation als Abfolge von Sprechhandlungen? Worin kann dabei zunächst ein ›Gelingen der Kommunikation‹ (Austins Idee der »felicity of the utterance«) gesehen werden? Und warum ändern sich die Gelingensbedingungen durch die (technischen, materiellen) Mittel, durch die Kommunikation verbreitet wird?

In einer abkürzenden Argumentation ist man geneigt zu sagen, dass sich die soziale Struktur der Kommunikation bzw. des Diskurses ändert, wenn Mitteilungen über Verbreitungsmedien an Abwesende[3] adressiert werden. Worin besteht bzw. worauf beruht diese Strukturänderung aber genau? Und was ändert sich durch sie im Hinblick auf die damit einhergehenden Konstitutionsbedingungen des Sozialen? Abgekürzt lässt sich folgende Unterscheidung treffen: Kommunikation unter Anwesenden ist exklusiv und in dem Sinne nicht-öffentlich. Über Medientechniken verbreitete Mitteilungen erzeugen öffentliche, jedem und jeder zugängliche Kommunikation. Und gleich einen Schritt weiter: Dies impliziert – wenn wir einer Argumentation von Tobias Werron (2010) folgen – diskursive Konkurrenz, und zwar konkurriert jede verbreitete Mitteilung nun um die Gunst abwesender Dritter. Und tatsächlich wird aus den hier knapp aufgeführten Gründen das Scheiternsrisiko verbreitungsmedialer Kommunikation offensichtlicher. Doch erstmal langsam.

---

3   Mit Anwesenheit ist hier im Anschluss an die ethnomethodologische und systemtheoretische Tradition (z. B. Kieserling) immer leibliche Präsenz in einer geophysischen Raum gemeint, der vollständige gegenseitige Wahrnehmung auf allen menschlichen Wahrnehmungskanälen (Sehen, Hören, Riechen, Tasten, Fühlen) ermöglicht. Telekommunikativ können bisher zwischen geophysisch voneinander entfernte Personen lediglich Hör- und Seheindrücke in die unmittelbare gegenseitige Wahrnehmung eingehen.

Interaktion (Kommunikation unter Anwesenden) und medientechnisch erzeugter Diskurs (Kommunikation unter Einschluss potentiell unbegrenzt abwesender Dritter) unterscheiden sich in mindestens drei konstitutiven Hinsichten und begründen darüber die oben genannte Differenz öffentlich/nicht-öffentlich.

Erstens ist der Unterschied anwesend/abwesend in sozial-räumlicher Hinsicht entscheidend. Zweitens organisiert in zeitlicher Hinsicht die Differenz ununterbrochen/unterbrochen den Diskurs. Und ebenfalls in zeitlicher Hinsicht können Diskursbeiträge flüchtig bleiben oder konserviert (gespeichert, technisch aufgezeichnet, aufbewahrt) werden. Interaktion ist daher die ununterbrochene Abfolge flüchtiger Kommunikationsbeiträge (turns) unter Anwesenden. Interaktion konstituiert dadurch immer eine soziale Situation innerhalb einer geteilten und sozialräumlich erfahrenen Gegenwart der Anwesenden. Innerhalb dieser so räumlich und zeitlich strukturierten Situation erfahren die Anwesenden die Selbstauslegung ihrer Situation.

Demgegenüber ist öffentlicher Diskurs ein zeitlich und räumlich unterbrochener Prozess von technisch (verbreitungsmedial) aufgespeicherten Kommunikationsbeiträgen (Mitteilungen), die (primär) an abwesende Dritte adressiert (gerichtet) sind. Öffentlicher Diskurs differenziert somit Mitteilungen durch ihre Aufzeichnung (Abspeicherung) aus und löst sie durch die Einberufung (und Interpellation) eines abwesenden Publikums von der unverzüglichen Möglichkeit der Verstehensartikulation ab. Eine Validierung oder Ratifizierung der Definition der Situation durch die Adressaten kann im Prozess öffentlicher Kommunikation somit nicht mehr in der Gegenwart der veröffentlichten Diskurssituation erzeugt werden. Dies ist nun nur noch – wie wir gleich sehen werden – zeitlich versetzt oder durch Hilfskonstruktionen (Simulationen) möglich.

Die letzte Behauptung beruht auf zwei Argumenten: Zum einen der Möglichkeit von Selbstauslegungen innerhalb von Diskursen. Durch Äußerungen (Mitteilungen, Kommunikationsbeiträge) kann ein Diskurs innerhalb einer (diskursiven) Situation auf die Definition der Situation selbst Bezug nehmen. Dies ist mit diskursiver Selbstauslegung gemeint. Mit Goffman gesprochen, können wir uns innerhalb von Diskursen darüber verständigen, »what's really going on here.« Innerhalb der Kommunikation unter Anwesenden erfährt diese Möglichkeit der Selbstvalidierung des Diskurses einen plastischen (anschaulichen) Halt. Die Selbstauslegung von Rahmendefinitionen ist durch die Gelegenheit direkter Zustimmungssignale aller in der gegebenen Situation gedeckt. Öffentliche Diskurse können die Selbstauslegung von Rahmendefinitionen nicht auf die gleiche Weise erzeugen. Sie tun dies mittelbar, zeitlich versetzt oder stellvertretend.

Dadurch verändert sich auch die Figur des Dritten. In Interaktionen als Kommunikation unter Anwesenden gehört der Dritte zu den Anwesenden, zum Kreis derjenigen, die innerhalb einer interpersonalen Wechselwirkung verbunden sind.

Zustimmung und Ablehnung können hier unmittelbar vom anwesenden Wir eingesehen werden. Die Übereinkunft des Wirs über Rahmendefinitionen kann somit allen transparent gemacht werden. Genau diese Transparenz (Einsichtigkeit, Anschaulichkeit, Durchschaubarkeit) ist in dieser Unvermitteltheit öffentlichen Diskursen nicht möglich. Das hängt genau damit zusammen, dass öffentliche Diskursbeiträge im Besonderen an Dritte adressiert, die den mitgeteilten Beitrag gerade nicht hier und jetzt aufgreifen (und damit beantworten, annehmen, ablehnen, verstehen, usf.) können. Das verbreitungsmedial adressierte Publikum wird als Masse unbegrenzt zu inkludierender abwesender Dritter »irgendwo da draußen« (also außerhalb der gerade verbreiteten Mitteilung) angerufen. Und das Drinnen des Diskurses muss nun warten, ob und wie »die da draußen« sich wieder melden. Die Selbstvergewisserung öffentlicher Diskurse über die durch sie gegebenen Rahmen erfolgt somit verzögert oder vermittelt, sofern sie nicht gänzlich abreißt.

Zum anderen entsteht in der öffentlichen Kommunikation eine Konkurrenz um die Gunst des Publikums, gerade aufgrund seiner systematischen Abwesenheit als dritter Instanz. Die raumzeitliche Ausdifferenzierung des Publikums begünstigt somit die diskursive (gattungsspezifische) Form der Auseinandersetzung (des Wettstreits), die nun innerhalb des medialen Diskurses um die Gunst des Publikums inszeniert werden kann. Weil sich das Publikum aber gar nicht mehr unmittelbar in den Medien erfahren kann, wird es innerhalb der öffentlichen Kommunikation durch Publikumsfiktionen (Werron 2010) ersetzt. Öffentliche Diskurse orientieren sich somit an einer doppelten Inklusionsfiktion: dem Wettstreit aller um die Gunst aller. Doppelt ist diese Inklusionsfiktion deshalb, weil öffentliche Diskurse unterstellen, dass sowohl alle Beiträge leisten könnten (Inklusion aller Gesellschaftsmitglieder als öffentliche Leistungsträger) als auch, dass es den Beiträgen um die Gunst aller gehen müsse (Inklusion aller Gesellschaftsmitglieder als Publikum)[4]. All dies vorausgesetzt, können wir nun nochmals systematisch zusammenfassen, worin die konstitutiven Unterschiede zwischen Face-to-Face-Kommunikation, One-to-Many-Diskursen (klassische Medien) und Many-to-Many-Diskursen (digitale Medien) bestehen.

Dabei wird erstens die Face-to-Face-Kommunikation als Situation unter Anwesenden gefasst; zweitens der One-To-Many-Diskurs als Situationen von Mitteilungen verstanden, die innerhalb eines einzigen Programms (über Sendekanäle) an ein potenziell unbegrenztes Publikum ausgestrahlt werden; und drittens Many-To-Many-Diskurse als Mitteilungen verstanden, die über Accounts bei Providern

---

4 Es handelt sich um eine sehr verdichtete Darstellung des Ergebnisses einer systemtheoretischen Rekonstruktion von Simmels Soziologie der Konkurrenz und ihrer Übertragung auf Medienöffentlichkeiten von Tobias Werron (2010, S. 239 ff, 252 ff), die hier nicht im Einzelnen nachvollzogen werden kann.

auf Plätze innerhalb eines weltweiten Netzes gestellt werden können, auf das wiederum über Accounts bei Providern jede/r Zugriff erlangen kann[5]. Wenn es nun innerhalb der unterschiedenen Situationsformen zu diskursiven Selbstauslegungen kommen soll, lassen sich drei Grundschwierigkeiten benennen, die kollektiv gelöst werden müssen: nämlich kollektive Aufmerksamkeit für Mitteilungen, kollektive Gunst für Mitteilungen und kollektive Übereinkunft in Bezug auf die situativen Rahmungen der Mitteilungen.

Bei der Frage der Aufmerksamkeit geht es zunächst darum, ob eine gegebene Mitteilung überhaupt den Horizont der Wahrnehmung aller an der Situation Beteiligten erreicht, und zwar jenseits der Frage, ob die Beteiligten (als Kollektiv oder als Einzelne) der Mitteilung besondere Beachtung schenken, wie Tab. 1.2.1 zeigt. In der Kommunikation unter Anwesenden ist dies bereits durch die Anwesenheit der InteraktionsteilnehmerInnen in der Situation gelöst. Im Fall der technisch verbreiteten Mitteilungen hängt die Lösung daran, ob die potenziellen AdressatInnen ihre Empfangsgeräte eingeschaltet haben oder nicht. In Bezug auf die Aufmerksamkeit wird somit eine on/off-Differenz relevant. Der One-to-Many-Diskurs unterscheidet sich dabei in einer Nuance von der Many-to-Many-Variante. Beim One-to-Many-Diskurs geht es immer auch um die Wahl des Kanals (Sendeplatzes), durch die spezifische Aufmerksamkeit entsteht. Im Fall der Many-To-Many-Diskurse spielt darüber hinaus noch die Prozedur des Abrufens und Öffnens von Beiträgen eine zusätzliche selektive Rolle bei der Zuwendung von Aufmerksamkeit.

Die »Gunst des Publikums« spiegelt in Werrons Argumentation den Kommunikationserfolg, also die Frage nach der Zustimmung bzw. Ablehnung von Mitteilungen. In der Face-to-Face-Kommunikation lässt sich dies in Form von Ja-Nein-Stellungnahmen, ggf. durch Kopfnicken (also auch körpersprachlich) in der unmittelbar fortlaufenden Kommunikation signalisieren. Derart direkte Zeichen der Zustimmung oder Ablehnung sind in verbreitungsmedialer Kommunikation nicht möglich. Dies hängt zum einen mit der grundsätzlichen Abwesenheit des Publikums in One-to-Many-Diskursen, zum anderen mit der zeitlichen Versetztheit von Abrufreaktionen in der Many-to-Many-Kommunikation zusammen. Ein technisch einigermaßen gut objektivierbarer Indikator für Zustimmung im Fall von One-To-Many-Diskursen sind Einschaltquoten für bestimmte Sendeplätze zu

---

5   Damit soll nicht ausgeschlossen sein, dass auch innerhalb von One-to-Many- oder Many-to-Many-Kommunikationen technische Möglichkeiten des Ausschlusses von KommunikationsteilnehmerInnen bestehen würden. Der Zusammenhang zwischen öffentlicher Kommunikation und Verbreitungsmedien wird von uns umgekehrt untersucht, d. h. für uns sind Verbreitungsmedien (wie Schrift, Telekommunikation, Internet) konstitutive Voraussetzung für die Möglichkeit von Öffentlichkeit als potenziell unabschließbarer Inklusion von Kommunikationsteilnahme.

Tabelle 1.2.1 Varianten der Verbreitung von Kommunikation

	Face-to-Face	One-to-Many	Many-to-Many
Aufmerksamkeit	Da und wach sein	Eingeschaltet- und Sendeplatz gewählt haben	Eingeschaltet, abgerufen/geöffnet haben
Gunst	Ja-Nein-Stellungnahmen	Nicht-Ausschalten und Nicht-Zappen	Like/Dislike-Funktionen
Rahmen	Iteration, Ratifizierungen, Validierungen	Simulation, Stellvertretung	Keying durch (zeitlich versetzte) Kommentare
Publikum	Exklusiver Kreis	Stellvertretung der all-inkludierten Öffentlichkeit	Multilateral versetzte Inklusion potentiell unbegrenzter Anschlussbeiträge

Quelle: Eigene Darstellung

bestimmten Sendezeiten. Die Dauer des Eingeschaltet-Lassens lässt sich als Fokussiertheit eines bestimmten Anteils des Publikums, das nicht abschaltet und nicht wegzappt, deuten; vorausgesetzt, es schläft nicht und lässt sich nicht durch andere Aktivitäten im Rezeptionsumfeld (z. B. Ehestreit um die Programmwahl oder die nächste Urlaubsreise) ablenken. Allerdings würde sich selbst im Fall des gebannten Empfangens von Sendungen, die Gunst nicht auf einzelne Mitteilungen im Diskurs, sondern auf das gesendete Diskursformat als Ganzes beziehen. Aber in einer Talkshow können z. B. sehr unterschiedliche Mitteilungen geäußert werden, so dass die Einschaltquote allenfalls die Relevanz eines Themas beim Publikum signalisierte. Die One-To-Many-Kommunikation hat hier allenfalls die Möglichkeit, die Reaktion des Publikums nachträglich zu simulieren, etwa durch (möglichst zeitnahe) öffentliche Mitteilung von Publikumsvotings oder durch das simultane Mitlaufen von Zustimmungsgesten eines stellvertretend anwesenden Teilpublikums (häufig in Shows).

Gehen wir nun mit Werron einen Schritt weiter und betrachten öffentliche Diskurse als Wettstreit von Mitteilungen um die Gunst abwesender Dritter, dann setzen solche Diskurse selbst in ihrer konflikthaften Form immer einen minimalen Grund der Übereinkunft voraus. Im Unterschied zu einem rein physisch vorgestellten Kampf implizieren soziale Formen des (ggf. auch physisch ausgetragenen) Kampfes einen Minimalkonsens darüber, auf welche Weise worum gekämpft wird. Selbstauslegung (der Kommunikation, des diskursiven Geschehens) eröffnet die Möglichkeit der kollektiv sichtbaren (nachvollziehbaren) Vergewisserung darüber, ob Übereinkunft über die (in der gegebenen Situation) vollzogenen Prozeduren, den inhaltlichen Gegenstand und den AdressatInnen der gegebenenfalls strittigen (in Form von Ja-Nein-Stellungnahmen als strittig ausweisbaren) Kommunikation besteht. Dazu dienen in der Kommunikation unter Anwesenden insbesondere Ratifizierungen und Validierungen. Kommunikation (diskursive Praxis) kann sich auf diese Weise darüber vergewissern, worin die Definition der Situation besteht.

Öffentliche Kommunikation erschwert die Möglichkeit, die Definition der Situation zu markieren, nicht zuletzt deshalb, weil (konstitutiv) unbestimmt bleiben muss, wer im Einzelnen (wo und wann tatsächlich) erreicht wird. Zur Definition einer (kommunikativen, diskursiven) Situation als öffentlich gehört es, dass sie zunächst in räumlicher, zeitlicher und sozialer Hinsicht offen hält, wer, wo und wann tatsächlich an ihr teilnimmt (sich auf sie bezieht). Damit werden aber Bestandteile der kommunikativen, diskursiven Situation unsichtbar bzw. unüberschaubar. Paradoxie: Obwohl Öffentlichkeit von der Herkunftsbedeutung diskursive Transparenz suggeriert, steigert sie systematisch die durch sie selbst geschaffenen (evozierten) Zonen der Intransparenz. In der Kommunikation durch Verbreitungsmedien trifft in allen Varianten (one to many, many to many, usf.). ein abwesender Dritte hinzu. Mit dem Hinzutreten (mindestens) einer abwesenden dritten Person verändert sich die Struktur der Konkurrenz. Es wird nicht mehr nur um die Gunst anwesender (zweiter, dritter, vierter, usf.) Personen gerungen, sondern um Dritte, die zum Zeitpunkt der Mitteilung abwesend sind, und räumlich-zeitlich versetzt bzw. verzögert auf die Mitteilung reagieren. Die Kommunikation verliert ihre Elemente der unmittelbaren Einsehbarkeit und unverzüglichen Anschlussmöglichkeit. Kommunikationen, Diskurse unter Einschluss abwesender Dritter müssen (systematisch, von vorneherein, aus Prinzip) mit Signalen der Un-/Gunst aus räumlicher Distanz und mit zeitlicher Unterbrechung/ Verzögerung rechnen.

Die Formel vom Kampf aller um die Gunst aller ist sowohl auf der Seite der WettbewerberInnen als auch auf der Seite des Publikums von Inklusionsfiktionen getragen. Es besteht die Unterstellung, dass im Prinzip jeder (durch Mitteilungen, Äußerungen) in den öffentlichen Streit eintreten kann, und dass im Prinzip jeder Teil des Publikums ist (d.h. an öffentliche Mitteilungen anschließen kann). Diese Fiktion wird nicht dadurch konterkariert, dass faktisch nicht für alle die gleichen (reellen) Chancen bestehen, öffentliche Mitteilungen zu machen. Es gibt eine Differenz zwischen formalem Beteiligungsrecht und reeller Beteiligungschance. Auch wenn alle im Prinzip Zugang zu veröffentlichten Diskursbeiträgen besitzen, ist dadurch keineswegs sichergestellt, dass das gesamte Publikum (alle) veröffentlichten Diskursbeiträge überhaupt zur Kenntnis nimmt. Potenzielle Erreichbarkeit des Publikums (als Ganzem) ist eben nicht faktisches Erreichen.

In Bezug auf die Gunst aller entstehen somit folgende Unwägbarkeiten: Soll sich das Ringen um die Gunst des Publikums darum sorgen, Mitteilungen (Beiträge, Äußerungen) in öffentlichen Diskursen die Aufmerksamkeit aller zu erreichen, oder auf die Aufmerksamkeit wahrscheinlich aufmerksamer AdressatInnen?

Soll sich das Ringen um die Gunst des Publikums darauf konzentrieren, die Zustimmung aller zu erlangen, oder die wahrscheinlich abstimmungsbereite Teilgruppe des Publikums ansprechen?

Durch welche diskursiven Bestätigungen (Ratifizierungen, Validierungen, usf.) von umkämpften Weltauslegungen durch das (gesamte) Publikum kann sich das (gesamte) Publikum der Geltung eines Weltauslegungs-Rahmens vergewissern?

An diese Fragen schließt der Sachverhalt der Kommunikationsmacht an. Denn, wenn es für umstrittene Weltauslegungen Rahmungen geben soll, innerhalb derer die Kommunikation über Weltauslegungen weitergeführt und ratifiziert werden soll, dann impliziert dies Macht. Kommunikationsmacht bezieht sich dabei jedoch nicht auf Beiträge zum sozialen Geschehen, die als konkrete Handlungen einzelnen AkteurInnen zurechenbar wären, sondern auf die Rahmungen kommunikativer Beiträge. Kommunikationsmacht bedeutet insofern die Chance, innerhalb von Kommunikationen Beiträge an Rahmendefinitionen der Situation (des Kommunikationsgeschehens) auszurichten. Kommunikationsmacht zeigt sich darin, dass Beiträge innerhalb eines bestimmten Kontexts einer zuvor (spezifisch) eingeführten Rahmendefinition folgen. Knüpft man hierbei an Mannheims Definition der Konkurrenz auf dem Gebiet des Geistigen an, dann artikuliert sich Kommunikationsmacht darin, dass innerhalb einer Situation oder innerhalb eines kommunikativen Kontexts bereits eine »richtige Sicht der Dinge« vorausgesetzt wird. Demnach konkurrieren Gruppen »um den Besitz der richtigen (sozialen) Sicht oder zumindest um das Prestige des Besitzes der richtigen (sozialen) Sicht.« (Wissenssoziologie, S. 573). »Richtigkeit und Wahrheit« seien dabei »eingebettet und getragen vom Macht- und Geltungstrieb bestimmter [...] Gruppen, die ihre Weltauslegung zur öffentlichen Weltauslegung machen wollen.« (ebd.).

Woran aber zeigt sich, ob eine solche Hintergrundüberzeugung der richtigen Sicht der Dinge als Rahmung der Situation vorliegt oder vorherrscht oder ob sie als Vorliegende oder Vorherrschende (fiktiv) unterstellt wurde? Gibt es Möglichkeiten der öffentlichen Kommunikation, die unterstellte Vorherrschaft einer Hintergrundüberzeugung (›richtigen Weltauslegung‹) des Publikums als fingierte Totalität abwesender Dritter zu ratifizieren?

Von Kämpfen um Kommunikationsmacht können wir insofern dann – auch im Anschluss an Mannheim – sprechen, solange Akteure mit ihren Beiträgen nicht nur konkrete Ziele innerhalb der Kommunikation verfolgen, sondern auch das Hintergrundziel der Beeinflussung der Akzeptanz von Rahmendefinitionen der Kommunikation, wenn es also darum geht, nicht über die Gunst (Zustimmung zu) von einzelnen Beiträgen zu entscheiden, sondern diese Wahl vor dem Hintergrund der »richtigen Definition der Situation« getroffen zu haben.

Kommunikationsmacht besteht also in der Chance, in der Kommunikationsbeiträge im weiteren Prozess der Kommunikation einer explizit gesetzten oder implizit mitgeführten Definition der Situation folgen. In Bezug auf diese Auslegungskämpfe wird nicht vorausgesetzt, dass diese immer in expliziten Debatten um die »richtige Weltanschauung« geführt werden würden. Meist entscheiden sich die Kämpfe um Kommunikationsmacht en passant über die in bestimmten Artikulationsweisen (habituell) mitgeführten Perspektiven oder Haltungen. Kommunikationen erlangen Deutungsmächtigkeit darüber, dass AkteurInnen von einer inspirierenden Perspektive ergriffen werden und diese in anschließenden Kommunikationsbeiträgen weiterhin einnehmen oder dass eine Haltung als angemessenere Einstellung gegenüber der Situation oder der Welt schlechthin empfunden und daher beibehalten wird.

Aber wie wiederum vermögen öffentliche Diskurse die Ergriffenheit von Perspektiven oder die Übernahme von Haltungen in Folgebeiträgen zu signalisieren, zu ratifizieren, zu validieren? Wie unterscheiden sich hierin gegebenenfalls One-to-Many-Diskurse von Many-to-Many-Diskursen?

2 Methodologische und methodentheoretische Folgerungen

2.1 Rekonstruktion der diskursiven Formation von Internetdiskursen

Eine Untersuchung von Diskursen unter Einbeziehung (potenziell aller) abwesender Dritter hat methodisch fünf Aufgaben einzulösen:

1) Sie muss rekonstruieren, wer und wie im Diskurs als Publikum adressiert wird (wie darüber eine Situation des öffentlichen Diskurses einberufen wird).
2) Sie muss Bezeichnungen der Aufmerksamkeit des Publikums (potenziell alle inkludierenden Adressatenkreise) identifizieren, durch die im Diskurs das Erreicht-Haben des Publikums angezeigt wird (durch die ein Adressatenkreis im Diskurs ggf. anzeigen kann, erreicht worden zu sein).
3) Sie muss an den Diskursbeiträgen nachzeichnen, um welche Gunst des Publikums inhaltlich gerungen wird; und um welche Gunst (Art von Zustimmung) es geht.
4) Sie muss aufweisen, wie im Diskurs angezeigt wird, dass das Publikum dem angebotenen diskursiven Beitrag eine Gunst (eine spezifische Art von Zustimmung/Ablehnung) erweist.

5) Sie muss rekonstruieren, wie innerhalb des Diskurses markiert wird, dass das (angesprochene) Publikum die diskursiven Beiträge im primär mit den Beiträgen eingeführten Rahmen interpretiert oder in einen anderen Rahmen transponiert).

Wir wollen nun am Beispiel des Internetauftritts einer sozialen Bewegung die Unwägbarkeit der fünf genannten Rekonstruktionsleistungen vorführen. Zuvor noch ein paar methodologische Vorklärungen: Nimmt man ein kommunikatives Medium in seiner Materialität ernst, ist, so trivial es klingen mag, zunächst festzuhalten: Der visuelle Frame des world wide web, und damit auch der Webseite, ist der Bildschirm. Über diesen Bildschirm vollzieht sich eine kommunikative Vorstrukturierung, denn es ist immer eine Hin-Orientierung auf den Rahmen des Bildschirms erfordert. Bereits darüber regeln sich die kommunikativen, bzw. diskursiven Ebenen und Gelegenheiten des Mediums. Dies führt zur Frage der Bedingungen von Bildlichkeit, die im Folgenden knapp angerissen werden sollen.

Webseiten weisen eine spezifische Topologie von Grafik und Wort auf. Layout-Gestaltung und Typografie unterliegen hierbei gestalterischen Voraussetzungen und Gewohnheiten. Im Fall der Webseite bildet sich ein Ablage- und Sucharchiv aus, mit beliebigen Tiefen, beliebigem Volumen und einer beliebigen Knotenstruktur zu anderen Netzen. Darin formt sich ein System des Gefächert-Seins aus, worin sich Nutzer vor-, rück- und seitwärts bewegen können. Als komplexe Landschaft ist dies tendenziell unendlich ausbaubar. Betrachtet man dies als Narrativ, bleibt dies aber gebunden an den Modus schriftlicher und bildlicher Darstellung. Eine zentrale Struktureigenschaft der Webseite (bzw. der Homepage) ist damit die Unumgänglichkeit ihrer visuellen Komposition. Zudem unterliegt die Revidierbarkeit und Modifizierbarkeit der über einer solchen Seite transportierten Informationen einer zeitlichen Verschleppung. Sie vollzieht sich nicht unmittelbar, sondern ist (ähnlich wie bei blogs, wenn auch dort geringfügiger) von technisch bedingten und ermöglichten Verzögerungen[6] begleitet. Gleichwohl ist die Informationsstruktur der Homepage klar gebunden an Bildlichkeit.

---

6   Damit ist nicht nur gemeint, dass technische Vermittlung von Kommunikation (wie das Versenden einer Mail oder SMS) Zeit in Anspruch nimmt, sondern auch, dass sich Teilnehmer an dieser Kommunikation Zeit nehmen können, indem sie bspw. ein Mail zunächst im Entwurfsmodus speichern, später nochmals durchgehen und dann erst abschicken. Digitale Verbreitungsmedien eröffnen somit auch mehr Chancen zur Selbstzensur von Diskursbeiträgen.

2.2   Konkreter: Zum interpretativen Umgang mit Homepages

Wie nun kann der interpretative Umgang mit einer Homepage aussehen? Zweifellos hängt dies zunächst vom jeweiligen Forschungsinteresse und der Fokussierung der Fragestellung ab. Grundlegend sind als methodische Zugänge verschiedene Spielarten der Text- und Diskursanalyse aber auch des ikonografischen Vorgehens denkbar. Beispielsweise haben Jo Reichertz und Nadine Marth (2010) in ihrer Interpretation der Eingangsseite des Webauftritts des Unternehmens ›Neuwaldegg‹ die soziale Grammatik gestalterischen Handelns betrachtet, die vor allem anhand der visuellen Komposition der Fotografie des MitarbeiterInnenstabs in den Blick genommen wurde.

Unser Blickwinkel bei der Betrachtung von Webseiten siedelt sich auf verwandte Weise im Bereich der hermeneutischen Wissenssoziologie an und zielt in Form von methodentheoretischen Vorüberlegungen darauf ab, Fragekomplexe offen zu legen, die sich für eine sprach- und kommunikationssoziologisch interessierte Untersuchung von Internetdiskursen ergeben: Die wissenssoziologische Hermeneutik erkennt in Materialgattungen Handlungen, also Sprech- und Darstellungshandlungen. Ausgehend davon, stellt sich dann die Aufgabe zu bestimmen, welches Handeln bei der Webseite Gegenstand einer Untersuchung sein kann. Hierbei kann die *soziale Erzeugungslogik* von Interesse sein. Etwa in welcher Bedeutungstradition die Verwendung bestimmter Stile und Kompositionsmerkmale steht, und darüber ein sozialer Sinn, bzw. eine soziale Typik rekonstruiert werden kann. Wie oben erläutert, gilt unser Fokus hingegen stärker den kommunikativen Anschlussmöglichkeiten einer solchen Gattung, die sich anhand ihrer spezifischen Ausgestaltung seitens der ProduzentInnen zeigt. Und zwar gerade für das Publikum (oder anders: die Nutzergruppe), hier also derjenigen nicht Anwesenden bei der Nutzung des digitalen Mediums Webseite.

Insofern untersuchen wir die Gestaltung einer Homepage in dieser, der sozialwissenschaftlichen Hermeneutik angelehnten Tradition, ebenfalls als eine Darstellungshandlung. Allerdings abstrahieren wir stärker von den Inhalten der Bildgestaltung und wenden uns spezifischer der Frage zu, welche kommunikative Positionierung mit der Gestaltung eines Mediums etabliert wird. Dazu ist die Bestimmung von Relevanzpunkten erforderlich. Wir leiten solche Relevanzpunkte für die angezielte Anfangsinterpretation aus dem Vergleich zweier Webseiten ab, mit der Zielstellung, sie unter dem Gesichtspunkt ihrer kommunikativen Vermittlungsstruktur zu betrachten. In der Kontrastierung erkennen und sondieren wir Bedeutungselemente und Differenzierungslinien, die weiter verfolgt werden sollen.

Unsere grundsätzliche Frage lautet daher: Welche kommunikative Positionierung wird über die Gestaltung eines Mediums im öffentlichen Diskurs etabliert? Eine sich daran anschließende Frage, die deutlicher die Frage nach der Erlangung von Kommunikationsmacht akzentuiert, muss dann folglich lauten: Wie werden *souveräne* kommunikative Positionierungen etabliert? Solche etwa, die beispielsweise von einer jüngeren Generation eher als neue Möglichkeiten der Artikulation kollektiv gültiger Interessen und Erfahrungen wahrgenommen werden. Diese Frage ist bereits höher aggregiert und führt zum Kern unseres Interesses: Zu den medialen Gestaltformen und ihren Voraussetzungen der Initiierung kommunikativer Anschlüsse. Solche, die aufgegriffen werden können, die u.U. neuartig sein können und über die daher neue kollektive Weltauslegungen artikuliert werden können, aber ebenso der Fall, diese Anschlüsse werden versperrt oder bleiben gänzlich aus. Insofern muss zunächst geklärt werden: Wie kommt man überhaupt zu Aussagen über Gestaltformen? Wie lassen sich erste Konturen sondieren und sammeln und wie können diese systematisch verdichtet werden? Dies soll im Folgenden anhand einer Materialsichtung (zweier Webauftritte) veranschaulicht werden. Unser Vorgehen ist dabei heuristischer Natur. Erste Schlüsse ziehen wir aus einer kontrastierenden Gegenüberstellung der Ergebnisse.

Zur Verständigung: Interpretiert werden sollen weder die Intentionen einzelner ProduzentInnen bei der Produktion noch die von Auftraggebern. Auch nicht die Seite der Rezeption, also der Botschaftsaufnahme bzw. der Botschaftswahrnehmung. Derjenige soziale Umgang mit dem Medium soll daher gerade nicht verfolgt werden, der mögliche *subjektive* Bedeutungszuschreibungen in den Blick nimmt (wenngleich dies wiederum klar medienpädagogisch relevante Bedeutung besäße). Am Beispiel der »ersten *offiziellen* Seite einer Homepage« (Reichertz und Marth 2010, S. 245) gehen unsere Betrachtungen vielmehr zunächst grundsätzlich von Folgendem aus: Das Ziel einer Homepage ist, verstanden zu werden und Anknüpfungspunkte zu erzeugen. Die Entwicklung weiteren Interesses seitens der NutzerInnen für Inhalt und Information kann dabei nicht zwingend, aber gängigerweise vorausgesetzt werden.

Entschiede man sich bei der Materialbetrachtung nun für ein sequenzanalytisches Vorgehen, wie es vor allem in der Programmatik der Objektiven Hermeneutik für Textprotokolle vorgesehen ist, drängte sich unmittelbar folgende Frage auf: Was eigentlich ist bei der ersten Seite einer Webseite die erste Sequenzstelle? Methodenreflexiv führt dies zur an dieser Stelle nur angedeuteten Frage: Für welche Materialgattungen eignet sich genuin die Sequenzanalyse, und stößt die Untersuchung der Gestaltung von Webseiten hierbei womöglich rasch auf Probleme? Zumindest erfordert dies anhand der Webseite im Gegensatz zum konventionellen Interviewprotokoll gegebenenfalls hohen Begründungsaufwand.[7] Daher wenden wir unseren Blick zunächst den Gestaltungsprinzipien von Webseiten zu.

---

7 Aber auch bei Mikroblogs stellt sich z.B. die Frage, wie Sequenz*einheiten* plausibel bestimmt werden können.

3   Ein Unglücksfall von Netzauftritt
(A misfire of web design)

Vorbemerkung: Webseiten werden sehr häufig mit dem verbreiteten Framework ›Typo3‹ gestaltet, das einen Ordnungsrahmen zur Erstellung von Webseiten darstellt. Typo3 erzeugt eine spezifische Geometrie, die sich in Gestaltungs- und Nutzungspraktiken einschreibt. Hierdurch werden Lenkungen auf der Webseite vorgenommen und Blickgewohnheiten geprägt. Im Folgenden veranschaulicht am Beispiel der Seite der Piratenpartei.

Beispiel I: Der Netz-Auftritt der Piratenpartei
Der Aufbau der Seite der Piratenpartei in Abb. 3.1 ist an einem solchen genannten Ordnungsrahmen orientiert. Kurz in einigen Strichen, wie dieses Framework aufgebaut ist und in seiner formalen Struktur verstanden werden kann: Oftmals wird im oberen Bilddrittel eine dezente Atmosphäre hergestellt, meist versehen mit Grafiken und Slogans. Häufig werden darüber bereits Indizien für Programmatiken sichtbar. Die Mitte des Frameworks bildet in aller Regel den Informationskern, also das Schaufenster zum aktuellsten Informationsfluss. Links oder links oben befindet sich meist eine Linkleiste, die der operativen Orientierung dient. Rechts angesiedelt sind häufig Blickfänger, wie etwa plakative Aufhänger, mitunter auch Witziges oder Beiläufiges, wie etwa Cartoons. Aus dieser Feststellung allein ergibt sich nun kein analytischer Mehrwert. Aber sie bildet einen Hintergrund um Vergleichskontraste zu ermöglichen. Wissenssoziologisch gesprochen, werden mit solchen Frameworks typische Blickkulturen und Aufmerksamkeitsökonomien im Alltag geschaffen. Nimmt man dies als ein gängiges Schema von Webauftritten an, soll im Folgenden ein zweiter Webauftritt länger betrachtet werden.

Beispiel II: Der Netz-Auftritt der Friedensbewegung
Es handelt sich bei Abb. 3.2 um die Eingangsseite der Homepage der Friedensbewegung, die bis 2012 dieses Layout besaß (in 2013 geändert). Gleich beim ersten Blick wird deutlich, dass die an typo3 angelehnte Weise der Aufmerksamkeitslenkung bei der Seite *friedensbewegung.de* nicht aufgenommen wird. Auf Titelzeilen, Überschriften und Ähnliches wird verzichtet, stattdessen wird ausgesprochen emblematisch gearbeitet. Im Einzelnen: Die Seite ist quasi hintergrundslos. Ganz bildlich betrachtet wird ein blaues Tuch herunter gehängt und mittig darauf ein weißes Schild angebracht. Zugleich wird die gegebene Struktur des Rechteck-Rahmes gedoppelt: Sie wird in verkleinerter Form reproduziert, alle Nutzungsfunktionen, also die Links, sind in einem Rahmen eingelassen. Je nach Betrachtungsweise ließe sich auch sagen, sie werden womöglich eingezwängt oder geschrumpft.

Abbildung 3.1

Quelle: www.piratenpartei.de, Stand: Herbst 2012

Abbildung 3.2

Quelle: www.friedensbewegung.de, Stand: Herbst 2012

Sucht man gedankenexperimentell nach Kontexten in der Alltagswelt, wo diese szenische Anordnung wiederzufinden ist, lässt sich etwa an eine Theatervorstellung denken, bei der ein Vorhang die vorbereitete Inszenierung aus dramaturgischen Gründen noch verdecken würde. Ebenso kann an ein Ladenschaufenster mit einer komplett verhangenen Produktpalette gedacht werden, für die lediglich schriftliche Andeutungs-Miniaturen gereicht werden. Dies würde aber die Frage aufwerfen, weshalb die PassantInnen nicht gleich alles zu sehen bekommen. Methodisch ist anzumerken, dass sich bei dieser Seite jedoch, anders als bei der Seite der Piratenpartei, viel leichter die Möglichkeit für die Sequenzanalyse anhand schriftlicher Daten eröffnet. Löst man sich also vom Kontext der Webseite, kann am Beginn des Schriftkommentars angesetzt werden mit der Frage, was es bedeutet, wenn diese Kommentierung mit einem fettgedruckten – **Aktuell:** – beginnt? Dies wirft wiederum weitere Fragen auf: Bezieht sich dieses ›Aktuell‹: auf alles, was darunter aufgeführt ist? Oder nur auf die »aktuelle(n) Veranstaltungen«, die dann aber als ›aktuelle aktuelle Veranstaltungen‹ deklariert wären? Wie ist die Struktur des Aufbaus und des Inhalts aller vorhandener Links zu interpretieren, von denen mehr als zwei Drittel dem Bereich des Merchandising zufallen, zusätzlich mit dem Hinweis im »Webshop« 3,– € sparen zu können. Hier wird also auch die Signatur der Welt permanenter Produktwerbung bedient.

Bereits in einer kurzen Materialmusterung lassen sich somit signifikante Unterschiede in den Webauftritten aufzeigen. Der Aufbau der Seite der Piratenpartei orientiert sich an einer eingespielten Aufmerksamkeitslenkung. Ausgeprägt ist dabei der Einladungscharakter. Salopp gesagt wird hierbei der Eindruck von ›dabei sein leicht gemacht‹ erzeugt. Dabei wird offensiv gearbeitet an der Erzeugung von Wir-Gefühlen, man könnte sagen, gerichtet an Kreise der vom politischen Mainstream Genervten. Die Seite der Friedensbewegung als Zugangsportal ist demgegenüber stärker vom Charakter des Versperrt-Seins gekennzeichnet. Streng genommen, wird spontanes Interesse hierbei ausgebremst, hingegen wird eine Bereitschaftsschwelle erzeugt, die Vorab-Engagement voraussetzt. Möglicherweise ist auch ein Vorwissen erfordert, etwa das Mitbringen von Bildungswissen, verbunden mit einer Haltung des ›bereits Eingestellt-Seins‹, bzw. des ›bereits Positioniert-Seins‹. Diese Annahme bestätigt(e) sich im Übrigen beim Weiterklicken von der ersten Seite in der dort dann zu findenden Anordnung von Informationssträngen, die hier aber nicht im Zentrum stehen.

Wie geht man nun mit diesem Befund um? Unser Argument lautet: Im Material lassen sich Anhaltspunkte finden dafür, wie man mit einer Webseite interagieren kann und wie die Struktur dieser Interaktion beschaffen ist (z. B. ob es Blogs gibt oder auch Freitexte). Und genau hierbei zeigen sich im Material bereits grundlegende kommunikative bzw. diskursive Voreinstellungen, die für die

Bestimmung des Habitus einer kollektiven AkteurIn bzw. für die kommunikative Vermittlungsstruktur einer Mediengestaltung interessant sein könnten.

An der Seite der Friedensbewegung lässt sich die These formulieren, dass darüber gerade kein Kommunikationsangebot neu eröffnet wird, sondern sich lediglich eine ›mitgebrachte‹ politisch-humanitäre Einstellung fortträgt, die über den Webauftritt weder initiiert wird, noch Möglichkeiten unmittelbarer Partizipation vorsieht. Das Informationsportal versperrt sich und schreckt möglicherweise spontan Interessierte ab. Die Schwelle zur Bereitschaft, am Ball zu bleiben setzt gewissermaßen sehr hoch an und setzt gesteigertes Vorwissen oder auch gesteigertes Vorab-Engagement voraus. Grund dafür ist auch, dass sich die Seite im Modus der Visitenkarte präsentiert, die einer rasch einsehbaren Struktur von Beginn und Ende folgt. Allerdings ist die Informationsstruktur dieser Karte fragmentarisch. Zu überlegen wäre daher, weshalb erst die Visitenkarte einer sozialen Bewegung in die Hand, bzw. ans Auge gelangt, und Interessierte nicht gleich Programm und Inhalten gegenüberstehen können.

Im Vergleich zur Seite der Piratenpartei werden somit Gestaltungsdefizite offenbar, während sich die vorher betrachtete Seite stärker durch Gestaltungskompetenz auszeichnet, die einen Einfluss auf die darüber ausgeübte Kommunikationsmacht haben kann. Kommunikationsmacht kann sich sofern auch über die Erzeugung von Frames zeigen. Hintergrund ist die Notwendigkeit der Homepage, visuell zu praktizieren und dies prozessiert sich unausweichlich innerhalb eines Rechtecks. Denn der Rahmen der Kommunikation ist wie erwähnt der Bildschirm, der die Aufgabe der Gestaltung von Bildern und die Herstellung eines visuellen Arrangements bestimmt. Er ist damit Ausdruck eines medialen Wandels der Aufgaben der Kommunikationsverbreitung, die gelöst werden müssen. Die Friedensbewegung zeigt sich dabei als ausgesprochen ›emblematische‹ Bewegung (Soeffner 1989), die programmatische Bedeutungen über solche Formen von Kundgabe visuell codiert.

Die Seite der Piratenpartei besitzt demgegenüber den bereits angesprochenen Charakter der Einladung, der zudem globale Integration suggeriert. Aus dieser Sicht unterscheiden sich beispielsweise ältere AnhängerInnen der Friedensbewegung von jüngeren Anhängern der Piratenpartei in ihren Webauftritten nicht nur möglicherweise in ihrer politischen Zielstellung, sondern zugleich in den Reflexen, humanitäres Ansinnen in unterschiedliche kommunikative Formgestalten zu bringen. Mit dem spezifischen Initiieren und Gestalten von Themen können AkteurInnen Kommunikationsmacht (Reichertz 2009) in unterschiedlich empfänglichen Öffentlichkeiten ausbilden.

Daher ein kurzes Zwischenfazit: Wir betrachten Mediengestaltung als kulturelle Praxis, mit der kommunikative Rahmungen geschaffen werden. Die Praxis des ›Doing Internet‹ ist immer *mehr* als ein komplexes System von Informationsaustausch. Vielmehr reflektiert das ›Doing Internet‹ immer auch die diskursive Opportunitätsstruktur ihrer AkteurInnen, die von unterschiedlichen Gestaltungsintentionen (und Weltauslegungen) getragen sind, wozu bspw. auch Generationserfahrungen gehören können. Hiermit werden kommunikative Anschlüsse und Ausschlüsse eigener Art geschaffen, und dies losgelöst von der Akteurs-Intention. Die Frage lautet daher immer: Wie wird auf Homepages mit den vorgegebenen Framings umgegangen? Und: Welche Framinggestaltung (letztlich auch: welche Framing-*Wahl*) hat in der Homepagekommunikation höhere Chancen, in Anschlusskommunikationen übernommen zu werden?

Im Vergleich der Webauftritte: Im Gegensatz zur Framingestaltung der Seite der Piratenpartei, die mit einem Gestus der Einladung und des Anbietens Formtraditionen des argumentativen Diskussionskreises aufgreift, behält die Seite der Friedensbewegung (zumindest bis zum Erhebungsjahr 2012) den Charakter des Kanals. Und zwar der Kanalisierung von Informationsbedürfnissen eines im Vorneherein gewogenen Publikums, das mit dem Willen ausgestattet ist, sich die entsprechende Detaillierung seiner Bedürfnisse auch gegen visuell-gestalterische Versperrungen einzuholen bzw. zu ›besorgen‹. Dazu ist, wie erwähnt, ein voreingestimmter Adressatenkreis erforderlich, dessen Beharrlichkeit vorausgesetzt wird. Hingegen wird in Kauf genommen, dass weniger Informierte oder zufällige Besucher bereits an dieser Stelle verloren werden. Diese Unwägbarkeit muss sich aber nicht deshalb einstellen, da der NetzsurferIn mitunter eine geringe Aufmerksamkeitsschwelle zugeschrieben wird, welcher taktisch mit besonderen Reizen zu begegnen sei. Vielmehr könnte die durch das Framing erzwungene Aufmerksamkeitslenkung den Eindruck einer selbstgenügsam operierenden Interessensgruppe, bzw. eines Bildungsmilieus hinterlassen, dem man u. U. nicht genügt oder auch nicht angehören will. In einer anderen Variante könnte der Eindruck eines behördlichen Schalters oder einer Poststelle erweckt werden, bei der das Publikum lediglich in die Lage versetzt wird, Infomaterial (etwa Terminzettel, Poster, Sticker und Buttons) abholen oder erwerben zu können, darüber hinaus jedoch keine unmittelbaren AnsprechpartnerInnen vorfinden (außer der Mailadresse des Webmasters, den aber vermutlich die Wenigsten wegen inhaltlicher Belange kontaktieren würden). Damit fällt das Framing der Webseite in seiner diskursiven Gestaltung im Grunde hinter das kommunikative Potential und Setting des Infostandes sozialer Bewegungen zurück, bei dem hinter dem Auslagetisch in aller Regel VertreterInnen der Bewegung zur inhaltlichen Diskussion motivieren möchten oder zumindest zur Verfügung stehen.

Die für die Untersuchung von Diskursen unter Einbeziehung (potenziell aller) abwesender Dritter (in Kapitel 2.1. unter Punkt 2) eingeforderte Bezeichnung der Aufmerksamkeit des Publikums kann bei dem Webauftritt der Friedensbewegung nicht identifiziert werden, da diese Webseite hierfür keine (Response-)Vorkehrung besitzt. Dies zeichnete sich in gleicher Weise auf der Folgeseite ab, die lediglich eine ausgesprochen ausgedehnte, gering sortierte und unübersichtliche Linkliste enthielt. Anders formuliert: Der Adressatenkreis im Publikum konnte nicht anzeigen, erreicht worden zu sein. Somit fielen auch die in Punkt 3 genannten Diskursbeiträge des Publikums aus, da ein entsprechendes Diskursforum (außerhalb analoger Kommunikationsarenen) nicht zur Verfügung stand, ebenso wie die damit gegebene Möglichkeit, nachzuzeichnen, um welche Gunst des Publikums gerungen wird. Dies betrifft auch Punkt 4, insofern das Webseiten-Framing die Gunst des Publikums nachgerade bereits vorausgesetzt, wie auch Punkt 5, mit dem zu rekonstruieren ist, ob und dass das Publikum die diskursiven Beiträge im primär mit den Beiträgen eingeführten Rahmen interpretiert.

Das ›misfire of a web-design‹ am Beispiel der betrachteten Webseite *friedensbewegung.de* (bis 2012; somit in einer Zeit, in der sich das Web 2.0 bereits klar etabliert hat) zeigt sich dann darin, dass die kommunikativen Potentiale der digitalen Welt nicht aufgegriffen werden. Oder einfach formuliert: Dass es hier keinen Unterschied macht, ob Informationsverbreitung über das Internet oder über eine Print-Broschüre praktiziert wird. Somit gelangt die kommunikative Rahmung auch nicht in die Position eines many-to-many, sondern verbleibt im one-to-many, bei der der kollektive Akteur des Webauftritts selbst als StellvertreterIn eines vorgeprägten politischen, bzw. humanitären Interesses im ›one‹ fungiert. Also als jener, der sich der Gunst des Publikums ohne Rückversicherung sicher zu sein scheint und darüber hinaus keine Ambitionen erkennbar macht, zusätzlich zu im Vorneherein aufmerksamen AdressatInnen weiteres, möglicherweise noch unentschlossenes oder gar nichtgesinntes Publikum anzusprechen.

Eine diskursive Bestätigung der Geltung des angebotenen Weltauslegungs-Rahmens ist im Fall der Eingangsseite des Webauftritts der Friedensbewegung durch Anschlusskommunikationen im Medium Internet nicht möglich. Bezogen auf das Erlangen von Kommunikationsmacht kann gesagt werden, dass die dazu erforderliche Sichtbarkeit einer Austragungsbühne verdeckt bleibt. Ihr Fehlen verhindert, die Akzeptanz der von den Gestaltern gesetzten Rahmendefinitionen in eine Many-to-Many-Arena zu überführen, dort überprüfen zu lassen und damit die eigene Disposition zur Position zu stellen. Der geführte Diskurs verharrt vielmehr in einer eigentümlichen Statik.

4 Interpretative Analysen von Internetdiskursen – Desiderata und Grenzen

Wir haben das Beispiel der Friedensbewegung-Webseite nicht deshalb so ausgiebig interpretiert, um eine womöglich unzeitgemäße soziale Bewegung eines unzeitgemäßen Umgangs mit neuen Medien zu überführen. Eher gilt es uns als Beispiel eines Unglücksfalls einer diskursiven Praxis im Sinne von Austin, nur eben im Feld der Internetkommunikation. Ziel der Übung ist insofern ein besseres Verständnis der sprach- und diskurspragmatischen Regeln des geglückten oder weniger geglückten Tuns (sozialen Handelns) mit Zeichen innerhalb von digitaler Kommunikation. Es geht uns somit um die Veränderungen der Bedingungen der Möglichkeit von Kommunikation, die von der Nutzung digitaler Verbreitungsmedien ausgehen. Und damit können wir auf unseren Ausgangspunkt zurückkommen, der Frage, ob die qualitative Analyse von Internetdiskursen aus kommunikationstheoretischen Gründen anders methodisch und methodologisch angelegt werden muss, als die qualitative Analyse von Interaktionsprotokollen.

Mit der ethnomethodologischen Position hatten wir im Anschluss an Jörg Bergmann davon gesprochen, dass die Aufzeichnung von Face-to-Face-Kommunikation eine registrierende (und lückenlose) Dokumentation von Vollzugswirklichkeiten ermöglicht. Das Datenmaterial registriert somit diskursive Praktiken als Aufeinanderfolge von Gegenwartsgeschehnissen. Die Form der diskursiven Anschlüsse ist dadurch für die ForscherInnen Schritt für Schritt nachvollziehbar. Die ForscherInnen müssen nicht eigens danach suchen, wo und wann Kommunikationsbeiträge potenzielle AdressatInnen erreichen. In der Face-to-Face-Kommunikation sind die AdressatInnen in der Situation immer schon da. Insofern lassen sich innerhalb von Face-to-Face-Kommunikation immer Eröffnungs- und Abschlussformeln der Kommunikation auffinden, und zwar sowohl für die beteiligten ›native actors‹ als auch für die ForscherInnen.

Dies ist bei Kommunikation unter Einschluss abwesender Dritter anders. Hier wird die diskursive Situation erst dadurch hergestellt, dass ein Kommunikationsbeitrag AdressatInnen erreicht. Dies wäre z. B. dann der Fall, wenn ein beliebiger Internetnutzer die Seite der Friedensbewegung aufruft. Hier stellt sich kommunikationstheoretisch die Frage, ob mit dem Aufrufen der Seite die Kommunikation bereits erfolgreich war, oder ob es dazu noch spezifischer Stellungnahmen der AdressatInnen bedarf. Genau von der Antwort auf diese Frage hängt es nämlich ab, ob es sich bei der Webseite der Friedensbewegung sprechakttheoretisch (sensu Austin) und damit konstitutionslogisch um einen »Unglücksfall« handelt oder nicht. Und in methodischer Hinsicht ist dabei zu beantworten, ob und wie hilfreich es ist, bei der Beurteilung des Charakters des vermeintlichen ›misfires‹ auf registrierende Daten von Internetkommunikation zurückgreifen zu können.

Tatsächlich handelt es sich bei den Zeichen im Internet um fragmentarisch registrierte Diskurszüge. Auf der Seite der Friedensbewegung ließ sich bspw. die Veranstaltungsleiste oder die Linkliste anklicken sowie etwas im »neuen« Webshop bestellen. Alle diese Züge wären diskursive Bestätigungen der Kommunikationsofferten der Seite. Tatsächlich werden solche Züge auch im Netz selbst elektronisch registriert und können etwa von Nachrichtendiensten oder anderen Institutionen ›vorratsdatengespeichert‹ werden. Derartig gespeicherte »Vorratsdaten« sind registrierende Dokumentation sensu Bergmann, und es wird nochmals auf andere Weise deutlich was Harvey Sacks mit seinem Anliegen des »Taping the world« (mehr oder weniger absichtsvoll) im Schilde geführt hat.

Allerdings verweisen die genannten diskursiven Angebote (Veranstaltungen, Linkliste, Webshop) auf Kontexte, die im konkreten Fall nicht mehr durch Internetkommunikation eingeholt werden konnten. Ob jemand zu einer im Internet angekündigten Veranstaltung, zu einer Lesung, einer Demo oder was auch immer hingeht oder nicht, zeigt sich erst an den Orten dieser Veranstaltungen, und zwar ausschließlich für diejenigen, die dort präsent sind. Entscheidend ist dabei die Frage, welche der genannten Anschlüsse in der Öffentlichkeit des World-Wide-Webs wieder sichtbar gemacht werden können und welche Anschlüsse der Internet-Öffentlichkeit zeitweise oder für immer entzogen sind. Denn sowohl Online-Käufe oder Klicks auf der Linkliste als auch die Besuche ›realer‹ (nicht-virtueller) Veranstaltungen werden als diskursive Anschlusszüge der Internetkommunikation nicht mehr gezeigt.

Ein kommunikativer Unglücksfall besteht also dann, wenn durch eine Webseite eine öffentliche Kommunikation eröffnet wird, deren öffentlicher Abschluss jedoch systematisch ausgeschlossen bleibt. Das Beispiel der Friedensbewegung veranschaulicht aber nicht nur den mehr oder weniger unbeholfenen Umgang mit den Möglichkeiten digitaler Verbreitungsmedien, sondern ein darüber hinausgehendes systematisches Problem von Internetdiskursen, nämlich: öffentliche Diskurse im Sinne von Many-To-Many-Kommunikation zu verheißen, sie aber gleichzeitig nur bruchstückhaft einlösen zu können.

Internetdiskurse sind somit immer eine Gratwanderung am Rande des Selbstmissverständnisses. Sie suggerieren öffentliche Präsenz, verweisen aber stets auch auf Anschlüsse, die innerhalb der von ihr hergestellten Öffentlichkeit nicht mehr transparent gemacht werden können. Der qualitativen Methodik der empirischen Sozialforschung gibt dies neue Rätsel auf. Man kann dieser nur empfehlen, sich nicht von der vermeintlichen Omnipräsenz und Omnipotenz der Internetkommunikation anstecken zu lassen, sondern umgekehrt den fragmentarischen Charakter dessen zu bedenken, was das Internet als diskursives Geschehen registriert.

Literatur

Austin, John Langshaw. 1962. *How to things with words*. Harvard: University Press.

Bergmann, Jürgen. 1985. Flüchtigkeit und methodische Fixierung sozialer Wirklichkeit. In *Entzauberte Wissenschaft*. Sonderband 3 der Zeitschrift Soziale Welt, 299–320.

Butler, Judith. 1997. *Excitable Speech. A Politics of the Performative*. New York: Routledge.

Goffman, Erving. 1976. Der bestätigende Austausch. In *Seminar: Kommunikation. Interaktion. Identität,* hrsg. Auwärter, Manfred, Kirsch, Edit, Schröter, Klaus, 35–72. Frankfurt/M.: Suhrkamp (Original: Relations in Public. New York: Basic Books).

Goffman, Erving. 1980. *Rahmen-Analyse*. Ein Versuch über die Organisation von Alltagserfahrungen. Frankfurt/M.: Suhrkamp (Original: Frame Analysis. 1974. New York: Harper & Row).

Mannheim, Karl. 1964a. Beiträge zur Theorie der Weltanschauungs-Interpretationen. In *Wissenssoziologie,* ders, 91–154. Darmstadt/Neuwied: Luchterhand (zuerst 1921/22).

Mannheim, Karl. 1964b. Die Bedeutung der Konkurrenz auf dem Gebiet des Geistigen. In *Wissenssoziologie,* ders. 566–613. Darmstadt/Neuwied: Luchterhand (zuerst 1930).

Reichertz, Jo, Marth, Nadine. 2010. Abschied vom Glauben an die Allmacht der Rationalität? oder: der Unternehmensberater als Charismatiker. In *Die Macht der Worte und der Medien,* hrsg. J. Reichertz, 243–269. Wiesbaden: VS Verlag für Sozialwissenschaften.

Sacks, Harvey. 1972. The Usability of Conversational Data. In *Studies in Social Interaction,* ed. D. Sudnow, 31–74. New York: The Free Press.

Searle, John R. 1969. *Speech Acts*. Cambridge: University Press.

Searle, John R. 1995. *The Construction of Social Reality*. Cambridge: University Press.

Simmel, Georg. 1903. Soziologie der Konkurrenz. In *Neue Deutsche Rundschau* (Freie Bühne) 14, 10, 1009–1023.

Soeffner, Hans-Georg. 1989. Emblematische und symbolische Formen der Orientierung. In *Auslegung des Alltags – Der Alltag der Auslegung,* ders., 158–184. Frankfurt a. M.: Suhrkamp.

Werron, Tobias. 2011. Zur sozialen Konstruktion moderner Konkurrenzen. Das Publikum in der Soziologie der Konkurrenz. In *Georg Simmels große »Soziologie«,* hrsg. H. Tyrell, O. Rammstedt, I. Meyer, 227–258. Bielefeld: transcript.

Von Medienpraxis und Medientechnologien – Ethnographische Perspektiven zu medienbasierter Kommunikation

Bettina Frei

---

1 Einleitung

Eine ethnographische Perspektive auf medienbasierte Kommunikation steht für die Aussage, dass medienvermittelte interpersonelle Kommunikation nicht getrennt von den lebensweltlichen sozialen Handlungsreferenzen ihrer NutzerInnen betrachtet werden kann. EthnologInnen wollen hier empirische Beispiele liefern, die – idealerweise – in die Tiefe gehen. Die Fragen, die sie sich dabei stellen, sind sehr grundlegend: Wie werden unterschiedliche Mediatisierungen von Kommunikation aus einer lebensweltlichen Perspektive der NutzerInnen dieser Medien wahrgenommen? Wie verändert sich für sie dadurch die Erfahrung von Kommunikation und *Sozialität*?[1] Wie gehen MediennutzerInnen mit Medientechnologien in ihrem Alltag um und wie wiederum beeinflussen technologische Gegebenheiten, Bedingungen und Modalitäten in einem spezifischen Kontext die Mediennutzung? Diese Fragen sind stark praxis- oder handlungsorientiert.[2] Mein Forschungsinteresse, welches ich in Kamerun verfolgt habe, liegt in einem Schnittbereich von Medien- und Migrationsforschung. Ich habe untersucht, wie sich junge urbane NutzerInnen Internet und Mobiltelefon als Kommunikationsmedien aneignen, um mit ihren Angehörigen und Bekannten, welche ins Ausland

---

1   Unter dem Begriff *Sozialität* verstehe ich die Tendenz und Disposition von Menschen, sich sozial zu verhalten, sich auf andere zu beziehen und sich sozial zu vernetzen (Mead 1932).

2   Praxis- oder handlungsorientierte – also auch prozessbetonte, dynamische – Ansätze sind in der Ethnologie heute vorherrschend (Barnard 2000). Neuere ethnographische Forschung über Medienverwendung betonen die Handlungsmächtigkeit der MediennutzerInnen *(agency)* (Emirbayer und Mische 1998, Förster 2010, Simone und Abouhani 2007). *Agency* wird jedoch nicht nur als individuelle Kapazität, sondern ebenfalls als von kulturellen und sozialen Rahmenbedingungen, Normen und Verhaltensweisen beeinflusst verstanden. Dies können auch technologische Rahmenbedingungen sein.

migriert sind, dauerhaft in Kontakt zu bleiben.[3] Dabei hat die Divergenz zwischen tatsächlichen Lebensumständen der Kamerunischen MigrantInnen im Ausland und die in Kamerun vorherrschenden Vorstellungen, Imaginationen und Erwartungen einen entscheidenden Einfluss auf die medienvermittelte Sozialität. Zudem ist die medienvermittelte Kommunikation Teil der alltäglichen *Sozialität* im lokalen *face-to-face*-Kontext geworden. Für meine Forschung spielt also sowohl *face-to-face-* als auch internet- und mobiltelefonvermittelte Kommunikation und *Sozialität* eine Rolle. Die Herangehensweisen an die lebensweltliche Komplexität von Mediennutzung und -kommunikation in einem spezifischen Kontext stellen unterschiedliche methodologische Anforderungen, die ich in diesem Beitrag diskutieren möchte.

Zu Beginn werde ich auf ethnographische Forschungsmethoden eingehen und hervorheben, welche Potentiale diese Ansätze für die Medienforschung bieten. Danach werde ich meine Vorgehensweise und empirische Forschungsmethoden »im Feld« beschreiben und anhand unterschiedlicher Dimensionen von medienvermittelter Kommunikation via Internet und Mobiltelefon auf die entsprechenden Analysen eingehen. Schließlich werde ich in einer Zusammenschau für die empirischen und analytischen Vorteile einer Kombination von sogenannten *online-* und *offline*-Ansätzen[4] plädieren.

2   Ethnographische Methoden – von »klassischen« Ansätzen zur Erforschung von Neuen Medien

Obschon die »klassischen« Methoden der Feldforschung in der Ethnologie sich verändert haben, kritisch reflektiert sind und auch damit experimentiert wurde, scheinen die von Bronislav Malinovski[5] in den 1920er Jahren geprägten grundlegenden Methoden der ethnographischen Feldforschung – Interviews und teilnehmende Beobachtung – noch immer relevant zu sein. Diese induktiven ethnographischen Methoden implizieren sehr stark das Unvermittelte, die Ko-Präsenz von

---

3   Ich bezeichne die unterschiedlichen Referenzen als Perspektiven von »MigrantInnen« beziehungsweise von »nicht-MigrantInnen«. Zentral dabei ist, dass die KommunikationspartnerInnen sich vormals aus einem *face-to-face*-Kontext kennen.

4   Die Gegenüberstellung von *online* und *offline* birgt Gefahren, insbesondere impliziert diese Gegenüberstellung, dass es sich um voneinander getrennte, abgeschlossene und definierbare Bereiche handelt. Ich werde versuchen aufzuzeigen, dass aus einer ethnographischen Perspektive diese Trennung über eine analytische Kategorie hinaus empirisch kaum aufrecht zu erhalten ist.

5   Bereits zum Ende des 19. Jh. hat Franz Boas in Nordamerika ähnliche Feldforschungsmethoden angewandt.

»Erforschten« und Forschenden in einer *face-to-face-* oder *offline*-Situation. Auch die Zeitdimension ist hier wichtig: Der »klassische« Ansatz basiert auf einem zeitlich ausgedehnten Aufenthalt in einer spezifischen Gesellschaft an einem spezifischen Ort.[6] Was geschieht nun mit diesen »klassischen« Methoden, wenn sich ethnographische Analysen auf medienvermittelte Kommunikation und *Sozialität* beziehen? Es stellen sich hier diverse – nicht nur analytische – aber auch methodologische Herausforderungen, auf welche ich in dieser Abhandlung eingehen werde. Grundsätzlich, insofern die lebensweltliche und praxisorientierte Perspektive in der Ethnologie zentral ist, dienen diese »klassischen« Methoden ebenfalls der Erschließung einer *online*-Dimension, die dabei als Teil der lebensweltlichen Erfahrung von Sozialität der MediennutzerInnen gesehen wird. Aus einer ethnographischen Perspektive scheint das Verständnis und die Interpretation von medienbasierten Aktivitäten, Kommunikation und sozialer Interaktion zwischen Mediennutzern erschwert zu sein, wenn der lebensweltliche *offline*-Kontext der MediennutzerInnen nicht in die Analyse miteinbezogen wird – ein Verständnis, welches nur in Ko-Präsenz des Forschenden und in längeren Zeitabschnitten empirischer Forschung erlangt werden kann. Bezüglich der Erforschung von Neuen Kommunikations- und Informationsmedien wie dem Internet und dem Mobiltelefon haben EthnologInnen eine Reihe von Beiträgen geliefert und schließlich wesentlich zum sogenannten *ethnographic turn* in der sozialwissenschaftlichen empirischen Medienforschung beigetragen.[7]

2.1 »Klassische« Zugänge zu Sozialität und Kommunikation und ihr Potential für die Medienforschung

Im Anschluss an die Frage, ob »klassische« ethnographische Methoden für die Medienforschung relevant sind, welche ich grundsätzlich bejahen möchte, möchte ich in diesem Zusammenhang einen Blick auf die Zugänge der ethnographischen Forschung zu sozialer Interaktion, Vernetzung und Kommunikation werfen. Für

---

6 Die Prämisse des Verstehens, welches durch dieses »Eintauchen« in eine der EthnographIn – zu Beginn – fremde Gesellschaft ermöglicht werden soll, soll die EthnographIn ermächtigen, die »richtigen« Fragen zu stellen, und letztendlich auch die Interpretation der Forschungsresultate anleiten.

7 EthnologInnen haben relativ spät – ab den 1980er Jahren – begonnen, sich mit Medientechnologien zu befassen. Sicherlich spielte dabei auch die herkömmliche Auffassung von »Kultur« und »Gemeinschaft« als überschaubare, integrative und verortete »Einheit« eine Rolle, dass Medientechnologien für die – klassischerweise – »peripheren« Gesellschaften und sozialen Gruppen, die EthnologInnen meist erforschten, längere Zeit als nicht zentral erachtet wurden, ebenso die Tatsache, dass andere Fächer wie die Soziologie oder die Medienwissenschaften hier dominant waren (Barnard 2000).

meine eigene Forschung über medienvermittelte transnationale Sozialität waren diese Bereiche zentral. Bezüglich sozialer Interaktion im Sinne von Teilhabe von Individuen an sozialen Systemen waren *kinship-* oder Verwandtschaftsstudien, Ethnizität[8] sowie andere Formen von Zusammengehörigkeit von Anbeginn an einer der Hauptaugenmerke der Ethnologie. Wir sprechen hier von »Gemeinschaft« *(community),* welche nicht nur im Sinne von physischer Ko-Präsenz, sondern auch durch diverse Formen von sozialer Organisation sowie durch ein Gefühl der Zusammengehörigkeit erfahren wird (Crow und Newby 1995, Bell und Allan 1976). Rezentere Begriffe von Gemeinschaft konzentrieren sich weniger auf den Nexus von Ort und sozialer Gruppe, als vielmehr auf Praktiken der Mitglieder einer Gruppe, welche Gemeinschaft konstituieren.[9] Damit ist das Feld offen für Studien, welche *Sozialität* und Kommunikationsmedien in den Blick nehmen. Speziell interaktive Kommunikationstechnologien bieten diverse Möglichkeiten, Gemeinschaft herzustellen oder aufrechtzuerhalten und ebenso, herkömmliche Formen von Gemeinschaft zu transformieren. Dabei gewinnt indirekte oder vermittelte Interaktion und Kommunikation an Intensität und Bedeutung, aber zugleich beeinflussen Kommunikationsmedien auch die *Sozialität* von Menschen in physischer Ko-Präsenz, wo diese Medien Teil der alltäglichen *Sozialität* geworden sind (Wellman 1999, Horst und Miller 2005, Levitt und Glick-Schiller 2007, Larsen et al. 2006, Wellman und Haythornthwaite 2002). Betreffend der Untersuchung von medienvermittelter Kommunikation aus einer ethnographischen Perspektive sind Beiträge aus der soziologischen Kommunikationsforschung und dem Bereich der Ethnophänomenologie von zum Beispiel Alfred Schütz (1967), Peter L. Berger und Thomas Luckmann (1980) oder dem Soziologen Erving Goffman (1972, 1983) über Alltagskommunikation und soziale *face-to-face*-Interaktion eine gute Grundlage auch für Studien über Medienkommunikation. Kommunikation wird hier als eine Form von Interaktion, also auf Andere bezogenes (soziales) Handeln verstanden (Weber 1968). Medienkommunikation ist eine davon abgeleitete, spezifische Form von Interaktion mittels Medien oder medienbezogene Kommunikation (Krotz 2001, S. 48 f).[10] Ich berufe mich auf ein Verständ-

---

8   Die Zugehörigkeit, das Zugehörigkeitsgefühl oder die Zuschreibung von Zugehörigkeit von Individuen zur einer ethnischen Gruppe.

9   Der Gedanke, dass Gemeinschaften nicht notwendigerweise an einen physisch-geographischen Ort gebunden sind, ist nicht neu und nicht erst mit Beobachtungen über sich wandelnde soziale Beziehungen in Zeiten von Globalisierung, Migration und Neuen Kommunikationsmedien aufgekommen. Schon der Soziologe Ferdinand Tönnies hat zu Beginn des 20. Jahrhunderts darüber geschrieben.

10   Ich interessiere mich an dieser Stelle nicht für medienbezogene Kommunikation, wie etwa Fernzusehen, zu Lesen, oder im Internet zu surfen, sondern für interpersonelle Kommunikation via Medientechnologien. Ich kann nicht detailliert auf die Unterschiede der Medialitäten von *face-to-face*-Kommunikation und medienvermittelter Kommunikation eingehen,

nis von Kommunikation, welches sich nicht nur auf das Austauschen von Zeichen und Symbolen bezieht, sondern auch die Sinnhaftigkeit derselben berücksichtigt, die unter spezifischen sozialen und kulturellen Rahmenbedingungen zum Tragen kommt und jeweils Bedeutung erzeugt. Insbesondere dann, wenn medienvermittelte soziale Beziehungen im Sinne von vormaligen *face-to-face*-Beziehungen[11] in den Blick genommen werden – wie dies in meiner Forschung der Fall ist – müssen wir berücksichtigen, dass die vorhergehende *face-to-face*-Situation der sozialen Beziehung und die Einbettung derselben in einen spezifischen Kontext von geteiltem Wissen und Erfahrung in der vermittelten Kommunikation weiter wirkt.

2.2 Kombinationen von online und offline – Ansätze in der Ethnographischen Forschung zu Medientechnologien

Abgesehen von einer kurzen Popularität der »Cyberethnographien« (Hakken 1999, Haraway 1991, Turkle 1995, Escobar 1994), in welchen der *cyberspace* als »parallele Welt« mit je eigenen Konditionen verstanden wurde, haben EthnologInnen sich meist kombinierten *offline/online*-Ansätzen zugewandt. Natürlich stellen sich für die konsequente Kombination von *online* und *offline* empirischer Forschung methodische Herausforderungen, die sich wohl immer zum Nachteil des einen oder anderen Fokus auswirken: Die Ethnologin Danah Boyd (2008) etwa, die über die Aktivitäten und Sozialität von US-Amerikanischen Teenagern in sozialen *online*-Netzwerken geforscht hat, hat die soziale Interaktion und Kommunikation von Teens vorwiegend *online* verfolgt, musste dafür aber das persönliche Kennenlernen der InformantInnen auf einmalige Interview-Treffen reduzieren, was ihr ein limitiertes Bild dieser Individuen bescherte. Auch logistische Probleme kamen hier zum Tragen: sie reiste quer durch die USA, um ihre InformantInnen zu treffen. Die geographische Variabilität der Lebensumgebungen der NutzerInnen derselben sozialen *online*-Netzwerke war eine interessante Feststellung, aber den regionalen, kulturellen und sozialen Unterschieden, die das *online*-Verhalten der Teens ebenfalls beeinflusst, konnte Boyd in dieser Forschungskonstellation keine große Beachtung schenken. Ebenfalls eine Betonung der *online*-Dimension von sozialer Interaktion scheint in einigen Arbeiten über das Internet-Verhalten von Diaspora- oder Minderheitsgruppen auf (Durell und Anderson 2008, Bernal 2006, Tufte 2002, Landzelius 2006, Bräuchler 2003). Bezüglich dieser Beispiele

sondern lediglich darauf hinweisen, dass es sinnvoll scheint, medienvermittelte Kommunikation im Rückgriff auf *face-to-face*-Kommunikation zu untersuchen.

11   Wie sie durch eine dauerhafte physische Trennung zum Beispiel durch Migration zustande kommen.

können *online*-Methoden, wie etwa *online*-Interviews und die Analyse von Chat-
sowie Websiteinhalten eine stärkere Betonung erfahren, wie zum Beispiel die Arbeit von Bernal (2006) exemplarisch zeigt, in welcher sie Inhalte von politischen
Portalen der Diaspora-Eritreaer analysiert. Der klassische Anspruch der EthnologInnen, sich in zeitlich ausgedehnten Aufenthalten auf eine spezifische Lokali-
tät – im Sinne eines *offline*-Kontextes – zu konzentrieren, hat in vielen anderen
ethnographischen Studien über Medien ihren Ausdruck gefunden.[12] Empirische
Analysen beschäftigen sich oft mit sozialem Wandel, welcher mit neuen Technologien einhergeht, mit Erkenntnissen, welche nur durch längere oder wiederholte
Forschungsaufenthalte an einem Ort empirisch belegt werden können. Horst und
Miller (2005) haben am Beispiel der Verwendung des Mobiltelefons in Jamaica gezeigt, wie dieses zum Zweck der sozialen Vernetzung zu ganz spezifischen Kom-
munikationstechniken beiträgt *(Link-up)*. Die Analyse von Telefongesprächen sowie der Adresslisten der MobiltelefonnutzerInnen mit ihren unterschiedlichen
Kategorien von Kontakten gaben hier zusätzlich Aufschluss über ihre soziale Vernetzung. Die Kombination von empirischer Forschung im *offline*-Kontext und
das Untersuchen von technologischen Umgebungen war auch für meine eigene
Forschung überaus sinnvoll. Auch das Internet kann – entgegen den Ansätzen
der Cyberethnographien – aus der Perspektive eines konkreten örtlichem Bezugs-
rahmens untersucht werden – ein Beispiel ist Daniel Millers (2011) Analyse von
Facebook, in der Individuen in Trinidad mit je unterschiedlichen Perspektiven
auf dieses Medium vorgestellt werden, mit welchen er insbesondere *face-to-face*-
Interviews geführt hat. Eine starke Betonung auf lokale Formen von *Sozialität* legt
Jenna Burrell (2009), die in Accra in Ghana die sozialen Gefüge von Jugendgruppen im Zusammenhang mit Internet-Aktivitäten in den öffentlichen Internetcafés
untersucht. Die hier erhobenen Daten beruhen ebenfalls insbesondere auf »klassische« Methoden der teilnehmenden Beobachtung in medienrelevanten Umgebungen im lokalen Kontext und *face-to-face*-Interviews, was auch im Wesentlichen meinem eigenen Vorgehen entspricht. In den genannten Beispielen[13] habe
ich versucht zu veranschaulichen, dass die Bandbreite ethnographischer Medienforschung bezüglich dem Fokus der Analyse auf *offline*-Kontext und *online*-
Medienumgebungen variiert. Es ist diesen Herangehensweisen gemeinsam, dass
Medien(-technologien) als ein Teil der alltäglichen Lebenswelt ihrer NutzerInnen

---

12 Vergleiche regionale Studien über Radio im südlichen Afrika (Spitulnik 1997) sowie Abu-
    Lughod (2002) für Ägypten, Larkin (2002) über indische Filme im Norden von Nigeria,
    Nyamnjoh (2005) unter anderem über Printmedien im anglophonen Kamerun und so wei-
    ter, um einige Beispiele zu nennen.

13 Bei den genannten Literatur- und Forschungsbeispielen handelt es sich um ausgesuchte
    Beispiele, welche sich zumeist auf einen »nicht-Westlichen« Kontext beziehen, mit einem
    Schwerpunkt auf Afrika.

verstanden werden und somit *online*- und *offline*-Dimensionen von Kommunikation und sozialer Interaktion in die Analysen mit einfließen.

3 Die Verwendung von Internet und Mobiltelefon im urbanen Kamerun – das Beispiel einer ethnographischen Feldforschung

Meine Forschung über die Verwendung von Neuen Kommunikationsmedien – Internet und Mobiltelefon – habe ich im urbanen Kontext im anglophonen Teil Kameruns, in Bamenda, einer mittelgroßen Stadt mit etwa 270 000 EinwohnerInnen, durchgeführt. Dabei folgte ich der »klassischen« Feldforschungstradition der Ethnologie – als Außenstehende habe ich mich in eine mir fremde Gesellschaft und kulturelle Umgebung begeben und versucht, mir diese hinsichtlich meiner spezifischen Forschungsinteressen zu erschließen. Ebenso »klassisch« war die Forschung hinsichtlich der Zeitintensität; insgesamt habe ich zwischen 2008 und 2012 in mehreren Aufenthalten von jeweils einigen Monaten über ein Jahr in Kamerun verbracht, dazu kam Forschung unter kamerunischen MigrantInnen in der Schweiz und Deutschland. Die wiederkehrenden Aufenthalte erlaubten mir, Veränderungen und Entwicklungen bezüglich Medientechnologien mitzuerleben.[14]

3.1 Feldforschungsaufenthalte und Entwicklung eines Forschungsplans

Mein erster Aufenthalt für die Forschung zu meiner Dissertation im Jahr 2008 war als »explorative Phase« gedacht, während der ich meine Interessen und Fragestellungen prüfen, überdenken und anpassen, Kontakte knüpfen und Hintergrundinformationen sammeln konnte. Ich kartographierte – und fotographierte – die Stadt bezüglich Internetcafés, Mobiltelefon- und Computer-Reparierwerkstätten und -Verkaufsstellen, Telekommunikationsfirmenbüros und so weiter – eine Arbeit, die mehrere Tage in Anspruch nahm, mir aber eine gute Orientierung in der Stadt und ebenfalls viele Kontakte einbrachte. Ich führte ExpertInneninterviews durch, mit zum Beispiel Internetcafé-BesitzerInnen und -Angestellten, mit An-

---

14 Das erste Mal hielt ich mich im Jahr 2003 für ein Feldforschungspraktikum in Bamenda auf. Ich arbeitete damals zum Thema Internet und Identität – das Mobiltelefon war zu dieser Zeit erst im Aufkommen. Als ich 2008 für die Forschung zu meiner Dissertation zurückkehrte, bot sich mir ein ganz anderes Bild. Internetcafés hatten sich erheblich ausgebreitet und Mobiltelefone waren in diesem städtischen Umfeld bereits zur Normalität im Alltag der meisten Menschen geworden.

gestellten in Telekommunikationsfirmen, mit Computerunterrichts-Lehrpersonen in diversen Schulen, ich traf BeamtInnen zuständig für die Umsetzung von EDV-Erziehung in Regierungsbüros und so weiter. Dies diente dazu, die spezifische Kommunikationsumgebung beziehungsweise die Konditionen von Internet- und Mobiltelefonverwendung vor Ort zu ergründen. Um eine nutzerorientierte Perspektive zu beleuchten, verbrachte ich Zeit in Internetcafés, beobachtete und sprach informell mit vielen Menschen. In dieser Phase reflektierte ich meine grundlegenden Forschungsfragen und überarbeitete meinen Fragenkatalog. Aus der Erfahrung der »explorativen Phase« hatte sich für mich der enge Zusammenhang zwischen Migrations-Absichten und -Imaginationen und der Verwendung von Neuen Medien herauskristallisiert, worauf ich mich dann in meinen Fragestellungen konzentrierte.[15] Die zentralen Forschungsfragen, auf welche ich mich daraufhin fokussierte, waren: Welche Rolle spielen Neue Kommunikations- und Informations-Medien (Internet und Mobiltelefon) bezüglich Imaginationen von Mobilität/Migration? Wie wirken sich die Verwendungsweisen dieser Neuen Medien auf lokale Sozialität und soziale Räume aus? Wie verhandeln die MediennutzerInnen Sozialität in oder via Kommunikationsmedien Internet und Mobiltelefon? Während eines zweiten Aufenthalts im Jahr 2009 fokussierte ich mich auf eine systematische Erarbeitung dieser Fragen durch teilnehmende Beobachtung in Internetcafés[16] und führte etwa 70 halbstrukturierte Interviews mit InternetnutzerInnen. In einem weiteren Aufenthalt 2010/11 konzentrierte ich mich stärker auf die Verwendung des Mobiltelefons und suchte mir dazu unterschiedliche Orte für die systematische Beobachtung aus. Außerdem führte ich eine Reihe von weiteren Interviews, in welchen ich mich stärker auf Themen der sozialen Vernetzung ausrichtete. Ein Feldforschungsassistent (ein kamerunischer Soziologiestudent) führte selbstständig ebenfalls Interviews durch, was interessante zusätzliche Perspektiven ermöglichte. Nebst Interviews, informellen Gesprächen und teilnehmender Beobachtung analysierte ich Kommunikationsinhalte, -stile und -genre der unterschiedlichen internet- und mobiltelefonbasierten Kommunikationsmedien, wie Email, Chat, soziale *online*-Netzwerke, Telefongespräche, SMS und *Beepen*[17]. Nachdem ich mir einen soliden Hintergrund von Erfahrungen und Interpretationsschemata von Medienaktivitäten im spezifischen Kontext erarbei-

---

15 Diese hingen zweifellos eng mit meiner Persönlichkeit zusammen, wie meine »InformantInnen« mir »im Feld« begegneten und was ich für sie repräsentierte – auch ein potentieller Zugang zu Lebenschancen.

16 Ich verbrachte systematisch Zeit in einer Auswahl von zehn unterschiedlichen Internetcafés.

17 *Beepen* bedeutet, dass die AnruferIn ein oder zweimal klingeln lässt, den Anruf aber stoppt, bevor der Angerufene ihn entgegennehmen kann. Dies kann je nach sozialer Situation, beteiligten Personen und vereinbarter Zeichen *(codes)* unterschiedliche Bedeutungen haben. Siehe nachfolgend in diesem Beitrag.

tet hatte, waren zusätzliche *online*-Interviews via Email oder Chat eine gute Ergänzung, welche ich insbesondere während der Abwesenheit vom Feld nutzte. Internetcafés waren grundsätzlich gute Orte, um »im Feld« mit InformantInnen in Kontakt zu kommen, aber ich lernte sie auch an vielen anderen Orten kennen, wurde in unterschiedliche Netzwerke integriert und so fanden sich InterviewpartnerInnen im Schneeballsystem. Bezüglich der InterviewpartnerInnen versuchte ich auf eine Geschlechterbalance, auf unterschiedliche Ausbildungsniveaus und ethnische Herkunft zu achten, damit ihre Auswahl vielfältig blieb. Den Fokus legte ich auf Jugendliche[18], das Alter der InformantInnen lag zwischen 20 und 35 Jahren.

3.2 Interviews, teilnehmende Beobachtung und die Analyse von Kommunikationsinhalten in der Feldforschungs-Situation

Interviews sind ein zentraler Bestandteil der ethnographischen Forschung. Die *face-to-face*-Dimension von Interviews schließt nicht nur andere Kommunikationsformen im nicht-verbalen Bereich mit ein, wie Mimik, Körperhaltung und so weiter, sondern ebenfalls die kontextbezogenen Beobachtungen, die Umstände unter welchen InterviewpartnerInnen zu Aussagen kommen und die Bedeutung des Gesagten – Interpretationen, welche durch eine vertiefte Kenntnis des Kontextes ermöglicht werden. Dies erweitert auch den Verstehens- und Interpretationshorizont des Forschenden. Je nach Grad der Formalität oder der Vertrautheit zwischen InterviewerIn und Interviewten können unterschiedliche Ebenen von Bedeutungstiefe in Interviews erschlossen werden. Ich habe die meisten meiner InterviewpartnerInnen mehrmals getroffen, was mir auch erlaubte, sie und ihr *online*-Verhalten besser kennenzulernen.[19] Vorteile, die sich unter solchen Bedin-

---

18 »Jugendliche« verstehe ich hier als soziale und nicht als biologische Kategorie. In einer Gesellschaft, in der eine gerontokratische soziale Hierarchie prägend ist, werden Jugendliche als gesellschaftlich unbedeutend eingestuft. Erwachsenwerden ist an Heirat und Familiengründung gekoppelt, was jedoch ein gewisses ökonomisches Potential voraussetzt. Das schwierige ökonomische Umfeld verwehrt vielen (insbesondere männlichen) Jugendlichen das Erlangen einer sozial respektierten Position (Argenti 2007, Warnier 1993), zum Teil bis ins mittlere Alter.

19 Interviews waren im Kamerunischen Kontext meist nicht in fixen Abläufen gemäß Fragebögen durchführbar. Fragenkataloge versuchte ich wenn möglich im Kopf zu behalten und flexibel gemäß dem sich ergebenden Gesprächsablauf vorzugehen, woraus sich aus meiner Erfahrung tiefergehende und interessantere Antworten auf meine Fragen ergaben. Ebenso wird der Präsenz von Interviewhilfen wie Fragebögen oder Aufnahmegeräten eine starke Formalität zugeschrieben. Ich habe Aufnahmegeräte in meiner Forschung nur verwendet, wenn ich die Interviewten kannte und ein Vertrauensverhältnis vorhanden war.

gungen der physischen Präsenz der ForscherIn bieten – im Gegensatz zu *online* geführten Interviews – ist die Möglichkeit, die Antworten der interviewten Personen mit den zugleich gemachten Beobachtungen zu kombinieren. Um Zugang zu Medienaktivitäten über die Interviews hinaus zu erhalten, war es sehr hilfreich, gemeinsam in einem »Folgetreffen« mit meinen InterviewpartnerInnen im Internetcafé *online* zu gehen, nachdem ich bereits mit ihnen Interviews geführt hatte. Ich war dabei insbesondere an den Gewohnheiten und Aktivitäten der InternetnutzerInnen *online* interessiert. Oft werden Medienaktivitäten und -gewohnheiten von den MediennutzerInnen in Interviews nicht umfassend verbalisiert oder es mag den Interviewten schwer fallen, gewisse Gewohnheiten in Worte zu fassen, was wiederum der ForscherIn unbefriedigende Antworten liefert sowie vermutlich die eigentliche Erfahrungsdimension der Aktivitäten verzerren mag. Beim gemeinsamen »surfen« konnte ich die *online*-Gewohnheiten meiner InterviewpartnerInnen ad hoc erfahren und Fragen dazu stellen, was dann schließlich auch als Grundlage für die Analyse von internetbasierten Kommunikationsinhalten diente. Ein weiterer Bereich, wo Aussagen und Haltungen von Menschen zentral ist, sind die lokalen gesellschaftlichen Narrative – die in unterschiedlichen lokalen Medien widergespiegelt werden. Ich »sammelte« diese alltäglichen »Geschichten«, »Tratsch« und »Klatsch«, indem ich sie mir jeweils notierte, weil Themen, welche sich auf Migration und neue Medien beziehen, darin sehr prominent vorkommen. Es ergaben sich hier auch einige Übereinstimmungen mit Aussagen meiner InterviewpartnerInnen: Die Divergenzen in transnationalen sozialen Beziehungen scheinen auch in lokalen Narrativen auf.

Aufgrund meiner Interessen und Fragestellungen meiner Forschung war auch das systematische (und weniger systematische) Beobachten – teilnehmende Beobachtung – in spezifischen sozialen Räumen von Bedeutung. Ich hatte mir zehn verschiedene Internetcafés ausgesucht, welche ich bezüglich gewisser Kriterien wie Lage, Kundschaft, Anzahl Computer und technologische Ausstattung unterschied. In diesen Internetcafés verbrachte ich insgesamt einen Tag rund um die Uhr, wobei ich zwischen Wochentagen und Wochenenden unterschied. Einige der kleineren Internetcafés befanden sich dezentral im Inneren von Stadtvierteln. Hier waren es oft über viele Stunden dieselben Kunden, die im Internet »surften«. An belebten Hauptstrassen hingegen gab es eine stärkere Fluktuation von oft wechselnden NutzerInnen. Während ich in einigen kleineren Internetcafés problemlos auf einem Stuhl sitzen und mich gegebenenfalls mit den KundInnen – die mich nach einer Weile kannten – unterhalten konnte, war dies in größeren Internetcafés mit fluktuierender Kundschaft schwieriger: Solche Beobachtungsweisen konnten hier als aufdringlich empfunden werden, und es war deshalb vorteilhaft, selbst im Internet »surfen« und zugleich zu beobachten. Voraussetzung in allen Internetcafés war, dass ich mit den Angestellten vertraut war, denen ich zu Betrieb und Kundschaft Fragen stellen konnte. Kombiniert mit meinen Beobachtungen untersuchte ich so die Fluktuation und Kommunikationsaktivitäten der NutzerInnen. Bezüglich des Mobiltelefons konnte ich in sogenannten *call-centres,* wo internationale Anrufe (via Internet, Skype oder Voip) getätigt wurden, in Zusammenarbeit mit den Angestellten erfassen, wer wie lange wohin telefonierte, beziehungsweise angerufen wurde.[20] Nebst Beobachtungen in den Internetcafés und *call-centres* hatte ich mir eine kleinere Anzahl von weiteren sozialen Räumen ausgesucht, bezüglich derer ich mir ebenfalls spezifische Beobachtungs-Ziele setzte. So studierte ich etwa die Verwendung von Mobiltelefonen im privaten Umfeld der MediennutzerInnen zuhause, auf der Straße an besonders lebhaften sozialen Knotenpunkten im öffentlichen Raum und in sozialen Räumen, wo Jugendliche eher unter sich waren[21]. Ich hatte in den öffentlichen Räumen meine »Ankerpunkte«, wo ich mich aufhalten und beobachten konnte. Diese Möglichkeiten boten mir Freunde, die im Bereich Mobiltelefonhandel oder -Reparaturen tätig waren. An solchen Beobachtungspunkten war es auch leicht, weitere InterviewpartnerInnen kennenzulernen. Auch war es mir durch meine physische Präsenz und das persönliche Kennen der Personen ebenfalls möglich, ad hoc Fragen zu stellen. Durch systematische teilnehmende Beobachtung konnten Ebenen der Durchdringung von *face-to-face* und medienvermittelter sozialer Interaktion und Kommunikation in den Blick genommen werden. Selbstverständlich vermischen sich die Ebenen von Beobachten und Teilnehmen. Als ForscherIn kann man sich – meistens – nicht einfach aus dem Geschehen herausnehmen, sondern es geht um ein flexibles Eingebundensein ins präsente Geschehen, um ein Nebeneinander von Beobachten, Interaktion, Kommunikation, Fragenstellen, und Aktivität.[22]

Bei der Analyse von Kommunikationsinhalten war die Vertrautheit zwischen mir und den InterviewpartnerInnen zentral. Durch die Teilnahme und den Zugang zu *online*-Aktivitäten durch die InterviewpartnerInnen selbst wurden gewisse ethische Bedenken zerstreut: die NutzerInnen hatten eine gewisse Selbstbestimmung, etwa zu welchen Inhalten von persönlicher Kommunikation (E-Mails, SMS, Fotos auf Facebook oder Telefongespräche) sie mir Zugang gewähren woll-

---

20 Die meisten Anrufe aus dem Ausland erhielten die Betroffenen allerdings auf ihr privates Mobiltelefon, und es war Zufall, wenn sich dies im öffentlichen Raum beobachten ließ.

21 Wie bei Treffen von Jugendgruppen, in Nachtclubs, im Schwimmbad, in Internetcafés, und so weiter.

22 Wenn man die Involvierung der ForscherIn kritisch betrachtet, könnte man ein solches Vorgehen auch als potentiell unsystematisch und subjektiv entlarven. Kusenbach (2008) hat diese Art der teilnehmenden Beobachtung in spezifischen sozialen Räumen mit *go-along* bezeichnet, ich selbst habe sie *hanging-out* genannt (Frei 2013, S. 387 ff). Dies soll aber nicht darüber hinwegtäuschen, dass dieses Teilnehmen Vertrautheit und Hintergrundwissen voraussetzt, aufgrund dessen wiederum Interpretationen abgeleitet werden können.

ten und sie konnten mir direkt dazu Erklärungen geben.[23] Ich analysierte also nur Kommunikationsinhalte der mir bekannten InterviewpartnerInnen, was als Ergänzung zu den Interviews und Beobachtungen diente und mir eine vertiefte Interpretation ermöglichte. Beim gemeinsamen »surfen« – wie oben erwähnt – stellte ich Fragen zu den Inhalten, Kontext und Kommunikationsabläufen der E-Mails oder Chatgespräche und verfolgte Chatinteraktionen. Auf diese Weise versuchte ich auch, die Kommunikationsabläufe und -initiativen betreffend der Aktivitäten meiner InterviewpartnerInnen bezüglich spezifischer medienvermittelten Beziehungen zu erfassen. Ich machte mir Notizen und bat ab und zu InterviewpartnerInnen, mir entsprechende E-Mails weiterzuleiten. Schwieriger war die Erfassung von Telefongesprächen oder -interaktionen. Obschon viele Telefongespräche im öffentlichen Raum geführt werden – und ich dazu auch regelmäßig Zeit an öffentlichen Telefonzellen *(call-boxes)* und in den *call-centres* verbrachte – war es doch am aufschlussreichsten, die telefonischen Gespräche der mir vertrauten FreundInnen und Bekannten (meist auch InterviewpartnerInnen) zu analysieren. Dies erlaubte mir das Verstehen des Gesagten, welches für mich als Zuhörerin einseitig auf die mit mir präsente Person reduziert war. Diese Art von Analyse von Telefongesprächen hing von spontan entstehenden Situationen ab, die nicht systematisch geplant werden konnten. Auch Beobachtungen des Verhaltens der anrufenden und angerufenen Personen ließen sich nur dann machen, wenn dies im öffentlichen Raum stattfand. Ich verzichtete bewusst auf die Aufnahme von Telefongesprächen auf Tonband, was mir eine genauere Analyse erlaubt hätte, aufgrund meiner Forschungs-Prioritäten und aus zeitlichen Gründen. Weiter analysierte ich Mobiltelefon- und Chatadresslisten. Dazu fragte ich meine InterviewpartnerInnen sowie andere Bekannte, ob ich ihre Adressbücher in Telefon und Chat begutachten könne, was mir fast immer zugestanden wurde. Entsprechend interessierten mich die Anzahl der Adressen, Unterteilungen und Prioritäten der Verwendung. Bezüglich der medienvermittelten Kommunikation war mein primäres Ziel, die wichtigsten Interaktionsmuster zu erfassen und Kategorien der Kommunikationsleistungen zu bilden. Dabei untersuchte ich die internet- und mobiltelefonbasierten Kommunikationsmedien – insbesondere E-Mail, Chat, Anrufe und SMS – jeweils einzeln, aber auch in ihrer Gesamtheit, wie sie bezüglich spezifischer medienvermittelter sozialer Beziehungen verwendet wurden. (Siehe zu den angewandten Methoden Tabelle 3.2)

---

23 Selbstverständlich muss ich annehmen, dass mir die InformantInnen selektive Einblicke in ihre Medienaktivitäten gewährt haben.

Tabelle 3.2 Übersicht angewandte Methoden

Hintergrundinformationen	Interviews	Folgetreffen	Teilnehmende Beobachtung	Analyse von Kommunikationsinhalten
• Kartographieren Medienumgebungen	• ExpertInneninterviews	• *Online* Aktivitäten mit InterviewpartnerInnen	• Systematische Aufenthalte in ausgesuchten Internetcafés und *call centres*	• Analyse von E-Mails u. Chatinhalten der InterviewpartnerInnen
• Verstehen von gesellschaftlichen Zusammenhängen	• 70 halbstrukturierte Interviews mit MediennutzerInnen	• Beobachten von Medienaktivitäten InterviewpartnerInnen (z. B. bezgl. Mobiltelefon)	• Aufenthalte in weiteren ausgesuchten sozialen Räumen relevant für Medienaktivitäten	• Analyse von Mobiltelefon- und Chatadresslisten
• Sammeln von Narrativen	• Zusätzliche *online* Interviews	• Fragen stellen	• Involviertsein, *hanging out*	• SMS und Anrufe (mithören)
• Beiziehen von relevanten lokalen Medien (z. B. Zeitung, Radio)	• Zusätzliche Interviews kamerunischer »Feldforschungsassistent«	• Informelle Gespräche	• Informelle Gespräche	• Visuelles: Bilder, etc. auf Facebook

4 Drei Dimensionen medienvermittelter Kommunikation und entsprechende Analysen

Um Veränderungen und Übergänge der verschiedenen Kommunikationsformen von *face-to-face-* und medienvermittelter *Sozialität* zu ergründen und um zu verstehen, wie diese Medientechnologien und Kommunikationsformen *Sozialität* beeinflussen und transformieren, war es notwendig, geeignete Konzepte für die Analyse meiner erhobenen empirischen Daten fruchtbar zu machen.[24] Das Konzept *media liveness* (Auslander 2008, Couldry 2004)[25] schien mir nach Abschluss

---

24 Diese sollten jedoch gemäß der induktiven Vorgehensweise in der ethnographischen Forschung aufgrund der Beobachtungen im Feld nicht vorgängig die Forschungsinteressen leiten, sondern dann zum Zug kommen, wenn empirische Daten der Analyse und Interpretation bedürfen.

25 Der Begriff *liveness* stammt ursprünglich aus den *theater- and performance-studies* und ist in unterschiedlichen sozialwissenschaftlichen Disziplinen fruchtbar gemacht worden (Auslander 2008, Couldry 2004). Das Konzept umfasst sowohl medienbezogene, als auch medienvermittelte interpersonelle Kommunikation. Es gibt eine Reihe weiterer Konzepte,

der Datenerhebung für meine Forschung geeignet zu sein, um meine Beobachtungen und Resultate systematisch zu analysieren. Dieses Konzept bezieht sich auf die Wahrnehmung der Kommunikationspartner einer medienvermittelten Nähe (emotional, sozial) oder Ko-Präsenz (*live* oder simultane Kommunikation). Dieses Empfinden von *liveness* kann dabei graduell unterschiedlich sein (Frei 2013, S. 36 f). Ich habe das Konzept *liveness* für meine Arbeit auf drei der Analyse dienliche Dimensionen bezogen. Die erste Dimension bezieht sich auf die Hierarchisierung der Medientechnologien durch die NutzerInnen bezüglich ihrer emotionalen und sinnlichen Vermittlungsleistung in der sozialen Interaktion. Die zweite Dimension beschäftigt sich mit der Verwendung und Kombination von Kommunikationsmedien in der vermittelten »Beziehungsarbeit«, und die dritte Dimension bezieht sich auf die potentielle Erreichbarkeit und Verfügbarkeit der KommunikationspartnerInnen bezüglich räumlicher und zeitlicher Koordinaten.

Bevor ich im Folgenden auf die genannten drei Dimensionen eingehe, möchte ich die Situation und Konsequenzen der interpersonellen Medienkommunikation im Kontext noch etwas näher beleuchten. Wie bereits erwähnt, hatte sich während der »explorativen Phase« meiner Feldforschung der enge Zusammenhang zwischen Migrations-Absichten und -Imaginationen und der Verwendung von Kommunikationsmedien herauskristallisiert. Migration wird im kamerunischen Kontext als soziale und ökonomische Errungenschaft sehr hoch bewertet und ist mit viel Prestige besetzt. Grundlage dafür sind die sehr starken gesellschaftlichen Vorstellungen vom »Westen« (im Pidgin-Englisch »*White Man's Kontri*«) als »Ort« großen Potentials, wo man sich selbst (ökonomisch und sozial) verwirklichen und erfolgreich sein kann. Da Migrationsmöglichkeiten für die meisten KamerunerInnen sehr beschränkt sind, sind es insbesondere die sozialen Beziehungen zu Angehörigen und Freunden, welche ins Ausland migriert sind, die von hoher Wichtigkeit sind. Kontakte zu den MigrantInnen sind als *soziales Kapital* prestigereich und verheißen potentiell vielversprechende Möglichkeiten des »besseren Lebens« (Jua 2003, Pelican 2010). Historisch gesehen sind Migration und auch die hohe gesellschaftliche Bewertung keine neuen Phänomene (Frei 2013, S. 10 ff, Tazanu 2012). Was sich jedoch mit der Verfügbarkeit von Kommunikationsmedien verändert hat, sind die erweiterten Möglichkeiten, mit den MigrantInnen im Ausland und ebenso mit den Angehörigen zuhause trotz geographischer Distanz in Kon-

---

welche ähnlich gelagert sind und sich ebenfalls auf ein Gefühl von simultaner Präsenz via Kommunikationstechnologien beziehen. Dies sind zum Beispiel Scannells (2007) *presencing*, Tomlinsons (2007) *immediacy*, Wildings (2006) *connected relationships* oder auch Licoppes (2009) *connected presence*. Diese Konzepte ermöglichen sowohl nutzerInnen- als auch medienorientierte Zugangsweisen und sind auf verschiedene Formen von medienvermittelter *Sozialität* anwendbar.

takt zu bleiben.[26] Eben dieses in Verbindung-Bleiben bringt sowohl Vorteile als auch Konfliktpotential für MigrantInnen und nicht-MigrantInnen mit sich. Nähe oder Distanz – im geographischen, sozialen und emotionalen Sinn – zwischen den KommunikationspartnerInnen wird in der vermittelten Kommunikation bestimmt und ausgehandelt, und die Art und Weise, *wie* man in Verbindung bleibt, wird als Referenz für die Qualität der medienvermittelten sozialen Beziehungen herangezogen (Frei 2013, S. 312 f). In den drei Dimensionen von *liveness* scheinen unterschiedliche Aspekte der medienvermittelten sozialen Interaktion und Kommunikation auf, auf die ich in den folgenden Abschnitten eingehen werde.

4.1 Die Hierarchisierung von Medientechnologien bezüglich ihrer Vermittlungsleistung und kontextuelle Kommunikations-Bedingungen

Unterschiedliche internet- und mobiltelefonbasierte Medienarten, wie zum Beispiel E-Mail, Chat, Telefongespräche oder SMS, spielen als Vermittlungsmedien unterschiedliche Rollen, weil sie normativ unterschiedlich bewertet werden und ihre Verwendung unter spezifischen Rahmenbedingungen erfolgt (Frei 2013, Wilding 2006). In Interviews mit MediennutzerInnen und bei der Beobachtung von Medienaktivitäten fiel auf, dass sich die Hierarchisierung – beziehungsweise die normative Bewertung – der unterschiedlichen Kommunikationsmedien von ihrer tatsächlichen Verwendung unterscheidet. Diese Divergenz ist durch die im Kontext wirksamen Voraussetzungen der Mediennutzung zu erklären, auf welche ich nachfolgend eingehen werde. (Siehe zusammenfassend Tabelle 4.1: Übersicht Hierarchisierung von Kommunikationsmedien) Darüber hinaus scheinen die Bewertungskriterien und Bedingungen dementsprechend auch in internet- und mobiltelefonbasierten Kommunikationsgenres auf.

Betreffend ihrer normativen Bewertung durch die MediennutzerInnen schien die Fähigkeit von Kommunikationstechnologien, ein Gefühl von Nähe zu erzeugen, grundlegend. Dabei fiel die Referenz zur *face-to-face*-Kommunikation auf, gemäß Raab (2008, S. 235) noch immer die erfolgreichste Art, zu kommunizieren. Besonders in der Erfahrung der MediennutzerInnen bezüglich der vormals aus dem *face-to-face*-Kontext bekannten KommunikationspartnerInnen, schien

---

26 Im kamerunischen Kontext handelt es sich um sehr rezente und rasche Entwicklungen: Erst Anfang des Millenniums etablierten sich Internetcafés in den urbanen Gebieten, und ab Mitte der ersten Dekade verbreiteten sich Mobiltelefone. Die Festnetz-Telefonie war bis dahin kleinen Eliten vorbehalten; das Aufkommen des Mobiltelefons in Kamerun war also der Anfang einer neuen Ära der interpersonellen Kommunikation (Frei 2013, S. 18 f, Tazanu 2012, Nkwi 2009).

die Referenz zur *face-to-face*-Kommunikationssituation wichtig und diente der normativen Bewertung der sinnlichen Leistung dieser Medien. Goffman unterscheidet zwischen nicht-verbaler Expression, wie Körpersprache und Gesichtsausdruck, und Kommunikation, welche verbal ist und entsprechend losgelöst von Ko-Präsenz via Kommunikationsmedien übermittelt wird (Rafaeli 2009, S. 71). In Kommunikationstechnologien gibt es entsprechend Limitierungen bezüglich der Expression der Kommunikationspartner. Auch wird in der *face-to-face*-Kommunikation die Interaktion in eine spezifische Umgebung eingebettet und nimmt auf sie direkt Bezug, was in der medienvermittelten Kommunikation nur begrenzt der Fall ist. In den Interviews mit MediennutzerInnen zeichneten sich eigentliche Hierarchien der Bewertung der sinnlichen Vermittlungsleistung von Medien ab. Beim Erfassen *(grasping)* der KommunikationspartnerInnen, wie Calhoun (1992) es nennt, werden so viele Informationen über das Gegenüber wie möglich mit einbezogen. Zum Beispiel ist das Mobiltelefon üblicherweise das Lieblings-Kommunikationsmittel der KamerunerInnen, weil – und das ist nicht auf KamerunerInnen beschränkt – es durch das Hören der Stimme Information und emotionale Nähe übermitteln kann. Die Stimme impliziert etwas Persönliches und Vertrautes, dem Kommunikationspartner eigenes, Emotionen des Gegenübers scheinen besser erfassbar zu sein. Die Gleichzeitigkeit der Kommunikation ist dabei zentral, das Sprechen am Telefon erzeugt eine Idee von gemeinsamer Präsenz. Die Höherbewertung von Oralität über schriftliche Kommunikationsleistungen war durchgehend, nur Internet-Chat nahm dabei eine besondere Rolle ein, als Medium, welches es erlaubt, preisgünstig über längere Zeit zu kommunizieren und »einfach zu plaudern«, mit der Referenz auf Mündlichkeit. Zeitversetzte E-Mails können diese Wahrnehmung von Nähe nicht erzeugen und wurden meist als reine Ergänzung von Kommunikation gesehen. Visuelle Referenzen zu KommunikationspartnerInnen, zum Beispiel Fotos auf Facebook, wurden von den InterviewpartnerInnen durchweg als aufschlussreiche Ergänzung der Kommunikation gesehen, welche zusätzliche emotionale Referenzen der KommunikationspartnerInnen liefern: Wie auch die Stimme geben Bilder zusätzliche nichtverbale informative Hinweise. Die Bewertungskriterien bezogen sich auch auf umgebungsspezifische Voraussetzungen der Medienverwendung, wie ökonomische Kriterien, Medienfertigkeiten und -vorlieben der NutzerInnen, die Vertraulichkeit persönlicher Kommunikation und die Glaubwürdigkeit von visuellen Referenzen. Darüber hinaus waren es dieselben kontextbezogenen Besonderheiten, welche die Divergenzen zwischen normativer Bewertung der Medientechnologien und deren tatsächlicher Verwendung erklären. Die hohen Kosten eines Telefonanrufs (insbesondere international) tragen zu dessen Höherbewertung bei, wohingegen das Schreiben einer E-Mail als »billig« gesehen werden kann. Aufgrund der ökonomischen Limitierungen wurden – insbesondere internationale – Telefonanrufe jedoch selten getätigt und in ihrer Dauer auf ein Minimum beschränkt. Die Verwendung von kostengünstigen internetbasierten Anrufen über zum Beispiel Skype wurde aufgrund der schlechten Internetverbindungen oft verunmöglicht. Der Umgang mit E-Mail und Chat erfordert bestimmte Fertigkeiten, nebst dem Lesen und Schreiben auch grundlegende Computerkenntnisse und Übung im Tippen: Gerade Chat-Gespräche waren deshalb für viele unerfahrene InternetnutzerInnen keine Option. Ein Mobiltelefon erlaubt den Rückzug in einen privaten Bereich, wo Intimität gegeben ist, was beim Schreiben einer E-Mail in einem öffentlichen Internetcafé nicht der Fall ist.[27] Allerdings war, abgesehen von wenigen NutzerInnen, die über einen privaten Heimanschluss verfügten, das öffentliche Internetcafé die einzige Option, *online* zu gehen. Insbesondere internationale Anrufe wurden meist in öffentlichen *call-centres* getätigt, weil sie dort kostengünstiger sind als über das private Mobiltelefon. Bei der Höherbewertung von mündlicher gegenüber schriftlicher Kommunikation ging es ebenfalls um das »Festhalten« von (insbesondere vertraulichen) Kommunikationsinhalten in schriftlicher Form, was als potentiell risikoreich betrachtet wurde.[28] Bezüglich visueller Kommunikation – Fotos und Bilder – schrieben viele InternetnutzerInnen diesen eine hohe Glaubwürdigkeit und deshalb Aussagekraft zu. Allerdings war die Möglichkeit des Hochladens von Fotos für viele NutzerInnen aufgrund mangelnder technologischer Ausrüstung und schlechter Internetverbindungen limitiert.

Ökonomische Kriterien, limitierte Internetfertigkeiten vieler NutzerInnen und Bedingungen der Verwendung von Kommunikationsmedien im privaten oder öffentlichen Bereich tragen also sowohl zu einer Hierarchisierung als auch spezifischen Verwendung von unterschiedlichen mündlichen und schriftlichen Kommunikationsformen und -Medien bei. Dies widerspiegelt sich ebenfalls in der Analyse von Kommunikationsgenres in unterschiedlichen Medien, welche ich vornehmlich auf die Kriterien Sprachverwendung, Rahmung *(framing)*, und (moralisch und sozial akzeptiertes) Verhalten *(conduct)* (Giddens 1984, Frei 2013, S. 268 ff) untersucht habe. Bezüglich der Sprache stellte ich einen hohen Grad von Formalität in nicht interaktiver (oder nicht simultaner) schriftlicher Kommuni-

---

27 Viele fürchteten, dass andere mitläsen oder sich nachträglich in ihre Mailboxen einloggten. Dieses Misstrauen anderen und deren Intentionen gegenüber ist zentral in der kamerunischen Gesellschaft. Narrative über Hexerei (witchcraft) widerspiegeln dies und sind auch betreffend des Internets häufig. Zudem verstärken die allgegenwärtigen Internetbetrügereien (scamming) das Misstrauen (Frei 2012).

28 Dies, weil schriftliche Kommunikationsinhalte sozusagen »fixiert« werden, im Medium Internet nicht mehr kontrollierbar und für andere auch zu einem späteren Zeitpunkt zugänglich und vielseitig verwend- und interpretierbar sind. Dasselbe gilt auch für SMS. Die Gewohnheit, die Mobiltelefone anderer auszuprobieren und auf Inhalte zuzugreifen, ist sehr verbreitet.

kation – wie etwa E-Mails – fest. Besonders weniger Internet-gewandte Mediennutzerinnen schrieben E-Mails oftmals im Stil von Briefen, inklusive ihrer Gestaltung – Betreff, Induktion beim Zeilenanfang und formale Grußfloskel am Anfang und Ende des E-Mails. Durchgängig wurden E-Mails meist kurz gehalten, enthielten meist nur zwei bis drei Sätze und dienten vornehmlich der Erinnerung an die gemeinsame Beziehung, oder aber sie waren informationszentriert. Chat, als Medium Internet-gewandter Mediennutzerinnen, hatte den Charakter von Gesprächen und enthielt meist viele der beliebten *emoticons,* ebenfalls wurde meist in Pidgin-Englisch geschrieben. Die Aufhebung der sonst so grundlegenden (zeitlichen) Limitierung von Medienkommunikation war hier das zentrale Merkmal. Chatgespräche dauerten oft länger und viele der ChatnutzerInnen widmeten ihre gesamte *online-*Zeit im Internetcafé dem Chatten mit FreundInnen in Messenger-Chat oder Facebook. Entsprechend waren Chatinhalte auch weniger formal, handelten sich meist um alltäglichen »smalltalk«; Themen wurden gewechselt und ebenso wurde zeitgleich mit mehreren Kommunikationspartnern »gesprochen«. Oft enthielten die Gespräche keinen formalen Abschluss, sondern ebbten einfach aus. Die zeitliche Limitierung aus ökonomischen Gründen scheint am stärksten in der telefonischen mündlichen Kommunikation auf, wo sie auch die Art zu kommunizieren (Sprache und Interaktion) stark beeinflussen. An den öffentlichen Telefonzellen *(call-boxes)* wurden Telefonanrufe auf Minutenbasis angeboten. Auch betreffend ihres privaten Mobiltelefons hatten die NutzerInnen meist einen Piepton eingestellt, der anzeigt, wann eine Minute verstrichen ist, und ein großer Teil der NutzerInnen hatte die Option *billing per second* gewählt. Diese Kurzanrufe bedingen eine spezifische Kommunikationsweise: Eine Information wird innert Sekunden übermittelt, dabei wird auf Begrüßungs- und Verabschiedungsformalitäten verzichtet.[29] Bei solchen informationsbezogenen Kurzanrufen spricht meist nur eine Person und es findet keine eigentliche Konversation statt. Eine andere Form von Kurzanrufen ist der sozialen Beziehung selbst gewidmet. In dieser Form geht es primär darum, zu Grüßen und nach dem Wohlergehen des Kommunikationspartners und der Familie zu fragen, um die soziale Beziehung »aufzufrischen« (Horst et al. 2005, Caron et al. 2007). Eine spezielle Variante von Anrufen sind die internationalen Anrufe von MigrantInnen aus dem Ausland. Von diesen wird erwartet, dass sie in ihrer Dauer nicht so sehr eingeschränkt sind und Zeit zum ausführlichen Gespräch vorhanden ist. Diese Anrufe gelten als überaus prestigereich, was sich manchmal in entsprechenden öffentlich geführten Telefon-

---

29 Vorausgesetzt dass bereits eine Vernetzung besteht und bekannt ist, wer anruft, weil die
    Nummer des Anrufers im Telefon gespeichert ist. Der Verzicht auf Grußformeln ist in einer
    Gesellschaft, in welcher ausgedehnte Begrüßungsformeln eine zentrale Bedeutung haben,
    doch erstaunlich.

Tabelle 4.1 Übersicht Hierarchisierung von Kommunikationsmedien

Kriterien	Kontext und Bedingungen	Normative Bewertung	Effektive Verwendung
• Vermittlungsleistung von Kommunikationsmedien • Gefühl von »Nähe«, emotionale Referenzen • Ref. zu *face-to-face* Kommunikationssituation	• Ökonomische Limitierungen (insbes. Telefonanrufe teuer) • Internetfertigkeiten vieler NutzerInnen sind limitiert • Technologische Möglichkeiten sind u. U. limitiert	• Hohe Bewertung von teuren Telefonanrufen • Unlimitierter kommunikativer Austausch (z. B. Chat) • Hohe Bewertung von visuellen Referenzen (z. B. Skype mit *webcam*, Bilder) • Simultanität zentral	• Teure Telefonanrufe werden kurz gehalten • Chat für viele NutzerInnen keine Option • Schlechte Internetverbindungen (kein Skype, *webcam*, etc.) • Hochladen von Bildern, etc. limitiert

gesprächen zeigte – einige AnrufempfängerInnen sprachen dann Englisch anstatt Pidgin und machten das Umfeld auf unterschiedliche Weise darauf aufmerksam, dass es sich um einen Anruf aus dem Ausland handeln musste. Technologische Möglichkeiten haben auch neue Formen von Kommunikation – hier nicht-verbale Kommunikation – geschaffen, wie beim sogenannten *Beepen* der Fall, welches je nach Kontext unterschiedliche Mitteilungen beinhaltet, von »Ruf mich zurück«, über Grüßen, bis hin zur räumlichen und zeitlichen Koordination von Aktivitäten. Kommunikationsinhalte, -genre und -stile – oder was Giddens (1984) als Interaktionskriterien von Kommunikation beschreibt, nämlich *language, framing,* und *conduct* – werden durch technologische Möglichkeiten und kontextuelle Rahmenbedingungen der jeweiligen Kommunikationsmedien beeinflusst und beeinflussen wiederum deren normative Bewertung und Hierarchisierung.

4.2 Die Rolle unterschiedlicher Medien und angemessenes Kommunikationsverhalten in der vermittelten Beziehungsarbeit

Die Auswahl und Kombination von Medientechnologien in der vermittelten Kommunikation hängt von den vorher angesprochenen Bewertungen ihrer Vermittlungsleistung sowie den kontextbezogenen Bedingungen ab. In der alltäglichen mediatisierten sozialen Interaktion und Kommunikation wird dieselbe soziale Beziehung meist via unterschiedliche Medientechnologien aufrechterhalten. Wilding (2006) nennt dies *layering of communication;* unterschiedliche Kommunikationsakte, die eine »Gesamt-Kommunikationsleistung« ergeben und einen

Rückgriff auf die Qualität der sozialen Beziehung erlauben.[30] Für die normative Bewertung von medienvermittelten Beziehungen ist hier die Erfahrung eines positiven Verhaltens *(conduct)* in medienvermittelter Kommunikation zentral (Giddens 1984). Eine »kontinuierliche Kommunikation«[31] im Sinne von »Beziehungsarbeit« ist gefordert und die Verwendung und Kombination von Kommunikationstechnologien hat soziale Konsequenzen (Frei 2013, S. 194, 239 ff, Wilding 2006, Goffman 1983). Hier werden wiederum Aspekte der Referenz zur *face-to-face-* oder unvermittelten Sozialität wichtig. Im Gegensatz zur *face-to-face*-Sozialität, so die Vorstellung, wo – idealerweise – soziales Verhalten beobachtet, Querbeziehungen bekannt, die sozialen und emotionalen Aspekte der Kommunikation direkt erfahrbar sind und die soziale Interaktion in einem Kontext eingebettet ist, mit welchem beide Kommunikationspartner vertraut sind, sind die kontext- und personbezogenen Referenzen in der medienvermittelten Kommunikation limitiert. Unsicherheiten, Missverständnisse und Lücken bezüglich der Einschätzung und des Verstehens der Absichten und Aktivitäten können leicht entstehen (Giddens 1991), gefördert durch die unterschiedlichen Lebenswelten der KommunikationspartnerInnen. Die von den KommunikationspartnerInnen – MigrantInnen und nicht-MigrantInnen gleichermaßen – zu Idealen erhobenen Kriterien einer positiv bewerteten »Beziehungsarbeit« beziehen sich auf aus der Sicht der MediennutzerInnen angemessene Verwendungsweisen und Kombinationen unterschiedlicher Medien betreffend bestimmter Kategorien von sozialen Beziehungen,[32] die gegenseitige Aufmerksamkeit und Zugänglichkeit, die Regelmäßigkeit und Häufigkeit der Kontaktaufnahme und die Ausgeglichenheit der (finanziellen und emotionalen) Investitionen in die Kommunikationsakte (Frei 2013, S. 264 ff). Diese Idealkriterien bilden die Basis für die vorherrschenden Narrative über Unzulänglichkeiten in medienvermittelten transnationalen Beziehungen: Sie betreffen Themen wie die zentrale Erfahrung der nicht-MigrantInnen von einseitigen Kommunikationsbemühungen und oftmaliger Unerreichbarkeit der Mi-

---

30 Wenn soziale Beziehungen alleine auf vermittelter Kommunikation beruhen, können sie nur teilweise durch gemeinsam geteilte Erinnerungen, eine ehemals geteilte Lebenswelt und geteilte kulturelle und soziale Normen erschlossen werden, auf welche sich die KommunikationspartnerInnen in vermittelter sozialer Interaktion beziehen. Nebst den Erfahrungen des Kommunikationspartners in *face-to-face*-Interaktionen werden auch vorgängige Erfahrungen in der medienvermittelten Kommunikation mit einbezogen (Howells 2003, S. 225 ff, Giddens 1984). Unter Bedingungen von physischer Absenz trägt die medienvermittelte Kommunikation zur Imagination der sozialen Beziehung bei (Wilding 2006, S. 132, Frei 2013, S. 266).

31 Vergleiche Licoppes *continuous meeting* (2009, S. 72).

32 Zum Beispiel unter gleichaltrigen (Internet-erfahrenen) Freunden ist Chat ein beliebtes Mittel, über Distanz in Kontakt zu bleiben, während von Familienangehörigen eher Anrufe erwartet werden.

grantInnen glich ihrer Kontakte im Ausland. Ebenso betreffen sie entsprechend enttäuschte Erwartungen und, oder das Bestrebenung der MigrantInnen, transnationale Kontakte, medienvermittelte Kommunikation und damit an sie herangetragene Erwartungen zu kontrollieren.[33]

In der Aushandlung von medienvermittelten transnationalen sozialen Beziehungen scheinen sich die Kriterien, was sozial angemessen scheint, zu verschieben, sowohl was die Veränderung der Relationen von Kategorien von sozialen Beziehungen (Goffman 1972, Bourdieu 1998, Popitz 2006, Berger und Luckmann 1980, Giddens 1984), als auch den Wandel von sozialen Normen *(codes)* oder Verhaltenskriterien in der medienvermittelten Kommunikation betrifft. Zum Beispiel spielt in einer gerontokratischen Gesellschaft wie der kamerunischen das Alter üblicherweise eine große Rolle – ebenfalls das Geschlecht, ferner der Zivilstand – zudem in Zusammenhang mit ökonomischem Potential.[34] Diese Kriterien scheinen sich jedoch mit Migrationspraktiken zu verändern. Im kamerunischen Kontext wird Migration dermaßen hoch bewertet, dass etwa Alter und Geschlecht nur noch beschränkt eine Rolle spielen – entsprechend den lokalen Vorstellungen von unbegrenzten Möglichkeiten in *White Man's Kontri* wird MigrantInnen grundsätzlich beträchtliches ökonomisches Potential zugeschrieben. So erzählte mir eine junge Migrantin von ihrem Onkel, der sie regelmäßig um finanzielle Unterstützung bitte, seit sie in die Schweiz migriert sei. Die Erwartungen gehen ebenfalls über Familienbeziehungen hinaus.[35] Die Veränderung sozialer Relationen zeigt sich auch betreffend sozialer Normen in der transnationalen medienvermittelten Kommunikation. Während im lokalen Kontext gewisse Höflichkeitsnormen vorherrschen, zum Beispiel dass man in eine soziale Beziehung »investiert« durch Telefonanrufe und/oder Höflichkeitsbesuche, wenn gegenüber einer Person ökonomische Erwartungen bestehen, wird von MigrantInnen beides erwartet: sowohl die Erfüllung der ökonomischen Erwartungen – finanzielle Unterstützung – als auch die Übernahme der Hauptinitiative und ökonomische Last für die medienvermittelte Kommunikation. Insbesondere werden von MigrantInnen regelmäßige Anrufe erwartet[36], welche auch eingefordert werden – etwa durch konstantes *beepen*, was kostenlos ist und einen Rückruf provozieren soll. Dies ist oft auch dann der Fall – wie von MigrantInnen beklagt – wenn es um finanzielle Unterstützung geht. Aus Sicht der MigrantInnen wäre dann eher eine Investition in Form eines Anrufs angebracht. Nichtsdestotrotz gibt es natürlich auch nicht-Mi-

---

33   Siehe hierzu auch das nächste Unterkapitel 4.3.
34   Ich erinnere an die Kategorie der Jugendlichen als eine soziale Kategorie.
35   MigrantInnen haben plötzlich viele Freunde, wie ein lokales Sprichwort sagt.
36   Ich erinnere an die hohe Bewertung von Telefonanrufen, sowie das den MigrantInnen zugeschriebene große ökonomische Potential.

grantInnen die ihrerseits Normen von Höflichkeit beachten und MigrantInnen anrufen. Auch soll die oft limitierte Bereitschaft von nicht-MigrantInnen, finanziell in die transnationale Beziehungspflege zu investieren – wie via teurer internationaler Anrufe – nicht darüber hinwegtäuschen, dass im kamerunischen Kontext grundsätzlich doch viel in Beziehungsarbeit bezüglich Kontakte im Ausland investiert wird. Während MigrantInnen ihre transnationalen sozialen Netzwerke auf ihnen nahestehende Personen reduzieren und Kontaktaufnahme durch sozial und emotional weniger nahestehende Personen zu unterbinden versuchen, um die an sie gestellten Erwartungen einzudämmen, versuchen nicht-MigrantInnen in Kamerun möglichst grosse Netzwerke mit MigrantInnen im Ausland zu unterhalten. Insbesondere bei der internetbasierten Kommunikation waren die Beziehungen zu MigrantInnen im Ausland zentral, oft die Priorität für die NutzerInnen, der sie am meisten Zeit widmeten, oder der ursprüngliche Grund, weshalb sie überhaupt Internet verwendeten.[37] Online soziale Netzwerke wie *Facebook* boten gute Möglichkeiten, Kontakte *online* wiederzubeleben – etwa mit ehemaligen Klassenkameraden, die offensichtlich ins Ausland migriert waren. Meist war aus der Sicht der nicht-MigrantInnen jedoch die Erfahrung der Einseitigkeit von Kommunikationsbemühungen zentral. Bei der Erfassung von Kommunikationsabläufen und -initiativen bezogen sich die Inhalte vieler E-Mails auf das Gefühl der Unzulänglichkeit der vermittelten Kommunikation mit MigrantInnen, ausgelöst durch unbeantwortete Kommunikationsversuche. Im Postausgang dominierten »Initiativ-E-Mails«, die einen oder zwei Sätze enthielten, und die sich darauf beschränkten, die KommunikationspartnerInnen daran zu erinnern, dass sie die soziale Beziehung vernachlässigten. Die Betreffzeile wurde oft mit *long time* oder *longest time* betitelt und in der E-Mail wurde darauf hingewiesen, dass man wenigstens einen Anruf tätigen könne – meist unter Angabe der eigenen Telefonnummer – und ob es Erklärungen gäbe für die »Funkstille«. Manchmal unterliegen die Kriterien eines positiven Verhaltens in der »Beziehungsarbeit« auch individuellen Abmachungen unter KommunikationspartnerInnen: ein Interviewpartner in Bamenda erklärte mir, dass er wöchentlich eine E-Mail an seine Cousine in der USA schicke, und zweimal monatlich in einen fünfminütigen Anrufe investiere. Sie wiederum rufe ihn einmal im Monat an und sie würden sich dann etwa eine Stunde lang ausführlich unterhalten. Die Investitionen und die Regelmäßigkeit der Interaktionen beruhten auf einer gewissen Routine, einer Berücksichtigung der jeweiligen Situation der KommunikationspartnerInnen – etwa in ökonomischer Hinsicht – und einer freundschaftlichen Beziehung.

---

37 Obschon die Kontaktaufnahme via kostengünstige E-Mail auch eine ökonomische Strategie der nicht-MigrantInnen sein kann, sind sie jedoch oft auch auf E-Mail angewiesen, weil Telefonnummern von MigrantInnen nur an wenige weitergegeben werden.

Tabelle 4.2 Übersicht Rolle von Medien und Verhalten in medienvermittelter transnationaler Kommunikation bzw. Beziehungsarbeit

Kriterien der Kommunikation für medienvermittelte »Beziehungsarbeit«	Transformationen in transnationaler medienvermittelter Kommunikation	Perspektive Nicht-MigrantInnen	Perspektive MigrantInnen
• Wahl der Medien und deren Kombination gemäß unt. Kategorien von sozialen Beziehungen • Gegenseitige Aufmerksamkeit und Zugänglichkeit/Erreichbarkeit • Regelmäßigkeit und Häufigkeit v. Kommunikation • Ausgeglichenheit der (fin. und emot.) Investitionen in medienverm. Kommunikation (= Giddens *conduct*)	• Verhaltenskriterien bezügl. Kategorien von sozialen Beziehungen verschieben sich (z. B. weniger Relevanz Alter, Geschlecht und verwandtschaftliche Nähe) • Höflichkeitsnormen (*conduct*) verändern sich • Gegenseitigkeit von Investitionen (in medienverm. Kommunikation) nimmt ab • Kommunikations-Kriterien werden stärker individualisiert	• Hohe Bewertung im Ausland sein • Pflegen ausgedehnte soziale Netzwerke mit MigrantInnen • Grosse ökonomische Erwartungen • Erwartungen von Investitionen in Medienkommunikation von Seiten der MigrantInnen	• Sozialer Rückzug • Kontrolle von medienvermittelter Kommunikation • Reduzierte soziale Netzwerke mit nicht-MigrantInnen • Grössere Betonung von engeren Familienbeziehungen

Diese Beispiele zeigen, dass die Wahl des »richtigen« Mediums und Kombinationen von Kommunikationsmedien gegenüber einer bestimmten Kategorie von Personen und in einer spezifischen Situation in der Aushandlung von *Sozialität* in der medienvermittelten transnationalen Kommunikation eine wichtige Rolle spielen. (Vergleiche auch Tabelle 4.2: Übersicht Rolle von Medien und Verhalten in medienvermittelter transnationaler Kommunikation bzw. Beziehungsarbeit) Die entsprechenden Kriterien und Bewertungen von angemessenen Verhaltensweisen sind in der medienvermittelten Kommunikation selbst, aber auch in gesellschaftlichen Narrativen erfassbar, und sie beruhen sowohl auf gesellschaftlich normativen Bewertungen, als auch auf Aushandlungen in persönlichen Beziehungen zwischen Individuen.

4.3   Verbundenheit, Erreichbarkeit und Verfügbarkeit der KommunikationspartnerInnen als imaginiertes Potential

Auf die Erfahrungen und Erwartungen von MigrantInnen und nicht-MigrantInnen bezüglich transnationaler medienvermittelter Kommunikation bin ich vorgängig eingegangen: Die hier aufscheinenden Divergenzen wurden oft der Distanz zugeschrieben, wobei geographische Distanz auch mit sozialer und emotionaler Distanz gleichgesetzt wurde. Es erscheint interessant, dass einerseits den Neuen Kommunikationsmedien die Potentialität zugeschrieben wird, soziale Beziehungen über Distanz zu pflegen, und andererseits in der Einschätzung der nicht-MigrantInnen in Kamerun der Einfluss der veränderten Lebenswelt der MigrantInnen (angesichts der großen Möglichkeiten in *White Man's Kontri*) diese dazu zu verleiten scheinen, die Zurückgebliebenen zu vernachlässigen, was sich darin zeigt, dass sie weder anrufen noch Geld nach Hause senden.[38] Die Zurückhaltung oder das Schaffen von Distanz durch die Kontrolle von medienvermittelter Kommunikation der MigrantInnen wird ihrerseits mit den aus ihrer Sicht übertriebenen Erwartungen erklärt. Die Wahrnehmung der Potentialität des Verbundenseins über Kommunikationstechnologien einerseits, sowie von Nähe oder eben Distanz (oder Erfahrung von *liveness*) der KommunikationspartnerInnen andererseits, wird über die vermittelte Kommunikation – oder entsprechend nicht-Kommunikation – bestimmt und ausgehandelt (Frei 2013, S. 312 f). (Siehe Tabelle 4.3: Übersicht Verfügbarkeit/Erreichbarkeit der KommunikationspartnerInnen als imaginiertes Potential)

In Interviews trat hervor, dass die räumliche Distanz zwischen den KommunikationspartnerInnen und das Gefühl, dass diese unmittelbar erreichbar und verfügbar sein sollten, offenbar miteinander zusammenhingen. Ständige und sofortige Erreichbarkeit und Verfügbarkeit der MigrantInnen im Ausland wurde als Prämisse gesehen – eben deshalb, weil die Kommunikationsmedien dazu grundsätzlich vorhanden sind. Ebenso bestimmten Narrative von der einfachen Zugänglichkeit von Kommunikationsmedien und preisgünstigen Anrufen nach Kamerun die Vorstellung der nicht-MigrantInnen. Das ständige – oder doch zumindest regelmäßige – Verbundensein, sowie das Bedürfnis, potentiell jederzeit und augenblicklich in Kontakt zu treten[39], wurde in Bezug auf Kontakte mit MigrantInnen im Ausland interessanterweise stärker hervorgehoben, als dies in so-

---

38   In dem Sinne erfüllten sie die Anforderungen von »Afrikanischer Solidarität« nicht, auf welche in diesem Kontext gepocht wurde und die in dieser Konstellation eine neue und starke Bedeutung erlangte.

39   Bei vielen Kontaktaufnahmen – effektiven oder versuchten – wurde die Dringlichkeit der Anliegen betont. Meist ging es um finanzielle Unterstützung, welche von MigrantInnen erwartet wurde, sei es für einen Spitalaufenthalt, eine dringende Reparatur des Hauses, oder

zialen Beziehungen unterschiedlicher Kategorien innerhalb der Landesgrenzen der Fall war. Hierzu trägt das dem Aufenthalt im Ausland zugeschriebene große Potential bei und die gleichzeitige Befürchtung, dass sich MigrantInnen entziehen könnten, ebenso wie die Vorstellung, dass man innerhalb der Landesgrenzen leichter in Kontakt sein könne.[40] Das In-Kontakt-Sein und -Bleiben war zentral und das Bestätigen der Verbundenheit und Verfügbarkeit viel stärker gewichtet, als das, was man sich in Kommunikationsmedien effektiv zu sagen hatte.[41] Wie InterviewpartnerInnen manchmal anfügten: Ein kurzer Anruf der MigrantInnen, um »Hallo« zu sagen, würde eigentlich genügen – *wenn* sie doch nur anrufen würden. Dass das Potential der Kontakte mit Bekannten und Angehörigen im Ausland sehr hoch eingeschätzt wird, wurde auch durch die Analyse von Mobiltelefon- und Chatadresslisten bestätigt. Die Rubrik »Kontakte im Ausland« enthielt oft eine größere Anzahl von Kontakten, bezeichnet mit »*important*« oder »*special contacts*«. Die Hervorhebung dieser Adressen als soziales Kapital sagte jedoch nichts über die Aktivität der Kontakte aus – in Gesprächen ergab sich oft, dass die wenigsten Kontakte aktiv waren, die Möglichkeit, potentiell auf sie zurückzugreifen, wurde jedoch hervorgehoben (Frei 2013, S. 199 ff). Auch generelle technologische Eigenschaften der Kommunikationsmedien geben den NutzerInnen das Gefühl, dass soziale andereKontakte – auch diejenigen im Ausland – potentiell einfach verfügbar seien: Dies ergab sich aus Beobachtungen ihrer alltäglichen Verwendung. Via Adresslisten kann eine umfangreiche Anzahl von Kontakten einfach gespeichert und ebenso einfach abgerufen werden. Dies ist etwa bei Chatadresslisten und den Freunden auf *Facebook* der Fall, ebenso bezüglich dem Mobiltelefon. Das Aktivieren der Kontakte wird sozusagen auf das Drücken eines Knopfes reduziert, was augenblickliche, vereinfachte Kontaktaufnahme impliziert (Licoppe 2009, S. 82). Die Idee der einseitigen Erwartung der ständigen Verfügbarkeit der MigrantInnen wurde jedoch auch durch eine Reihe von Aussagen relativiert: Einige nicht-MigrantInnen beklagten, dass die MigrantInnen ihrerseits erwarteten, dass sie per Mobiltelefon ständig für sie erreichbar seien. Hier schwang der Vorwurf mit, dass MigrantInnen glaubten, die Angehörigen und Freunde in

---

betreffend des Schulgelds eines Kindes. Durch die Dringlichkeit steigt auch das Argumentationspotential, dass Hilfe sofort geleistet werden muss.

40   Man könne sich besuchen oder günstig anrufen. Diese erleichterte Verbundenheit wird allerdings weit weniger eingefordert. Freunde oder Angehörige, welche in unterschiedlichen weit voneinander entfernten Städten in Kamerun leben, sehen sich, wenn überhaupt, höchstens einmal im Jahr. Reisen sind teuer und erfolgen normalerweise nur in dringlichen Situationen. Telefonanrufe werden als wichtig angesehen, um in Kontakt zu bleiben, sie erhalten aber nicht dieselbe emotionale und soziale Bewertung.

41   Ich verweise auf den von Horst und Miller (2005) geprägten Begriff von *link-up*, siehe Kapitel 2.2.

Kamerun hätten nichts zu tun und würden nur auf Anrufe aus dem Ausland warten. Dabei missachteten MigrantInnen bei der Kontaktaufnahme oft elementare Dinge wie die Zeitverschiebung, oder sie würden sich, wenn sie günstige Telefonkarten gekauft hätten, welche sie nur für einen Anruf benutzen könnten, ohne Rücksichtnahme auf die Tätigkeiten und Verpflichtungen ihrer KommunikationspartnerInnen stundenlang unterhalten wollen.[42]

Ich habe bereits vorangehend beschrieben, wie Kommunikationstechnologien strategisch zum Zwecke des Überbrückens von Distanz eingesetzt werden, insbesondere von nicht-MigrantInnen: Ich habe etwa das Einfordern von Telefonanrufen aus dem Ausland durch *beepen* erwähnt oder die versuchten Kontaktaufnahmen via E-Mail. Aus der Perspektive der MigrantInnen im Ausland wurden spezifische technologische Eigenschaften von Medien ebenfalls gezielt eingesetzt, um zu kommunizieren – oder vielmehr um Kommunikation zu kontrollieren (Frei 2013: 285, 286, Tazanu 2012: 182). Manchmal geschieht dies ganz grundsätzlich: Viele MigrantInnen sagten mir, dass sie ihre ausländischen Telefonnummern von vornherein restriktiv handhabten. Die meisten hatten spezielle SIM-Karten für ihre Kontakte in Kamerun, die sich auch aus dem Mobiltelefon entfernen ließen. Oder sie hatten zu diesem Zweck ein separates Mobiltelefon, welches sie auch mal zuhause ließen beziehungsweise auf lautlos stellten. Oder sie wechselten die Telefonnummer oder die E-Mail Adresse, wenn sie das Gefühl hatten, dass diese einem bereits zu großen Personenkreis in Kamerun bekannt waren. Auch schien es für MigrantInnen im Ausland einfacher, über internetbasierte Medien mit den Angehörigen in Kamerun in Kontakt zu sein, weil man nicht den ganzen Tag *online* sein kann, hingegen die ständige Erreichbarkeit via Mobiltelefon erwartet wird (Frei 2013, S. 312 ff).[43] MigrantInnen hatten oft ihre spezifischen Zeiten, während derer sie kommunizierten, Anrufe tätigten oder via Internet Kontakte pflegten, meist von zuhause aus.[44] Viele MigrantInnen erklärten mir, dass sie nur bestimmte Formen der Kontaktaufnahme akzeptierten, um sich nicht unter Druck setzten zu lassen: Einige reagierten à priori nicht auf *beepen*, andere erlaubten dies nur einem kleinen Kreis von Personen. Selbstverständlich provozier-

---

42 Zudem erwähnten nicht-MigrantInnen, dass MigrantInnen oft vergäßen, dass sie von ihnen abhängig waren, wenn es darum ginge, ihre Geschäftsideen in Kamerun umzusetzen oder Botengänge zu erledigen und dass sie diesbezüglich die Erwartung hätten, dass sie ständig dafür zur Verfügung stünden.

43 In Anbetracht dessen, dass von MigrantInnen Anrufe erwartet werden, ist das Fokussieren auf internetbasierte Medien auch eine ökonomische Strategie.

44 Im Gegensatz dazu steht der generell hohe Stellenwert des Verbundenseins und sozialer Vernetzung im kKamerunischen Kontext. Entsprechend gibt es hier nur wenige Orte oder soziale Situationen, in denen das Empfangen oder das Tätigen von Anrufen sozial nicht gebilligt wird. Gerade Telefongespräche finden nahezu immer und überall statt.

ten diese Strategien des nicht ständig Erreichbarseins diesbezügliche Vorwürfe von Seiten der nicht-MigrantInnen. Kommunikationstechnologien – und deren Unzulänglichkeiten – wurden auch als Rechtfertigung für missglückte Kommunikation verwendet.[45] Die Tatsache, dass Kommunikationstechnologien in Kamerun anfällig sind und manchmal nur eingeschränkt funktionieren, wurde als Anlass genommen, um gewisse Kommunikationsstrategien zu rechtfertigen. Zum Beispiel kann eine Entschuldigung, dass man sich lange Zeit nicht gemeldet hat, auch auf der kaum verifizierbaren Ausrede – oder Tatsache – beruhen, dass man die Person wegen schlechter Leitungen und Verbindungen nie erreicht habe. Solchen Rechtfertigungen bezüglich technologischer Defizite begegneten nicht-MigrantInnen meist mit Misstrauen. Aufgrund der Prämisse der potentiell ständigen und sofortigen Verfügbarkeit über Medientechnologien wurden Unzulänglichkeiten in der medienbasierten Kommunikation stattdessen fast immer der sozialen Distanz angelastet, die mit der geographischen Distanz – im Ausland zu sein – einherging. Die soziale Distanz wurde – aus der Sicht der nicht-MigrantInnen – impliziert durch den scheinbaren Verlust von solidarischem Verantwortungsgefühl und einem Ausdruck der MigrantInnen der ökonomischen – und damit auch sozialen – Überlegenheit gleichgesetztder MigrantInnen. In Bezug auf medienbasierte Kommunikation drückt sich dies darin aus, dass die Überlegenheit der MigrantInnen durch das *Beepen* und das Erwarten ihrer Anrufe durch die nicht-MigrantInnen bestätigt und verfestigt wird.[46] Die bestehenden Machtbeziehungen werden damit in der alltäglichen medienbasierten Kommunikation reproduziert und zugleich wird auch auf deren Ambivalenz hingewiesen: Einerseits drücken diese Verhaltensweisen in der transnationalen Kommunikation die ökonomische Dominanz der MigrantInnen und damit die Abhängigkeit der nicht-MigrantInnen aus, andererseits verweist es auch auf die medienbasierten »Druckmittel« der nicht-MigrantInnen, wie zum Beispiel die Möglichkeit, MigrantInnen durch *beepen* an ihre Pflicht zu erinnern, verfügbar sein zu müssen.

Bei der Analyse der Dimension der imaginierten potentiellen Verfügbarkeit und Erreichbarkeit via Kommunikationsmedien erhielten eine Reihe von gesellschaftlichen Erwartungen, Narrativen und medienvermittelte Kommunikationspraktiken eine kontextuelle Bedeutung. Das In-Kontakt-Sein und -Bleiben über die Zeit und geographische Distanz wird angesichts der Zugänglichkeit von Kommunikationsmedien als moralische Prämisse gesehen; die soziale Distanz der MigrantInnen dient dann oft als Erklärung für deren Nichtbeachtung.

---

45 Sowohl in transnationalen medienvermittelten Beziehungen, als auch im kamerunischen Kontext.

46 Auf solche Aspekte wurde sowohl von MigrantInnen als auch von nicht-MigrantInnen hingewiesen.

Tabelle 4.3 Übersicht Verfügbarkeit/Erreichbarkeit der KommunikationspartnerInnen als imaginiertes Potential

Kriterien	Potential	Perspektive Nicht-MigrantInnen	Perspektive MigrantInnen
• (Gefühlte) Nähe oder Distanz (emot. und soz.) • Räumliche/geogr. Distanz = soziale Distanz • Technologische Erreichbarkeit entspricht nicht immer der sozialen Verfügbarkeit	• Potentielles Verbundensein • Einfaches Sammeln/Speichern von Kontakten (Adresslisten Chat und Mobiltelefon) • Einfache technologische Mittel um in Verbindung zu treten (überall, jederzeit)	• Voraussetzen von ständiger Verbundenheit/Erreichbarkeit • Betonung von pot. Erreichbarkeit (z.B. inaktive Telefonnr.) • Idealerweise pflegen von ausgedehnten sozialen Netzwerken mit MigrantInnen • Befürchtung sozialer Rückzug von Seiten der MigrantInnen • Verwendung Kommunikationsmedien als Druckmittel • Verwendung Kommunikationsmedien als Ausdruck von Abhängigkeitsbeziehungen	• Verwendung von Kommunikationsmedien zur Kontrolle von Nähe • Schaffen von Distanz • Verwendung von Kommunikationsmedien als Mittel zum soz. Rückzug • Verwendung von Kommunikationsmedien als Ausdruck von Abhängigkeitsbeziehungen

5 Schlussfolgerungen und methodologische Herausforderungen

In dieser Abhandlung habe ich versucht, die Rolle der Kommunikationsmedien in den transnationalen sozialen Beziehungen zwischen kamerunischen MigrantInnen und nicht-MigrantInnen zu beschreiben. Empirische Forschung hat in meiner Arbeit aufgezeigt, dass die Annahme, Medien würden à priori soziale und emotionale Nähe über Distanz trotz physischer Abwesenheit schaffen, kritisch reflektiert werden muss. Kommunikationstechnologien werden nicht nur dazu verwendet, emotionale oder soziale Nähe zu schaffen, sondern ebenso zur Kontrolle und Distanzierung: Das In-Kontakt-Sein und -Bleiben verläuft nicht immer reibungslos. Ich habe in diesem Zusammenhang auf diverse Divergenzen zwischen MigrantInnen und nicht-MigrantInnen hingewiesen, welche unter der Bedingung der Verfügbarkeit der Kommunikationsmedien in der vermittelten Kommunikation zutage treten: Die Wahrnehmung der KommunikationspartnerInnen von Nähe oder Distanz – oder den Grad von *liveness* – wird hier bestimmt und ausgehandelt. Um dies empirisch zu erfassen, muss medienbasierte Kommunikation als Teil der lebensweltlichen Erfahrung der MediennutzerInnen von Sozialität untersucht werden.

In der Beschreibung der ethnographischen Forschungsmethoden in dieser Abhandlung habe ich auf empirische Herausforderungen hingewiesen: Die wohl grundlegendste scheint es zu sein, in der »Feldsituation« der Komplexität und Variabilität der sozialen Interaktion und Kommunikation auf verschiedenen Ebenen und in verschiedenen Medien gerecht zu werden. In der alltäglichen sozialen Interaktion vermischen sich die Medienarten; deshalb fiel es mir in meiner Forschung auch entsprechend schwer, diese getrennt zu betrachten. Auch die alltägliche *face-to-face*-Kommunikation wird von anderen Medien und der *online*-Dimension beeinflusst: Im Internetcafé interagieren Gruppen von Jugendlichen miteinander und ihre *online*-Aktivitäten und -Gespräche vermischen sich mit ihren *face-to-face*-Konversationen. Weiter sind Mobiltelefongespräche ein Bestandteil von sozialen *face-to-face*-Situationen geworden. Ebenso werden verschiedene Formen der Mediatisierung von Kommunikation oder Medienarten hinsichtlich ihrer Auswirkungen oder spezifischen Voraussetzungen in Bezug auf die kontextuelle soziale Kommunikation und Interaktion reflexiv wahrgenommen und normativ bewertet. Unter diesen Umständen lässt sich die *online*-Dimension nicht herausgelöst oder getrennt vom *offline*-Kontext analysieren. Medienvermittelte Kommunikation ist eingebettet in den kulturellen und sozialen Kontext, ist verknüpft mit Prozessen des sozialen Wandels, mit gesellschaftlichen Phänomenen (wie zum Beispiel der Migration). Dieser Kontext widerspiegelt sich in gesellschaftlichen Narrativen und normativen Bewertungen von medienvermittelter Kommunikation. Daraus ergibt sich die Implikation einer Verknüpfung von *online*- und *offline*-Sphären für die Medienforschung aus einer ethnographischen Perspektive, sowohl bezüglich empirischer Methoden als auch der Analyse der Forschungsdaten. Ich will nicht behaupten, dass eine Ethnographie nicht auch vorwiegend *online* stattfinden kann, wenn man sich als ForscherIn stärker auf eine Medienumgebung konzentrieren möchte, wie am Beispiel Boyd (2008) oder Bernal (2006) dargelegt. *Online* können sich neue Formen von Sozialität und Kommunikation herausbilden, welche in gewissem Sinne über herkömmliche soziale Normen, Umgangsformen und soziale Beziehungsformen hinausweisen. Allerdings kann *online*-Medienforschung meiner Meinung nach gerade dann an empirischer Tiefe gewinnen, wenn der soziale *offline*-Kontext der MediennutzerInnen in die Analyse miteinbezogen wird: Es wäre – zum Beispiel – aufschlussreich, im Detail zu erforschen, wie sich die InterviewpartnerInnen in Bamenda die soziale Umgebung von Facebook aneignen, wie sie hier ihre Kommunikationsstrategien mit MigrantInnen im Ausland verfolgen, sich mit *online*-Bekanntschaften vernetzen oder welche Kriterien zur Bewertung von Kontakten herangezogen werden und so weiter. Auch umgekehrt kann Medienforschung durch weiterführende *online*-

Analysen nur gewinnen: Eine systematischere und detaillierte Untersuchung der Inhalte der E-Mails, Chat-Unterhaltungen oder Telefongespräche und von entsprechenden Kommunikationsstilen und -genres würden meine Forschung zweifelsohne sinnvoll ergänzen. Eine konsequente Kombination von *online-* und *offline-*Ansätzen bedeutet allerdings einen großen Aufwand – zeitlich, logistisch, methodologisch –, der wohl nur innerhalb von Forschungsgruppen und -kollaborationen sowie in interdisziplinärer Zusammenarbeit zu bewältigen wäre. Vielleicht könnte dies die Zukunft der empirischen Medienforschung sein?

Literatur

Abu-Lughod, Lila. 2002. Screen Egyptian Melodrama – Technology of the Modern Subject? In *Media Worlds. Anthropology on New Terrain,* Hrsg. Ginsburg, Faye D, Abu-Lughod, Lila und Larkin, Brian, 115–133. Berkeley, Los Angeles, London: University of California Press.

Argenti, Nicolas. 2007. *The intestines of the state. Youth, violence and belated histories in the Cameroonian Grassfields.* Chicago, London: University of Chicago Press.

Auslander, Philip. 2008. *Liveness. Performance in a mediatized culture.* London, NY: Routledge.

Barnard, Alan. 2000. *History and Theory in Anthropology.* Cambridge: Cambridge University Press.

Bell, Wiley C. und Newby, Howard. 1976. Community, Communion, class and community action. In *Social areas in the city, Vol. II,* Hrsg. Herbert, D. und Johnson, R.. London: John Wiley and Sons.

Berger, Peter L. und Luckmann, Thomas. 1980, Aufl. 25. *Die gesellschaftliche Konstruktion von Wirklichkeit. Eine Theorie der Wissenssoziologie.* Frankfurt a. M.: Fischer.

Bernal, Victoria. 2004. Eritrea online. Diaspora, Cyberspace, and the public sphere. In *American Ethnologist* Vol. 32, N° 4: 660–675.

Bourdieu, Pierre. 1998. *Practical reason: A theory of action.* Cambridge: Polity Press.

Boyd, Danah. 2008. *Taken out of context: American teen sociality in networked publics.* PhD Dissertation. University of California-Berkeley: School of Information.

Bräuchler, Birgit. 2003. *Cyberidentities at war: Der Molukkenkonflikt im Internet.* Bielefeld: Transcript Verlag.

Burell, Jenna, und Anderson, Ken. 2008. I have great desires to look beyond my world: trajectories of information and communication technology use among Ghanaians living abroad. In *New Media Society* 2008 (10), 203, DOI: 10.1177/1461444807086472.

Burrell, Jenna. 2009. Could Connectivity replace mobility? An analysis of Internet café use patterns in Accra, Ghana. In *Mobile Phones. The New Talking Drums of Everyday Africa,* Hrsg. De Brujin, Mirjam, Nyamnjoh, Francis und Brinkman, Inge. Cameroon, The Netherlands: Langaa & African Studies Center.

Calhoun, Craig. 1992. The infrastructure of modernity: indirect social relationships, information technology, and social integration. In *Social change and modernity*, Hrsg. Haferkamp, Hans und Smelser, Neil J. Berkeley: University of California Press.

Caron, André H. und Caronia, Letizia. 2007. *Moving Cultures. Mobile communication in everyday life*. London: McGill-Queen's University Press.

Couldry, Nick. 2004. Liveness, »Reality«, and the mediated habitus from Television to the Mobile Phone. In *The Communication Review*, 7 (4). 353–361. London: Department of Media and Communications. London School of Economics and Political Science.

Crow, Graham und Allan, Graham. 1994. *Community Life. An introduction to local social relations*. Hemel Hempstead: Harvester Wheatsheaf.

Emirbayer, Mustafa und Mische, Ann. 1998. What is agency? *American Journal of Sociology*, 103 (4) Chicago: University of Chicago Press.

Escobar, Arturo. 1994. Welcome to Cyberia: Notes on the Anthropology of Cyberculture. In *Current Anthropology* 35 (3): 211–231.

Förster, Till. 2010. Neue Medien – neue Wege. Imagination und das Leben der Bilder in Afrika. In *Berliner Zeitschrift für Sozialwissenschaft* 38 (3): Leviathan.

Frei, Bettina. 2013. *Sociality Revisited? The Use of Internet and Mobile Phones in Urban Cameroon*. Bamenda: Langaa RPCIG Publishers.

Frei, Bettina. 2012. »I go chop your dollars«. Scamming practices and notions of moralities among youth in Bamenda. In *Urban life-worlds in motion, African Perspectives*, Hrsg. Hahn, Hans Peter und Kastner, Kristin. Bielefeld: Transcript Verlag.

Giddens, Anthony. 1991. *Modernity and Self-identity. Self and society in the late modern age*. Cambridge: Polity Press.

Giddens, Anthony. 1984. *The constitution of society. Outline of the theory of structuration*. Cambridge: Polity Press.

Goffman, Erving. 1972. *Interaction rituals: Essays on face to face behaviour*. Harmondsworth: Penguin Books.

Goffman, Erving. 1983. The interaction order. In *American Sociological Review*, (48) 1: 1–17.

Hakken, David. 1999. *Cyborgs@cyberspace?: An ethnographer looks to the future*. New York: Routledge.

Haraway, Donna. 1991. A Cyborg Manifesto: Science, Technology, and Socialist-Feminism in the Late Twentieth Century. In *Simians, Cyborgs and Women: The Reinvention of Nature*, 149–181. NY: Routledge.

Horst, Heather und Miller, Daniel. 2005. From Kinship to Link-up. Cell phones and social networking in Jamaica. In *Current Anthropology*, 46 (5). Wenner-Gren Foundation for Anthropological Research.

Howells, Richard. 2003. *Visual Culture*. Cambridge: Blackwell Publishing Company.

Jua, Ben. 2003. Differential Responses to Disappearing Transitional Pathways: Redefining Possibility Among Cameroonian Youths. In *African Studies Review*, 46, 2, 13–36.

Landzelius, Kyra. 2006. *Native on the Net. Indigenous and diasporic peoples in the virtual age*. London, New York: Routledge.

Larkin, Brian. 1997. Indian films and Nigerian lovers: Media and the creation of parallel modernities. In *Africa* 67 (3): 406–440.

Larsen, Jonas, Urry, John und Axhausen, Kay. 2006. *Mobilities, Networks, Geographies.* Hampshire: Ashgate Publishing Limited.

Levitt, Peggy und Glick-Schiller, Nina. 2007. Conceptualizing Simultaneity: a transnational social field perspective on society. In *Rethinking Migration. New Theoretical and Emperical Perspectives,* Hrsg. Portes, Alejandro und DeWind, Josh. 181–218. New York, Oxford: Berghahn Books.

Licoppe, Christian. 2009. »Connected« presence: the emergence of a new repertoire for managing social relationships in a changing communication technoscape. In *New Media, Volume III, Practices: Interaction, Identity, Culture,* 69–94. Hrsg. Lievrouw, Leah A. und Livingstone, Sonia, London: SAGE.

Krotz, Friedrich. 2001. *Die Mediatisierung kommunikativen Handelns. Der Wandel von Alltag und sozialen Beziehungen, Kultur und Gesellschaft durch die Medien.* Wiesbaden: Westdeutscher Verlag.

Kusenbach, Margarethe. 2008. Mitgehen als Methode. Der »Go-Along« in der phänomenologischen Forschungspraxis. In *Phänomenologie und Soziologie. Theoretische Positionen, aktuelle Problemfelder und empirische Umsetzungen,* Hrsg. Raab, Jürgen, Pfadenhauser, Michaela, Stegmaier, Peter, Dreher, Jochen und Schnettler, Berndt, 349–358. Wiesbaden: VS Verlage für Sozialwissenschaften.

Mead, George Herbert. 1932. *The philosophy of the present.* Chicago: University of Chicago Press.

Miller, Daniel. 2011. *Tales from Facebook.* Cambridge: Polity Press.

Nkwi, Walter Gam. 2009. From the elitist to the commonality of voice communication: the history of the Telefone in Buea, Cameroon. In *Mobile Phones: The new talking drums of everyday Africa,* Hrsg. De Bruijn, Mirjam, Nyamnjoh, Frances & Brinkman, Inge. Cameroon, Leiden: Langaa & African Studies Centre.

Nyamnjoh, Francis. 2005. *Africa's Media, Democracy and the Politics of Belonging.* London, New York: Zed Books.

Pelican, Michaela. 2010. Local perspectives on transnational relations of Cameroonian migrants. In *Mobility, Transnationalism, and Contemporary African Societies,* Hrsg. Grätz, Tilo, 178–191. Cambridge: Cambridge Scholars Publishing.

Popitz, Heinrich. 2006. Heinrich Popitz. Soziale Normen. In *Soziale Normen,* Hrsg. Pohlmann, Friedrich und Essbach, Wolfgang. Suhrkamp Taschenbuch.

Raab, Jürgen. 2008. Präsenz und mediale Präsentation. Zum Verhältnis von Körper und technischen Medien aus Perspektive der phänomenologisch orientierten Wissenssoziologie. In *Phänomenologie und Soziologie. Theoretische Positionen, aktuelle Problemfelder und empirische Umsetzungen,* Hrsg. Raab, Jürgen, Pfadenhauer, Michaela, Stegmaier, Peter, Dreher, Jochen und Schnettler, Berndt. Wiesbaden: Verlag für Sozialwissenschaften.

Rafaeli, Sheizaf. 2009. Interactivity: From New Media to Communication. In *New Media, Vol. III, Practices: Interaction, Identity, Culture,* Hrsg. Lievrouw, Leah A. und Livingstone, Sonia. London: SAGE.

Scannell, Paddy. 2007. *Media and communication.* London: SAGE Publications.

Schütz, Thomas. 1967. *The phenomenology of the social world.* Evanston, IL.: Northwestern Univ. Press.

Simone, Abdoumaliq und Abouhani, Abdelghani. 2007. *Urban Africa: Changing contours of survival in the city.* London: Zed books.

Spitulnik, Debra. 2002. Alternative Small Media and Communicative Spaces. In *Media and Democracy in Africa,* Hrsg. Hyden, Goran, Michael, Leslie und Folu F. Ogundimu, 177–190. New Brunwick: Transaction Publishers.

Tazanu, Mbeanwoah Primus. 2012. *Being available and reachable: New Media and Cameroonian transnational sociality.* Bamenda, Cameroon: Langaa Research & Publishing Common Initiative Group.

Tomlinson, John. 2007. *The Culture of Speed: The Coming of Immediacy.* London: Sage Publications.

Tufte, Thomas. 2002. Ethnic Minority Danes between Diaspora and Locality – social uses of mobile phones and internet. In *Global Encounters – media and cultural transformation,* Hrsg. Stald, Gitte und Tufte, Thomas, 235–262. Luton: University of Luton Press.

Turkle, Sherry. 1995. *Life on the screen. Identity in the age of the internet.* New York: Touchstone.

Warnier, Jean-Pierre. 1993. The king as a container in the Cameroon Grassfields. In *Paideuma, Mitteilungen zur Kulturkunde,* Hrsg. Heintze, Beatrix, 303–320. Frankfurt: Frobenius Gesellschaft E. V..

Weber, Max. 1968. *Economy and Society.* Hrsg. Roth, Roth und Wittich, Claus. Berkeley: University of California Press.

Wellman, Barry. 1999. *Networks in the Global Village. Life in Contemporary Communities.* Colorado: Westview Press.

Wellman, Barry und Haythornthwaite, Caroline. 2002. *The Internet in Everyday Life.* Oxford: Blackwell Publishing.

Wilding, Raelene. 2006. »Virtual« intimacies? Families communicating across transnational contexts, In *Global Networks* 6, 2: 125–142.

Mit Stift und Papier in digitalen Welten?

Digitale Daten und die epistemischen Regime
der Medienforschung

Jan-Hendrik Passoth

1 Einleitung

Der Beziehungsstatus der Kultur- und Sozialwissenschaften zu den mittlerweile
über 30 Jahre alten neuen Medien ist noch immer, um es mit dem Wortlaut eines
großen Social Networks zu sagen, ›kompliziert‹. Ein gutes Beispiel dafür ist die
Essayserie in der FAZ im Frühjahr diesen Jahres, die Hans Ulrich Gumbrecht unter anderem mit der Forderung nach einer epistemischen Reform der Kultur- und
Sozialwissenschaften eröffnete. »Die elektronische Welt unter ihren eigenen Bedingungen zu denken«, so Gumbrecht (2014, S. 14), »schließt langfristig die Herausforderung ein, neue Begriffe, Formen der Argumentation und Gesten des
Denkens entstehen zu lassen, die – anders als die von uns ererbten intellektuellen
Strukturen – Teil einer veränderten Epistemologie der elektronischen Zeit werden
könnten«. Davon aber seien wir weit entfernt. *Plug and Play,* anschließen und los-
legen, diesen Appell an die Geistes- und Sozialwissenschaften formuliert die Serie
mit Nachdruck. Sie spricht damit einer wissenschaftspolitischen und geisteskriti-
schen Diagnostik aus dem Herzen, die zwischen medienkritischer Verweigerung
und *Digital Humanities* Hype kaum Platz für erst gemeinte Forschung sieht. Doch,
noch einmal Gumbrecht, »genau um ein Begleiten und Begreifen dieses Prozesses
in intellektueller Nüchternheit muss es gehen, jenseits von Fortschritts-Euphorie
und kulturkritischem Gejammer« (2014, S. 14).

Mal von tiefen und grundsätzlichen wissenschaftstheoretischen Fragen ganz
abgesehen: forschungspraktisch stellt sich die Frage nach dem Umgang mit digitalen Daten tatsächlich dringend. Wie gehen wir mit der Archivierung, Dokumentation und Auswertung von Daten um, die uns nicht wie die klassischen Daten, an denen wir – disziplinär unterschiedlich, aber medientechnisch durchaus
ähnlich – den praktischen Umgang im Forschungsprozess gelernt haben, wie Dokumente einer sozialen Welt, einer kulturellen Formation, eines kollektiven Phä-

nomens, eines historischen Prozesses gegenübertreten oder die wir, wenn wir Interviews, Beobachtungsprotokolle oder Audio- und Videoaufnahmen aus dem Feld verwenden, selbst angefertigt haben? Was machen wir, wenn auf dem Weg vom Feld und Gegenstand zur Datensitzung nicht mehr nur wir selbst als ForscherInnen, sondern ein ganzes Arsenal an Übersetzungs- und Umschreibepraktiken Einfluss nehmen, die aus Datenkandidaten schrittweise Material, Daten, Interpretationen machen (vgl. Meyer und Meier zu Verl 2013)? Was machen wir mit Daten, die wir nicht einfach gemeinsam – und so vermeintlich intersubjektiv verlässlich – von hübschen und bunten Webseiten ablesen können, sondern die sich uns zu unterschiedlichen Zeitpunkten unterschiedlich zeigen, einfach deshalb, weil sie jeweils beim Aufruf dynamisch generiert werden? Was mit solchen, die sich jedem von uns – wie Suchanfragen oder Empfehlungen für das nächste zu kaufende Buch oder den nächsten zu hörenden Musiktitel – ein klein wenig anders und gemäß der im Hintergrund arbeitenden Klassifikation unseres Nutzungsverhaltens in aufgearbeiteter Form präsentieren? Und wenn wir solche Fragen zumindest zeitweise mit schlechtem Gewissen beiseite legen und uns ins Material stürzen: was für ein Analyseverfahren, was für ein Interpretationstyp ist angemessen? Sollen wir klassifizieren? Inhaltsanalytisch oder formal? Wie funktioniert eine Hermeneutik des Digitalen? Wie eine Sequenz- und Feinanalyse? Und was ist überhaupt eine Instanz, was eine Sequenz, um eine Unterscheidung von Silverman (2005) zu verwenden? Bleiben uns doch ›nur‹ quantitative Verfahren des Zählens, Korrelierens und Clusterns? Und was machen wir dann mit den gerümpften Nasen derjenigen, die sonst quantitativ arbeiten und für die die Daten, die wir gerade zählen und verrechnen wollen, viel zu unsauber, unbestimmt und unzuverlässig sind?

Ich werde in diesem Beitrag nicht versuchen, auf diese Fragen eine Antwort zu geben. Das mache ich nicht aus Zurückhaltung oder Höflichkeit, auch nicht, weil ich unentschieden oder gar skeptisch wäre. Das Problem, so die These, die diesen Beitrag leitet, ist zuerst einmal nicht, dass wir nicht wüssten, was wir mit digitalen Medien anfangen sollen. Das mag zwar sowohl als Diagnose über den allgemeinen Stand der Auseinandersetzung mit digitalen Daten in unseren jeweilige Disziplinen als auch als praktisch zu lösendes Problem für jedes einzelne Projekt gelten, aber daraus lässt sich kein Maßstab, nicht mal eine Daumenregel für die Einschätzung der digitalen Methoden ableiten. Das Problem ist vielmehr, dass wir gar nicht wissen, wie wir als Sozial-, Kultur- und MedienwissenschaftlerInnen überhaupt etwas wissen – außer aus abstrakten methodologischen Debatten, die in der Regel eher forschungsferne Distinktionskämpfe sind und aus der eigenen, partikularen Erfahrung alltäglicher Sozial-, Kultur- und Medienforschung. Wie schließen wir diese Lücke? Einen Vorschlag dazu werde ich ansatzweise ausarbeiten. Hier ist auch der Ort, an dem ich Position beziehe: denn ich schreibe nicht als

Mediensoziologe, nicht als Medienwissenschaftler, nicht als Experte für Methoden. Ich schreibe als Wissenschafts- und Technikforscher, als jemand, der auch in Bezug auf die härtesten aller wissenschaftlichen Disziplinen gewohnt ist, auf die praktische Produktion und die Vollzugswirklichkeit wissenschaftlichen Arbeitens zu blicken und in Forschung nicht die Umsetzung wissenschaftstheoretischer Vorstellungen von Hypothesentest, Falsifikation oder Wissensakkumulation zu sehen, sondern eine sehr spezifische Ansammlung von Praktiken und Umständen, von verkörperten und in Artefakten eingeschriebenen Handlungs-, Deutungs- und Evaluationsschemata, die im Labor, im Konferenzsaal und in publizierten Texten jeweils situativ aktualisiert, reproduziert und verändert werden. Als Wissenschafts- und Technikforscher komme ich aber nicht umhin, festzustellen, dass wir zwar mittlerweile eine ganze Menge über die Arbeit in naturwissenschaftlichen Laboren und in den Werkstätten und Rechnerpools von IngenieurInnen wissen, wenig über die Praxis der Sozialforschung, der Psychologie oder der Pädagogik, aber so gut wie nichts über die Praxis der Medienforschung. Zwar gibt es ein paar klassische Brückenschläge zwischen Wissenschafts- und Technikforschung und Medienforschung – von Silverstones Domestikationen (Silverstone und Hirsch 1992) über Stars, Bowkers und Edwards Arbeiten zu Informationsinfrastrukturen (Edwards et al. 2009; Bowker et al. 2010) bis hin zum Siegener Modell einer Akteur-Medien-Theorie (Thielmann und Schüttpelz 2013). Was aber fehlt ist eine systematische Kartierung und ein fallbasierter Vergleich von Evidenzpraktiken der Medienforschung, eine Analyse ihrer Instrumente, Rechtfertigungs- und Evaluationsverfahren sowie der Versuch, die zeitlichen, räumlichen und transdisziplinären Wanderungen von Verfahren und Varianten der Medienforschung nachzuvollziehen. Was fehlt, ist eine Wissenschafts- und Technikforschung der Medienforschung.

2 Forschen mit und über digitale Daten

Dass das Feld der digitalen Methoden an Bedeutung gewinnt, kann man nicht nur an der steigenden Zahl von Publikationen und Workshops in den letzten Jahren sehen, sondern es manifestiert sich auch ganz visuell in der Prominenz der *Gephi*-Bilder, die längst nicht mehr nur im kleinen Netzwerk derjenigen beliebt sind, die mit, gegen oder ohne Harrison White Analysen sozialer Netzwerke produzieren (vgl. Stegbauer 2010; Schmitt und Fuhse 2013). Die schiere Menge der *Co-Word* und *Follower-*, Link-, Kommentatoren- und Weiterleitanalysen, die vor allem mit Twitter-Daten, aber auch mit Daten zu Blogs und Webseiten produziert werden (z. B. Bruns u. a. 2013; Ausserhofer und Maireder 2013; Bruns 2012), sind nur ein Indiz dafür, dass das Forschen zu und mit digitalen Daten inzwischen längst nicht mehr nur ein spezielles Interesse besonders netzaffiner MedienforscherInnen ist, sondern sich langsam auf den Weg in den Mainstream der disziplinären Arbeit bewegt.

Die Faszination, die diese Bewegung in den Mainstream antreibt, hat vermutlich mit der Öffentlichkeit und Verfügbarkeit der vermeintlichen Daten zu tun. Der Fall der Twitter-Visualisierungen ist dafür ein eindrucksvolles Beispiel. Für SoziologInnen, gewöhnt an langwieriges Führen von Interviews und noch viel aufwändigeres Feintranskribieren ebenso wie für SprachwissenschaftlerInnen, deren Erhebungs- und Notationsverfahren etwa natürlicher Gesprächssituationen nicht minder zeitraubend und arbeitsintensiv sind, scheinen sich völlig neue Möglichkeiten zu eröffnen: Daten einfach herunterladen, in einer Form, wie sie sich den Beteiligten selbst auch präsentieren (oder präsentieren könnten, würden diese nicht praktisch doch nur auf spezifische *Tweets* reagieren, statt deren Einbindung in ein Geflecht von Antworten, Reaktionen, *Retweets* und Favorisierungen anzusehen) – ein Traum für all diejenigen, die der Vorwurf der Partikularität und Selektivität ihrer Datenerhebung immer schon insgeheim gekränkt hat. Nur stellen sich, Marres und Weltevrede haben darauf in ihrer Diskussion des *Scrapings* als Verfahren der Sozialforschung hingewiesen (Marres und Weltevrede 2013), sobald man versucht, diesen Traum Wirklichkeit werden zu lassen, ganz ärgerliche praktische Fragen, die die alten Vorwürfe mit Wucht wieder virulent machen. Was ist, wenn *Tweets* zwischendurch gelöscht wurden? Wenn mir etwa die API selektive Antworten gibt, also genau nicht die *Tweets,* die ich brauche, sondern gerade die, die im Fluss untergegangen sind? Was, wenn ich *Tweets* verpasse, weil in dem Zeitraum, in dem ich z.B. *Retweets* abrufe, mehr als die 100 geschrieben wurden, die mir die API gibt? Ganz ähnliche Fragen stellen sich, will man nicht mehr nur Gedrucktes, sondern Webseiten, *ebooks* oder Flickr-Bilder einbeziehen. Schließlich kann ich mich nicht auf gesicherte Auflagen verlassen oder darauf, dass die Dokumente, die ich letzte Woche noch aufgerufen habe, heute noch genau so aussehen. Wie soll ich LeserInnen bitten, nachzulesen oder zu kommentieren, wenn wir uns nicht auf ein eindeutiges Dokument beziehen können? Wenn die Formulierungen, auf denen meine Interpretation beruhte, verändert sind? Wenn das Bild retuschiert wurde? Gelöscht gar? Muss ich die Dokumente archivieren und meinen Arbeiten beilegen? In welcher Form? Und kann ich überhaupt archivieren, wenn, wie Rogers (2013) gezeigt hat, beim Archivieren immer so unglaublich viel verschwindet: die dynamischen Elemente einer Internetseite etwa, ihr Layout, ihre Gestaltung, oder, selbst wenn ich für Bilder, Skripte und Datenbankinhalte eine sinnvolle Lösung finde, zumindest die Klickbarkeit und Navigierbarkeit?

Man könnte sagen, dass derartige Fragestellungen zunächst einmal ein Feld eröffnen, dass man mit den Schlagworten *Praktische Fragen der Umsetzung des*

Arbeitens mit digitalen Methoden überschreiben kann. Ganz einfach formuliert könnte man sagen, dass es hier zuerst einmal nicht so sehr darum geht, neue und andere Methoden zu entwickeln oder neue und andere Fragen zu stellen, sondern darum, praktische Probleme der Datenerhebung, -archivierung, -sicherung und -aufbereitung, die sich im Prinzip auch bei *klassischen* Methoden und analogen Daten stellen, am Fall digitaler Daten durchzugehen. Anders formuliert geht es in diesem Teil der Debatte darum, Varianten des Handhabens von Material zu entwickeln, das nicht gesprochen, gedruckt oder gesendet, sondern eben digital vorliegt. Im Grunde unterscheiden sich die Debatten nicht sonderlich von denen, die z. B. in der qualitativen Sozialforschung geführt wurden, als Aufnahmegeräte klein genug wurden, um sie mitzunehmen oder die man in der Ethnologie zur Verfügbarkeit der eigenen Bibliothek im Feld durch PDFs und eBooks führen konnte. In beiden Debatten aber standen neben praktischen Fragen weitergehende Punkte zur Disposition: Macht es zum Beispiel einen elementaren Unterschied, wenn *coming home, writing up* oder auch nur die Kontextualisierung mit Literatur am Ort des Feldaufenthalt selbst passieren? Oder lässt sich mit der Verfügbarkeit von Dokumenten aus dem Feld, die man wie mit einem Kescher aus natürlichen Situationen mitgebracht hat, eine andere Form der Analyse verbinden?

3   Digitale Daten, digitale Methoden?

Beispiele für diese Art der Thematisierung digitaler Methoden finden sich etwa in Bezug auf die Technik des *Scrapings* bei Marres (2013), in Bezug auf das Arbeiten mit API-Daten bei Rieder (2013) oder in Bezug auf die Nutzung von Google bei Rogers (2013), vor allem aber in Bezug auf die *Visual Cultural Patterns* in den Arbeiten von Manovich (2013) oder die *Timelapse*-Visualisierungen von Archive.org Daten, wiederum bei Rogers (2013). Ich erhebe im Übrigen keinerlei Anspruch auf Vollständigkeit. Aber im empirischen Zugriff auf diesen Teil der Debatte um digitale Methoden stellt man fest, dass es hier darum geht, ganz neue Verfahren und Methoden zu entwickeln, die im bestehenden Kanon der Kultur-, Sozial- und Medienwissenschaften keine besondere Rolle spielen. Nicht technische und praktische Umsetzungen stehen im Mittelpunkt, sondern der implizite oder explizite Vorschlag einer Neuorientierung. Drei Varianten dieses Vorschlags kann man in diesem speziellen Teil der Debatte unterscheiden, und sie lassen gut erkennen, in welche Richtungen die Reise geht: weg vom Einzelfall, weg von Original, weg von Interpretation und Ausdeutung. Das sind Schlagworte, hinter jedem verbirgt sich eine ganze Reihe von unterschiedlichen Annahmen, Thesen und Aufforderungen. Kaum ein Statement aber bringt die Grundannahme aller drei Varianten so klar auf den Punkt wie Manovichs:

»In software culture, we no longer have ›documents‹, ›works‹, ›messages‹ or ›recordings‹ in twentieth-century terms. Instead of fixed documents that could be analyzed by examining their structure and content (a typical move of the twentieth-century cultural analysis and theory, from Russian Formalism to Literary Darwinism), we now interact with dynamic ›software performances‹« (Manovich 2013, S. 33).

Es gibt, so die These, einen für die Kulturanalyse ungewohnten und neuen Datentyp, der Verfahren und Herangehensweisen erfordert, die nicht nur adaptiert werden, sondern neu gefunden werden müssen.

Weg vom Einzelfall kann dabei Unterschiedliches bedeuteten: es gibt ihn nicht, den Einzelfall, das Werk, das Dokument; es gibt ihn, aber unsere Instrumente können mit ihm nichts anfangen; es gibt ihn, aber seine singuläre Betrachtung sagt uns viel weniger als wenn wir es schaffen könnten, ihn in der Menge oder im Fluss der ihn umgebenden Fälle zu verstehen. Dass es den Einzelfall nicht gibt, lässt sich, wie Rogers (2013) es getan hat, schon am Fall von Webseiten thematisieren, am Fall von Social-Media-Daten wird es noch evidenter. Wenn mit jedem Aufruf einer Seite sich Teile des Inhalts, des Aufbaus, der Darstellung ändern, entweder einfach, weil Inhalte hinzugekommen sind, Teile oder die Gesamtheit der Seite dynamisch erzeugt wurden oder auch, weil zwischen den beiden Aufrufen an der Struktur und am Code der Seite gearbeitet wurde: welche Version, welche Variante nehmen wir dann als Ausgangsdokument? Noch klarer wird das beim konstanten Fluss der *Tweets* oder von Kommentaren und Diskussionsbeiträgen: solange er läuft, muss ich ›dranbleiben‹. Ist er abgeschlossen – z. B. bei einer versandeten Diskussion zu einem Blogeintrag – kann ich mir nicht sicher sein, dass nicht der Eintrag in Reaktion auf die Kommentare geändert wurde und dass nicht Kommentare gelöscht oder NutzerInnen ausgeschlossen wurden. An die Stelle des Einzelfalls und der darauf eingerichteten Analyseverfahren treten deshalb Figuren des Aktuellen, der Zeitlichkeit, der »Live Methods« (Lury 2012). Aber auch wenn man dabei bleibt, dass es den Einzelfall gibt – ein Musterbeispiel dafür ist Manovichs Verweis auf den Algorithmus, der in jedem Durchlauf unterschiedliche Ergebnisse produziert, dessen *Code* man allerdings schon als Einzelfall behandeln könnte, stellen sich ganz analoge Probleme: zum einen gibt es kaum Versuche der kultur-, sozial- und medienwissenschaftlichen Arbeit mit *Code* als Datentypus. Ausnahmen gibt es, etwa bei Higgins (2007), aber sie konzentrieren sich vor allem auf die Arbeit am *Code,* also auf Kommentare und auf den Kampf um das Programm, den ProgrammiererInnen kooperativ oder defektiv ausfechten. Und selbst wenn wir solche entwickeln können – also Methoden und Heuristiken, die mit der generativen und performativen Arbeit von *Code* (Mackenzie 2005) zurechtkommen – entgeht uns dann nicht genau jenes Erlebnis, jener Eindruck, den Nutzer haben, wenn sie sich mit dem temporalen Fluss der Ergebnisse konfrontiert sehen? Manovichs »How to compare one million images« und Rogers »Google and the politics of Tabs« weisen in diese Richtung und sie versuchen, einmal formalistisch und analytisch, einmal visuell und ästhetisch, den Einzelfall hinter sich zu lassen.

Weg vom Original kommt ebenfalls in verschiedenen Ausführungen. So stellt sich das Problem auf der Ebene der Archivierung, auf der Ebene der Regulierung des Zugriffs auf Daten etwa durch APIs und auf der Ebene der Veränderung von Daten durch Techniken wie *Scraping.* Denn, so die These, der traditionelle kultur-, sozial- und -medienwissenschaftliche Zugriff auf das Material ist nicht bloß dadurch eingeschränkt, dass unter digitalen Bedingungen der Einzelfall aus dem Fokus der Analyse gerät, sondern dadurch, dass einerseits gerade durch neue Verfahren des Zugriffs auf digitale Daten diese in sehr spezifischer Weise verändert und angepasst werden, andererseits aber gerade dieser verändernde und umschreibende Zugriff für die Ökologie von digitalen Diensten eine große Rolle spielt. So lässt sich etwa feststellen, dass schon bei der Speicherung und Sicherung von digitalen Daten etwas Spezifisches passiert: dynamische Elemente werden stillgestellt, aus einem Gewebe von verlinkten Webseiten oder einem Netzwerk von Antworten und Reaktionen wird ein lineares, eindeutig geordnetes Dokument. Beim Zugriff auf die Daten etwa durch APIs, die nicht für Forschung, sondern für Zwecke des Datenaustausches und der Verknüpfung zwischen Diensten gebaut wurden, sind sehr spezifische Restriktionen eingebaut, die den Zugriff regeln, zumindest aber selektiv gestalten. Wenn mir etwa die Twitter-API eine Zufallsstichprobe von 100 aktuellen *Tweets* gibt, dann kenne ich die weder die Selektionskriterien – ich kann also nicht beurteilen, ob es sich tatsächlich um eine Zufallsziehung handelt oder um eine beeinflusste Selektion, verändert etwa durch Filter oder durch Einflussnahme – noch kenne ich die Strukturmerkmale der Grundgesamtheit. Das bedeutet aber nicht, dass in der Ökologie der Twitter-Dienste nicht genau diese Probleme beständig praktisch behandelt werden: Der Zugriff über APIs gehört schließlich zur Welt der digitale Daten; Unmengen von Applikationen und Diensten nutzen beständig genau diese Daten und speisen die Ergebnisse ihres Umgangs mit ihnen wieder in den Fluss der Dokumente ein. Ein Beispiel dafür sind etwa *Retweet-Bots,* die auf Schlüsselwörter anspringen und die sie tragenden *Tweets* massenhaft verbreiten oder Korrektur-Software, die die Wikipedia beständig durchforstet und entweder eigenständig oder zusammen mit ihrem menschlichen Administrator-Freundeskreis für die Standardisierung von Inhalten sorgen (Geiger und Ribes 2011). Noch weiter weg von Original bringen uns schließlich Techniken des *Scrapings,* also der automatischen Extraktion von spezifischen Inhalten aus Dokumenten. Das kann von so einfachen Fällen wie dem Herauslösen von Beiträgen in einem Diskussionsforum bis zur Verknüpfung solcher Extrakte mit Inhalten ganz anderer Quellen gehen – wenn mein Script zum Beispiel bei Twitter *Hashtags* ausliest, einzeln bei Google sucht und dort gemeinsame Nennungen zählt, dann erhalte ich Daten, die der Form, wie sie sonst präsentiert sind, überhaupt nicht entsprechen. Gemeinsam ist all diesen Beispielen, dass sie den Vorschlag, nicht nur vom Einzelfall, sondern ebenso vom Original abzusehen, nicht einfach beklagen, sondern ihn geradezu zu einem spezifischen Merkmal digitaler Daten erheben: die digitale Welt ist schließlich voll von Algorithmen, API-Zugriffen und selbstverständlich ist auch *Scraping* eine ganz reguläre Technik des Umgangs mit digitalen Daten außerhalb der Kultur-, Sozial- und Medienforschung.

Gerade deshalb müssen wir weg von den klassischen Verfahren – Interpretation, Ausdeutung, Hermeneutik – und hin zur Entwicklung adäquater Umgangsweisen, die mit der Veränderlichkeit, dem Fluss und vor allem auch der Menge der verfügbaren Daten umgehen können. Insbesondere im Bereich der Social-Media-Analyse – auf die aktuelle Allgegenwart der *Gephi*-Bilder habe ich bereits hingewiesen – hat sich die These verbreitet, dass zumindest versuchsweise quantitative Verfahren, netzwerkanalytische Vorgehensweisen und alternative Visualisierungsformen – z. B. Videos, die den Zeitverlauf präsentieren oder Graphen, die zu unterschiedlichen Zeitpunkten anders aussehen – die klassischen Verfahren ergänzen oder sogar ersetzen können. Dabei fällt auf, dass nur in ganz wenigen der Fälle, von Manovich mal abgesehen, bei dem der Fokus auf das Quantitative auch selbst wieder symbolische Qualitäten hat, keineswegs einem Neopositivismus der Daten die vermeintliche Zukunft gehört. Das äußert sich schon darin, dass eine ganze Reihe von Arbeiten eine Art explorativen Tonfall pflegt: Schaut mal, was man damit alles sehen kann! Es geht eher um ein Werben als um ein Streiten für das eigenen Vorgehen, kritische Abgrenzungen selbst gegenüber besonders klassisch geisteswissenschaftlichen Zugängen bleiben, wenn es sie überhaupt gibt, implizit. An ihre Stelle treten Hoffnungsbekundungen und das oft wiederholte Lob, wie einfach es mit Software wie *Gephi* geworden ist, solche Analysen zu machen. Ebenso auffällig sind die zahlreichen Relativierungen, die das eigene Vorgehen etwa gegen die Phantasien einer *Big Data* Sozial-, Kultur- oder Medienwissenschaft positionieren oder die die Unsauberkeit, Unvollständigkeit und potentielle Fehlerhaftigkeit der Daten hervorheben. In diesem Sinne werden die so positionierten Zugänge zu digitalen Daten selten in einen Zusammenhang mit bestehenden Forschungsrichtungen in Verbindung gebracht, weder mit der quantitativen Sozialforschung, noch mit der quantitativen Kommunikationswissenschaft, ebenso wenig mit der Publizistik oder, auch das läge gerade bei Link- und Verweisanalysen nahe, mit der Bibliometrie. Zudem sind, dafür stehen Manovichs große Bildmosaike, Rogers Filme oder Rieders Argument für Visualisierung als Erkenntnismittel, die Analysen gerade keine Zahlenwüsten und Formelsammlungen, sondern verweisen auf eine Form der visuell unmittelbaren Evidenz. Weg von Interpretation, Ausdeutung oder Hermeneutik? Schon, aber nicht notwendig in die Welt von Bravais-Pearson, Partialkorrelation, Chi-Quadraten und T-Tests.

Wenn meine vorsichtige Charakterisierung der Debatte um digitale Methoden nicht ganz falsch liegt, dann gibt es insgesamt eine interessante Tendenz: während nämlich die ›großen‹ Debatten um *Digital Humanities* sich um Fragen des epistemischen Bruchs drehen – verwiesen sei noch einmal auf die Essay Reihe in der FAZ, aber auch auf die Vielzahl an Selbstpositionierungen von *Digital Humanities, Digital Sociology* oder *Digital Methods* Initiativen, die sich ganz explizit als Speerspitze einer epistemischen Revolution der Kultur-, Sozial-, und Medienwissenschaften verstehen – sind die Auseinandersetzungen in konkreten Anwendungsfällen digitaler Methoden weitaus pragmatischer. Hier geht es zuerst einmal um ganz praktische Fragen des Umgangs mit digitalen Daten, also um Fragen der Archivierung, der Verfügbarkeit oder der Abhängigkeit von kommerziellen Diensten. Und selbst wenn es doch einmal um die Entwicklung neuer Verfahren geht, sind die Vorstöße weniger an Revolution als an pragmatischer Reform orientiert: Wenn wir weg müssen vom Einzelfall, vom Original und von tiefer Interpretation, können wir dennoch etwas Sinnvolles über große Mengen von Daten sagen, von denen wir nicht wissen, ob unsere Stichprobe repräsentativ ist? Können wir mit der Unsauberkeit der Daten umgehen, die daraus folgt, dass wir den Quellen nicht vertrauen können oder dass wir, um Vertrauen zu gewinnen, die Daten selbst manipulieren müssen? Können wir eine Praxis der Evidenz und Rechtfertigung finden, die weder in der Welt der Ausdeutung, noch in der mathematischer Genauigkeit zu Hause ist? Auf der Ebene konkreter Projekte sind Fragen nach dem epistemischen Bruch des Digitalen ganz praktische, jeweils situativ und lokal zu lösende Fragen.

4 Methodologische und disziplinäre Debatten als Distinktionskämpfe

Das nun ist eine Erkenntnis, die im Feld der empirischen Wissenschafts- und Technikforschung eigentlich ein alter Hut ist. Seit Ende der 1970er Jahre jene mit institutionalistischer Wissenschaftssoziologie, wissenschafts- und technikbezogener Universalgeschichte und idealisiert-abstrahierender Wissenschafts- und Technikphilosophie Unzufriedenen mit Stift, Notizbuch und ethnographischem Blick in die Labore der Natur- und Technikwissenschaften gingen, wissen wir, dass wissenschaftstheoretische Fragen eigentlich immer praktische Fragen sind (klassisch dazu Latour und Woolgar 1979; Knorr-Cetina 1991; Lynch 1985). Wie überprüft man eine Vermutung? Was in der Theorie Experiment, Falsifikation oder auch nur Hypothese heißt, ist in der konkreten Arbeit im Labor in erster Linie die Extraktion von Proben, die eine unglaublich geschickte Hand erfordert, weil man sonst das Material zerstört und damit das geplante Experiment um Wochen verzögert. Es ist das Tüfteln am Messgerät, weil das Protokoll im gerade gelesenen Artikel eben jene spezifischen Lücken hat, die zwar prinzipiell keinen Unterschied machen, praktisch aber dann doch zu den absurdesten Werten führen (Lynch 2002). Es bedeutet, dass man tagelang über den Ausgaben von Spektrometern brütet, weil man im Abgleich mit Gegenproben und Testmessungen versucht herauszufinden, ob der angezeigte Ausschlag der Werte relevant ist oder eben doch nur ein Artefakt der Messung. Epistemische Brüche? Vielgliedrige und probeweise vorgenommene praktische Veränderungen im Forschungsprozess sind viel häufiger. Und selbst dort, wo ganz offenbar die Farbe wechselt, also dort, wo die Praxis der Evidenzproduktion und Rechtfertigung sich zum Beispiel nicht mehr an der Zustimmung anwesender Ehrenmänner (Shapin und Schaffer 2011), sondern an der fachkundiger KollegInnen orientiert oder dort, wo von der Reproduktion der gleichen Ergebnisse an anderen Orten auf die massenhafte Simulation von potentiellen Ergebnissen und den Abgleich der Messwerte mit den simulierten Modellen umgestellt wird, stellen sich zuerst immer ganz praktische Fragen des Handlings und des Umgangs mit Proben, Instrumenten und den Ergebnissen Anderer. Epistemische Brüche und wissenschaftliche Revolutionen ereignen sich nicht durch Proklamation, es gibt keine Straße, auf denen sich epistemologischer Protest formieren könnte – außer vielleicht Festreden, den Wissenschaftsteil überregionaler Wochenzeitungen oder Parlaments- und Hinterzimmerdebatten über Forschungspolitik.

Die aktuellen Debatten um eScience, Dateninfrastrukturen und Digital Humanities sind vor diesem Hintergrund keine Ausnahmen: während sich aber in den Natur- und Technikwissenschaften schon seit Langem datenintensive Vorgehensweisen praktisch haben etablieren können – man denke an die Klimawissenschaften, die Genomanalyse oder die Kernforschung – deren Speicher-, Rechenkapazitäts- und Energiehunger so groß geworden ist, dass er eigenständige Förderprogramme nötig gemacht hat und jede Frage nach Datenreduktion durch Filter, Rauschunterdrücker und ausgeklügelte *Trigger* und *Samplings* deshalb zugleich zu einer Frage wissenschaftlicher Redlichkeit und finanzieller Durchführbarkeit macht, ist diese enge Verkopplung von epistemischen und forschungspraktischen Fragen in der Debatte um die *Digital Humanities, Digital Sociology* und um digitale Methoden recht neu. Um es plakativer zu formulieren: in den Technowissenschaften werden die Umrisse und Grenzen der epistemischen Regime immer schon im Rahmen von forschungspraktischen Überlegungen und Machbarkeitsabschätzungen ausgelotet. Und wie in diesen gibt es auch in den Kultur-, Sozial- und Medienwissenschaften derzeit eine Arbeitsteilung nach Textgattungen. Proklamationen eines neuen Paradigmas finden sich in Einleitungen,

Festreden und im Feuilleton. In den Projekten selbst herrscht eher pragmatische Agnostik vor.

Mit einer Besonderheit: wie wir aus unserer eigenen kultur-, sozial- und medienwissenschaftlichen Forschungssozialisation noch zu gut wissen, neigen wir dazu, Einleitungen, Festreden und Feuilleton ernst zu nehmen. Mehr noch: manchmal halten wir sie – die großen Worte, die abstrakten Flüge über den Wolken, die prinzipiellen Thesen zur richtigen Ausrichtung unserer Arbeit – für die eigentlich relevanten Orte, an denen sich das Schicksal kultur-, sozial- und medienwissenschaftlicher Forschung entscheidet. Es ist bemerkenswert, dass wir im Prinzip ziemlich gut wissen, wo die Umrisse und Grenzen unserer jeweiligen Paradigmen, Ansätze und Haltungen verlaufen. Wir sind es gewohnt, Fragen legitimer Forschungspraxis in methodologischen und disziplinären Meta- und Abgrenzungsdebatten zu führen, also auf der Ebene von Prinzipien, Literaturtraditionen und differenter Narrative vom richtigen Medienforschen. Darüber, wie wir als Kultur-, Sozial- und MedienwissenschaftlerInnen im Prinzip etwas wissen, wissen wir deshalb eine Menge. Wir wissen aber so gut wie nichts darüber, wie wir forschungspraktisch etwas wissen, jedenfalls nicht über die eigene praktische Erfahrung in partikularen Projekten hinaus.

Hier liegt deshalb die Chance, die die digitalen Methoden uns eröffnen. Eben weil wir gerade dabei sind, auf ganz forschungspraktischer Ebene auszuprobieren, zu testen und zu vergleichen, was wir mit der Vielzahl und der Unterschiedlichkeit der Datentypen anfangen können, bietet sich die Möglichkeit, einmal nicht in disziplinäre oder methodologische Abgrenzungen zu verfallen. Denn auch wenn es natürlich nicht verkehrt ist, Fragen nach dem Interesse an und den Möglichkeiten von kultur-, sozial- und medienwissenschaftlicher Erkenntnis etwas genereller zu diskutieren, so ist festzustellen, dass wir in solchen Debatten so gut wie nie Forschungspraxis, sondern Idealisierungen verhandeln. Angesichts der Tatsache, dass die Chancen, Herausforderungen und Schwierigkeiten im Umgang mit digitalen Daten forschungspraktisch zunächst einmal unabhängig vom eigenen methodologischen Steckenpferd und der eigenen disziplinären Verortung bestehen, haben wir die Gelegenheit, von solchen Debatten zumindest erst einmal Abstand zu nehmen. Nun wäre es leicht, in Proklamatorik und ›man müsste mal‹-Reden zu verfallen: man müsste es doch schaffen, sich, statt über Methodologie, über die konkrete Arbeit mit Daten und über Interpretations- und Analysepraxis auszutauschen. Man könnte doch Projekte organisieren, in denen zugleich mit unterschiedlichen Methoden gearbeitet wird, damit man in der Praxis besser versteht, wie die Anderen zu Erkenntnissen kommen. Man müsste doch interdisziplinäre Kooperationen initiieren, die für Verständnis auf der Ebene der konkreten Forschung sorgen, wo sonst disziplinäre Grabenkämpfe an der Tagesordnung sind. Das sind alles gute Wege, schließlich wissen wir z. B. aus der Geschichte der Klimawissenschaften, dass es die gemeinsame, aber verteilte und jeweils eigenständige Arbeit an der Ökologie von Daten und Modellen war, die unser Wissen über das Klima produziert hat (vgl. Edwards 2010). Aber wir wissen auch ebenso gut, wie selten solche Initiativen in den Kultur-, Sozial- und Medienwissenschaften bislang gefruchtet haben und wie leicht es ist, gerade zu diesen Gelegenheiten wieder in abstrakte Prinzipiendebatten zu verfallen. Können wir dagegen etwas tun, sodass wir gerade in Bezug auf die digitalen Methoden das Experimentieren und das pragmatische Angehen ganz konkreter Fragen des Umgangs mit Material nicht mit idealisierter Wissenschaftstheorie, sondern mit einem Wissen darüber kontextualisieren können, wie wir sonst praktisch etwas wissen? Können wir Maßnahmen ergreifen, die es uns erlauben, bei den Praktiken von Evidenzerzeugung und Rechtfertigung zu bleiben?

5   Eine Wissenschafts- und Technikforschung der Medienforschung

Anstatt darauf zu setzen, dass sich in interdisziplinärer, methodologisch vergleichender oder metatheoretisch plural angelegter Arbeit schon von selbst pragmatische Auseinandersetzungen über Forschungspraxis ergeben, können und müssen wir die epistemischen Regime der Medienforschung selbst zum Gegenstand machen und nach der Praxis der Produktion und Legitimation kultur-, sozial- und medienwissenschaftlichen Wissens fragen. Schon 1977 hat Ina Spiegel-Rösing der sich gerade institutionalisierenden Wissenschafts- und Technikforschung ins Stammbuch geschrieben, dass ihr »bias towards studying the bigger and harder sciences« (Spiegel-Rösing und de Solla Price 1977, S. 27) sich früher oder später als Lücke herausstellen wird. Seitdem hat sich empirisch nicht viel getan. Statt dessen haben wir auch hier abstrakte Debatten über Reflexivität, Positionierung und die Begründung des eigenen Standpunkts geführt. Das ändert sich aber aktuell: Initiativen zur empirischen Untersuchung der Erkenntnispraxis außerhalb der Technowissenschaften mehren sich. Nach über 30 Jahren Wissenschafts- und Technikforschung, nachdem viele von uns in Laboren, in WissenschaftlerInnenbüros, in Entscheidungsgremien, auf Technologiekonferenzen und in hochtechnisierten Arbeitsumgebungen versucht haben, der komplexen, heterogenen und variablen Ordnung wissenschaftlicher Praxis auf die Spur zu kommen, ohne gleich mit wissenschaftstheoretischen Pauschalargumenten oder, noch viel folgenreicher, mit sozialwissenschaftlichen Kategorien wie Macht, Interesse, Seilschaft die Feinanalyse der fragilen Herstellung von Evidenz und der langen und komplizierten Referenzketten abzukürzen, erlauben wir es uns endlich, auch die eigene Forschungspraxis empirisch in den Blick zu nehmen.

Allerdings ist es nicht ganz unproblematisch, dass sich eine Wissenschafts- und Technikforschung außerhalb der Technowissenschaften zuerst die alten GegnerInnen vorgenommen hat: die Ökonomie, die angewandte Sozialstatistik und die quantitative Publikumsforschung. Allen voran sind dabei die Arbeiten etwa von Callon und Muniesa (2003) und MacKenzie (2006; 2007) zur Performativität wirtschaftswissenschaftlichen Wissens zu nennen, daneben Mitchels (2002) Arbeit zur Nationalökonomie der ExpertInnen, Savages (2010), Rupperts (2011) und Curtis (2008) Arbeiten zu Zensus und Survey oder Osburns und Roses Beschäftigung mit der Meinungsforschung (1999). Auch wir haben uns in unserem ethnographischen Projekt zur Publikumsmessung vor allem mit Alternativen zu GFK und Nielsen beschäftigt (Passoth et al. 2014). Die eigene Affinität zu qualitativen Zugängen, ethnographischen Methoden oder Oral Histories mag dabei eine Rolle gespielt haben, aber ganz gleich aus welchen Gründen der Einstieg in die Arbeit zu den Kultur-, Sozial- und Medienwissenschaften geschah, die damit verbundene Schieflage gilt es, wieder loszuwerden. Eine Wissenschafts- und Technikforschung der Kultur-, Sozial- und Medienwissenschaften wird nicht das gesamte Spektrum von forschungspraktischen Zurichtungen vom Material in den Blick nehmen können. Aber eine so eindeutige Konzentration auf Forschungspraxis, der der eigenen möglichst fremd ist, mag zwar dem ethnographisch auf Differenzen eingestellten Blick entgegenkommen, macht es aber auch leicht, derartige Arbeiten wieder in das Repertoire der methodologischen, metatheoretischen und disziplinären Kritiken einzuordnen. Wenn wir das vermeiden wollen, dann brauchen wir gerade den Blick auf Praxis, die dicht beschreibend oder kontrastiv interpretierend, hermeneutisch oder diskursanalytisch, phänomenologisch teilhabend oder ethnomethodologisch unikal adäquat arbeitet.

Trotzdem sind die Erkenntnisse, die die Beschäftigung mit der Ökonomie, der Sozialstatistik oder der Publikumsforschung gebracht hat, bereits höchst relevant für die Kontextualisierung der entstehenden Forschungspraxis mit digitalen Daten im Vergleich und in Auseinandersetzung mit den epistemischen Regimen der *klassischen* Medienforschung. Wie selbstverständlich müssen wir erstens, wenn wir nach den Effekten theoretischer Modelle und Forschungsmethoden suchen, nicht mehr nur von unerwünschten und möglichst zu vermeidender Reaktivität sprechen. Vielmehr können wir danach fragen, was mit den Mechanismen und Verfahren der Forschung passiert, wenn man sie in die Infrastruktur der Märkte, der Regierung und eben der Mediengestaltung und -distribution einbaut. Theorien und Verfahren sind, um die wunderbare Formulierung von MacKenzie zu verwenden, Motoren, keine Kameras (MacKenzie 2006). Zweitens wissen wir inzwischen gut, warum es so schwierig ist, Konzepte, die uns überholt erscheinen, weil sie unter Bedingungen formuliert wurden, die den unseren nicht mehr entsprechen, wieder loszuwerden: wir haben sie z. B. in die methodologische Grundausstattung der Sozialforschung implementiert und werden so ständig wieder mit ihnen konfrontiert. Individuen, Klassen, Milieus, Bevölkerung, Publikum, sie alle lassen sich nicht revidieren. Aber was wir nach dem Blick auf die Praxis der Evidenzproduktion und Rechtfertigung im *Survey,* im Zensus und in der standardisierten Sozialstatistik leisten können, ist ihre spezifische historische und politische Situierung. Wir können etwa den Wechsel von einem Regime der Beobachtung von Einzelfällen zu einem der Befragung und des Interviews, auf der Grundlage von Stichproben seit den 1930er Jahren bis in die späten 1980er Jahre, in einen Zusammenhang mit einer Biopolitik des selbst-regierten Individuums bringen, oder mit der Produktion einer spezifischen Nachkriegsnormalität, die man mit Jürgen Link (2006) als flexiblen Normalismus bezeichnen kann. Schließlich wissen wir drittens, dass sich gerade auch in der Debatte um neue Methoden, neue Zugänge und neue Interpretationsmöglichkeiten, häufig klassische Verfahren, Konzepte und Formen der Daten- und Auswertungsorganisation unter der Maske des Innovativen verstecken, während gerade dort, wo man sich noch ganz sicher in der Domäne des Bekannten und Gewohnten bewegt, forschungspraktisch manchmal viel größere Experimentierfreude zu finden ist. Denn dort, wo man versucht, die alten Muster aufrecht zu erhalten und unter neuen Bedingungen fortzuführen, merkt man zuweilen viel deutlicher, dass sich der Wind bereits gedreht hat, und dass man nicht mehr einfach so weiter machen kann wie bisher.

Mit solchen Erkenntnissen im Gepäck lassen sich die Debatten über digitale Methoden bereichern. So ist die Performativität von Konzepten nicht nur etwas, was wir im Blick haben können, wenn wir *Gephi*-Graphen ansehen und uns fragen, welche Modelle explizit oder unausgesprochen in die Analysen eingeflossen sind. Gerade in Bezug auf die schon öfter thematisierte Wanderung digitaler Methoden – vom *Scraping* über die API-Abfrage bis zur Netzwerk-Visualisierung – aus dem Gegenstand zur Forschung und zurück, ist Performativität eine zentrale Kategorie. Denn weil Praktiken der Erzeugung und Auswertung von Daten, die außerhalb der kultur-, sozial- und medienwissenschaftlichen Forschung entwickelt und benutzt werden, in das Repertoire digitaler Methoden aufgenommen werden und umgekehrt, stellt sich die Frage nach den performativen Effekten der Arbeit mit digitalen Daten dringend. Die Frage nach den Konzepten und theoretischen Denkfiguren, die wir als methodischen Rucksack mit uns mitschleppen, lässt sich in Bezug auf digitale Daten und digitale Methoden ebenso stellen. Folgt man Ruppert, Law und Savage (2013), dann bietet sich gerade jetzt mit dem Umbau der Forschungsinfrastruktur der Kultur-, Sozial- und Medienforschung die Chance, Methoden zu entwickeln, die unserem theoretischen Repertoire angemessener sind, und die Transaktionen, Kontinuität, Gesamtheiten, Aggregate, Visualisierung, wechselnde Expertisen, Mobilität, Heterogenität und Nicht-Kohärenz in den Mittelpunkt stellen. Aber es ist gar nicht gesagt, dass das von all jenen, die sich mit analogen oder digitalen Daten mit Medienforschung beschäftigen, überhaupt als Chance verstanden wird. Nur wenn wir den konzeptionellen Rucksack, den wir methodisch mit uns herumtragen, zumindest probeweise auspacken, können wir sinnvoll sagen, was wir auf welche Reise mitnehmen wollen und müssen. Die Frage nach den Orten der Methodeninnovation wiederum erinnert daran, dass auch dann, wenn sich aktuell eine eigene Diskussion um digitale Methoden entwickelt, die Weichen für eine forschungspraktische Umorientierung keineswegs hier gestellt werden müssen: Es kann gut sein, dass sich die interessanteren Umgangsweisen mit digitalen Daten eben gerade nicht im Sichtfeld dieser Diskussion entwickeln, sondern in forschungspraktischen Experimenten in ganz klassischen kultur-, sozial- und medienwissenschaftlichen Forschungsprojekten oder, noch wahrscheinlicher, außerhalb akademischer Medienforschung.

Gerade diese ersten Hinweise zeigen auf, welche Dringlichkeit besteht, sich mit den vielen Facetten der Forschungspraxis der Medienforschung zu beschäftigen. Und das bedeutet: Eine solche Wissenschafts- und Technikforschung der Kultur-, Sozial- und Medienwissenschaften kann sich zur Aufgabe machen, die medienbezogenen Praktiken der Evidenzproduktion und Rechtfertigung in ganz unterschiedlichen disziplinären und institutionellen Settings zu kartieren und miteinander in Beziehung zu setzen. Um das zu tun, müssen wir, wie schon im Fall der Technowissenschaften, die sie begleitenden wissenschaftstheoretischen Debatten – Was sind Objekte der Analyse und warum? Welches Kultur-, Sozialitäts- und Medienverständnis wird gepflegt? Welche Formen des Zugriffs auf kulturelle, soziale und mediale Realität werden positioniert? – ernst nehmen und zugleich selbst als das Resultat einer spezifischen wissenschaftlichen Praxis verstehen. Auf diese Weise werden aus abstrakten Fragen ganz konkrete und Methodologie und disziplinäre Grenzziehungen sind dann nicht mehr als Argumente, sondern als Bestandteile einer Praxis des Sortierens und Evaluierens legitimer Forschung interessant. Sinn aber macht diese nur vor dem Hintergrund des Arrangements von Forschungspraxis in konkreten Projekten. Dessen Kartierung und analytisches Durchschreiten kann uns eine ganze Menge Aufschlüsse darüber geben, wie genau der Umgang mit digitalen Daten sich unterscheidet, von etwa dem Umgang mit religiösen Ikonen, literarischer Prosa oder Doku-Soaps. Deshalb muss eine Wissenschafts- und Technikforschung der Medienforschung auch gerade die Evidenzproduktion am Einzelfall, und die tiefe interpretative Ausdeutung zum Gegenstand nehmen. Denn wie sollten wir die am digitalen Material ausprobierte Entfernung vom Einzelfall verstehen, wenn wir nicht wissen, wie Arbeit am Einzelfall organisiert ist? Wie sollen wir einschätzen können, was es bedeutet, im Fall digitaler Daten mit unsicheren Kopien und Umschriften zu tun zu haben, wenn wir es nicht kontrastieren und in Beziehung setzen mit dem praktischen Wissen, das wir im Umgang mit Archiven, Feldnotizen und Audio- und Videoaufzeichnung produziert haben? Und müssen wir nicht die Tendenz, im Umgang mit digitalen Daten auf visuelle Evidenz und auf die Produktion von Bilder, Graphen und Karten zu setzen, sowohl mit den Bild- und Sehpraktiken der Bild- und Filmanalyse, als auch mit den Darstellungsformen der quantitativen Sozialforschung in Verbindung bringen?

6   Praktische Agnostik und Reflexivität

Ich habe argumentiert, dass uns der Umgang mit digitalen Daten vor allem vor forschungspraktische Fragen stellt. Die sehr spezielle Debatte um digitale Methoden ist hier auch besonders spannend, denn statt prinzipiell den Wandel zu beschwören, geht es vor allem erst einmal darum, überhaupt Möglichkeiten der Arbeit mit digitalen Daten zu erschließen. Darin liegt, so mein Argument weiter, eine große Chance. Gerade weil wir uns notgedrungen zuerst einmal mit ganz praktischen Fragen herumschlagen – und zwar sowohl in den Kulturwissenschaften, Sozialwissenschaften und Medienwissenschaften – könnten wir die Möglichkeiten und Grenzen des Arbeitens mit digitalen Daten ausleuchten, ohne gleich in methodologische und disziplinäre Abgrenzungen zu verfallen. An die Stelle von wissenschaftstheoretischer Idealisierung und wiedergegebenen Lehrbucheinträgen, in Bezug auf die Organisation und Durchführung von Projekten und den Umgang mit Material, könnte praktische Agnostik treten. Aber darauf zu hoffen, dass das gelingt, ist nicht alles, was wir tun können. Das Risiko, doch wieder in die Falle der methodologischen und disziplinären Abgrenzungen zu treten, ist dafür einfach zu groß.

Eine Wissenschafts- und Technikforschung der Medienforschung kann dazu beitragen, das zu vermeiden. Ganz abgesehen davon, dass es schon aus Gründen der Redlichkeit langsam an der Zeit ist, neben den Technowissenschaften endlich die Kultur-, Sozial- und Medienwissenschaften ins Visier zu nehmen, ist die Erkundung und Kartierung der verschiedenen epistemischen Regime der Medienforschung, die die Praxis der Evidenzproduktion und Rechtfertigung organisieren, für die weitergehende Diskussion des Umgangs mit digitalen Daten notwendig. Ich habe versucht zu zeigen, inwieweit schon das Wenige, das wir über die Forschungspraxis der Kultur-, Sozial- und Medienwissenschaften wissen, für die Weiterentwicklung und Einbettung der digitalen Methoden hilfreich ist. Denn die Performativität wissenschaftlichen Wissens ist hier vielleicht nicht so folgenreich wie im Fall der Konstruktion der Märkte, aber sie ist ein ständiger Begleiter, schon weil Verfahren und Techniken des Umgangs mit digitalen Daten sich verlässlich zwischen Feld und Forschung hin und her bewegen. Den konzeptionellen Rucksack, den wir nicht vor allem deshalb mit uns herum tragen, weil wir die in unseren Methoden implementierten Modelle nicht reflektieren, sondern weil wir eben diese Modelle in eine aufwändig betriebene und gewartete Infrastruktur der Datenproduktion eingebaut haben, können wir auch im Fall der Medienforschung nicht abnehmen: der Medienbetrieb selbst hat sich längst auf unsere Modelle eingestellt und zwingt uns so zur Auseinandersetzung. Und wir können sehen, dass die aktuelle Tendenz zur Ausbildung einer eigenen Debatte zu digitalen Methoden vor dem Hintergrund der Vielzahl von Innovationsorten, an denen forschungspraktisch experimentiert wird, auch problematisch ist, denn sie kann dazu führen, dass sich auch im Fall des Umgangs mit digitalen Daten die methodologische Debatte von der Erdung in der Forschungspraxis ablöst.

Nun stellt sich für Wissenschafts- und Technikforschung immer die Aufgabe, reflexiv mit dem eigenen Vorgehen umzugehen. Denn wenn man über Forschung forscht: wie setzt und begründet man seinen eigenen Standort? Wenn man im Labor herausfindet, wie und auf welche Weise dort, mit Hilfe von Apparaturen und Instrumenten, Proben in Messwerte, Messwerte in Graphen, Graphen in Vergleiche, Vergleiche in Aussagen und Aussagen in Aufsätze transformiert werden, wie begründet sich die Wissenschaftlichkeit genau dieser Beschreibung, wenn nicht wiederum durch den Nachweis der Referenzketten, die für sie durchschritten werden müssen? Diese Debatten wurden in der Wissenschafts- und Technikforschung der 1980er Jahre derart intensiv diskutiert (vgl. etwa Woolgar 1988a; Lynch 2000; Woolgar 1988b), dass sie Ashmore schließlich nur mit »The Reflexive Thesis« (Ashmore 1989) wie mit einer Kirsche dekorieren konnte. Sie jetzt wieder hervorzuholen, wo wir doch wissen, dass das Problem der Reflexivität immer nur praktisch, nie aber theoretisch zu lösen ist, wäre wenig sinnvoll. Für eine Wissenschafts- und Technikforschung der Medienforschung, die uns auch hilft, die Debatten um digitale Methoden einzuordnen und voran zu treiben, stellt sich die Reflexivitätsaufgabe aber ganz praktisch. Folgt man Marres (2012), Lury und Wakeford (2012) oder Law (2004), dann ist nicht nur durch das Aufkommen digitaler Methoden, sondern gerade auch durch die empirische Wissenschafts- und Technikforschung und ihre Beschäftigung mit den epistemischen Regimen der Technowissenschaften, derzeit offener denn je, was als *Social Analysis* gelten kann und soll. Und deshalb stellt sich genau für die Projekte, die empirisch die Evidenz-, Rechtfertigungs- und Bewertungspraxis der Medienforschung aufschließen wollen, reflexiv das Problem der eigenen Vorgehensweise und der Medialität der eigenen Methoden. Machen wir uns mit Stift und Papier auf in digitale Welten? Oder können wir selbst dafür methodisch experimentieren? Sollten wir die Frage vielleicht nicht so ernst nehmen? Es hilft nichts: auch reflexiv bleibt uns gar nichts anderes übrig, als zunächst – und vielleicht für eine recht lange Zeit – forschungspraktisch agnostisch zu bleiben.

Literatur

Ashmore, Malcolm. 1989. *The Reflexive Thesis*. Chicago, IL: University of Chicago Press.

Ausserhofer, Julian, und Axel Maireder. 2013. National Politics on Twitter. *Information, Communication & Society* 16 (3): 291–314.

Bowker, Geoffrey C., Karen S. Baker, Florence Millerand, und David Ribes. 2010. Towards Information Infrastructure Studies: Ways of Knowing in a Networked Environment. In *International Handbook of Internet Research,* hrsg. J. Hunsinger, M. Allen und L. Klasrup, 97–118. Dordrecht, NL: Springer.

Bruns, Axel, Katrin Weller, Jean Burgess, Merja Mahrt und Cornelius Puschmann, hrsg. 2013. *Twitter and Society.* New York, NY: Peter Lang.

Bruns, Axel. 2012. How long is a Tweet? Mapping Dynamic Conversation Networks on Twitter using GAWK and GEPHI. *Information, Communication Society* 15 (9): 1323–1351.

Callon, Michel, und Fabian Muniesa. 2003. Les marchés économiques comme dispositifs collectifs de calcul. *Réseaux* 21 (122): 189–233.

Curtis, Bruce. 2008. On the Local Construction of Statistical Knowledge: Making up the 1861 Census of the Canadas. In *Twenty Years of the Journal of Historical Sociology,* hrsg. Y.-S. Wong und D. Sayer, 253–272. London, UK: Blackwell Publishing.

Edwards, Paul N. 2010. *A Vast Machine: Computer Models, Climate Data, and the Politics of Global Warming.* Cambridge, MA: MIT Press.

Edwards, Paul N., Geoffrey C. Bowker, und Steven J. Jackson. 2009. Introduction: An Agenda for Infrastructure Studies. *Journal of the Association for Information Systems* 10 (5): 364–374.

Geiger, R. Stuart, und David Ribes. 2011. Trace Ethnography: Following Coordination through Documentary Practices. *Proceedings of Hawaii International Conference on System Sciences (HICSS).* http://www.stuartgeiger.com/trace-ethnography-hicss-geiger-ribes.pdf. Zugegriffen: 11. Juni 2014.

Gumbrecht, Hans-Ulrich. 2014. Das Denken muss nun auch den Daten folgen. *Frankfurter Allgemeine Zeitung,* 11. März.

Higgins, Allen. 2007. Code talk in soft work. *Ethnography* 8 (4) 467–484.

Knorr-Cetina, Karin. 1991. *Die Fabrikation von Erkenntnis. Zur Anthropologie der Naturwissenschaft.* Frankfurt am Main: Suhrkamp.

Latour, Bruno, und Steve Woolgar. 1979. *Laboratory Life. The Social Construction of Scientific Facts.* Thousand Oaks, CA: Sage.

Law, John. 2004. *After Method.* London, UK: Routledge.

Link, Jürgen. 2006. *Versuch über den Normalismus. Wie Normalität produziert wird.* Göttingen: Vandenhoeck & Ruprecht.

Lury, Celia. 2012. Going live: towards an amphibious sociology. *The Sociological Review* 60 (S1): 184–197.

Lury, Celia, und Nina Wakeford, hrsg. 2012. *Inventive Methods: The Happening of the Social.* London, UK: Routlegde.

Lynch, Michael. 1985. *Art and Artifact in Laboratory Science.* London: Routledge.

Lynch, Michael. 2002. Protocols, practices, and the reproduction of technique in molecular biology. *British Journal of Sociology* 53 (2): 203–220.

Lynch, Mike. 2000. Against Reflexivity as an Academic Virtue and Source of Privileged Knowledge. *Theory, Culture & Society* 17 (3): 26–54.

Mackenzie, Adrian. 2005. The Performativity of Code. Software and Cultures of Circulation. *Theory, Culture & Society* 22 (1): 71–92.

MacKenzie, Donald. 2006. *An Engine, not a Camera: How Financial Models shape Markets.* Cambridge, MA: MIT Press.

MacKenzie, Donald, Fabian Muniesa, und Lucia Siu, hrsg. 2007. *Market Devices.* Princeton, NJ: Princeton University Press.

Manovich, Lev. 2013. *Software Takes Command.* New York, NY: Bloomsbury Academic.

Marres, Noortje. 2012. On some uses and abuses of topology in the social analysis of technology (Or the problem with smart meters). *Theory, Culture & Society* 29 (4-5): 288–310.

Marres, Noortje, und Esther Weltevrede. 2013. Scraping the Social? *Journal of Cultural Economy* 6 (3): 313–335.

Meyer, Christian, und Christian Meier zu Verl. 2013. Hermeneutische Praxis. Eine ethnomethodologische Rekonstruktion sozialwissenschaftlichen Sinnrekonstruierens. *Sozialer Sinn* 14 (2): 207–234.

Mitchel, Timothy. 2002. *Rule of Experts: Egypt, Techno-politics, Modernity.* Berkeley, CA: University of California Press.

Osborne, Thomas, und Nikolas Rose. 1999. Do the social sciences create phenomena? *The British Journal of Sociology* 50 (3): 367–396.

Passoth, Jan-Hendrik, Tilmann Sutter, und Josef Wehner. 2014. The Quantified Listener. Reshaping Providers and Audiences with Calculated Measurements. In *Mediatized Worlds*, hrsg. A. Hepp und F. Krotz, 271–287. London, UK: Palgrave.

Rieder, Bernhard. 2013. Studying Facebook via Data Extraction: The Netvizz Application. *Proceedings of the 5th Annual ACM Web Science Conference*: 346–355. New York, NY: ACM.

Rogers, Richard. 2013. *Digital Methods.* Boston, MA: MIT Press.

Ruppert, Evelyn. 2011. Population Objects: Interpassive Subjects. *Sociology* 52 (2): 218–233.

Ruppert, Evelyn, John Law, und Mike Savage. 2013. Reassembling Social Science Methods: The Challenge of Digital Devices. *Theory, Culture & Society* 30 (4): 22–46.

Savage, Mike. 2010. *Identities and Social Change in Britain since 1940: The Politics of Method.* Oxford, UK: Oxford University Press.

Schmitt, Marco, und Jan Fuhse. 2013. *Zur Aktualität von Harrison White.* Wiesbaden: Springer VS.

Shapin, Steven, und Simon Schaffer. 2011. *Leviathan and the Air-Pump.* Princeton, NJ: Princeton University Press.

Silverman, David. 2005. Instances or Sequences? Improving the State of the Art of Qualitative Research. *Forum Qualitative Sozialforschung/Forum: Qualitative Social Research* 6 (3). http://www.qualitative-research.net/index.php/fqs/article/view/6. Zugegriffen: 10. Februar 2011.

Silverstone, Roger, und Eric Hirsch, hrsg. 1992. *Consuming Technologies*. London: Routledge Chapman & Hall.

Spiegel-Rösing, Ina. 1977. The Study of Science, Technology & Society. In *Science, Technology, Society. A Cross-Disciplinary Perspective,* hrsg. I. Spiegel-Rösing und D. de Solla Price: London, UK: Sage.

Stegbauer, Christian. 2010. *Netzwerkanalyse und Netzwerktheorie*. Wiesbaden: Springer VS.

Thielmann, Tristan, und Erhard Schüttpelz, hrsg. 2013. *Akteur-Medien-Theorie*. Bielefeld: Transcript Verlag.

Woolgar, Steve. 1988a. Reflexivity is the Ethnographer of the Text. In *Knowledge and Reflexivity: New Frontiers in the Sociology of Knowledge,* hrsg. S. Woolgar, 15–36. Beverly Hills, CA/London: Sage.

Woolgar, Steve, hrsg. 1988b. *Knowledge and Reflexivity: New Frontiers in the Sociology of Knowledge*. Beverly Hills, CA and London: Sage.

Autorinnen und Autoren

Michael Corsten, Dr., Professor für Soziologie an der Universität Hildesheim: Arbeitsschwerpunkte: Soziologische Theorie (insbesondere: Wissenssoziologie und Soziologischer Pragmatismus), Lebenslauf- und Generationsforschung, Berufssoziologie, Kultursoziologie, Interpretative Sozialforschung
corsten@uni-hildesheim.de

Bettina Frei, Dr., hat Ethnologie an der Universität in Basel studiert, wo sie 2012 ihre Dissertation abschloss. Ihre Dissertation ist 2013 unter dem Titel *Sociality revisited? The Use of Internet and Mobile Phones in Urban Cameroon* erschienen. Zwischen 2008 und 2013 war sie wechselnd als Lehrbeauftragte und wissenschaftliche Assistentin am Ethnologischen Institut in Basel beschäftigt. Zur Zeit ist sie im Bereich Migration/Integration tätig. Thematische Forschungsschwerpunkte sind Neue Medien, Migration, sozialer Wandel, und visuelle Ethnologie, geographische Schwerpunkte sind West- und Zentralafrika.
bettinafrei@gmx.ch

Holger Herma, Dr., Wissenschaftlicher Mitarbeiter am Institut für Sozialwissenschaften der Universität Hildesheim. Arbeitsschwerpunkte: Qualitative Generationsforschung, empirische Wissenssoziologie, Mediensoziologie, Familiensoziologie.
hermah@uni-hildesheim.de

Stefan Meißner, Wissenschaftlicher Mitarbeiter an der Professur für Mediensoziologie an der Bauhaus-Universität Weimar. Forschungsschwerpunkte: Soziologische Theorie, Mediensoziologie, Kultursoziologie. Neuere Veröffentlichungen sind (2012): Arbeit und Spiel. Von der Opposition zur Verschränkung in der gegenwärtigen Kontrollgesellschaft. In: trajectoires, Nr. 6 (siehe: trajectoires.revues.

org); (2013): Immer wieder Neues. Neuheit als kognitiver Erwartungsstil in Arbeitssituationen, in: Ziemann, Andreas (Hg.): Offene Ordnung? Philosophie und Soziologie der Situation. Wiesbaden: Springer VS, S. 209–228; (i. E.) »Quantified Self«: Steuerung oder Kontrolle? Soziologische Analyse mit Hilfe des Konzepts »Techniken des Sozialen«, in: Koch, Matthias/Köhler, Christian/Othmer, Julius/ Weich, Andreas (Hg.): Planlos! Zu den Grenzen der Planbarkeit. Schriftenreihe des Graduiertenkollegs »Automatismen«, München: Fink.
stefan.meissner@uni-weimar.de

Jan-Hendrik Passoth, Dr., lehrt am Institut für Soziologie der TU Berlin und ist Gastwissenschaftler am Graduiertenkolleg Locating Media der Universität Siegen. Zuvor war er als wissenschaftlicher Mitarbeiter an der Universität Bielefeld am Arbeitsbereich Wissenschaft, Technik, Medien der Fakultät für Soziologie beschäftigt. Arbeits- und Forschungsschwerpunkt: Science & Technology Studies, Mediensoziologie, Praxistheorie.
passoth@soz.tu-berlin.de

Nadine Sander, Dr. phil., Ökonomin, promovierte im Fach Soziologie zu prekären Beschäftigungsverhältnissen an der Albert-Ludwigs-Universität in Freiburg und ist derzeit wissenschaftliche Mitarbeiterin und Projektleiterin der Methodenwerkstatt am Lüneburger Centre for Digital Cultures. Arbeits- und Forschungsschwerpunkte: Qualitative und empirische Sozialforschung, Digitale Medien, Arbeits- und Wirtschaftssoziologie, Medizin- und Gesundheitssoziologie.
sander@leuphana.de

Daniela Schiek, Dr., Soziologin, ist wissenschaftliche Mitarbeiterin an der Universität Duisburg-Essen. Forschungsschwerpunkte: Lebenslaufsoziologie, Soziologie der Geschlechterverhältnisse und Qualitative Methoden der Sozialforschung.
daniela.schiek@uni-due.de

Dominique Schirmer, Dr. phil., Soziologin und Sinologin, promovierte in den Fächern Sinologie und Soziologie zum Thema Soziologie und Lebensstilforschung in der Volksrepublik China. Seit 2010 Akademische Rätin am Institut für Soziologie der Universität Freiburg; Lehre zu Statistik, qualitativer Forschung und empirischen Methoden allgemein sowie zu den Arbeitsschwerpunkten. Dies sind derzeit: Internetmedien (theoretische Perspektiven, methodische Fragen); integrierte empirische Sozialforschung (qualitative, quantitative und integrierte Methoden); Volksrepublik China (gesellschaftliche Entwicklungen, soziale Integration, Internetmedien).
dominique.schirmer@soziologie.uni-freiburg.de

Miklas Schulz, M. A., Soziologe und Medienwissenschaftler, ist wissenschaftlicher Mitarbeiter am Institut für Diversitätsforschung an der Georg-August-Universität Göttingen. Forschungsschwerpunkte: Kultur- und Mediensoziologie, Disability Studies und Methoden der Sozialforschung.
miklas.schulz@sowi.uni-goettingen.de

Carsten G. Ullrich, Prof. Dr., Soziologe, ist Professor für Soziologie und Methoden der empirischen Sozialforschung an der Universität Duisburg-Essen. Forschungsschwerpunkte: Armut, Sozialpolitik und Qualitative Methoden der Sozialforschung.
carsten.ullrich@uni-due.de

Andreas Wenninger, Dipl.-Soz., ist Promovend an der Graduate School of Humanities and Social Sciences an der Universität Luzern. Er forscht in seinem Dissertationsprojekt zu wissenschaftsspezifischen Grenzziehungsprozessen im Internet am Beispiel von Wissenschaftsblogs. Von 2006 bis 2012 war er wissenschaftlicher Mitarbeiter bei der Fakultät für Soziologie an der Universität Bielefeld. Seine Forschungsschwerpunkte sind Wissens- und Wissenschaftssoziologie, Mediensoziologie, Qualitative Methoden und Soziologische Theorie. Veröffentlichungen: *Kontrollierte Offenheit. Review Essay: Niklas Luhmann (2005). Einführung in die Theorie der Gesellschaft.* In: Forum Qualitative Sozialforschung, 9(3), (2008), http://nbn-resolving.de/urn:nbn:de:0114-fqs0803237. *»Wissenschaftliche« Kontroversen im Internet am Beispiel eines Blogportals.* In: Donk, André und Becker, Rainer (Hrsg.) (2012): Politik und Wissenschaft im Technikwandel. Neue Interdisziplinäre Ansätze. Münster: LIT.
andreas.wenninger@stud.unilu.ch